베르나르–마리 콜테스
Bernard-Marie Koltès

베르나르-마리 콜테스
독백과 운문의 귀향

제1판 제1쇄 2011년 6월 10일
증보판 제1쇄 2020년 9월 18일

지은이 안치운
펴낸이 이광호
주간 이근혜
펴낸곳 ㈜문학과지성사
등록번호 제1993-000098호
주소 04034 서울 마포구 잔다리로7길 18(서교동 377-20)
전화 02) 338-7224
팩스 02) 323-4180(편집) 02) 338-7221(영업)
전자우편 moonji@moonji.com
홈페이지 www.moonji.com

ⓒ 안치운, 2011. Printed in Seoul, Korea.
ISBN 978-89-320-3766-0 93680

이 도서의 국립중앙도서관 출판예정도서목록(CIP)은 서지정보유통시스템 홈페이지(http://seoji.nl.go.kr)와
국가자료공동목록시스템(http://www.nl.go.kr/kolisnet)에서 이용하실 수 있습니다. (CIP제어번호: CIP2020036163)

베르나르-마리 콜테스
Bernard-Marie Koltès
독백과 운문의 귀향

안치운
지음

문학과지성사
2011

이 책의 초판은 2011년에 발행되었다. 그 후로도 콜테스의 공연은 계속 이어졌고, 관심은 줄어들지 않았다. 10년이 지난 지금에야 「사막으로의 귀환」에 관한 글 한 편과 연보를 더해서 증보판을 내놓는다. 그 사이 연극과 삶의 풍경은 사뭇 달라졌다. 코로나 19 바이러스가 접촉을 격리로, 대면을 온라인으로 바꿔놓은 이유가 가장 크다. 앞으로 어떻게 연극을 공부하고 글을 써야 할지 난감하기만 하다. 연극의 제도, 규칙, 생리가 가장 우선하는 것이 접촉과 대면이다. 연극에서 접촉은 관계를, 대면은 공감을 낳는 기제이다. 연극을 만남의 예술이라고 하는 것이 불가능한 시대에 우리는 이르렀다. 텍스트가 관객과 만나는 곳이 극장이라고 고전 연극이 정의하지 않았던가. 접촉과 대면을 꺼리거나 금지하는 통에 극장의 절반은 문을 닫았고, 공연은 대부분 취소되었다. 코로나 19 사태는 연극예술의 위기 가운데 혁명적 위기일 터이다. 극단은 인터넷을 이용한 스트리밍, 화상중계, 유튜브 활용 등 여러 가지를 모색해야 했다.

흔히들 위기는 결핍을 뜻한다고 말한다. 연극이 위기, 결핍을 바탕으로 새롭게 만들어져야 한다고까지는 말하기 쉽다. 그러나 이러한 위기와 결핍을 연극의 자양분이라고 말하기는 어렵다. 속수무책, 어쩔 수 없는 것일 뿐, 문제는 연극의 생존을 위한 새로운 형식의 발견일 터이다. 우리는 지금까지 고수해온 연극의 원칙들을 일치감치 포기해야 하는 때에 이르렀다. 연극은 형식의 결과물이 아니라, 연극하는 과정일 수밖에 없다는 데 생각이 이른다. 코로나 19 바이러스가 줄어들지 않고 있는 지금, 연극은 더 가난해질 수밖에 없을 것이다. 정말이지 연극의 고유한 언어인 배우의 몸과 작가의 희곡 텍스트로 돌아가야 한다. 정성을 다해서 무대를 만든다거나, 옷을 만들어 입고, 분장을 한다는 것은 아예 버려야 할지 모른다. 연극과 연극하는 이들이 자발적 가난으로 되돌아가야 한다면 그곳은 무엇보다도 희곡 텍스트일 수밖에 없다. 가난한 무대는 새로운 연극을 위한 자유로운, 물리적 공간을 뜻하고, 가난한 배우는 연극을 지속하게 하는 유일한 것이 제 몸뿐이라는 바를 터득한 존재이다. 어제 본, 한 대학의 공연, 이런 노래가 들렸다. "술 마시고 노래하고 춤을 춰봐도, 가슴에는 하나 가득 슬픔뿐이네. 무엇을 할 것인가 둘러보아도, 보이는 건 모두가 돌아앉았네. 자 떠나자 동해 바다로. 삼등 삼등 완행열차, 기차를 타고"(송창식, 「고래사냥」).

　이 증보판이 콜테스 희곡의 이해와 더불어 희곡 텍스트의 매력을 독자들에게 듬뿍 전해줄 수 있는 계기가 되면 더할 나위가 없겠다. 한 작가에게 쏟아 부은 지난 20년 동안의 의욕은 부족하기만 하다. 앞으로 어떤 작가에게 이와 같은 글을 보낼 수 있을지는 모르겠다. 참으로 곁에 두고 좋아했고, 읽고 외웠으며, 시도 때도 없이 읊조리면서 행복했던 나날들이었다. 콜테스 텍스트에는 생의 울분도 있었지만, 처절한 아름다움이 내 삶의 자장 안에서 더 크게 울려 퍼졌다. 그의 희곡들을 읽으면서 나는 많이 성숙할 수 있었다. 머리맡에 늘 놓아두고 읽는 몽테뉴, 베케트, 키냐르, 매천 황현, 영재 이건창 등의 텍스트들과 함께.

2020년 6월 19일, 북악산녘에서, 안치운

모든 불안이란
어머니로부터 받은 거니까

기억과 욕망

    지난 10년 동안 현대 연극의 전령과 같았던 베르나르-마리 콜테스의 희곡을 읽으면서 지냈다. 그의 유작인 『로베르토 주코』부터 읽었다. 정신의 불꽃이라고 할 수 있는 작품 속, 아버지와 아들의 관계, 부친 살해 문제, 비극적 주인공의 등장 등은 현대 연극이지만 고전 비극의 근원과도 맞닿아 있다. 작품의 연대기를 거꾸로 거슬러 올라가면서 그의 작품을 읽기 시작했다. 아버지와 아들의 관계는 형제의 관계로 변모했고, 예컨대 딜러와 손님이 중심인 『목화밭의 고독 속에서』는 디디와 고고가 등장하는 베케트의 『고도를 기다리며』와 일맥상통하다는 것을 알 수 있었다. 이들 작품에 나오는 남성 인물들은 공통적으로 아버지로부터 보살핌을 받기는커녕 버림받은 고아로 보였다. 종말이 근원의 결과인 것처럼. 독백으로 이루어진 『숲에 이르기 직전의 밤』에서는 모습을 드러내지 않은 '너'를 '동지'라 부른다. 『검둥이와 개들의 싸움』에서는 등장인물들이 처음 만난 상대방을 '친구'라고 부른다. 『사막으로의 귀환』에서는 피를 나눈 남매가 서로 원수지간이다. 이들이 사는 곳은 "잔디에 남은 흔적도 사라지고, 바람과 이슬이 나무 그루터기의 흔적을 다 씻어낸" 공간이다. 힘의 상징인 절대적 존재였던 아버지가 가족에서 친구나 동지의 관계로 변모하는 것이 콜테스가 연극으로 꿈꾸었던, 가족과 소통 불가능한 장소를 떠난, 모든 굴종과 억압에서 벗어날 수 있는 유토피아처럼 여겨질 때가 많았다. 그러나 콜테스 작품 속 유토피아의 공간에서 친구, 동지, 형제들은 서로 소통이 불가능한 적대적인 관계에 놓여 있다. 이러한 관계를 포용하기 위하여 인물들은 쉬지 않고 말할 뿐이다. 등장인물이 말을 지배하는 것이 아니라 말이 인물들을 일으켜 세운다. 그러한 인물들이 세상을 세우고 연극을 만든다. 인물들의 죽음도 극화되어 두드러져 보이는 것이 아니라 그냥 아무렇지도 않게 흘러간다. 인물들은 자신의 정체성을 정당화하는 기제를 지니지도, 보여주지도 않는다. 희곡 속 인물들이 제 이름을 지니고 있지 않은 경우도 많다. 딜러와 손님처럼 인물들은 고유한 이름을 갖는 대신 담당하는 기능으로 축소되거나 아예 아무것도 아닌 존재로 무화된다. 이름이 사라진 신경증적인 인물들에게 남은 것은 오로지 '기억'과 '욕망' 뿐이다. 과거의 기억은 어제의 삶을 입증하는 지울 수 없는 흔적이고, 악착같이 오늘의 삶을 추동한다. 그 안에서 욕망은 또 다른 욕망과 만나고, 그 욕망들이 서로 충돌하고, 욕망이 이어진다. 욕망은 인물들의 신체와 모든 물질이 지닌 힘을 초월한다. 콜테스 작품 속에서 기억과 욕망은 시적 메타포가 가득한 운문으로 씌어 있다. 콜테스의 인물들은 지독하게 말하는, 사라지지 않는 그림자들의 언어와 같다. 고독한 인물들의 육체가 휘어질수록 육체의 주름과 같은 언어는 더욱 시적으로 강화되고 단련되어 육체 바깥으로 신음이 되어 쏟아져 나온다. 그의 작품을 읽을수록 더 듣고 싶어 갈증이 타오르는, 그것을 해석하고 싶지만 언어의 기능 부전에 빠지는 이유는 여기에 있다.

콜테스는 살아 있는 동안 여행을 많이 했다. 그에게 여행은 곧 방황, 방랑과 같은 것이었다. 아프리카와 라틴아메리카는 그에게 집과 고향보다 더 가치 있는 곳이었다. 프랑스에서 그는 앓고 있었지만 여행을 통해 자신을 치유할 수 있었다. 낯선 곳, 낯선 언어로의 여행이야말로 그에겐 가장 행복한 자기 존재의 순간이었다. 그의 작품에 등장하는 인물들처럼, 그도 여행으로 자신의 삶을 자유롭고 독립적으로 만들고 싶어 했다. 그 길을 찾아서 그는 평생 유목민처럼 떠돌며 살았다. 그는 부유하지도, 가난하지도 않았다. 인간의 자유와 독립된 삶이 연극이라는 무대 공간에, 희곡이라는 글쓰기 공간에 존재한다는 것을 믿고 실천했던 작가였다. 돌이켜보면 1980년대 유학 시절에도 그의 희곡을 즐겨 읽었고, 무대에 올린 그의 작품을 찾아다니면서 보았다. 그기 요절한 것만큼 그의 작품들은 하나같이 강렬했고, 눈앞의 공연들은 생의 액정화처럼 다가왔다. 그가 쓴 많지 않은 작품으로, 은밀한 자신의 삶과 더불어 보여준 작품들은 연극의 근원은 물론 모든 생의 근원과도 맞닿는 것이었다. 콜테스 희곡의 주된 형식인 '독백'은 그가 질식할 것 같은 이 세상에 쏟아내는 절규라고 할 수 있다. 독백으로 인물들의 가슴 깊숙한 곳을 드러내 보이고 있는 것이다. 태초에 독백이 있었던 것처럼.

콜테스의 작품을 읽을 무렵 한국 사회 전반에 괴물과 같은 신자유주의가 등장했고, 한국 연극도 덩달아 남루해졌다. 말은 천박해졌고, 무대 위 배우의 몸짓은 가벼워졌다. 지방자치단체의 문화예술 지원이 활성화되면서 얻은 바도 많지만, 희곡과 공연의 질은 그리 나아지지 않았다. 공공단체의 재정 지원과 공연 수준의 향상은 동일하지 않다. 지원이라는 주는 의무와 수혜라는 받는 윤리 사이의 차이는 컸다. 사유하고 꿈꾼다는 면에서 연극이 있는 극장은 모든 것이 가능하고 모든 것이 허락된 곳이라는 연극의 고유한 명제는 찾아보기 어렵게 되었다. 역사적으로 보면 사회가 연극과 극장에 이와 같은 기능을 부여했다고 볼 수 있고, 연극과 극장이 이와 같은 기능을 얻어냈다고 볼 수 있다. 그리하여 연극과 극장에서 갖는 꿈과 연극과 극장 바깥에서 존재하는 윤리는 서로 감시하는 것이 아니겠는가. 사회는 부여하면서 연극과 극장을 감시하고, 연극과 극장은 얻어내면서 사회를 반성하게 하는 것이 아니겠는가. 공연의 꿈은 사회를 감시해서 반성하게 하고, 공연 밖의 윤리는 극장 안의 꿈을 가능하게 하는 것이 아니겠는가. 그러나 애써 극장에 가는 일보다 인문학적 성찰이 담긴 콜테스의 작품을 읽는 일이 즐거웠고 보람찼다. 베르나르-마리 콜테스의 작품을 읽게 된 것은 한국 사회와 연극의 얼굴이 일그러진 병리적 현상 때문이라고 말할 수 있을 것이다. 콜테스

『로베르토 주코』, 유수연 연출, 호서대학교, 2003.

작품에 대해서 글을 쓸 무렵, 그와 그의 작품 곁에는 항상 영국의 작가 사라 케인의 매혹적이면서 절망적인 작품이 놓여 있었다. 그들은 모두 젊은 나이에 글 쓰는 삶을 마감했다.

죽음, 한순간의 이동

콜테스의 희곡을 읽으면서, 그에 대한 글을 쓰면서부터 서울뿐만 아니라 파리와 영국에서 콜테스의 희곡이 공연되는 경우, 빼놓지 않고 보려고 했다. 또한 연극 전문지에 실린 작가와 작품에 관한 글을 모으기 시작했고, 콜테스의 연극에 대한 연구서들도 찾아 읽기 시작했다. 1989년 그가 죽은 후, 그러니까 사후 10년이 지났을 무렵부터 그에 관한 연대기, 논문, 저작이 수두룩하게 출간되어 콜테스는 가히 프랑스뿐만 아니라 전 세계를 대표하는 현대 연극의 아이콘이 되었다. 프랑스 현대 문학사에서도 '베케트에서 콜테스까지' 라는 큰 제목, 작은 제목의 글들을 찾을 수 있었다. 1999년에는 그의 고향인 메츠 시가 콜테스를 기념하는 국제 심포지엄을 열었고, 2009년에는 '콜테스의 해' 라고 명명하고 학술대회를 개최했으며 콜테스의 집을 개관했다. 콜테스의 작품을 대상으로 석사와 박사학위 논문도 자주 발표되고 있었다.

필자가 이 책의 교정쇄를 볼 때 받아 읽은 글은 파리 제4대학에서 나온 박사학위 논문으로 『베르나르-마리 콜테스의 연극언어 *Le langage dramatique de Bernard-Marie Koltès*』(Cyrille Desclés, 2007)라는 제목으로 출간되었다. 2002년부터 우리나라에서도 콜테스의 희곡들이 유효숙, 임수현, 이선형 등에 의해서 번역되기 시작했고, 희곡에 관한 연구논문들도 조만수 등에 의해서 발표되었다. 2004년 연출가 기국서에 의해서 처음으로 『로베르토 주코』가 공연된 데 이어, 2005년에는 박근형에 의해서 『서쪽 부두』가, 임영웅에 의해서 『목화밭의 고독 속에서』가 공연되었다. 그리고 2006년에는 김낙형에 의해서 『검둥이와 개들의 싸움』이 초연되었다. 그 후에도 신동인, 오경택, 이성권 등이 연출한 『로베르토 주코』를 볼 수 있었고, 2010년 10월 『목화밭의 고독 속에서』(연극실험실, 혜화동 1번지)가 기국서의 연출로 공연되었다.

필자는 2008년 여름부터 한 해 동안 연구년을 맞아 파리 제3대학의 방문 교수로 파리에 머물렀다. 프랑스 대학도 정부의 신자유주의 정책에 대해 심각한 고민을 하고 있을 때였다. 본격적으로 사르코지 우파 정부가 대학의 고유한 자유를 침범하고, 연구 성과를 개량화하면서 대학 개혁을 주창하고 나섰기 때문이다. 그러자 소르본 대학을 중심으로 프랑스의 여러 고등 교육 기관은 '분노로 연구하자rechercher en colère' 라는 표어를 내걸고 정부에 저항하기 시작했다. 대학의 자율성, 연극예술의 고유성이 모두 훼손되고 있을 무렵이었다. 그런 상황에서 콜테스의 운문 가득한 희곡 텍스트의 울림은 현대의 예언처럼 더욱 커져만 갔다. 그의 작품들은 코메디 프랑세즈와 같은 프랑스 국립극장의 고정 레퍼토리가 되기도 했다. 연구와 공연, 모든 면에서 그는 이제 현대 연극의 신화적 제도가 된 셈이다.

필자는 파리 북쪽 몽마르트르 시민 공동묘지에 묻혀 있는 그의 안식처에도 몇 번 찾아갔다. 한 번은 스트라스부르에서 유학 중인 정세영과 같이 간 적이 있었는데, 숙소였던 파리 국제 대학기숙사에서부터 그는 지하철로, 나는 자전거를 타고 갔었다. 2008년 10월 30일이었다. 가느다란 가을비가 부슬부슬 내리고 있었다. 묘지에는 여러 개의 출입문이 있었다. 제복을 입은 한 경비원이 내게 친절하게 무덤의 번호를 알려주며 안내해줄 수 있다고 말했지만, 나는 스스로 찾아가겠다고 했다. 묘지 사이로 나 있는 좁은 길을 따라 걸었다. 찾지 않은 묘비들 뒤로, 위로 고양이들만이 서성대고 있었고, 오후 2시경 지하철로 온 정세영보다 먼저 찾아갈 수 있었다. 묘지 안, 그 많은 무덤 가운데 발길 닿는 대로 간, 우연한 결과였다. 콜테스 무덤 앞에서 한동안 서 있었고, 또 앉아 있었다. 그사이 날씨는 갑자기 겨울처럼 추워졌다. 바람이 불고, 비가 내렸고, 손이 시렸다. 자전거를 한 시간쯤 타니 온몸이 겨울 한복판에 서 있었던 것처럼 저리고 꽁꽁 얼어붙었던 탓도 있었을 것이다. 콜테스를 만나는 날은 대낮에도 어두웠다. 국제 대학기숙사에서부터 이곳까지 자전거를 타고 오는 일도 다른 날과 달리 위험해 보였다. 나도 그를 조금씩 닮아가고 있었던 것이었으리라. 몽마르트르 묘지는 사뮈엘 베케트가 잠들어 있는 몽파르나스 묘지보다 훨씬 어두웠다. 그는 고즈넉한 곳에 쓸쓸하게 누워 있었다. 누구보다도 세련된 정신의 소유자였고 예민하고 섬세하고 감각적이었던 그가 방랑과 방황을 멈춘 채 침묵하고 있는 곳이다. 그곳에 있는 동안 자꾸만 비가 내렸다. 나는 그 비를 피하지 않고 맞았다. 묘는 모두 평범한 돌로 된 것으로 조용하고 작고 낮았다. 죽음은 평등했다. 무덤에 한 발을 놓고 있는 나도 그러할 것이다. 그 후에도 몇 번 더 그의 묘지에 갔다. 그가 묻혀 있는 무덤에 오면, 나는 고개를 숙이고 묘를 내려다보게 된다. 묘들이 땅에 고인 돌처럼 낮게 누워 있기 때문이다. 묘는 커다란 돌로 덮여 있었다. 돌 위에 이름을 새긴 경우도 있고, 이름 곁에다 사진을 붙여 놓은 것들도 많았다. "Bernard-Marie Koltès 1948~1989", 이것이 그의 묘지 위 돌에 씌어 있는 글귀 전문이다. 그의 나이 마흔한 살, 가열되었던 그의 삶은 금세 시들었다. 불안하고 나약하기만 했던 그의 삶이 그로 하여금 글을 쓰게 했고, 그의 글을 읽는 독자를 만들었다. 죽음은 독자들을 그의 곁으로 불러 모았다. 독자는 다시 그의 죽음 앞에서 그가 쓴 글을 떠올리고, 그의 생을 더듬는다. 문학과 연극은 늘 그런 흔적을 남길 뿐이다. 그것이 문학과 연극을 했던 이들이 최댓값으로 지니는 사라짐, 존재의 영광이다. 그곳에 갈 때마다 늘 비바람이 불었다.

첫번째 공연, 콜테스와 주코 너머, 아주 가까이

콜테스 희곡에 대해서 글을 쓰게 된 것은 참으로 우연한 일로 시작되었다. 2003년 3월, 학과의 유수연이 이 작품을 무대에 올리겠다고 희곡을 손에 들고 연구실로 들어왔다. 그때 나는 연출가 기국서가 이 작품을 국내에서 초연한 터라 이 희곡을 다시 읽고 있던 참이었다. 실로 놀라운 우연이었다. 이렇게 해서 연극 제작 실습 공연으로 『로베르토 주코』가 결정되었고, 3월부터 연습이 시작되었다. 작가 콜테스의 희곡에 등장하는 인물들이 머물고 있는 지금 여기보다는, 그들이 현실에서, 꿈에서 저곳으로 가고 싶어 하는 몽상의 공간이 더 매력적으로 보였다. 그의 희곡이 지닌 특징은 장소의 문제,

그 장소에 덧붙여진 기억의 문제로 보였다. 나는 지도교수로서 박스형 실내극장이 아니라 시적 자연언어가 가득한 야외무대를 학생들에게 제안했다. 또한 구릉과 잔디 위에 설치할 무대도 스스로 하면 좋겠다는 뜻을 세웠고, 그리 하도록 권고했다. 그때 함께했던 김범석, 남승혜 같은 학생들은 졸업 후 연극동네에서 배우로 활동하고 있고, 연출을 맡았던 유수연은 독일 베를린에서 연극 공부를 계속하고 있다. 다음은 2003년 학교에서 처음 공연하면서 프로그램에 쓴 글의 일부이다.

이번 학기에 『로베르토 주코』를 읽고 또 읽었다. 얼마나 읽었는지 모르겠다. 희곡 속 대사들이 내 입에서 시도 때도 없이 주술처럼 흘러나오는 것을 보면, 그의 글 빛깔에 놀랐고, 그의 작품을 젖으로 여겨 물고 있는 듯했다. 작품을 읽은 시간은 '젊고, 불안'한 학생들과 함께 있으면서, 뭘 말해도 슬픈 주코와 같은 그들을 읽는 시간이기도 했다. 작품은 나와 학생들을, 우리와 세상을 다시re 묶는ligion 종, 그러니까 생명체와 같았다. 지금도 콜테스의 희곡을 읽으면 그들이 보이고, 희곡 속 인물들과 그들은 하나로 포개져 있다. 그사이 짧은 봄, 봄밤, 봄하늘, 봄바람은 긴 여름, 여름 하늘, 한여름 밤으로 이어졌다. 빛의 낮, 어둠의 밤을 채운 시간은 언제 우리에게 다시 돌아올까? 학생들과 함께 보낸 강원도 인제 동아실 계곡, 한 칸짜리 교실만 남은 폐교의 저녁과 아침, 학교 야외무대의 봄과 여름, 그 속에서 함께 보낸 아름다운 나날들을 잊을 수가 없다. 고백하자면 이 희곡을 쓴 작가가 좋고, 이 희곡이 더 좋고, 잘 번역된 이 작품을 골라, 씌어진 그대로, 주옥과 같은 대사를 한 줄 빼놓지 않고 그대로 연습한 젊고 불안한 학생들이 더더욱 좋다. 학교에서는 생태적 감수성으로 삶과 세상을 다시 연역하는 뜻으로 구릉이 있는 터를 이용하여 야외공연을 했다. 경사진 곳이지만 나무는 반듯하게 치솟았고, 풀은 골고루 자라 땅에 펼쳐져 있었다. 나무와 풀의 뿌리, 줄기, 입, 꽃과 같은 감수성으로 포착한 이미지들이 무대 위에, 관객들의 눈앞에 놓여 있기를 희망했다. 나무와 풀, 하늘과 땅, 바람과 공기, 이슬과 흙 그리고 버려진 것들을 재활용한 무대장치와 소품들…… 작은 호수가 내려다보이는 학과 건물 옆 언덕, 그 곁에 숲이 슬쩍 세상을 가로막고 있는 곳에다 새 세상과 같은 꿈의 무대를 만들었다. 무대 위는 하늘이고, 무대 아래는 땅이었다. 하늘과 땅 사이에 두 개의 세상이 있었던 셈이다. 그 곁에는 내 연구실이 붙어 있어 학생들이 야외공연 연습을 하는 내내 연극이 삶이 되고, 삶이 연극이 될 수 있다는 생각을 절로 하게 되었다.

제작 실습을 맡은 지도교수의 역힐이 무잇인지도 생각해보았나. 시도교수는 항상 옳고 의로운가? 그때마다 곁으로 다가와서 "교수님, 저 제대로 하고 있는지 불안해요"라고 들릴 듯 말 듯 말하는 학생들을 떠올렸다. 그들의 말은 호소가 아니라 절실한 노동에서 나오는 땀 흘리는 소리와 같았다. 그런 모습을 보면서 나는 학생들만큼 고민하게 되었고, 이를 바탕으로 좋은 연극을 만들 수 있다는 믿음과 신뢰를 지니게 되었다. 이 작품은 학생들이 만들었고, 참여한 학생들은 모두 다르고, 모두 같다. 연극 속, 큰 인물과 작은 인물의 차이가 없기 때문이다. 적어도 2003년 봄과 여름 사이, 우리는 너나 할 것 없이 베르나르-마리 콜테스와 같은 로베르토 주코일 뿐이었다. 살아 있는 삶에 목말라했던 작가처럼 우리도 그런 인물이 되고 싶었던 게다. 나부터 주코를 통해서 다시 태어나고 싶었다. 공연이 끝나갈 무렵, 제 이름을 기억해줄 한 사람만 세상에 남겨놓고 떠난 주코 뒤에서 "나무 사이를 걸으니 내 키가 더욱 커졌다"라고 말할 수 있다면 얼마나 좋을까? 작품과 세상의 해석에 머물지 말고 우리 자신을 변화시키는 것이 공부이고, 그것이 중요하니까 말이다.

두번째 공연, 마지막 눈길을 걷다

첫번째 공연 이후 몇 해가 지났다. 틈틈이 콜테스의 희곡에 관한 논문을 쓰며 지내고 있던 2006년 가을, 학교에서 제작 실습 공연을 '콜테스 페스티벌'이라고 제목을 붙였다. 무려 『로베르토 주코』『서쪽 부두』『검둥이와 개들의 싸움』, 이 세 작품을 한꺼번에 공연하는 프로젝트였다. 관객들이 보거나 말거나, 듣거나 졸거나, 일곱 시간이 넘는 길고 긴 공연을 보다가 돌아눕더라도 괘념치 말고 객석 끄트머리까지 이어붙인 너른 무대에서 콜테스의 인물들과 그들이 말하는 것만을 공부해보자는 취지로 시도한 일이었다. 그 렇게 해서 그의 세계에 물처럼 흘러들어가 우리 안에 있는 허물과 같은 것들을 바깥으로 밀어내고자 했다. 나도 그렇게 말하고 싶었고, 그들이 말할 수 있도록 해주고 싶었다. 연극을 세우는 것은 극장이 아니라 우리 자신이라는 것을 알려주고 싶었다. 어떤 길이 있어서 한 것은 아니었다. 남규태, 김현회를 비롯한 많은 학생들은 묘하게도, 한결같이, 뜨겁게 넘치는 열의로 한 학기 내내 콜테스의 인물들을 앓고 있었다. 강의실 안팎에서 그런 그들의 모습을 충분히 알 수 있었고, 복도에서 서로 눈이 마주칠 때마다 늘 하던 말이 아니라 작품 속에 나오는 대사들로 인사하는 버릇이 생길 정도였다. 콜테스를 복잡하게 생각하는 나보다, 필요한 만큼 알고 실천하는 그들이 더 현명해 보였다. 연습은 그야말로 아궁이에 불을 지피는 것처럼 진행되었고, 그 시간들은 훨훨 타올랐다. 그들의 몸에 뚫린 구멍에서 콜테스의 시적인 대사들이 샘처럼 저절로 흘러나왔다. 그들은 강의 시간 말고는 낮 동안 숨어 있었던 것 같고, 밤이 되면 다들 또랑또랑해진 눈으로 만났다. 몸은 폐허가 되어가고 있었지만, 정신은 콜테스의 시어로 다시 태어났다. 그해 가을은 참으로 황홀했다. 『로베르토 주코』의 첫 대사처럼, "차라리 이 시간에 우리의 귀는 내면의 소리를 들어야 하고, 우리 눈은 내면의 풍경을 들여다봐야 했던" 터였기 때문일 것이다.

'콜테스를 읽다' 라는 문장은 사실만을 전하는 것은 아니었으리라. 그의 희곡을 읽을수록 2006년 가을과 겨울 사이에 두번째로 공연했을 때처럼, 콜테스가 쓴 희곡들은 겹겹이 삶에 포개진다. 그가 쓴 말들은 읽다가 앞의 내용을 잊어버려도 좋은 말들이 아니다. 읽으면 읽을수록 경건해졌고, "지혜와 용기와 너그러움을 바탕으로 일상의 쓰임새가 허락하는 것보다 더 큰 의미를 추론함으로써 각각의 낱말과 글줄에 담긴 의미를 애써 찾아 읽어야" (헨리 데이비드 소로, 『월든』) 했다. 그런 까닭에 오랜 시간 그의 작품을 가슴으로 읽어갈 수 있었으며, 이제는 토씨까지 줄줄 외울 수 있게 되었다. 희곡 속 인물들이 맨 처음 대화를 나누는 상대가 작가라고 한다면, 작품을 읽는 행위도 우선 작가와의 대화일 터이다. 소리 내어 읽거나 가슴으로 읽는

『로베르토 주코』, 유수연 연출, 호서대학교, 2003.

동안 콜테스는 마음속 어딘가에 자리 잡는다. 연습 시간 내내 우리는 그와의 대화에 빠져들었다. 이제는 우리 가슴에 어떤 그림자가 생겨난다. 그에게 말하고 싶은 것, 인물들에게 대꾸하고 싶은 것들이 자꾸만 용솟음친다. 이것은 희곡을 읽으면서 확장되며 전이되는 어떤 경험이다. 내 삶에 환상을 주는 것이기도 하고, 작품 속 환상에 내가 부여하는 현실감이기도 하다.

콜테스의 희곡을 읽고 학생들과 공연을 하는 시간 동안 작가와 작품 앞에 존재했던 것 같다. **세상은 암담하다.** 언제나. 콜테스처럼 연극은 그 암담한 혼돈을 무대 위에 반영한다. 콜테스 연극에 등장하는 배우들은 인물들과 포개지고, 희곡을 읽거나 연극을 보는 이들은 불현듯 살고 있는 제 삶에 깊은 통찰력 혹은 사색과 같은 깊은 인상을 받는다. 앞서서 공연 시간을 일곱 시간 반쯤이나 되게 한 것은 고독하고 느릿한 세상과 삶을 송두리째 드러내고 싶었기 때문이다. 그리하여 공연은 연극을 보는 우리처럼 느끼고 살아갈 잠재된 존재들과 만나게 된다. 공연은 눈과 마음으로 귀로 들어오는 소리를 세우고, 눈으로 읽는 글자를 깨워 일으켜 세우는 일이다. 꿈과 같은 상태에 있는 여기, 깨어남의 순간들만이 우리를 기다리고 있다. 암담한 세상에서 그것이 공연이다.

나는 콜테스를 처음 읽는 학생들에게 늘 맘껏 소리 질러보라고 말한다. **비겁한 이들만 세상에 살아남는다**고도 말한다. "세상은 외롭고 쓸쓸해……"라고 노래한 후 종적을 감춰버린 가수가 있었다. "어디(에도) 알 만한 사람 없"는 세상을 어지럽게 걷다가 노래하는 걸음을 멈춘 그이도 있었다. 콜테스도 제 집으로 돌아가고 싶은 마음으로 유럽에서 아프리카로, 다시 라틴아메리카로 돌고 돌아 삶을 마감했다. 고작해야 몇 해 전의 일이다. 생을 비우는 징후가 몰려든다. 황폐한 세상에 삶은 지리멸렬하게 계속된다. 어처구니없이 죽어서까지 속물 노릇을 하는 존재들도 많다. 눈을 맞으며 호수를 가로지르는 코뿔소 떼들이 있는 아프리카와 같이 유물로 남은 고대 도시로 가고 싶다. 내가 지금 보는 것은 모두 과거일 뿐이다. 여기에 상처투성이의 생존자들만 있다. 자존심을 지켜야 할 것인가? 모든 것은 사라지기 마련이다. 그러나 무능한 개인만이 살아남는다. 무능한 이들은 일상적인 삶을 긍정하니까. 그것이 실제로 자신이 희망하는 삶이라고까지 긍정해야만 하니까. 내면의 소리, 내면의 풍경을 피하고, 쳐다볼 것을 스스로 찾지 못해 쓸모없는 규칙만을 내세우고 강요하면서 세상의 쓰레기통을 뒤지는 개량주의자들만 세상에 살아남는 법이다. 생각이란 것이 없으니 들리지도 보이지도 않는, 비겁하게 살아남아 죽지 못하는 이들이다. 그들은 "이렇게 늙었는데 왜 아직도 매번 새롭게 불행이 우리를 짓밟고 우리를 올라타고 춤추며, 우리 머리를 너절한 삶 속에 처박는" 이유를 묻지 않는다. 인간이 지닌 순진함과 혐오감을 모두 쓸데없는 것이라고 말하는 이들이다. 그 반대편에 사는 것이 모욕이라고 느끼는 고독하고 강한 이들이 있다. 그렇다. 자기 자신에 대한 기억 없이 떠나고 싶은 이들이 여기에 함께 있다. 지붕을 통해서 태양을 향해 빠져 나오고 싶어 하는 이들이 더 늘어났다. 정직하게 산다는 것은 언제나 쓸쓸하고 외롭다. **마지막 눈길을 걷다.** 이른 아침, 누군가가 홀로 눈이 깊게 쌓인 겨울 산을 맨 먼저 올라갔다. 여기가 눈 덮인 아프리카가 아니면 어떠한가. 눈밭에 새겨진 발자국은 그가 세상을 설득하는 하얀 정신이다. 홀로 그가 남긴 길을 따라 오른다. 저 길 끝에 기억이란 것이 없는, 이미 모든 것을 잊어버린 아버지가 그림자로 남아 있다. 살아 있는 동안 책 읽고, 여행하고, 글을 썼던 그였다.

이 책은 콜테스를 읽으면서 함께했던 여러 이웃들 덕분에 세상에 나올 수 있었다. 이 책을 콜테스 작품에 관한 독창적인 해석이라고 하기보다는, 여러모로 부족하지만 애정 어린 헌사라고 하는 편이 좋을 듯하다. 많은 자료를 참조한 이유는 여기에 있다. 그동안 콜테스의 작품을 분석한 논문들을 한국연극학회의 학회지인 『한국연극학』에 게재했다. 이 글들을 수정하고 보완해서 책으로 엮었다. 그동안 파리 제3대학에서 콜테스 연구로 박사학위 논문을 쓰고 있는 문경훈 선생이 귀중한 자료들을 많이 보내주었다. 2009년 봄날 소르본 대학 광장에서 그를 만나 여러 자료를 건네받았다. 그 가운데 1999년 메츠 시립 도서관이 발행한 콜테스의 『서간문집 *Lettres de Saint-Clément et d'ailleurs*』에 들어 있는, 그가 1968년 산악훈련을 거쳐 이듬해 4월 알프스에서 고전적인 알피니즘 스타일로 암벽등반을 하는 모습을 찍은 사진은 어릴 적 쓴 일기와 더불어 매우 감동적이었다. 글을 쓰면서 콜테스 희곡을 번역한 분들의 정성에 힘입은 바가 많았다. 2003, 2006년에 공연을 함께하면서 콜테스의 작품에 기꺼이 포로가 되었던 연극학과 학생들도 잊을 수 없다. 연구년 동안 방문교수로 초청해주고 콜테스를 연구할 수 있도록 많은 도움을 베풀어준 파리 제3대학의 장-피에르 사라작 교수, 여든이 넘은 나이에도 왕성하게 글을 쓰고 연출을 하는 미셸 비나베르 선생님도 크나큰 배려를 해주셨다. 문학과지성사 편집부 직원들의 노고에 크게 감사드린다. 함께 원고를 읽고, 책을 만들던 과정은 즐겁고 소중한 추억으로 남을 것이다. 앞으로 모국어의 문법을 배우고 익혀 더욱 정진하고 싶다.

2011년 5월
북악산 안골에서
안치운

차례

현대 연극과 운문의 독백
—『로베르토 주코』연구

서론: 프랑스 현대 희곡과 운문 읽기

글이 읽힌다는 것은, 그래서 글을 읽고 무엇인가를 쓰게 되는 것은 작품과 읽는 이가 서로 맞물려 있기 때문이다. 글 읽기는 사유의 거주 공간인 작품 안으로 들어가는 일이고, 글쓰기는 문자 밖으로 더 멀리 나오는 것, 문자로 저장된 사유의 외출이면서 동시에 사유의 실제가 가질 수 없었던 새로운 잠재력을 발견하는 일이다. 희곡으로 치면 그것은 글이, 말이, 인물들이, 장소가, 인물과 장소가, 인물과 말이, 인물과 인물이, 보이는 혹은 보이지 않는 시간의 흐름이 독자 안에서 한꺼번에 용솟음쳐 재미를 주는 모든 것을 일컫는다. 재미inter/esse는 사이에inter 존재하는esse 것이다. 즉 독자와 작품 사이, 독자와 인물 사이, 희곡의 글과 배우의 말 사이, 현실과 허구 사이, 이곳과 저곳 사이, 글과 해석 사이, 정신과 사물 사이, 의식과 무의식 사이, 합리와 비합리 사이 그리고 무수한 사이와 사이의 사이를 뜻한다. 이러한 사이들은 독자를 이끄는 미로와 같다. 작품 속 미로는 독자가 길을 잃는 장소가 아니라 항상 길을 잃고 나오는 장소일 터이다. 글은 그곳에서 쓰이고, 읽힌다.

현대 프랑스의 희곡작가 베르나르-마리 콜테스가 쓴 『로베르토 주코 Roberto Zucco』는 그의 마지막 작품으로 1990년 출간되었다.[1] 이 작품은 실제 인물이었던 스물여섯 살의 잘생긴 청년 수코가 프랑스 샹베리에서 사람들을 죽이고 이탈리아 감옥에서 자살한 이야기를 담고 있다. 이 작품은 수코가 죽고 1년 반이 지난 1990년에 페터 슈타인에 의해 베를린에서 초연되었다.[2] 수코는 이탈리아 베네치아의 시골 출신으로 아버지는 경찰이었다. 그는 열아홉 살 때 정신분열 증세로 아버지와 어머니를 살해했지만 무죄로 인정되어 정신병원에 감금되었던 인물이다. 그리고 1986년에 탈옥해서 1986~88년 프랑스에 살면서 많은 범죄를 저질렀다. 1986년에는 툴롱에서 형사를 죽이기도 했다. 그 후 이탈리아 북부에서 체포되었고 감옥에서 탈출하는 장면이 텔레비전에 생중계되기도 했다. 스물여섯 살이었던 1988년 5월 23일 그는 감옥에서 시체로 발견되었다.[3] 1991년 11월 2일, 이 작품의 상연을 앞두고 샹베리 시장은 이 공연을 취소시켰다. 경찰 노조와 예술가들의 대립이 날카로워지자 시장은 실제 인물이었던 로베르토 수코가 죽인 희생자들의 가족이 겪고 있는 아픔을 존중한다는 뜻을 내세워 이 공연을 허락할 수 없다고 했다. 공연이 고통을 겪고 있는 피해 가족에게 또다시 정신적 충격을 안겨줄 수 있다는 것이 시장의 입장이었다. 미셸 피콜리, 아리안 므누쉬킨, 파트리스 셰로와 같은 배우와 연출가들은 "하얀 천사, 검은 천사는 항상 우리 안에 있다. 살인자, 도축자, 희생자가 우리 안에 있다"[4]고 말하면서 시장의 결정에 반대했다.[5] 이 작품으로 공연 분야에서 창작의 자유를 주장하는 예술가들의 입장과 희생자 가족의 상처를 보호하려는 공공의 윤리가 대립하는 논쟁이 야기되기도 했다.

『로베르토 주코』의 특징은 시적인 운문의 고백체가 많다는 것이다. 모두 15장으로 구성된 이 희곡의 각 장은 시적인 운문으로 가득 찬 독백에 가깝다. 조각난 세계, 뒤죽박죽된 세계, 고독, 절망, 불확실성, "사건들과 이성적 질서 사이의 균열, 물질처럼 투명한 정신 상호간의 불투명성, 서로에 대해 터무니없는 것들로 취급되는 논리 체계"[6]와 같은 현대성의 주제들이 준독백 Le quasi-monologue을 통한 문학적 글쓰기와 잘 어우러져 있다는 점이 콜테스 희곡의 매력이다.[7] 운문에 의한 독백은 인간이 자기 자신의 내면을 드러내기 위한 지고한 충동이며 유혹과 같고, 인간과 세상에 대한 형이상학적 인식을 위한 수단이다. 앎의 대상이 오로지 실제적인 것으로 구체화되는 오늘날에 시적인 대사는 예지나 온전한 생존의 요구와 같은 모습을 지닌다. 콜테스의 인문적 텍스트들에 등장하는 여러 인물은 존재 안에 머무르려는 경향을 지니고 있다. 각 장에서 타인과 소통할 수 없는 고독하고 소외된 인물들은 자기 자신에 대해 말하고 동시에 작가 콜테스를 말하고 있다.[8] 시적인 대사와 함께 침묵이 공명하고 공허가 충만하다. 그 속에서 짓눌린 듯한 기묘한 상태들이 원천적으로 발견된다. 또한 그의 작품들에는 말이 지닌 의미와 소리가 잘 어우러져 있다. 무기력, 피로, 존재를 끊임없이 괴롭히는 가족, 인물들의 황폐한 성격이 말들의 의미와 소리로 드러난다. 또한 가족과 같이 자신을 둘러싼 타자와의 관계처럼, 역전시킬 수 없는 관계망의 인물들이 등장함으로써 근원적인 사회성과의 불화와 동시에 화해를 암시한다.

1990년 출판된 베르나르-마리 콜테스의 유작인 『로베르토 주코』는 두 인물 사이의 하나의 이야기를 18세기 방식으로 대화하는 『목화밭의 고독 속에서』와 더불어 현대 프랑스 희곡에서 새로운 글쓰기를 보여주는 논의의 중심에 있는 작품이다.[9] 『로베르토 주코』는 우리말로 번역·출간되었지만,[10] 작가의 번역되지 않은 작품은 아직도 많이 남아 있다.[11] 『로베르토 주코』는 개별적인 장면이 연속되어 있지만 주인공 주코를 제외한 다른 인물들은 모두 이름이 없다. 인물들의 대사에는 운문과 산문이 절묘하게 섞여 있다. 그리고 『목화밭의 고독 속에서』는 딜러와 손님의 긴 독백으로 이루어진 작품이다. 프랑스 현대 희곡을 대표하는 콜테스의 작품들은 고전 희곡의 특성인 운문이 중심을 이루고, 근대 연극의 특성인 대중연극적 요소 그리고 현대 희곡이 지닌 산문이 적절하게 조화를 이루고 있다. 시적인 독백은 울림이 있는 말이다. 은유와 상징으로 가득 찬 시적인 울림은 공명이며 공감이며 감동을 준다. 좋은 독백이 주는 공명은 그대로 관객의 몸으로 들어가는 들숨과도 같다. 몸속으로 들어간 들숨은 다시 날숨으로 되돌아 나온다. 다가

가는 공명에게 몸은 일차적으로 저항의 대상이기도 하고 울림의 변조를 가능하게 하는 장場이기도 한다. 날숨은 소리를 동반하고 몸으로부터 나온다. 그 소리는 몸을 떨게 하고 숨을 가쁘게 한다. 소리에 저항하기 시작한 몸이 점차 소리에 종속되어 결국에는 몸 역시 울림으로 반향反響한다.[12] 소리는 호흡으로 짧게, 혹은 길게 이어지고 끊겼다가 다시 이어진다. 문학적 텍스트라고 불리는 시적인 독백의 소리는 이렇게 울림으로 넓게 퍼진다. 그것은 무대와 객석을 잇는 보이지 않는 파장과도 같다. 이 글에서는 프랑스 현대 희곡의 새로운 글쓰기 형태를 보여주는 『로베르토 주코』에 나오는 시적인 독백을 장scène 별로 분석하고, 현대 연극에서 인문학적 텍스트의 중요성을 밝히고자 한다.

본론: 말의 질서와 힘 — 운문의 해석

콜테스는 『로베르토 주코』를 통해 상투적인 기존의 가치와 윤리에 반기를 든다. 콜테스는 살아 있는 삶에 목말라했던 이였다. 그는 주코의 죽음을 통해서 다시 태어나고 싶어 했다.[13] 실존 인물인 로베르토 수코나 허구의 인물인 로베르토 주코에 대해서도, 살인과 폭력과 같은 문제에 대해서도 윤리적으로 판단하지 않는다. 아버지, 어머니를 죽이는 죄책감에 대해서도 이렇다 저렇다 말하지 않을 뿐만 아니라, 이것이 사회윤리에 반하는 일인지 아닌지에 대해서도 아무런 입장을 제시하지 않는다.[14] 그런 면에서 독백체로 길게 읊조리는 이 작품은 윤리에 대해서 분명한 입장을 드러내는 서양 고대 비극과 크게 다르다. 주인공인 주코는 사회와 아무런 관계를 맺지 않는다. 주코는 모든 것을 완전하게 잃어버린 인간의 상징으로 볼 수 있다. 이 작품은 상궤에서 완전하게 벗어난 채, 고독과 폭력 속에서 인간이 할 수 있는 사유를 고스란히 보여주고 들려준다. 주코는 서양 희곡사에 등장하는 다른 죄인들과는 상이한 존재이다. 주코가 알고 있었던 것, 즉 작가 콜테스가 말하고자 했던 것은 "모든 것은 끝났다C'est fini"와 모든 것을 "잃어버린 인간Un homme perdu"[15]에 관한 이야기이다. 이 작품에서는 각 장마다 내면의 사색이 극단적으로 드러나는데, 그 내용은 무정부적이고 원시적이다. 가족 이전의 역사, 원시 가족을 통해서 삶과 죽음 그리고 생존의 충동을 보여주고 있기 때문이다. 주코를 제외한 다른 인물들은 언니, 오빠, 형사, 늙은 신사처럼 역할만 있을 뿐 이름이 없다. 열다섯 개의 장면도 각기 떨어져 있고, 여러 인물이 서로 나누는 대화도 매우 적다. 이 작품은 죽이고 싶은 욕망, 이 세상에서 사라지고 싶은 욕망을 지닌 주코를 전면에 내세운다. 세상은 감옥이라는 것을, 이 세상의 폭력과 견딜 수 없는 세상에서 아예 아무것도 알고 싶지 않고, 사라지고 싶은 숨겨진 불안의 근원을 줄곧 시적인 대사로 말한다. 또한 인물들이 지닌 고독은 세계에서 분리되어 내면 생활에 자신의 모든 것을 집중시키는 상태를 말한다. 이 본질적인 고독은 개인주의에서 볼 수 있는 쾌적한 고립을 용납하지 않는다. 오히려 작품의 무한함이며 정신의 무한함이다. 그래서 콜테스의 희곡에 등장하는 인물들은 대부분 고독하다. 이것은 작품이 의미를 전달할 수 없다는 것, 그것을 읽을 사람들이 없다는 것을 의미하지 않는다. 작품을 쓰는 자가 이 고독과 불안의 위험성에 속해 있는 것처럼 독자도 작품의 고독을 인정하고 그 안으로 들어간다는 것을 의미한다. 주코는 이 시대의 전형적인 신경증을 표상하며, 인물들은 어떠한 조건에서도 유일하게, 근원적으로 말하는 힘을 지녔다. 콜테스의 작품이 지닌 비극성은 비극적인 절망이 아니라[16] 그것을 끝까지 말하는 데 있다.

콜테스의 『로베르토 주코』는 주제와 형식 면에서 몇 가지 특징을 지니고 있다. 첫번째로는 고대 그리스 비극에서 나타나는 국가와 개인, 부모와 자식, 개인과 개인 사이의 억압과 갈등이 현대로 옮겨 달리 재현되고 있는 점이다. 구체적으로는 부친 살해, 모친 살해, 유아 살해 등을 통해서 본 정치와 광기, 권력과 자유의 문제가 두드러진다. 두번째로는 현대 희곡의 주된 특성인 산문의 표현방법과 상이한 표현주의적 요소들이다.[17] 이 희곡은 현대 희곡답게 개인과 개인의 소통 단절, 장소의 빈번한 변경, 존재와 존재자에 대한 문제를 담고 있다. 이것은 "화자와 지시 대상이 같은 자동성찰적 담화"인 독백의 형태로 나타나는데,[18] 등장인물들은 대부분 "던져져" 있다. 이 작품은 절대적으로 소외된 인물들에 대한 연구라고 볼 수 있다. 콜테스의 희곡에서 등장인물은 고유한 이름이 없는 익명의 존재이다. 그들에게는 인칭이 없다. 순수한 존재로 그렇게 "있을" 뿐이다. 등장인물뿐만 아니라 열다섯 개의 장은 연결되어 있지 않고 개별적으로 "있다." 모든 사물의 관계가 파괴되고 존재들마저 파괴된 후에는 그럴 수밖에 없어 보인다. 인물들은 그냥 말할 뿐이다. 그냥 말하는 것으로 돌아갈 뿐이다. 그래서 시적 운문으로 가득 찬 독백이 가능해지는 것이다. 세번째 특징은 시적인 대사이다. 구체적으로는 음악적인 요소들, 운문에 의한 대위법적인 말들이다. 네번째 특징은 대중연극적인 요소이다. 이 작품 속에는 말들의 리듬, 유머, 이례적이면서 재치 있는 응답, 상황의 변화, 놀람, 속도의 변화 등이 눈부시게 드러난다.

1. 탈출에 대한 은유

제1장의 제목은 '탈출'이다.[19] 어디에서 어디로? 이곳인 감옥에 있던 주코가 저쪽인 바깥으로 탈출한다. 이 제목은 질문 형식으로 되어 있다. 탈출은 벗어남ex-cendance이다. 철학자 에마뉘엘 레비나스의 『탈출』[20]에 의하면 탈출은 존재essence로부터 탈출하는 것이다. 존재란 "다른 어떤 것에 의거하지 않고 스스로를 긍정하는 어떤 절대적인 것"[21]이다. 존재란 본질이다. 존재하는 나와 존재의 관계는 필연적으로 자기동일성이라는 형식을 통해서만 드러난다. 존재를 지배하는 것은 존재자이다. 로베르토 주코의 존재를 지배하는 것은 로베르토 주코라는 존재자이다. 그러니까 존재하는 이는 다른 어떤 것이 아니라 오로지 그 자신으로서만 존재할 수 있다. 이런 까닭에 존재자와 존재는 동일성의 형식, 즉 자기soi에 대한 자아moi의 피할 수 없는 연관으로 나타날 수밖에 없다. 이 작품의 1장 제목 '탈출'은 자기와 자아의 관계를 단절하는 것을 뜻한다. 로베르토 주코는 자신에게 가장 근본적이고 모면할 수 없는 관계를 부순다. 이제부터 자기로서의 주코와 자아로서의 주코는 다르다. 그에게 자기동일성은 더 이상 찾아볼 수 없다. 주코라는 존재로부터 벗어날 수 있기에 그는 2장에서 해결할 수 없는 비극을 감추고 있는 "존재하는" "불행한" 어머니를 행복하게 죽일 수 있게 된다. 주코라는 존재를 희생시켜 그는 존재자의 특권을 누리는 것이다. 자신의 근원인 어머니

를 죽이고 난 후 그는 아주 멀리 나아간다. 자신의 존재를 무화시킨다. 무한에 대한 동경과 욕망을 품고, 15장에서 언급되는 태양(90)으로까지 가게 된다. 바람의 근원이라고 일컬어지는 태양으로 향하기 위해서는 누구나 자기 자신을 묶는 존재를 버려야 한다. 그래야만 존재 너머로 갈 수 있다. 그가 바로 익명의 존재인 로베르토 주코이다.[22] 이것은 사람의 이름도 아니고 사물의 이름도 아니다. 그냥 막연한 어떤 것, 인위적이고 동이반복적이고 임의적인 것, 종합하면 분열과도 같은 것이다. 2장부터 존재함에 대한 두려움이 파노라마처럼 펼쳐진다. 존재함에 대한 두려움은 근원적이다. 생의 근원은 두려움일 터이다. 3장에 등장하는 언니가 그러할 것이고, 그 두려움에 지친 아버지와 어머니는 술에 취한 상태로 자기 자신을 설명하게 된다.

제1장의 지문은 "침묵과 어둠을 겨누기fixer 지쳐버린 간수들"(6)이다. 감옥을 지키는 간수들이 겪고 있는 고통은 침묵과 어둠을 바라보는 피로감이다. 감옥에서 고통받는 이는 갇혀 있는 죄수일 듯한데, 이 장면은 역설적이다. 침묵은 말할 상대가 없어 자기 자신에게 말을 거는 것이고, 어둠을 바라보아야만 하는 고통이란 자기 자신만을 보게 되는 것을 뜻한다. 정신분열과 같은 환각은 이때 온다. 그리고 내면의 풍경이란 침묵과 어둠의 사이, 침묵과 어둠을 배경으로 하고 있는 자신의 모습이다. 보고 말하는 것이 제한될 때 남는 것은 듣는 것, 즉 소리뿐이다. 이때 언어는 음악처럼 침묵 속에 세워지는 형식이다.

　　간수 1: 무슨 소리 들었어.
　　간수 2: 아니, 아무 소리도 못 들었는데(중략, 6).

　　간수 2: 아니, 아무것도 안 보이는데.
　　간수 1: 나도 아무것도 안 보여. 하지만 또 무언가를 본 것 같은 생각이 드는데(8).

간수들은 이때부터 소리이되 소리가 아닌 음악과 같은 헛소리를 하게 된다. 그것이 7쪽에서 8쪽으로 이어지는 대사이다. 흔히 이 장면을 『햄릿』의 첫 장면과 비슷하다고 여기는데, 교대하러 온 이가 근무하고 있는 이에게 누구냐고 묻는 데서 연유한 것 같다. 이것도 헛소리(12)이다. 그 예가 "모든 철책을 통과하기 위해서는 액체가 되어야 할 것"(7)으로 반복된다. 여기서 액체란 기체인 수증기가 변화된 것이다. 이런 변화를 통해서 시간의 흐름을 감지할 수 있다. 그러나 간수들은 "아무것도 쳐다볼 게 없으면서도 뜬 눈을, 엿들을 것이 없이 쫑긋 세워진 귀"(6~7)를 가지고 있다. 이것과 대립되는 것이 "내면의 풍경"(7)이다. 보는 것으로는 "아무런 결론을 내릴 수가 없"(8)기 때문이다.

기체보다 더 잘 보이는 것은 액체이고, 탈출하는 주코가 그것에 해당된다. "뭔가 보이는 것"(9)은 주코이다. 주코는 보이는 존재이기 때문에 "난폭"하고 "야만적인 짐승"(9)으로 불린다. 문제는 주코에게 있는 것이 아니라 이 세상에 있다. "볼 게 없어 못 보고 들을 게 없어 못 듣는" 세상이야말로 우리가 사는 비극적인 세상이다. 그러므로 이런 세상에 사는 "우리들은 쓸데없는 존재"(6)가 된다. 이 말은 앞뒤 말에 가려 잘 들리지 않을 수 있다. 간수看守란 보는(看) 이(守)를 뜻한다. 그러나 이들도 제대로 보지 못한다. 간수도 자신의 존재를 잃어버리기는 마찬가지이다. 쓸데없는 존재가 되는 것이다. 마지막 15장에서, "태양을 통해서 빠져나와야"(88) 하는 것은 주코이되 대기 속으로 증발하는 주코이다. 태양이 저절로 빛나듯 바람은 저절로 불고, 물이 저절로 흐르는 것처럼 주코는 저절로 빠져나간다. 그러므로 그는 "장애물을 보지 못한다"(89). "한쪽에서 다른 쪽으로 움직이는 게 안 보"(90)이는 존재가 된다. "한 방울의 물이 여과기를 통과하듯 간단히 빠져나올 수 있"(33)게 된다. 탈출이란 이처럼 땅에서 하늘로 혹은 보이지 않는 어떤 곳으로 존재를 옮겨놓는 일이다. 등장인물들은 탈출한 이(주코)거나, 탈출하지 못한 이들(언니, 부인, 어머니, 아버지, 겁에 질린 창녀, 우울한 형사, 간수들)이거나, 탈출하려는 이들(여자 아이, 늙은 신사)이다.

이 희곡을 읽으면 읽을수록 등장하는 인물들은 누구인가? 과거가 있는가? 미래를 믿는가? 희망은 있는가?를 되묻게 된다. 삶과 사회의 진보를 믿는 이들은 하나도 없다. 그들은 진보에서 밀려난 이들이고, 진보를 아예 믿지 않는 이들이 이 자리에 모여 있다. 이 희곡에서는 물질적 진보조차 보이지 않는다. 인물들과 물질의 관계가 아예 존재하지 않는다. 인물들에게 삶의 배경이 존재하지 않는다. 인물들은 그저 존재하는 고독한 오브제처럼 보인다. 그 끝은 음악과 같은 신음소리(15)를 내는 것일 뿐이다. 소리처럼 존재가 사라지는 것이다. 이 희곡에 나오는 집, 프티 시카고Petit Chicago, 지하철 등의 장소는 모든 이들을 삶과 사회의 뒤편으로 밀어낸 곳이다. 삶의 풍경과 같은 자연은 아예 보이지 않고, 인물들의 몸은 모두 망가지고, 정신은 황폐화되고, 정상적인 이들은 천박하기 이를 데 없다. 등장인물들은 정신적으로나 육체적으로나 끝없는 절망에 빠져 있다. 극단적인 위험의 순간에 등장하는 이가 주코이다. 그는 이례적인 인물이 아니다. 그는 오늘날과 같은 사회에서 정상적으로 살아가는 인물이다. 주코는 이 위험의 순간에 불행하기 이를 데 없는 현재의 삶을 구원하고자 태양을 향한다. 탈출은 구원의 상징인 셈이다. 상처받고 패배한, 탈출하지 못하는 이들이 그를 쳐다본다. 이 희곡의 첫 장이 '탈출'인 것은 그러한 이유 때문이다. 어디서 빛을 내는 태양처럼 탈출할 것인가? 그것은 감옥과 같은 이 세상일 것이다. 어떻게? 그것은 죽음이다. 그는 죽음으로 세상을 나와 삶으로 주저하지 않고 나아간다. 삶의 방향은 마지막 15장 제목처럼 태양 앞에 서는au Soleil 것이다.

2. 어머니 죽이기

제2장은 주코가 어머니를 죽이는 것을 보여준다. 살인이라는 폭력과 생명의 부드러움이 공존하고 있다. 이미 아버지를 죽였고 어머니마저 살해하지만, 어머니가 지닌 부드러움("네 몸의 굴곡을, 네 키를, 네 머리 색깔을, 네 눈빛을, 네 손의 모양을……") 그리고 어머니를 어루만지고 포옹하고 껴안는 부드러움(15)을 말한다. 2장에서 보이는 죽음에는 모두 잘못이 없다. 이러한 죽음에는 이유가 없다. 그런 이유로 이 죽음들은 모두 비정상적이다. 갑자기 "철로를 벗어난"(14) 것 같은 "되돌려놓으려 하지 않는"(14) 죽음이

다. "갑자기 미쳤"(14)기 때문에 이런 죽음이 일어나는 것이다. 그래서 삶을 포함한 죽음 그 모든 것들이 "더럽고 구겨졌어도 상관이 없"(13)는 것이 되고 만다.

비정상적인 죽음에 저항하기 위해서 필요한 것은 비정상적인 세상을 정상적인 세상으로 되돌려놓기가 아니다. 그것은 오로지 "잊어버리"(14)는 것, 아니 "벌써 잊어버리"(14)는 것이다. (아들을) "벌써 잊어버린" 어머니는 이미 죽은 존재와 같다.

  어머니: 난 널 다시 보고 싶지 않다. 널 다시 보고 싶지 않아. 넌 이제 내 아
          들도 아니다. 다 끝났어(11).

  어머니: 네가 갓난아기였을 때 널 그때 쓰레기통에 갖다버려야 했어(11).

  어머니: 너 헛소리하는구나. 이 녀석아, 넌 완전히 미쳤어.
  주코: 잊어버려요, 엄마(13).

  어머니: 로베르토, 로베르토…… 버려진 채 잊혀질 뿐이지. 난 널 잊어버리
          겠다. 로베르토, 난 널 벌써 잊었다(14).

아버지를 "벌써, 이미" 잊었고 어머니마저 "벌써" 잊어버린 아들에 의해서 목 졸린 다음 땅에 쓰러지는 어머니는 어머니라는 존재를 잃어버렸다. 어머니가 아닌 존재가 되었다. 그 끝은 음악과 같은 신음소리(15)를 내는 것일 뿐이다. 소리처럼 존재가 사라지는 것이다. 광기와 망각의 세상에서 폭력의 가해자와 피해자를 구분하는 것은 불가능한 일이다. 그 결과 주코는 부모를 죽인 죄의식이 없고, 어머니는 죽는다는 고통을 느끼지 않게 된다.[23] 그냥 "넘어질"(15) 뿐이다. 2장에는 살인이라는 폭력 앞에서 빨래방을 "세상에서 제일 조용하고 평온한"(12) 곳으로 말하는 주코의 무구함과 "빨래를 하고 말려서 다림질"(12)하고 싶어 하는 어머니의 행복함이 공존한다. 빨래

방이란 옷이 물에 빠지고 구겨지는 곳, 그러니까 옷이 옷의 의지와 관계없이 옷의 기능을 잃어버리는 곳이다. 그것을 말리고 다림질하고 싶어 하는 이는 어머니이다. 옷이 "똥파리만도 못한"(11), "쓰레기통에 갖다 버렸어야"(11) 할, "24년 동안 얌전히 있다가 갑자기 미쳐"(14)버린 주코의 몸이라면, 이 세상에서 주코가 원하는 것은 무엇일까? 그곳은 "조용하고, 평온하고, 여자가 있"(12)는 공간, 아주 단순한 공간이며 그를 닮은 공산이다. 그 공간은 스스로 몸을 맡기고 싶은 공간이며 조용하고 평온할 수 있는 공간인데, 주코는 그 공간을 이 세상 바깥이라고 여긴다. 이 세상은 감옥이라는 상투적인 표현에 기댄다면, 살아 있는 것이 진짜 감옥이라는 뜻이다. 죽음이란 감옥에서, 감옥과 같은 이 세상에서 벗어나는 것이 된다. 떠돎의 세계에서는 주거지가 없다. 지금 있는 곳이 거주지일 뿐이다. 다시 떠나면 다시 거주지가 정해진다. 그러므로 영원한 거주지는 없다. 죽음만이 영원한 거주지일 뿐이다. 일상적으로 보면 죽음만이 삶의 끝자락으로 고정적이지만 콜테스의 작품에서는 죽음만이 자유롭다. 그리하여 마지막 15장 「태양 앞에 선 주코」는 주코가 죽음과 친숙해지려는 의식으로 읽힌다. 죽음이란 아주 자연스러운 것이 되고, 태양을 말하는 것은 삶과 죽음의 순환과 같은 것이 된다. 태양을 바람의 성기라고 말하는 것은 자연으로 돌아가는 것을 뜻한다. "동쪽으로 머리를 돌리면 그건 그리로 움직일" 것이고, "서쪽으로 돌리면 그쪽으로 따라올"(91) 것이기 때문이다. 주코는 태양을 통해 삶에서 죽음을, 죽음에서 삶의 순환을, 즉 자연을 말하고 있다. 2장의 끝에서 주코는 "작업복으로 갈아입은 후 나간다"(15). 어머니가 있는 집에서 옷과 같은 생을 갈아입고 작업복과 같은 세상 속 죽음으로 나간다. 그 작업복은 "너무 더러워, 너무 지저분해서 그 상태로는 입을 수도 없는"(12) 세상의 옷이다. "더럽고 잔뜩 구겨진"(14) 작업복과 같은 세상으로 나간다.

3. 삶의 무기력

콜테스의 희곡을 읽으면 읽는 순간, 어떤 순간 분명하지는 않지만 격렬한 감정 같은 것을 느낄 수 있다. 그것은 쏟아내야 할 것 같은, 폭포나 천둥처럼 위에서 아래로 내리꽂히는 격렬함 같은 것인데, 읽으면 읽을수록 몰입하게 하는 힘이다. 막연하고 정지된 기다림을 베케트의 희곡작품과 인물들로부터, 반복되는 삶의 흔적들을 스트린드베리의 희곡작품과 인물들로부터 발견하게 된다.[24] 3장은 언니가 도시의 비극적인 풍경을 말하는 것으로 시작한다. 그것은 "깡패들에게 당한 성폭행, 숲 속에 버려진 토막 난 시체, 지하실에 감금한 성도착자 이야기"(15) 등으로 구체화된다. 언니는 동생인 여자아이와 달리 집 바깥인 도시를 두려워하고 있다. 언니는 "중요한 것은 시간이 오기 전에 도둑질되어서는 안 될 것을 네가 도둑질당하지 않게 하는 거야. 언니는 너의 시간이 올 때까지 네가 기다릴 거라는 걸 안다"(17)라고 동생에게 말한다. 언니에게 구겨진 작업복과 같은 세상의 도시는 '시간'(남성을 포함해서)이 지배하는 곳이고, 얻는 곳이 아니라 (남성의 폭력에 의해서) 잃어버리는 곳이다. 시간이 흐르는 것처럼.

청소년기야말로 삶에 있어서 절정의 시간이 아닌가! 동생인 여자 아이는 절정의 시간을 상징하는 인물이다. 언니는 도시에서 자신의 '시간'인 청소년기를 잃어버린 존재일 수도 있다. 그래서 언니는 '시간'이 없는, '시간'이 흐르지 않는 집 안에 있고 동생을 통해서 자신의 잃어버린 시간(젊음의 순수)을 확인하고자 한다. 매우 큰 강박에 젖어 혼자 이렇게 말한다.

오빠: 불행도 이렇게 덮치기 위해서는 시간이 더 필요했을 거야.
언니: 불행이 오기 위해선 시간이 필요한 게 아니야. 불행이란 아무 때나 나타나 순식간에 모든 것을 변화시켜버리지(19).

이 대사의 중심은 불행과 시간의 관계이다. 언니가 불행과 시간의 관계를 오빠보다 분명하게 인식하고 있다. 피해자인 여성이 가해자인 남성보다 훨씬 더 뚜렷이 자각하고 있으므로. 언니는 지나간 시간, 황폐한 도시에 의해서 부서진 존재이다. 언니는 집 속에 갇혀 있는, 도시로부터 버려진 존재이다. 자신의 정체성에 관한 타인의 시선을 견뎌낼 수 없는 나약한 존재이다. 그리고 자신이 지닌 모순도 해결할 수 없는 존재이다. 언니(의 긴 대사)는 과대망상에 젖어 있고, 편집광 증세를 보인다. 그런 언니에게 남아 있는 것은 자신의 상처이고, 집에 갇혀 있으면서 키우는 것은 바보 같은 남자 아이들이 하는 짓, 즉 부조리한 사회적 행동의 기억뿐이다. 언니는 자신과 자신의 바깥과 단절되어 있는 존재의 상징이다.

> 언니: 깡패들에게 성폭행을 당하는 것부터, 숲 속에 버려진 토막 난 시체, 너를 지하실에 감금한 성도착자 얘기를 빼버리더라도 온갖 공상의 나래가 펼쳐졌었지(15~16).

그런 탓에 집은 이들에게 하나의 보호막과 같다. 그것을 강조하기 위하여 언니는 동생에게 "불행을 견딜 수 있는 사람은 아무도 없다"(20)라고 말한다. 순수함을 강조하면서 외부로부터 남성의 공격이 있을 때 그것과 싸워야 한다고 신경증적으로 말하고 있는 것이다(16~18).

> 언니: 언제 입을 열 거지? …… 언니한테 말 안 할 거야? …… 왜 이렇게 늦게 들어왔어? …… 너 사고 쳤니? …… 혹시 누가 네게 못할 짓을 한 거니? …… 도둑질당해서는 안 될 걸 도둑질당하지 않았다고 말해봐 (16~18).

언니는 자신의 "불행만으로도 차고 넘"(20)치는 존재이기 때문이다.

> 언니: 불행은 몇 년 동안 고이 간직한 귀중한 물건을 순식간에 깨뜨려버려(19).

콜테스는 이런 문제에 대해 말할 때 도시의 윤리, 국가의 윤리가 부패했다는 것을 드러내지 않는다. 언니가 불행의 원인을 도시가 아니라 시간이라고 말하는 것이 이를 증명한다. 작가는 오늘의 불행이 종교적·사회적·정치적 제도가 아니라 개인과 개인 사이에 가로놓여 있는 높은 벽 때문에 초래된 것이라고 여긴다. 3장 제목인 '식탁 밑'의 폐쇄 공간은 세상이 집으로 축소되고, 집이 다시 식탁으로 작아지고, 식탁이 다시 그 밑으로 좁혀지는 곳을 뜻한다. 그곳에 여자 아이가 "있다." "작은 참새"(16)처럼 불안하게 떨고 있는 여자 아이가 있다. 집 바깥에서는 "담 밑에 쭈그리고 앉"(16)아 있는 여자 아이가 있다. 세상에서 떠도는 주코를 식탁 밑으로 인도하는 "이름이 없는"(21) 여자 아이가 있다.

존재의 반대, 즉 이질적인 것은 비관이 아니라 피로, 무기력이다. 피로와 무기력은 존재에 대한 거절이다. 언니가 동생에게 "아무 말도 하지 마. 미쳐버릴 것 같아. 넌 끝장이야. 우리 모두가 너와 함께 끝장난 거야"(18)라고 말하는 것처럼 무기력은 괴로움을 겪을 것에 대한 두려움이 아니다. 무기력은 끝장만 남아 시작할 수 없는 것이다. 피로와 무기력을 합하면 권태가 된다. 그것은 평범하고 침울하며, 통속적이고 가혹하다. 권태는 존재를 가볍게, 무게 없이 비웃고 있다. 권태에는 성숙이라는 것이 없다.[25] 2장에 나오는 술에 취한 아버지, 10장의 인질 장면에 나오는 주위 사람들과 9장의 파출소장 등이 그러한 인물들이다. 그들 역시 존재로부터 도피한 것이고 존재를 포기한 것이다. 이들은 생각하는 능력이 부족한 것이 아니라 아예 목적에 대하여 숙고하지 않는다. 권태는 존재의 포기이다. 그래서 그들은 그저 놀고 있다. 놀이의 실재란 본질적으로 비실재로 이루어져 있다. 이 역설적인 존재의 인물들은 독자와 관객들을 웃긴다. 그 웃음은 무無 속으로 그냥 침몰한다.[26] 언니는 집 바깥에서 자행되는 남성들의 폭력으로부터 자신을 지키기 위하여 집이라는 공간에 갇혀 있는 인물이다. 자신의 삶을 집이라는 어두운 공간에 가둔 채 스스로 보호받고 있다고 여기는 인물이다. 그것밖에 할 일이 없다고 확신하고 있는 언니에게 가족은 유일한 방패막이가 되는 셈이다. 언니가 증오하는 것은 집 바깥에서 일어나는 끊임없는 위기이다. 폭력에 대항하는 것을 알지 못한 탓에 언니는 동생을 과도하게 보호하고 감시하는 것이다. 언니는 이런 감정으로 "대답해봐, 대답해, 아니면 화낸다"(18)라고 다급하게 말하지만, 곧이어 "내게 끔찍한 소리를 하지 마. 아무 말도 하지 마. 미쳐버릴 것 같아, 우리 모두가 너와 함께 끝장난 거야"라고 말한다. 이렇게 말하면서 겁을 먹는 이는 정신분열의 증세를 보이는 언니이다.[27] 누구도 추락하는 동안 저항할 수 없는 것처럼 언니는 지금 추락하고 있는 인물이고 자신의 "불행만으로도 차고 넘"(20)치는 존재이지만, 화가 난 오빠를 만날 때는 동생이 "친구 집에 가 있어. 따뜻하고 안전한 곳이니 아무런 일도 일어나지 않을 거야"(19)라고 하면서 자신의 입장을 바꾼다. 이것도 정신분열증의 한 증세라고 볼 수 있다. 이처럼 작가는 권태를 통하여 삶의 통찰력을 극명하게 보여주고 있다.

3장 제목인 '식탁 밑'에서 언니의 여동생과 주코는 만난다. 그리고 서로의 비밀을 나누고 이름을 잊지 않겠다고 다짐을 하게 된다. 그리고 서로의 흔적을 각인하게 된다. 식탁 밑은 세상에서 가장 작은 공간이다. 비밀의 성이다. 가장 순결한 곳이다.

4. 삶의 우울

4장의 제목인 '형사의 우울'은 다른 장면의 제목들과 다르다. 장소(3장 식탁 밑, 6장 지하철, 12장 기차역 등), 행위(1장 탈출, 2장 어머니 살해, 8장 죽기 전, 11장 협상, 10장 인질, 14장 체포 등), 인물(5장 오빠, 7장 언니와 동생, 9장 데릴라, 13장 오필리아, 15장 태양 앞에 선 주코 등)을 나타내는 제목들과 달리 4장의 제목은 상징적이며 시적이다. 이 제목은 15장 '태양 앞에 선 주코'와 그 성질이 같다. 4장의 대사는 대화가 아니라 독백이다. 독백은 말하는 이가 자신의 내면의 풍경을 고스란히 드러내는 형식이다. 타인을 개의치 않으면서 자기 자신에게 충실한 말하기이다.

'형사의 우울'은 우울한 형사와 그 의미가 다르다. 우울한 형사는 정의가 가능하지만, 형사의 우울은 정의하기가 어렵다. 이 제목의 매력은 정의할 수 없는, 결정되지 않은 채로 남아 있는 형사의 모습에 있다. 형사의 우울은 그가 한 말에 의해서 그의 성격과 죽음의 원인이 얼추 드러난다.

형사: 오늘 기분이 별로 안 좋아요…… 마음이 무거운데 왜 그런지도 모르겠
군. 자주 슬픈 생각이 들긴 하지. 하지만 이번엔 뭔가 수상한 게 있어.
평소에는 울고 싶거나 죽고 싶거나 내가 이렇게 슬픈 생각이 들 때면,

난 이런 상태의 이유를 찾아보곤 하지…… 그 별 볼일 없는 일이 작은 세균처럼 내 가슴속에 자리 잡고는 나를 괴롭힌단 말이야…… 하지만…… 이런 불안한 생각이 어디서 오는지를 아직까지 못 찾아서 이렇게 여전히 슬프고 마음이 무겁군(25~26).

　"울고 싶거나, 죽고 싶거나, 슬픈 생각이 드는"(25) 이 형사는 큰일보다는 "별로 중요하지도 않은 일을 찾아내고, 그 별 볼일 없는 일이 작은 세균처럼 가슴속에 자리 잡는"(25~26) 것을 견뎌내지 못한다. 그리고 "그 별 볼일 없는 일을 알아내고 나면, 마음속 세균의 한 마리 이처럼 손톱으로 으깨어버리"(26)는 인물이다. 그런데 오늘 그는 "여전히 슬프고 마음이 무겁다"(26). 그래서 그는 "오래 못 볼 거요"(26)라고 여주인에게 말하면서 주코 앞에 선다. 이 장면에서 형사의 죽음이 예견되고 있다. 주코는 이런 형사를 보고, (이제부터는 놀란 창녀의 긴 독백에 의해서 결과가 드러난다) "악마의 기운이"(27) 뻗친 거리에서 그 "형사의 그림자처럼 걷고, 그림자가 정오의 순간처럼 줄어드는 순간"(27) 칼을 빼내 형사의 등에 꽂는다. 형사는 "깊은 생각에 잠겨 있"(28)다가 "해결책을 찾아낸 것처럼 〔……〕 땅바닥에 쓰러지고"(28) 만다. 이렇게 해서 "가해자나 피해자나 한 번도 서로 마주보지 않는다"(28). "악마 같은 태연함"(28)으로 주코가 어머니를 죽인 것과 형사를 죽인 것은 같은 맥락이다. 불행한 존재의 생을 마감하게 하는 데 그는 앞장선다. 죽임 앞에서 주코는 죄책감이 없고, 죽음 앞에서 형사는 억울해하지도 우울해하지도 않는다. 보임과 들림의 차이가 있을 뿐이다. 4장에서 죽음의 장면은 보이지 않고 창녀의 말로 들린다. 이것이 2장에서 일어난 어머니의 죽음과 비교된다. 4장의 죽음이 훨씬 더 유장하다.

　우울함, 즉 멜랑콜리mélancolie[28]는 원인이 분명하지 않은 질병의 하나이다. "불안한 생각이 어디서 오는지를 찾을 수 없"(26)을 때처럼 보이지 않는 아픔이 생기면 담즙이 검은색을 띤다. 마음이 "여전히 슬프고 무거"(26)운 것은 질병을 일으키는 원인이 바이러스이기 때문이 아니라 그 원인을 아예 알 수 없기 때문이다. 형사란 끊임없이 의심하고 열심히 무엇인가를 찾아내는 존재이다. 원인이 있었으므로 결과가 있다는 것을 믿는 존재이다. 그래서 형사는 왔던 길을 거슬러 가야 하듯, 결과로부터 거슬러 올라 과정을 의심하고 원인을 밝혀야 하는 '의심스러운' 존재가 된다. 형사의 우울은 결과는 있는데 원인을 알 수 없기 때문에 생긴 아픔이다. 4장에서 이러한 원인과 결과를 매개하는 항이 살인 사건과 포주의 관계이다. 형사는 당연히 살인 사건이 줄어들기를 바라시만 그렇시 않다. 우울한 형사는 이 반대의 의견을 말한다. "차라리 살인 사건이 더 많고 포주들이 더 적은 게 낫"(26)다고 말한다. 그러나 형사의 의견을 뒷받침하는 원인이 여기서는 나타나지 않는다. 이것이 원인 없는 결과를 찾아야만 하는 형사의 우울증이란 것을 말하고 있다. 우울증에 걸린 형사는 "깊은 생각에 잠겨" 있고, "그림자처럼 걷"(27)는다. 그리고 점차 "정오의 순간처럼"(27) 그의 그림자는 줄어들다가 아예 등이 "점점 더 구부러지"(27)고 만다. 즉 우울증의 끝은 "멈춰서 있다가"(28), "뒤돌아보지 않은 채, 땅바닥에 쓰러지"(28)는 것이다. 우울증은 형체 없는 심각한 질병으로, 이처럼 타인의 손을 빌려야만 끝나는 질병이다. 반면에 여주인은 우울하지 않다. 여주인은 살인 사건을 아랑곳하지 않은 채 "저는 포주들이 더 좋아요"(26)라고 말하는데, 그것은 "그 사람들 덕분에 제가 살기 때문"이고 포주들을 "활기 넘치는 사람들"(26)이라고 여기고 있기 때문이다. 이것은 충분한 원인이 된다. 세상에 조급한 포주는 있어도 우울한 포주는 없다.

5. 순수한 태도

5장의 제목은 '오빠'이다. 세상에 이런 오빠가 있을까? 여동생의 순결을 감시해야 했고, 그렇게 보낸 시간을 "쓸데없는 시간들"이라고 말할 수 있는 오빠가 있을까?

오빠: 병아리야. 겁내지 마. 네게 고통을 줄 생각은 없으니까…… 여자 동생이란 정말 귀찮은 존재야. 항상 감시하고 눈여겨봐야 하거든. 뭘 보호하기 위해서? 순결? 여동생의 순결을 얼마 동안이나 감시해야 하지?

널 지켜주기 위해 내가 보낸 시간이란 다 쓸데없었어. 그 시간이 아깝구나. 널 감시하기 위해서 보낸 나날들, 시간이 아깝다…… 계집애들이 계집애들일 때 순결을 빼앗아야 해. 그러면 오빠들은 조용해질 수 있지. 더 이상 감시할 필요도 없고, 그 시간에 다른 일을 하며 보낼 수 있을 테니. 난 네가 어떤 녀석에게 당한 거에 아주 만족한다. 왜냐하면 더 이상 신경 쓸 게 없거든. 넌 네 갈 길을 가고, 난 내 갈 길을 가고, 더 이상 널 내 뒤에 달고 다니지 않으마. 오히려 나랑 같이 술 한잔하러 가자꾸나…… 넌 이제 나이가 없는 거야. 네가 열다섯 살이건 쉰살이건 마찬가지야. 넌 여자이고, 아무도 나이 따위엔 신경도 안 쓰니까(29~31).

그렇게 한 다음에도 겁에 질려 벽에 기대 서 있는 여자 동생에게 "계집애들이 계집애들일 때 순결을 빼앗아야 해"(29)라고 말하는 오빠가 있을까? 그렇다면 4장의 마지막 대사인 형사를 죽인 "가망이 없는" 녀석은 주코가 아니라 오빠일 터이다. 오빠는 언니와 달리 자신이 어떤 존재인지 모르는, 알고자 하지 않는 인간이다. 오빠는 가족들과의 관계마저 모르는 존재이다. 그러니까 "넌 네 갈 길을 가고, 난 내 갈 길을 가고"(29)라고 말할 수 있는 것이다. 그렇게 말하는 오빠는 모든 것이 "이제 다 끝났"(29)다고 믿는, 불행한 존재일 수밖에 없다. 오빠는 모든 관계가 단절된, 자신의 바깥과 관계를 맺을 줄 모르는 존재이다. 오빠는 '상관相關', 즉 서로 관계를 맺는 형식이란 것이 없는 인물이다. 오빠에게 남녀가 상관을 맺는 형식인 "결혼은 다 틀린 것"이고, 그것도 "한 번에 다 틀려버린 것"(30)에 불과하다. 그는 "결혼, 가족, 아버지, 어머니, 누나, 난 상관도 안 해"(30)라고 말한다. 그 이유는 오빠를 비롯해서 그의 주변 사람들이 모두 다 파괴된 존재이기 때문이다. 그에게 '상관'이란 시간을 빼앗기는, "낭비할 필요가 없"(30)는 절차에 불과할 뿐이다. 사회라는 큰 단위, 가족이라는 작은 단위에서 벗어나게 되면, 그것을 인정하지 않게 되면 '상관'이란 것이 없어진다. 그리고 "이제 나이가 없는 거야, 네가 열다섯 살이건 쉰 살이건 마찬가지"(31)가 되고 만다. 5장을 읽으면 주름이 없는, 삶의 흔적이 없는 인물을 떠올리게 된다. 몸이라는 껍데기만 있고, 삶이라는 내용이 없는 한 젊은이의 파괴된 모습을 읽을 수 있다. 몸과 삶의 상관을 잃어버려 성장이 멈추고, 나이와 시간의 상관을 잃어버려 늙지도 다시 젊어지지도 않을 젊은 '오빠'를 떠올리게 된다. 오빠와 여동생의 상관을 잃어버려 이들이 "술집의 오빠, 동생 사이가"(30) 되어버린 경우를 본다. 처음부터 늙어비린 '오빠'를 본다. 작가인 베르나르-마리 콜테스는 우리 모두 '상관'을 잃어버린 존재일 뿐이라고 말한다. 사회 속에서 서로 "상관" 없이 각자 허우적거리며 살고 있는 존재에 대해서 말한다. 이것은 고독의 제곱 아니 세제곱 이상이다.

6. 영혼의 유희

6장의 제목은 '지하철'이고, 장소는 "차가 끊긴 시간"의 지하철이다. 늙은 신사는 시간이 끊긴, 시간 밖에 있는 늙은 사람이다. "긴 의자에 나란히 앉은 주코와 늙은 신사"(31)는 모두 시간이 끊긴 인물들이다. 시간이 끊겨서 모두 늙어버린 인물들이다. 시간이 끊긴, 시간 밖에 놓인 인물들의 모습은 무엇인가? 시간은 제 흐름대로 간다. 시간은 흐르면서 사람들의 몸에 주름을 남긴다. 시간을 우리말로 때라고 하는데, 이 '때'는 몸의 '때'와 같다. 몸의 때가 쌓이는 정도에 따라 젊음과 늙음이 구분된다. 문명의 시간은 사람들에게 분별력을 가져다준다. 해야 할 일과 끝내야 할 일이 있는 것처럼 가야 할 시간이 있고, 늦지 말아야 할 시간을 알아야 하는 것처럼. 그런 통에 시간에 빠지면 더러 시간이 가져다주는 습성에 빠지게 된다. 땅 속은 땅 위와 비교하면 시간의 흐름이 정지된 곳이다. 오늘날 문명은 땅 속에도 시간의 흐름을 가져다놓았다. 그만큼 사람들은 땅 위와 마찬가지로 땅 속에서도 시간의 노예가 된 것이다. 이런 문명의 시간은 내 '시간'이 아니라 모두의 시간이다. 내 시간이 사라지고 모두의 시간만이 남는다. 주코와 늙은 신사는 지하철에서, 시간과 같이 "차가 끊긴"(31) 곳에서 이제 잃어버린 자신들의 시간을 바라본다.

신사: 어느 순간, 갑자기, 이 미로 같은 통로와 계단들의 교차로에서, 내가 그토록 규칙적으로 드나들어 우리 집 부엌만큼 잘 안다고 생각하는 이 역을 더 이상 알아보지 못하겠더군. 난 내가 매일 오고 가는 투명한 길 뒤에 음침한 터널과 미지의 방향이 숨어 있다는 걸 몰랐어. 그런 것들이 있다는 걸 차라리 몰랐으면 나았을걸…… 하지만 아주 걱정이 되는군. 이런 정신 나간 모험 후에 되돌아올 빛을 어떻게 다시 볼 수 있을지 모르겠으니 말이야. 이 역은 이제 전처럼 보이지 않을 테고 난 전에도 존재조차 몰랐던 작은 흰색 전등들을 더 이상 모른 척할 수 없을 거야. 게다가 밤을 하얗게 지새운다는 게 인생을 어떻게 바꿔놓는지 모르거든. 모든 게 들쑥날쑥해질 거야. 전처럼 낮이 지나가면 밤이 오지 않겠지. 이 모든 것들이 날 아주 걱정스럽게 만드는군(31~33).

신사: 젊은이, 누구나 다 탈선할 수도 있는 거라네. 난 지금 그 어느 누구나 순간적으로 탈선할 수 있다는 걸 알게 됐네…… 정상적인 불빛이 들어오고, 첫차가 지나가면서 이전의 나 같은 평범한 사람들이 역을 물밀 듯이 메우면 무슨 일이 일어날까 하는 불안감에 싸인 내가 말이야. 처음으로 지새운 밤이 지나면 여길 떠나야 하고, 마침내 열린 철책을 가로질러, 밤도 못 본 채 훤한 날을 보아야 하니 말이야. 지금으로선 내가 세상을 보거나 세상이 날 보거나, 아니면 서로 못 보거나 하는 일들이 어떻게 일어날지 모르겠군. 왜냐하면 더 이상 낮이 뭐고 밤이 뭔지 모를 거고, 더 이상 뭘 해야 할지도 모를 거야…… 젊은이, 이 모든 것들이 날 무섭게 한다네(35~36).

신사: 날 도와주게. 도와주게. 길 잃은 늙은이를 출구까지. 어쩌면 출구 너머까지. 데려다주게(36).

늙은 신사는 "투명한 길 뒤에 음침한 터널과 미지의 방향이 숨어 있었다는 것을"(31) 알게 된다. 그러나 이 깨달음은 늙은 신사에게 "어울리지 않는 일"이고 "새로운 일들"처럼 "견디기 힘든"(32) 것이 된다. 이것은 너무나 오랫동안 "바보같이 방심"(32)한 채 살아온 탓이다. 이렇듯 문명의 시간은 새로운 것을 일상적인 것으로 잠재운 채 빠르게 흐른다. 그러다 갑자기 "방심과 느린 걸음" 끝에 "정신 나간 모험"(32)을 할 때가 있다. 언젠가 "하얗게 밤을 지새운다는 게 인생을 바꿔놓는"(33) 때가 있다는 것을 알게 된다. 늙은 신사는 모든 것이 "전처럼 보이지 않"(32)게 되는 깃을 경험한다. "친숙한" 것들이 "겁나게 하"(32)는 것을 알게 된다. "전에는 존재조차 몰랐던"(33) 것들을 "더 이상 모른 척할 수 없"게 되었음을 알게 된다. 그리하여 "모든 것들이 (우리들을) 아주 걱정스럽게 만들"(33)고 있다는 것을 경이롭게 체험한다. 그 최댓값은 내 곁에 있는 사람을 참으로 알고 싶은 것이다.

6장의 첫 문장은 "나는 늙은 사람이야Je suis un vieil homme"(31)이다. 접속사 그리고et 다음, 늙은 신사는 "분별없는 일 때문에 늦었다Je me suis attardé au-delà de ce qui est raisonnable"(31)라고 말하는데, 이 대사를 직역하면 "분별 있는 혹은 이성적인raisonnable 것에 앞서 늦었어"가 된다. 풀어쓰면 "노인은 늦지 말아야 하는데 늦었어, 그것은 분별없는 짓이지"라고 말하고 있는 것이다. 노인은 맨 먼저 늦었다는 시간을 분별이라는 이성과 견주고 있다. 이것은 현대인의 신경증적 강박이다. 그다음부터는 시간과 이성에 대한 강박이 점차 풀려가고(해체) 있다. 그 예가 "우리 집 부엌만큼 잘 안다고 생각하는 이 역을 더 이상 알아보지 못하겠더군"(31)이다. 여기서 "알아보지 못하겠더군"이란 말은 이성의 상실, 분별력을 잃어버린 결과이다. 이것은 "어느 순간 갑자기"(31), 즉 시간 때문에 일어났다. 그다음 이어지는 늙은 신사의 독백은 시간이라는 분별력을 잃어버리고 찾아든 공황을 드러낸다. 그는 주코를 만나서 "안심"(33)을 되찾는다. 주코는 늙은 신사보다 훨씬 먼저 더 깊이 시간을, 분별력을, 이성을 잃어버린 존재이기 때문이다. 그러나 이를 이어받는 주코의 대사는 정반대이다. "저는 평범하고 분별 있는 젊은이입니다"(33). 주코의 시간은 문명의 시간, 문명의 억압과 다른 삶을 향하고 있기 때문이다. 그런 노인의 시간과 분별력 혹은 이성과 같은

『로베르토 주코』, 페터 슈타인 연출, 베를린, 1990.

문명의 시간과 억압이 없기 때문에 주코는 자신을 평범하고 분별 있는 이, "조용히 사는" 존재, 유리처럼 투명해지는 존재, "벽들을 통과하고, 색도 냄새도 없는"(33~34) 투명한 존재라고 말한다. "조용히 초원을 가로지르는 절대 탈선하지 않는 기차" "아주 천천히 움직이고 길과 리듬을 절대 바꾸지 않는 진흙 속에 빠진 하마"(35)와 같은 존재가 된다.

7. 절대적인 솔직함

7장은 언니와 동생이 마지막으로 만나는 장면이다. 동생은 가방을 들고 집을 나오려고 한다. 언니와 긴 대화를 나누면서 자신의 불행과 고통 그리고 행복을 말한다. 그리고 가방을 들고 집을 나오게 된다.

> 언니: 너 못 떠나.
> 여자 아이: 날 못하게 할 권리가 언니에겐 이제 더 이상 없어. 난 이제 언니
>   보다 더 늙은 거야.
> 언니: 무슨 소릴 하는 거야.
> 여자 아이: 언닌, 노처녀야. 언니는 인생에 대해 아무것도 몰라. 언닌 언니 자
>   신을 잘 지켰고, 언니 자신을 잘 보호해왔어. 난 이제 늙어버렸어.
>   난 폭행당했고, 난 끝났어. 이제 난 혼자 내 일을 결정할 거야.
> 언니: 넌 내게 모든 비밀을 고백하던 내 동생이 아니니?
> 여자 아이: 언니는 아무것도 모르고 내 경험 앞에서 입을 다물어야 하는 노
>   처녀 아니야?
> 언니: 무슨 경험을 말하는 거니? 불행한 경험은 아무 데나 쓸데가 없어.
>   빨리 잊을수록 좋아. 행복한 경험만이 쓸모 있는 거야…… 우리
>   에게 일어난 불행은 언니와 오빠와 부모님의 눈길 아래 빨리 잊
>   어버리게 될 거야.
> 〔……〕
> 〔……〕
> 여자 아이: 난 사랑받고 싶지 않아.

언니: 그런 소리 하지 마라. 인생에서 가치가 있는 건 사랑뿐이야.

여자 아이: 언닌…… 아무한테도 사랑받은 적이 없잖아. 언제나 혼자였고, 그래서 불행했잖아.

언니: 네가 불행했을 때를 제외하곤 한 번도 불행하다고 느낀 적이 없어.

여자 아이: 아니 난 언니가 아주 불행하다고 느끼는 걸 알고 있었어.

언니: 난 이유 없이 정해진 시간에 미리 앞질러 울곤 해. 하지만 이젠 내가 우는 모습을 더 이상 볼 수 없을 거야. 너무 미리 울어버렸 거든.

여자 아이: 난 불행하고도 행복해. 난 고통을 많이 받았지만 그 고통에서 기 쁨도 얻었어.

언니: 네가 날 버리면 난 죽어버릴 거야(36~41).

8장에 나오는 창녀의 대사를 먼저 기억하자. "얼굴이란 아주 깨지기 쉬운 거야. 〔……〕 얼굴은 순식간에 망가지는 거야"(43). 인간은 단 한 번에 자신의 삶을 바꿀 수 있다. 아니 그렇게 바뀔 수가 있다. 정상적인 시간 속에서 시간은 그 흐름만큼 몸에 주름으로 저장된다. 그러나 비정상적인 시간의 흐름 속에서는 모든 것이 한순간에 뒤바뀐다. 동생이 언니보다 더 빨리 늙어버린 것처럼. 그래서 "난 이제 언니보다 더 늙은 거야. 난 이제 늙어버렸 어, 난 끝났어……"(37)라고 동생이 말하게 된다. 시간이 없는 곳에서는 "부모님과 오빠와 언니"(37)에 대한 존재가 무화된다. 시간이 부재하면 이런 질서와 위계는 곧 사라지고 만다. 아버지는 아버지가 아닌 존재가 되고, 어머니는 어머니가 아닌 존재가 되고, 오빠와 언니는 오빠와 언니가 아닌 존재가 된다. 7장에서 매력적인 인물은 그러나 언니이다. 언니는 불행했던 기억을 가지고 있기 때문이다. 그 불행은 얼마나 크고 아픈지 "이유 없이 정해진 시간에 미리 앞질러 울"(38)게 한다. 언니의 불행은 과거에서 이어져 미래로까지 연장된다. 그 불행은 언니의 현재와 미래의 삶을 모두 조건 짓는다. 언니는 "너무 미리beaucoup d'avance 울어버린"(38) 존재이다. 그렇다면 언니의 시간은 정상적인 것이고, 그 반대가 동생의 시간일 터이다.

언니에게 불행은 지속되는 것이고 동생에게는 단절된 것에 불과하다. 그러므로 "찾아야 할 것"(38~39)은 동생이 아니라 언니의 몫이다. 7장에서 되찾아야 할 것은 "젊음"이다. 언니가 되찾고 싶은 것은 동생이 아니라 동생의 젊음이다. 그것은 궁극적으로 자신의 잃어버린 젊음이기도 하다. "인생에서 가치 있는 건 사랑"(38)이라고 언니가 말한다. 젊음과 사랑은 등가이다. 그러니 실제 세상은 그렇지 않다. 콜테스는 "모두 익명으로 남아 있"(/3)는 이 세상은 누구도 누구를 필요로 하지 않는 곳이라고 여긴다. 서로가 서로에게 귀중한 존재임을 알지만 그것이 불가능하다는 것을 웅변한다.[29] 그러므로 우리는 우리 자신에게 "공범"(40)인 셈이다. 그것은 집을 나간 동생과 창녀들을 통해서 증명된다. 엄마와 아버지의 관계처럼 사랑이 불가능한 세상의 한 곳인 집에서는 "정해진 시간에 매일 때리"는 "늙은 미치광이, 술주정뱅이"(40)들만 있다. 또 다른 곳이 집 바깥의 세상, 즉 프티 시카고이다. 누구도 누구를 필요로 하지 않는 "칠흑 같은"(41) 그곳에 동생, 창녀, 주코가 모여든다. 이들은 이 세상의 공범들이다.

8. 시간의 집

'죽기 전'이란 제목이 붙은 8장의 첫 장면은 주코가 술집의 창문을 통해 바깥ex-인 길로 내던져지는 것으로 시작한다.

주코: 오늘 너의 크나큰 분노가 나를 완성시키는구나.
주코: 소리와 우박과 거품과 밤과 저희끼리 부딪치는 바람에 뒤덮여, 어두운 영기 쪽으로 난 두 팔을 뻗는다.
주코: 난 떠날 거야. 지금 바로 떠나야 해. 이 거지 같은 동네는 너무 더워.
주코: 동정받을 적수의 비천한 죽음, 영원한 고통의 어머니가 내 생각을 짓누르고 너를 저주하기에 내 혀는 지친다.
주코: 너무 늦었어요(42~48).

존재ex/istence, 망명ex/il, 유랑ex/ode과 같은 단어가 떠오르게 한다.

이제부터 주코는 떠돌이이고, 집을 나와 망명하는 자이고, 바깥과 본질적인 관계를 맺고 있는 인물이다. 바깥과의 관계 맺기, 절대적으로 불가능한 바깥과의 만남을 향해서 내던져지는 인물이다. 이때 유리창이 깨지는 요란한 소리가 들린다. 안 세상에서 바깥세상으로 나가는 일은 아픔을 동반한다. 주코의 아픔은 분노로 색깔을 바꾼다. 그의 아픔은 분노로 줄어들고 분노로 치유된다. 집 바깥의 길은 무엇인가? 주코는 길에 내던져진projeté 존재이다.[30] 등장인물인 '건장한 남자'의 분노로 완성되는 존재이다. 이때부터 주코는 매를 맞는다. 매를 맞을수록 상대방의 분노는 커지고, 주코는 이를 통하여 "완성"(42)된다. 그렇다면 주코는 분노가 필요했다. 그것도 자신의 것이 아닌 타인의 분노가 절실했다. 상대방의 분노를 주코 자신이 지님으로써 주코는 운동선수처럼 강인해지고, 바다처럼 벌거벗게 되고, "안개의 심연 속에 이마를 박"(42)게 된다. 주코는 타인의 분노를 자신이 대신 지니고 싶어 한다. 타인의 분노로 가득 찬 주코는 타인들처럼 분노하지는 않는다. 그것이 주코와 타인(예컨대 건장한 남자)의 차이이다. 이렇게 해서 주코는 타인의 분노, 즉 세상의 분노를 걷어내는 존재라고 볼 수 있다. 주코가 매를 맞아 피를 흘리며 말한다.

주코: 오, 바다여, 너의 거대함이 내 다리를 헛되이 갉아먹지만,
     난 나의 신적인 받침 위에서 위대하다.
     벌거벗은 채, 강인하게
     안개의 심연 속에 이마를 박은 채(42).

"안개의 심연un gouffre de brume 속에 이마를 박은 채"와 같은 표현은 매우 시적이다. 주코라는 인물이 거죽만 남은 사물 같기도 하고, 가벼운 안개보다 더 가벼워진 인물 같기도 하고, 사람이 아니라 의인화된 사물이 된 것 같기도 하다. 술집에서 바깥으로 내던져진 주코에게 길은 안개로 가득 찬 나락 같은 곳이 된다. 주코 혹은 작가 콜테스에게 집은 갑갑한 곳이다. 집에서 바깥으로 나오기 위해서는 무엇인가를 깨야 한다. 집이 분노로 가득

차 있는 곳이라면 집 바깥, 즉 길은 "소리와 우박과 거품과 밤과 저희끼리 부딪치는 바람에 뒤덮인"(42) 곳이다. 작가는 그곳을 "어두운 영기靈氣, éther ténébreux"(42)가 있는 곳이라고 했다. 이 부분은 우리말로 옮기기도 해석하기도 어렵다.[31] 영기란 정기를 뜻하는 말로, 고대인이 상상한 하늘에 가득 찬 기氣이다. 일명 에테르인데, 화학에서는 자극성의 무색 액체를 말하고 마취제로 사용한다. 문어체로 옮기면 대기, 하늘, 창공이다. 주코가 그곳으로 가고 싶어 한다.

> 주코: 난 눈 내리는 아프리카에 가고 싶어. 죽을 거니까 떠나야만 해……
>   난 영원히 쓰레기통을 뒤지고 싶어. 더 이상 단어들이란 없어.
>   더 이상 할 말도 없어. 말을 가르치는 걸 중단해버려야 해.
>   학교를 없애버리고 묘지를 늘려야 해. 어쨌든 일 년이나 백 년이나 마
>   찬가지야. 〔……〕 그런 게 새들을 노래하게 하지. 그런 게 새들을 지저
>   귀게 해(46).

주코는 고장 난 공중전화기를 들고 이렇게 말하면서 떠난다. 아버지, 어머니, 형사를 죽이고 그는 새처럼 떠난다. 아버지, 어머니라는 가족의 가면을, 형사라는 사회의 가면을 죽이고 떠난다. 이렇게 가족과 사회를 떠나는 그는 행복하지 않다. 그를 견딜 수 없어 하는 것은 가족과 사회이다. 주코 역시 가족과 사회를 견뎌내지 못한다. "아무도 아무에게 관심을 기울이지 않"(45)는 사회 속에 있기 때문이다. 이때 남는 유일한 방법은 도피, 탈출이다. 그는 "사랑이 없는" "지금처럼 불행하지 않게 개로 다시 태어나고 싶"(46)게 만드는 가족과 사회를 떠나고 싶은 것이다. 그가 바라는 것은 "더 이상 단어들이란 없"고, "더 이상 할 말도 없"고, "말을 가르치는 걸 중단해버"리고 "학교를 없애버리고 묘지를 늘려야"(46) 하는 사회이다.[32] 그가 꿈꾸는 사회는 눈이 "꽁꽁 언 호수 위로 떨어지는 아프리카"(22)이고, "눈을 맞으며 호수를 가로지르는 하얀 코뿔소 떼들도 있"(22)는 아프리카이고, 반복해서 "눈 내리는 아프리카"(45)이다.

이렇듯 주코, 그는 줄곧 떠나(가)는 존재이다. 단 한 번 집으로 돌아오지만(1장), 그것은 작업복을 가져가기 위해서였다. 작업복은 집에 있기 위해서 입는 옷이 아니라 집에서 바깥으로 나가기 위해 입는 옷이다. 주코는 이 작품에서 처음부터 끝까지 떠나려 하고 떠나간다. 떠나는 것, 떠남은 도피, 탈출의 기도이다. 탈출하는, 도망가는 이들의 특징은 뒤돌아보지도 앞을 내다보지도 않는다는 것이다. 이들에게는 과거도 미래도 없는 셈이다. 탈출의 방향은 왼쪽 혹은 오른쪽뿐이다. 로베르토 주코, 그의 또 다른 이름은 1장의 제목처럼 존재로부터 "탈출é/vasion"하는 존재자라고 할 수 있다. "난 앞으로 나가면서 돌진해. 장애물을 보지 못하지. 내가 그들을 쳐다보지 않으니까 저절로 내 앞에서 쓰러지고 말아. 난 고독하고 강해"라고 말하는 그는 "코뿔소"(89)와 같이 존재하는 인물이다. 떠나는 자는 한결같이 고독하고 모두 강하다. 한 마리 코뿔소처럼.

8장에 등장하는 또 다른 인물은 창녀이다. 창녀의 대사, "얼굴은 순식간에 망가지는 거야"는 앞에서 언급했다. 이름이 없는 불분명한 존재인 창녀가 주코를 바라보며 이렇게 말한다. "그런 식으로 날 쳐다보지 마, 울고 싶어지니까. 넌 보기만 해도 울고 싶게 만드는 그런 족속 중의 하나야"(43). 울고 싶다는 것은 감정의 분명한 드러냄이다. 창녀는 울고 싶은 원인을 구체적으로 말하지 않는다. 다만, 보기만 해도 그렇게 된다는 것만을 말한다. 그러니까 울게 만드는 대상은 이미 창녀 속에 내재해 있는 셈이다. 대상이 구체적이지 않더라도 내가 몸서리를 치게 되는 것은 내 자신이 고독하기 때문이고, 나와 대상을 구별하는 것이 어렵기 때문이다. 창녀와 주코는 고독한 존재이다. 이들은 가슴 깊숙한 곳에 커다란 상처를 지닌 인물이다. 그러나 그 상처는 보이지 않는다.[33] 그 보이지 않는 비밀 같은 상처—고독—가 인물들을 극단적인 폭력과 죽음으로까지 몰고 간다. 건장한 남자가 주코를 죽도록 때리는 것처럼, 주코는 이 장면에서 "개로 다시 태어나고 싶어, 쓰레기통을 뒤지는 거리의 개 말이야"(46)라고 말한다. 이런 개 같은 세상을 노래하는 것은 사람이 아니라 "새"이다. 새들의 지저귐은 개 같은 세상의 노래와 같은 것이다. 새들은 상처가 없는 존재이다. 고독하지 않은 새들은 다시 태어나도 새가 된다. "풍뎅이가 영원하게 살 수 있나를 생각"(46)하는 것처럼. 날지 못하는 개와 사람이 비슷하다면 날개를 지닌 새와 풍뎅이는 같은 족속이다.

노래하는 것과 말하는 것의 차이는 무엇인가? 콜테스는 사람은 말하고, 새들은 노래한다고 말한다. 그리고 말하는 것과 그것을 가르치는 학교를 없애야 한다고 했다(46). 이 세상은 "이미 너무 늦었"(48)기 때문이다. 이제 남은 것은 "잠이 드"(48)는 일뿐이다. 또한 "개들은 누군가를 삐딱하게 보는 일이 없어. 개들이 너를 좋아할 수도 있고 좋아하지 않을 수도 있지만, 널 절대로 판단하지 않아"(47)라고 말한다. 콜테스는 사랑하다aimer라는 동사를 썼는데, 번역자는 이 단어를 좋아하다로 옮겼다. 이 동사를 사랑하다로 바꾸면 "개들은 너를 사랑할 수도 있고 사랑하지 않을 수도 있어"라는 문장이 된다. 그리고 사랑하다 혹은 좋아하다와 반대되는 동사로 판단하다 juger를 썼다. 그리고 절대로jamais라는 부사를 붙여놓았다. 그만큼 강조하고 있는 것이다. 이 대사에서 사랑하다와 판단하다는 서로 상반되는 뜻으로 쓰여 오늘날 세상은 사랑은 없고 판단만이 넘쳐나는 곳이라고 말한다. 즉, 이런 세상은 비극적일 수밖에 없으며, 주코가 앞 장에서 개로 다시 태어나고 싶다고 말한 것은 사랑하고 싶다는 절실함을 드러낸다는 뜻으로 해석할 수 있다. 일반적으로 상대방을 싫어하는 경우에는 그 사람을 판단하게 된다. 판단은 이성의 쌍둥이가 아닌가. 이성이 인간을 이렇게 불구로 만들어 놓는다는 것은 새로운 발설이 아니다. 이미 오래전부터 이성은 인간을 불행하게 만드는 괴물로 인식되었다. 주코가 "너를 저주하기에 내 혀는 지친다" (47)라고 한 것처럼, 이성을 괴물이라고 저주하는 것은 이미 늦었고 이미 오래전부터 말했던 것이 아닌가. 지친 것은 혀가 아니라 이성 혹은 판단으로 "생각을 짓누른"(47) 우리 자신일 것이다. 이렇게 말하는 것도 "너무 늦은" (48)일이다. 그러나 잠이 드는 몸 앞에 "새벽이 밝아온다"(48).

9. 호기심의 대상
9장에 등장하는 파출소장과 여자 아이의 대화는 역설의 대화이다.

여자 아이: 저 사람을 알아요.

파출소장: 네가 뭘 안다는 거지?

여자 아이: 저 남자요. 아주 잘 알아요.

형사: 누구지?

여자 아이: 첩보원이요. 제 친구예요.

형사: 네 뒤에 서 있는 저 녀석은 누구냐?

여자 아이: 우리 오빠예요. 저를 데리고 왔어요.

〔……〕

형사: 그 녀석에 대해 뭘 알고 있지?

여자 아이: 모든 걸요.

〔……〕

형사: 그 녀석 이름을 대봐. 넌 알고 있지? 당연히 알고 있겠지?

여자 아이: 네 알고 있어요.

파출소장: 말해봐.

여자 아이: 아주 잘 알아요.

파출소장: 우릴 놀리는 거냐. 이 계집애야. 따귀 좀 맞을래?

여자 아이: 맞고 싶지 않아요. 이름을 알고 있지만 말이 안 나와요.

형사: 말이 안 나온다니 그게 무슨 소리야.

여자 아이: 혀끝에 그 이름이 뱅뱅 돌아요.

파출소장: 혀끝이라. 혀끝이라……

여자 아이: 아니오. 아니오. 혀끝에 맴돌아요. 금방 말할 수 있을 거예요.

〔……〕

여자 아이: 우리 오빠는요?

파출소장: 네 오빠라니? 무슨 오빠? 오빠가 필요하단 말이냐? 우리가 여기
있잖아(48~53).

여자 아이는 주코에 대하여 알고 있는 모든 것을 말하려 하고, 파출소장

은 들으려 하기보다는 말하려 한다. "원칙적으로 첩보원이란 비밀을 지켜야 한다" "모든 비밀이 그렇게만 지켜진다면 우리 일이 아주 수월해지겠다"(50) 라고 말한다. 여자 아이는 사실을 알고 있고, 파출소장은 가정(50)할 뿐이다. 이제부터 사실과 가정이 서로 견주는 장면이 시작된다.[34] "케냐의 독일 간첩" (50), "아마 달콤하다는 뜻을 가진 단어가 꽤 많지. 아주카라도azucarado, 주케리토zuccherato, 스위튼드sweetened, 게주케르트gezuckert, 오쿠르조니ocurzony"(52)처럼.

9장은 가정이 사실을 강제하고 억압하고 심문하는 장면이다. 콜테스의 작품에 등장하는 이들은 모두 현대적인, 현대를 상징하는 메타포와 같은 인물이다. 이 인물들은 우리가 알고 있는 상식대로 말하지도 행동하지도 않는다. 이 작품에 등장하는 모든 인물과 그들의 직업은 사회적 맥락과 멀리 떨어져 있다. 창녀 같지 않은 창녀, 포주 같지 않은 포주, 경찰 혹은 형사 같지 않은 경찰, 동생 같지 않은 동생, 오빠 같지 않은 오빠, 아버지 같지 않은 아버지, 부인 같지 않은 부인 등등. 이들이 서로 말하는 것은 인물과 인물의 만남에 의한 대화가 아니라 자신 안에 고여 있는 말들이 강물처럼 터져 나와 발산되는 고독한 사유이다. 그 말들은 시적인 동시에 의미가 매우 복잡하게 굴절된 표현으로 가득 차 있다. 있을 법하지 않은 이런 말들은 대화가 아니라 상대방을 소유하고 파괴하고 매혹한다. 콜테스의 희곡은 익명, 이성의 부정과 같은 현대성과 시적인 독백들이 절묘하게 조화를 이루고 있다. 이런 대사의 특징은 서사적이되 불투명하기 이를 데 없다. 인물들은 모두 불분명한 욕망에 밀려 울창하고 거대한 자연 속에 빠져 있는 것 같기 때문이다.

10. 상징의 숲

10장의 제목은 '인질'이고 장소는 공원 안, 때는 대낮이다. 우아한 부인이 의자에 앉아 있고, 주코가 등장한다. 그리고 사람들이 모두 자신을 백치로 여긴다고 말하면서 "세상의 모든 것을 증오"(77)하는 부인, 어떻게 해야 죽은 척하는 건지를 모르는 열네 살짜리 아들, 주코가 총을 겨눈 모습을 방관하는 이웃들이 이어진다. 10장은 아이러니에 대한 극치이고, 삶에 대한 역설, 인물에 대한 역설로 해석할 수 있다. 주코를 처음 본 부인은 "내 옆에 앉아요. 얘기 좀 해봐요. 심심해 죽겠어요. 같이 얘기나 해요. 난 공원을 혐오해요. 당신 수줍어 보이는군요. 내가 어려운 사람처럼 보여요?"(53)라고 말한다. 부인은 공원, 빛, 소리와 같이 자기 자신이 지금 모든 이의 것이되 누구의 것도 아닌 존재로 앉아 있다. 부인은 자기 자신이 아무에게도 속하지 않는 존재라는 것을 알고 있다. 그래서 부인은 공원을, 공원과 같은 자기 자신을 혐오한다고 말하는 것이다. 부인은 개인이란 정체성을 박탈당해 속이 텅 비어 있는 사물 혹은 풍경과 같은 존재이다.

> 부인: 쏴봐. 멍청아, 당신에게 열쇠를 주지 않을 거야. 당신은 날 백치 취급하니까. 남편이 날 백치 취급하고, 내 아들도 날 백치 취급하고, 가정부도 날 백치 취급하지. 쏴봐. 세상에서 백치 하나가 없어져버릴 뿐이니까. 하지만 당신에게 열쇠는 주지 않을 거야. 당신에겐 안된 일이지 ……(56~57)

10장은 지금까지 객체로서 보이기만 했던 자기 자신에서 소유할 수 있는 것을 바라보고 있는 주체로 변모한 부인의 대사로 시작된다. 부인은 수줍어하는 주코를 보자마자 주코를 소유하고 싶은 것이 아니라 자기 자신이 주코에게, 주코가 자기 자신에게 속할 수 있기를 원한다. 부인은 자신의 남편이 구두쇠라고 말하는데(54), 여기서 구두쇠란 과도한 소유의식을 지닌 이를 뜻한다. 10장의 제목인 '인질'은 내가 타인에게 강제로 속한 대상이다. 그때 그 대상은 백치가 된다. 인질에서 벗어나는 것은 거리의 확인으로부터 시작된다. [부인: 내 옆에 앉아요(53).] 자신의 옆을 비워두는 일은 매우 힘들다. 그 힘든 사정은 "심심해 죽겠어요"라는 솔직함과 "당신 수줍어 보이는군요"(53)라는 투사로 드러난다. 투사는 슬쩍 돌려 말하기라고 할 수 있다. 즉 수줍어하는 존재는 주코이기 이전에 부인인 셈이다. 같은 예로 부인은 주코에게 "여자를 난폭하게 다루고 싶은 욕망"(54)을 말하지만, 이 말 속에는 "남자를 난폭하게 다루고 싶어 하는 욕망"이 숨겨져 있다.

그다음은 주코가 부인의 아이를 총으로 겨냥하는 장면이다. 아이가 이렇게 말한다. "왜 날 무서워하죠?"(58) 아이 눈이 정확하다. 총을 겨누는 사람은 그 대상보다 더 겁을 먹고 있기 때문이다. 그것을 볼 수 있는 이는 아이뿐이다. 아이는 백치가 아니다. 반대로 아이는 주코가 "떨고 있다"는 것을 알고 있고 주코가 "떠는 소리도 듣"(58)고 있다. 대상을 정확하게 보기 위해서는 보는 이가 대상과 아무런 억압관계가 없어야 가능하다. 아이는 폭력과 아무런 관계가 없는 존재이다. 그렇기 때문에 아이는 절명의 상황에서조차 막힘없이 폭력에 대하여 말하고 있다. 폭력은 강한 사람이 하는 짓이 아니라 약한 사람이, 그것도 아주 나약한 사람이 행사하는, 즉 자신의 나약함을 숨기기 위하여 저지르는 정직하지 못한 짓이라는 것을 말하고 있다. 폭력은 자신의 나약함을 숨기기 위하여 야기되기 마련인데, 숨길수록 더 커진다. 주코는 이 장면에서 "내 인생에서 할 일도 없어, 할 일이 없다고 당신들에게 맹세할 수 있어"(65)라고 말한다. 주코가 아이를 죽이는 것은 폭력의 행사지만, 자신에 대해 정직하게 말하는 것으로 보아 이 장면은 난폭한 사회를 끝장내려는 주코의 단호함과도 일치한다. 할 일이 없는 세상을 끝장내는 길은 아예 삶을 끝장내는 것뿐이라고 여기기 때문이다. 아이를 죽이는 것은 매우 상징적인 일에 속한다. 그 상징이란 폭력이 난무하는 사회를 끝장내는 마지막 선택이라고 볼 수 있다. 그것은 순수한 아이를 죽이는 일이며 아이가, 순수가 폭력에 의해서 파괴당하기 전에 아예 없애버리는 일이다.[35] 아버지와 어머니를 죽였고 우울한 형사를 죽인 것처럼.

폭력에는 폭력을 가하는 쪽과 폭력을 당하는 쪽이 있는데, 10장의 후반부에는 폭력을 방관하면서 폭력을 가열시키는 비웃음과 아이러니와 같은 냉소적 상황과 인물들을 덧붙여놓았다. 비극적 상황이 웃음을 야기하는 것이다.

한 남자: 경찰이 접근하질 않는군.
한 여자: 겁나서 그러지 뭐.
한 남자: 아니라니까. 그게 작전이야. 경찰은 해야 할 일이 뭔지 아는 거야.

『로베르토 주코』, 루이스 파스콸 연출, 바르셀로나, 1993.

우리가 모르는 무슨 대책이 있다구. 날 믿어도 좋아요.

한 남자: 아마 여자도 끝장일걸.

한 여자: 하지만 애는 건드리지 말아야 해. 어쩌나. 애는 절대로 안 돼.

한 여자: 아 신이요, 요즘 세상엔 아이들이 저런 꼴을 다 보는군.

한 남자: 우리가 어렸을 때도 별의별 일들을 다 봤어.

한 여자: 아저씨도 미친놈에게 협박당해봤단 말이에요?

〔……〕

한 여자: 이봐요. 아저씨, 아저씨가 말한 경찰의 특별대책이란 게 이거예요?
특별대책 좋아하네. 저 멀리 머물러만 있잖아. 경찰도 겁난 거야.

한 남자: 난 작전이라고 했소.

한 여자: 작전 좋아하네(58~60).

한 여자, 한 남자, 경관의 대사는 이오네스코, 베케트의 연극에 등장하는 인물들의 아이러니와 같다. "현재에 대한 은유적 극작술dramaturgie allégorique du présent"[36]로 보이는 이러한 말들은 소리이되 헛소리이다. 정당하게 보이는 이 모든 헛소리를 무찌르는 것은 주코의 총소리이다. 총소리가 난 다음, 공원은 텅 비게 된다.[37] 모든 이들이 사라진 것이 아니라 대낮에, 공원에서, 모든 이에게 보였던 사물과 같았던 이들이 사라졌다. 그런 풍경이 없어졌다. 세상이 사막이 된 것이다. "주코는 여자의 목에 총을 겨눈 채 거의 텅 빈 공원을 가로질러 자동차로 향한다"(66). 10장의 끝은 사막과 같은 인상을 보여준다. 공원은 갑자기 모든 존재가 무화된 곳, 시간과 바람에 따라 존재의 양태가 바뀌는 곳이 된다.

11. 추상적 가치

11장[38]의 상황은 어처구니가 없다. 오빠가 여동생을 포주에게 팔아넘기기 때문이다. 팔리는 여자 아이는 "오늘 난 못생겼고 뚱뚱하고 불행"(68)하다고 말하고, 유곽인 프티 시카고의 여주인은 그런 여자 아이에게 "너는 오늘 뚱뚱하지만 내일은 마를 수도 있"(67)다고 말한다. 11장의 제목인 '협상'은 사람을 물건처럼 팔고 사는 세상의 가치에 대해 말한다. 오빠가 동생을 물건처럼 파는 이라면 포주는 그것을 사는 사람이다. 물건을 사는 이는 "모든 것은 값이 있"(68)다고 믿고 있고, 물건을 파는 오빠는 "이건 값으로 칠 수 없는 거야"(68)라고 말한다.

> 포주: (초조하게) 너무 비싸.
>
> 오빠: 이건 값으로 칠 수 없는 거야.
>
> 포주: 모든 건 값이 있어. 네가 부르는 값이 너무 높다구.
>
> 오빠: ……마치 피카소 그림 같은 거야. 피카소 그림 값이 너무 비싸다고 말하는 사람 봤어? 피카소 그림 값 깎아주는 화상을 봤냐구?
>
> 포주: 지금으로선 내 주머니에서 네 주머니로 넘어갈 추상적 관념이지. 게다가 텅텅 빌 내 주머니가 그리 추상적이라고 생각되지 않는데.
>
> 오빠: 그렇게 비는 주머니는 곧 다시 차게 마련이지. 날 믿어도 좋아. 당신 주머니는 금방 가득 찰 테니까. 당신은 흥정하느라 보낸 시간보다 더 짧은 순간에 당신이 지불한 가격을 잊어버릴 거야. 난 흥정하지 않아. 가져가든지 말든지 맘대로 해. 금년 제일가는 건수를 올리든지, 가난 속에 처박혀 있든지(68~69).

이 장면을 단지 물건을 팔고 사는 과정에 대해 말하는 것으로 간주하면 재미가 떨어진다. 반대로 협상을 팔고 살아야 연명할 수 있다는 것으로 파악하면 이 장면은 유물론과 인식론의 싸움으로 볼 수 있다. 동생을 팔아넘기려는 오빠는 이렇게 말한다. "무언가에 값을 매길 수 있다는 건, 그게 별게 아니라는 뜻이지. 그건 값을 흥정하고 깎고 올릴 수 있다는 뜻이야. 난 추상적으로 가격을 고정시켰어. 왜냐하면 이건 값을 매길 수 없는 거니까…… 가격을 고정시키는 건 일종의 추상적 관념이지"(69). 여기서 중요한 단어는 뺄셈을 뜻하는 '추상abstraction'이다.[39]

추상은 선택과 생략 그리고 차별적 강조를 특징한다. 모든 것이 사라진 추상, 사물에게서 뺄 수 있는 것을 모두 거세해버리고 남은 최후의 어떤 것을 뜻한다. 물건을 팔면서 이들이 말하는 추상이란 원래의 뜻과 조금 같고, 많이 다르다. 포주는 "텅텅 빌 내 주머니가 그리 추상적이라고 생각되지 않는데"(69)라고 말하는데, 이것은 전혀 추상적이지 않다. 포주는 추상이란 개념이 뒤바뀐 세상에 살고 있는 존재이기 때문이다. 추상의 원래 뜻을 뒤집어놓은 것이 협상deal이다. "돈이 지불된"(70) 다음 곧바로 포주가 하는 말은 "일disponible"[40]이다. "언제 일할 수 있지?"(70)라고 묻는 것처럼 인물들이 지닌 일에 대한 강박은 "시간"을 동반하고 신경질로 이어진다(70). 돈과 일과 시간 그리고 신경질적 강박이야말로 '현대'가 지닌 두드러진 특징이다. 그렇다면 포주는 '현대'의 상징적인 인물이다. 반대로 동생을 팔아넘긴 오빠는 추상이 협상으로 둔갑해버린 이 세계에 저항하지 못하는 불안해하고 나약한 인물이다. 그런 그가 울면서 말한다. "우리에게 불행이 닥쳤어요. [……] 불행이 우리에게 찾아왔고, 우리를 괴롭히는 거예요"(72). 그 곁에 협상의 세계를 이끄는, 그 세계 안에서 끄떡없이 견디는 한 사람이 있다. 여주인 말이다. 그에게 오빠는 "쓰레기"(72)에 불과할 뿐이다. 추상의 세계에서 확실한 쓰레기belle ordure는 여주인과 포주가 아닌가. 그렇다면 이 장면도 오늘날의 썩은 세상을 역설로 보여주고 있다. 여주인과 포주를 한통속으로 묶고, 오빠와 여자 아이를 또 다른 통속으로 묶을 수 있다.

12. 아름다운 부인 혹은 기억

'기차역'이란 제목이 붙은 12장은 기억과 부재에 대해 말하는 슬픈 장면이다. 기억, 그것은 과거를 상기하는 자유다. 그러나 현재의 부재는 추억의 현재조차도 용납하지 않는다. 지하철 안에 "자기 자신의 기억 없이 떠나는" 주코와 주코의 이름을 "기억하고 있는"(79~80) 유일한 존재인 부인이 같이 앉아 있다. 그리고 떠나는 주코를 쳐다보는 부인의 모습을 보여주면서 끝난다. 주코는 죽음을 결심하며 떠난다.

주코: 저 미친 사람들을 봐요. 저들의 저 심술궂은 태도들을 봐요. 살인자들이에요. 한꺼번에 이렇게 많은 살인자를 보기는 처음이에요. 머릿속에

『로베르토 주코』, 루이스 파스콸 연출, 파리 오데옹, 1994.

약한 신호음이 울리면 저 사람들은 서로 죽이려고 덤벼들 거예요. 〔……〕 저 사람들은 모두 죽일 준비가 되어 있어요. 〔……〕 저 사람들은 죽이고 싶은 욕구를 가지고 있어요. 그런 욕구가 얼굴에, 행동거지에 다 나타나요. 주머니 속에서 주먹을 움켜쥐고 있겠죠. 난 한눈에 살인자를 알아볼 수 있어요. 살인자들은 옷이 피로 물들어 있죠. 여긴 살인자 천지네요. 움직이지 말고 조용히 있어야 해요. 살인자들을 똑바로 쳐다보면 안 돼요. 저들이 우릴 보면 안 돼요. 투명해져야 해요. 그렇지 않고 저들을 똑바로 쳐다보면, 우리가 저들을 쳐다본다는 걸 저들이 눈치 채면 우리를 쳐다보고 그 사실을 알아채기 시작할 거고, 그들의 머릿속에서 신호음이 울리면 저들은 죽여요. 죽일 거예요. 한 사람이 시작하면 여기 있는 모든 사람들이 모든 사람들을 죽일 거예요(76~77).

반면에 부인은 아름다움과 슬픔이 고스란히 묻어 있는 존재로 무대에 앉아 있다. 그것이 부인이라는 텅 빈 몸에서, 아무것도 없는 무대 위에 드러난다. 아름다운 부인은 슬픔에 이르기 위하여 주코라는 존재가 필요했다. 주코에게 쓰여 있는 슬픔에 다가가기 위하여 아들을 잃어야 했다. 슬픔의 짝패는 기억이다. 기억은 망각과 싸우고 무의미를 가라앉힌다. 부인에게 주코가 없다면 부인은 슬픔을 비추어볼 수 없었다. 자기가 누구인지를 깨우칠 수 없었다. 슬픔만큼 더 아름다워지더라도 부인은 주코가 떠나는 것을 원하지 않는다. 아들의 끝장을 볼지언정 주코의 끝은 없다고 믿는다. 그러나 떠나는 주코를 보고 "내가 당신 이름을 잊지 않겠어요. 내가 당신의 기억이 되어주죠"(73)라고 말한다. 그것도 겁 없이(75).

주코: 로베르토 주코.
부인: 왜 그 이름을 계속 되풀이하는 거죠?
주코: 잊어버릴까 봐 그래요(72).
부인: 자기 이름은 잊어버리지 않는 법이에요. 제일 나중에 잊어버릴 수 있

는 게 이름이죠.

주코: 아뇨. 아니에요. 난 잊어버려요. 내 이름이 내 머릿속에 쓰인 걸 알지
　　　만 점점 희미해져서 사라져버리는 것 같아요. 이름을 읽기 위해서는
　　　점점 더 가까이서 읽어야 해요. 내 이름을 모르는 내가 돼버릴까 봐 겁
　　　이 나요.

부인: 내가 당신 이름을 잊지 않겠어요. 내가 당신의 기억이 되어주죠(73).

12장에는 기억에 관하여 새겨야 할 시적인 독백이 많다. 아름다운 부인은
주코를 잃고서 슬픔이라는 정신과 만난다. "사람들 사이에 있으면 겁이 나"
(75)는 슬픈 주코는 자기 이름을 "잊어버"린다. "이름이…… 희미해져서 사
라져버리는 것 같아요"(73)라고 말한다.

주코: 떠나야 해요. 기필코 떠나야 해요. 잡히고 싶지 않아요. 감옥에 가고
　　　싶지 않아요. 사람들 사이에 있으면 겁이 나요.

주코: 남자이기 때문에 겁이 나요.

부인: 난 겁이 없어요. 당신이 보게 만든 일들도 날 겁나게 하지 못했어요.
　　　난 겁에 질린 적이 한 번도 없어요.

주코: 당신은 남자가 아니기 때문이에요.

부인: 당신은 참 복잡하군요. 복잡해.

주코: ……난 벌써 저 사람들 사이에 갇혀 있는 거예요. 사람들을 쳐다보지
　　　말아요. 아무도 쳐다보지 말아요(75).

무엇이 주코의 기억을 망각으로 되돌려놓는가? 무엇이 주코를 이렇게 만
들었는가? 대답은 "죽이고 싶은 욕구를 지닌" "죽일 준비가 되어 있는"(76)
살인자 같은 미친 사람들이다.

주코: 난 다른 사람의 도움이 필요 없어요.

부인: 누구나 다른 사람의 도움이 필요하죠.

주코: 울지 말아요. 당신은 막 울려는 여자의 얼굴을 하고 있군요. 난 그런
　　　 모습을 증오해요(79).

　이 세상은 "한 사람이 시작하면 여기 있는 모든 사람들이 모든 사람들을
죽일"(77) 것 같은 곳이다. 그사이 주코는 "울지 말아요"(79)라고 말하면서
부인의 곁을 떠나 멀어져간다. 그 말을 듣고 부인은 "울지 않겠다고 맹세할
게요."(79)라고 말한다. 이것은 부끄럽다는 차원을 훨씬 뛰어넘고 있다. 이
것은 슬픔과 고통을 안고 살아온 사람 앞에 있고 싶다는 간절한 바람이다.
내가 겪지는 못했지만 함께할 수 있다는 아름다운 정신을 드러낸 것이다.

　부인 운다. 주코는 멀어져간다.
　부인: 멍청한 사람, 그럼 당신 이름은? 지금 나에게 당신 이름을 말할 수나
　　　 있어요? 당신을 위해 누가 그 이름을 기억해주죠? 당신은 벌써 잊어버
　　　 렸어요. 난 확신해요. 이젠 당신 이름을 기억하고 있는 건 나 혼자뿐이
　　　 에요. 당신은 자기 자신의 기억 없이 떠나는 거예요(79~80).

　부인이 아름다운 이유는 여기에 있다. "다른 사람의 도움이 필요 없"다고
말하는 주코 앞에서 부인은 "누구나 다른 사람의 도움이 필요하"(79)다고
말한다. 그리고 운다. 울지 말라는 주코의 말을 듣고 나서 다시는 울지 않겠
다고 맹세한 부인이 결국 "운다." 울면서 "당신은 벌써 잊어버렸어요. 난 확
신해요. 이제 당신 이름을 기억하고 있는 건 나 혼자뿐이에요"(79)라고 말한
다. 이처럼 아름다움은 주코와 부인처럼 슬픔과 고통을 함께하기이다.

13. 더러움
　'오필리아'라는 제목이 붙은 이 장면은 유일하게 앞 장과 이어져 있다.
언니의 독백으로 시작되고 끝난다. 지문은 "같은 장소, 밤, 텅 비어 있다.
비 내리는 소리가 들린다. 언니 등장"(80)이다.

언니: 내 비둘기는 어디 간 거지? 어느 더러운 곳에 그 애를 끌고 간 거지?
어떤 참혹한 세상에 그 애를 가두어놓은 거지?
얼마나 음탕하고 비열한 짐승들에게 둘러싸여 있는 거지? 널 꼭 찾아낼
거야.
내 비둘기야, 죽을 때까지 널 찾을 거야(80).

앞서 언급한 것처럼 번역자는 사막과 같은 기차역La gare est déserte을
텅 비어 있는 기차역이라고 옮겼다. 그 사막에 비가 내리고 있다. 그러니까
12장 끝 지문인 "기차들을 쳐다보"(80)는 공간이 텅 비어 있는 공간으로,
비 내리는 소리가 들리는 공간으로 바뀐다. 부인은 언니로 바뀐다. 그사이
밤의 어둠이 깃든다. 쳐다볼 것이 있었던 부인이 텅 비어 있는 언니로, 앉은
채 쳐다보는 시선이 비 내리는 소리, 즉 청각으로 바뀐다. 텅 비어 있는 공
간은 아무것도 없는 공간이 아니라 비어 있음이 있는 공간으로 읽히기도 한
다. 그렇다면 언니는 있는 것을 보지 못하는 존재가 아니라 볼 것만—자신
의 몸처럼 비어 있다는 것을 듣는— 을 보는 존재가 된다. 언니가 듣는 것은
바깥에서 나는 소리가 아니라 제 몸 안에서 나는 소리일 것이다. 그렇다면
언니의 독백으로 채워져 있는 13장은 언니의 몸 안에서 나는 소리들이다.
텅 비어 있는 언니의 몸, 그 몸의 소리들을 빗소리처럼 듣고 있는 언니는 어
떠한 존재인가? 인간이라는 존재의 탈을 쓰고 있지만 억눌릴 대로 억눌려
일그러진 언니의 내면 풍경은 "수챗구멍 속의 쥐, 진흙 속의 돼지, 시체가
썩어가는 연못의 냄새"처럼 삭막하기 이를 데 없다.

언니: 수컷이란 지구 위에 있는 역겨운 동물들 중에서 제일 역겨운 동물이야.
수컷한테는 혐오감을 일으키는 냄새가 나지…… 남자들은 씻지를 않
지. 그들은 오물과 분비물의 역겨운 액체들을 몸 안에 모아두고, 마치
무슨 소중한 것이나 되는 양 건드리지도 않지. 남자들끼리 냄새를 못
느끼는 이유는 그들이 모두 똑같은 냄새를 지녔기 때문이야…… 난 그
애를 아주 깨끗이 씻겨주었어. 아침저녁으로 목욕을 시키고 등과 손을

64

솔로 문질러주고, 손톱 밑을 솔로 닦아주고 머리를 매일 따뜻한 물과 비누로 씻겨줬어. 그 애를 마치 비둘기처럼 희게 간직했고, 비둘기처럼 그 애의 깃털에 윤기를 내주었어. 그 애를 보호했고, 그 애의 때 묻지 않은 순결이 이 세상의 더러움과 수컷들의 더러움에 부딪혀 더럽혀지지 않도록, 수컷들의 냄새와 같은 전염병에 걸리지 않도록…… 쥐 중의 쥐이고, 냄새나는 돼지인 그 애의 오빠가, 그 부패한 수컷이 그 애를 더럽히고, 진흙탕으로 끌고 다니고, 퇴비 너머 속으로 그 애의 머리채를 휘어잡고 갔어. 그놈을 죽여야 했어(81).

언니에게 이 세상은 "참혹한 새장"(80)이며 "혐오감을 일으키는 냄새가 나는"(80) 곳이다. 그리고 "역겨운 동물" "음탕하고 비열한 짐승들"(80)이 있는 곳이다. 세상의 더러움은 곧 수컷들의 더러움이다(81). 언니는 동생을 "이 세상의 더러움과 수컷들의 냄새와 같은 전염병에 걸리지 않은 존재" (80), 즉 "희고 깃털이 윤기가"(81) 나는 비둘기로 기억하고 싶어 한다.

언니: 여기선 모든 게 다 더러워. 이 마을 전체가 더럽고 수컷들로 가득 찼어. 비나 내리라지.
비나 더 내리라지. 내 비둘기가 머물고 있는 퇴비 더미 위로 비가 조금이라도 씻어줄 수 있도록(82).

더러운 것을 깨끗하게 할 수 있는 것은, 이 세상의 더러움을 씻어내는 것은 하늘에서 내리는 빗물이다. 빗물로 존재가, 세상이 정화될 수 있다는 것은 인간의 힘으로는 불가능한 일이라는 뜻이다. 이것은 언니가 할 수 없는, 너머의 일이다. 인간의 너머, 그곳에 『햄릿』에 나오는 오필리아의 광기가 있다. 결국 언니는 수컷들이 지배하는 더러운 세상에서 미쳐버린 오필리아가 된다. 몸은 작아지고, 소리는 나지막하되 크게 울린다. 이것은 고독과 절망의 극치이다.

14. 조용함

14장의 제목은 '체포'이다. 주코는 체포된다. 작가는 주코를 "그는 미치지 않았어"(83)라고 정의한다. 다만 "누군가를 죽이고 싶은 충동을 느낄 때"는 "거의 미친 지경에 이르는 때"라고 말한다. 그리고 그것이 "확실하다" (84)라고 경찰 1, 2의 대사를 통하여 말한다. 주코는 아무런 이유 없이, 아니 누군가처럼 사람을 죽였던 것이다. 그리고 조용함에 대한 진술을 많이 보여주고 있다.

경찰 2: 여기 되돌아올 거라구? 왜 여기 오겠어? 여기 남겨놓은 것도 없는데, 짐 하나 없다구. 그놈은 미치지 않았어. 우리는 완전히 쓸데없는 주차 금지 표지판이야.
경찰 1: 그놈은 올 거야.
경찰 2: 프티 시카고는 이 도시에서 제일 조용한 동네지.
경찰 1: 재 밑엔 항상 불씨가 있는 법이야.
경찰 2: 불씨라니? 무슨 불씨? 넌 어디서 불씨를 본단 말이야? 저 아가씨들조차도 가게 아줌마들처럼 조용하잖아…… 그놈은 이리로 되돌아오지 않을 거야.
경찰 1: 그 녀석은 제 아버지를 죽인 후 자기 집에 돌아왔잖아.
경찰 2: 거기서 할 일이 있었으니 갔지.
경찰 1: 거기서 할 일이 뭐였는데?(82~83)

예컨대 경찰들이 주차 금지 표지판처럼 여기 서 있는 것, 살인자가 범행을 저지른 장소에 되돌아오는 것, 조용하고 평온한 사람들 사이에서 산책하는 것, 재 밑에 항상 불씨가 있는 것, 모든 책들이 제대로 꽂혀 있나 누가 훔쳐간 건 없나 둘러보는 책방 주인, 내 팔과 내 다리에서 나뭇잎과 뿌리가 자라는 것, 살인자가 살인자처럼 보이지 않거나 살인자가 사람들 사이를 거니는 것, 누군가를 죽이고 싶은 충동을 느끼는 것, 거의 미친 지경에 이르는 것 등이다(82~83). 이에 반하는 것은 시끄러움이다. 바다 한가운데의 작은 섬이 되어버리는 것, 파도가 여자 아이를 삼키는 것, 고통이 지구의 심연을 채우고 화산들을 넘치게 하는 것, 기계공이 기계를 다루는 것 등등. 여자 아이는 시끄러움을 조용함으로 바꿔놓는 존재이다. 예컨대 여자 아이가 주코의 심장 고동과 숨소리를 지켜주고 싶어 하는 것, 귀를 네게(주코에게) 대고 몸에서 나는 소리들을 듣는 것으로(84~86) 말이다. 여자 아이는 이 모든 시끄러움을 조용함으로, 즉 "비밀"로, "신비"로 바꿔 저장하는 존재이다. 그것들을 자신의 몸에 담아두고 싶어 한다. 자기 자신을 이 모든 것을 담아두는 녹슬지 않는 가방으로 여긴다. 헌신이란, 사랑이란 시끄러움을 조용함으로 바꿔놓는 비밀이며 신비이다. 사랑이란 "너와 함께 있고 싶"(86)은 것이다. 너의 심장 고동 소리, 숨소리를 듣는 것이며, 삶과 같은 긴 여행에서 "네 가방, 네 짐꾼, 네 신비, 네 비밀"(86)이 되는 것이다. 조용함의 최댓값은 "완벽한 침묵"(90)이다. 이 장면의 끝에서 경찰들이 침묵하는 주코를 데려간다.

15. 목소리

15장의 제목은 '태양 앞에 선 주코'이다. 주코가 감옥에서 탈출하지만 무대에 등장하지는 않는다. 지금, 여기 주코가 보이지 않는다. 주코가 떨어졌다. 그가 왜 다치는 것일까? 왜 보이지 않는 것일까? 왜 떨어지는 것일까? 주코에 대해 말하는 것은 등장인물들이 아니라 간수와 죄수들의 목소리이다.

목소리: 로베르토 주코가 탈옥했어.
목소리: 또 한 번 했군.
목소리: 누가 지키고 있었는데?
목소리: 누구 책임 하에 있었어?
목소리: 조용히 해.
목소리: 공범이 있을 거야.

목소리: 아니, 공범이 없기 때문에 늘 탈출에 성공하는 거야.

목소리: 혼자서.

목소리: 영웅처럼 혼자서.

목소리: 어딘가에 숨어 있겠지.

목소리: 어느 작은 방에 쪼그리고 앉아 떨고 있겠지.

목소리: 어쨌든 그를 떨게 하는 건 당신이 아냐.

목소리: 주코는 떠는 중이 아니고 당신들을 우롱하고 있어.

목소리: 주코는 모든 사람을 우롱하지.

목소리: 멀리 가지는 못할 거야.

〔……〕

목소리: 거기서 뭐 하는 거야?

목소리: 당장 내려와.

목소리: 어떻게 했지?

목소리: 어디로 샜지?(87~88)

그 목소리들은 분리되어 있는 것이 아니라 "섞여 들릴"(86) 뿐이다. 간수와 죄수들이 섞여 있다는 것은 이들을 구분할 수 없다는 뜻이다. 간수와 죄수들은 마찬가지로 감옥과 같은 세상에 갇혀 있다. 그래서 "간수들은 존재하지 않"(88)는 이들이다. 때는 정오. 정오는 태양이 머리 위에 있는 때이다. 물리학 서적에는 태양이 생성되면서 헬륨과 수소가 뒤섞이는 순간, 상상할 수 없는 에너지가 만들어졌다고 씌어 있다. 태양은 모든 생명의 기반이 된다. 태양은 모든 문화에 상관없이 신성한 선물이 아닌가. 주코가 뜨거운 태양 앞에 섰다. 태양은 저절로 빛난다. 그리고 태양은 파괴하지 않고 변화시킨다. 태양은 생태 질서를 완성한다.

주코: 태양을 봐. (완벽한 침묵이 감옥의 마당을 감싼다.) 아무것도 안 보인
    단 말이야? 한쪽에서 다른 쪽으로 움직이는 게 안 보인단 말이야?

목소리: 아무것도 안 보여.

목소리: 태양 때문에 눈이 아파. 눈이 부셔.

　주코: 태양에서 나오는 걸 쳐다봐. 태양의 성기야. 저기에서 바람이 나오
　　　　는 거야.

〔……〕

　주코: 머리를 움직여봐. 당신들과 함께 그게 움직이는 걸 볼 수 있을 거야.

목소리: 뭐가 움직여? 나한테는 아무것도 안 보이는데.

목소리: 거기서 어떻게 뭔가가 움직이기를 바랄 수 있지? 모든 게 영원히 고
　　　　정되어 있어. 못질이 잘 되어서 잘 조여 있다구.

　주코: 저건 바람의 근원이야.

목소리: 아무것도 볼 수 없어. 너무 강해.

　주코: 동쪽으로 머리를 돌리면 그건 그리로 움직여 갈 거야. 머리를 서쪽
　　　　으로 돌리면 그쪽으로 따라올 거야(90~91).

　　주코가 탈출하는 마지막 15장은 1장과 일치한다. 어디로부터? 그곳은 감
옥이되 감옥과 같은 세상이다. 이 세상에서 탈출하기 위해서는 "벽이 아니
라 지붕을 통해서 태양을 빠져나와야 한다"(88). 그곳에는 장애물―부모,
아이와 같은―이 없고 적도 없다. 그곳에서는 "아무것도 안 보이고, 눈이
부시고, 바람이 거세게 일어난"(90)다. 주코는 바람처럼 빛처럼 미치고, 떨
어지고, 다치고, 보이지 않는다. 세상이 눈멀게 된다. 눈먼 세상은 하얀 세
상, 하얀 무대, 하얀 목소리로 가득 찬 세상에 다름 아니다. 콜테스는 셰익
스피어와 베케트를 좋아했다.[41] 『로베르토 주코』의 첫 장면이 셰익스피어가
쓴 『햄릿』의 첫 장면과 같다면, 끝 장면은 베케트가 쓴 『마지막 승부*Fin de
Partie*』의 첫 장면과 같다. "떨어질 거야Il va tomber, 떨어지겠어Il va
tomber, 떨어졌다Il tombe"(91), "끝장난 거야Zucco est fichu" "끝장나
겠어Zucco est peut-être fichu"(88). 이 대사는 "끝, 끝이야, 곧 끝날 거
야, 아마 끝나고 말 거야Fini, c'est fini, ça va finir, ça va peut-être finir"
와 같다.[42] 이는 『마지막 승부』에 나오는 크로브의 첫 대사이다.[43] 이 부분
에서 『로베르토 주코』의 지문은 "외치며"(91)이고 『마지막 승부』의 지문은

"하얀 목소리"이다. 목소리에 색깔이 있는 것이 아니라 들리지 않고 하얗게 보이는 소리란 말인가? "목소리voix를 수식하는 하얀blanche이란 형용사. 하얀 목소리Voix blanche는 소리 없는 목소리, 외치는 소리이다. 그것은 들리지 않는 목소리가 아니라 소리 자체가 울리지 않는 목소리이다. 말을 하되 울리지 않는다면 소리가 발화되자마자 소리의 끝에 있다는 뜻일 것이다. 소리의 끝에 있는 소리, 그것은 태어나자마자 죽은 소리, 소리 아닌 소리, 헛소리이다."[44]

15장에서 주목할 시적인 독백은 "태양을 봐" "태양에서 나오는 걸 쳐다 봐" "태양의 성기야" "저기에서 바람이 나오는 거야"(90), "저건 바람의 근원이야"(91)이다.[45] 작가는 이 끝부분에서 눈에 보이지 않는 바람에 대해 말하고 있다. 1장에서 "귀는 내면의 소리를 들어야 하고, 눈은 내면의 풍경을 들여다봐야 해"(7)라고 말하는 것처럼. 그러므로 바람은 창조의 숨, 창조의 능력을 지니고 있다. 모든 문화권에서 바람은 생명의 가장 여린 숨결로 간주된다. 그 여린 바람의 힘이 이 세상 도처에서 생명의 토대가 된다. 바람의 에너지가 생명의 에너지이다. 작가가 처음부터 끝까지 주코를 통해서 말하려고 했던 것은 바람, 즉 생명이다. 생명을 신뢰하는 것, 창조의 세계를 신뢰하는 것, 낡은 것을 버리는 것, 움직이는 공기인 바람, 생명을 주는 그 힘이 이 작품의 큰 주제이다. 작가와 주코는 그것을 미리 알고 있었던 이였고 그것을 아낌없이 주고자 했던, 일찍 죽은 인물들이었다. 그러므로 1장에서 썩은 세상과 같은 "이 모든 철책을 통과하기 위해서는 액체가 되어야할 것"(7)이라고 말하는 것이 가능하다. 액체와 같은 물을 포함해서 바람은 자연의 에너지이며 하늘의 선물이다. 그것은 우리가 직접 만든 것이 아니다. 그래서 "바람은 불고 싶은 대로 분다."[46] 바람을 말하는 것은 우리에게 새로운 출발, 방향 전환의 신호로 읽힌다. 그것이 "폭풍un vent d'ouragan"(91)이다. 모든 것을 새롭게 시작하고 새롭게 만들고 싶어 하는 거룩한 진전이다. 바람이 불고 싶은 대로 부는 것처럼, "태양이 솟아오르고 싶은 대로 솟아오른 것처럼 주코는 떨어지고 싶은 대로 떨어졌다"(91).

마지막 15장은 주코가 삶을 떠나 죽음과 친숙해지려는 의식으로 읽힌다.

죽음이란 아주 자연스러운 것이며, 태양에 대해 말하는 것은 일종의 순환을 뜻한다. 태양을 바람의 성기라고 말하는 것은 자연으로 돌아가는 것이 된다. "동쪽으로 머리를 돌리면 그건 그리로 움직"일 것이고, "서쪽으로 돌리면 그쪽으로 따라올"(91)[47] 것이기 때문이다. 주코와 작가 콜테스는 세상밖, 즉 태양을 통해 삶에서 죽음으로 그리고 죽음에서 삶으로 순환되는 과정을, 고독에서 사랑을 찾고 있었나.[48]

결론: 현대 연극과 문학적 글쓰기

프랑스 현대 희곡의 특징은 주제의 다양성과 새로움 그리고 시적인 독백의 울림, 즉 소리의 복합성이다. 애매한 말들이 상징의 숲을 만들고 독자들과 관객들을 친근한 시선으로 이끈다. 희곡에서 시적인 모든 대사는 희곡의 골격을 이루는 구조에 해당된다.[49] 본론에서 각 장을 살펴보았듯이, 콜테스의 희곡 언어는 일반적인 약속이나 상징 그리고 암시를 훨씬 넘어선 자리에 있다. 그의 작품은 문학적 글쓰기를 통해 희곡에 읽는 재미를 주고 있으며, 작가는 작가와 인물 사이의 경계가 무화된 독창적인 글쓰기를 하고 있다. 그리고 프랑스 17~18세기 문학의 운문적 전통을 대사 속에 삽입하고 있어, 그의 작품은 무수한 해석이 가능하고 무대 위에서 공연하기가 쉽지 않다. 희곡에 나오는 말들은 배우의 목소리와 합쳐져 무한한 팽창력을 지닌 채 감각의 환희를 노래하지만 시적인 언어의 구술로 한정되기도 한다.[50] 예컨대 주인공 주코의 대사에는 빅토르 위고나 단테의 글이 들어 있으며 보들레르의 시 『악의 꽃』에 나오는 악의 이미지를 상기시키기도 하지만,[51] 극적인 긴장감을 줄어들게 만들기도 한다. 악을 삶과 세상의 근본적인 불완전성이 가져다주는 추상적이고 형이상학적인 악, 인간의 고통 안에 잠재된 물리적 악, 그리고 실수나 잘못에 따른 윤리적 악으로 나눈다면[52] 『로베르토 주코』는 형이상학적인 악을 시적인 대사로, 독백으로 말하고 있다. 형이상학적인 악은 악의 원인이 단순히 선의 부재라고 말하는 것이 아니라 피할 수 없는 근본적인 것임을 웅변하고 있다. 따라서 이와 같은 그의 희곡을 읽는 일은 은유

『로베르토 주코』, 드니 말로 연출, 몬트리올, 1993.

와 상징이 가득 찬 시적인 대사를 해석하는 것이라고 할 수 있다. 로베르토 주코가 신화적인 인물이라는 평가를 받는 것은 희망이 없는 이 세계, 악의 세계를 시적인 대사를 통하여 아름답게 그리고 지독하게 보여주기 때문이다.

시적인 독백은 말의 유희이며 반짝이는 이미지가 가득 찬 말들의 황홀한 기억과 같다. 콜테스는, 현대 희곡은 "인물에 의해서 말할 수 없고 소설저럼 상황에 대해 말할 수도 없다"[53]라고 했다. 이미 3장에서 언니의 긴 독백이 나왔고, 4장에서 형사와 창녀의 독백이 있었고, 5장에서 오빠의 독백이 있었다. 6장에서 늙은 신사는 지하철 속에 앉아 있다. 달리 말하면 그는 집 밖, 지하철 속에 "던져져" 있다. 이 희곡을 읽거나 공연을 본 독자와 관객들은 『로베르토 주코』의 각 장면이 각기 떨어져 있다는 것을 알게 된다. 등장 인물들이 그냥 던져져 있기 때문이다. 인물들은 로베르토 주코를 빼고 모두 고유한 이름이 없는 익명의 존재이다. 그들에게는 인칭이 없다. 그들은 순수한 존재로 그렇게 "있을" 뿐이다. 등장인물들과 열다섯 개의 장은 그냥 던져 "있다." 모든 사물의 관계가 파괴되고 존재들마저 파괴된 후에는 그럴 수밖에 없다. 자연 그대로의 인물들은 그냥 말하면서 영혼과 감각을 드러낼 뿐이다. 그냥 말하는 것으로 돌아갈 뿐이다. 그래서 독백이 가능해지는 것이다. 독백과 밀접한 관계가 있는 것은 고독과 타자의 관계이다. 독백이 가능한 것은 고독하기 때문이다. 그래서 독백은 비극적 성격을 크게 지니고 있다. 독백獨白에서 독獨은 타인의 상실 또는 무無를 뜻한다. 독백은 마주할 face à face 사람 없이 혼자 하는 말이다. 6장에서 주코와 신사는 마주 보지 않고 의자에 "나란히côte à côte 앉"(31)아 있다.

우리는 고독, 독백을 집단성이 주는 행복이 아니라 혼자 떨어져 있는 사람이 겪어야 하는 불행과 같은 것으로 여긴다. 그러나 신사가 겪고 있는 고독은 갑자기 혼자되었다는 것, 즉 집단으로부터 떨어지게 된 자신을 불행하게 여기는 것이 아니라 그 반대에 가깝다. "내가 세상을 보거나, 세상이 날 보거나, 아니면 서로 못 보거나 하는 일들이 어떻게 일어날지 모르겠"(36)다는 늙은 신사는 원하든 원하지 않든 어느 날 지하철 속에서 자신의 주체를 바라보게 된다. 그토록 신사를 붙잡아두었던 타인들이 완전히 소멸한 경험을 하게 된다. 지하철 속 차가 끊긴 시간 속에 신사는 멈추어 있다. 이때부터 그는 '고독'이란 신비를 경험하게 된다. 그는 순수해지고 자기 자신을 새롭게 환원시키고 알게 된다. 신사를 에워싸고 있던 모든 사물의 질서를 대표하는 것이 그가 말하는 "친숙한 부엌"(32)이다. 그가 그 '부엌'에서 나와 존재한다. 그의 인식은 넓게 확장되기 시작한다. 이제부터 신사는 홀로 서기를 시작한다. 비로소 자기 자신의 존재에 접근할 수 있게 된 것이다. 그것이 고독이고, 그 고독은 이제부터 독백을 허락한다. 독백은 신사가 자신의 존재를 떠맡는 이른바 홀로서기를 할 때 가능한 것이다. 신사를 비롯해서 독백을 하는 인물들은 과거와 용접된 현재가 없다.[54] 그들은 유산이 없다. 그런 이유로 로베르토 주코를 20세기의 한 햄릿이라고 말할 수 있다.

현대 연극은 이미지와 볼거리에서 말과 글로 되돌아오고 있다. 그것도 시적인 언어로. 서사연극, 부조리 연극, 서정적인 모놀로그, 반연극, 많은 오브제를 사용하는 볼거리 위주의 연극을 뒤로 하고 운문의 독백을 앞에 내세우며 오고 있다. 내레이션을 중시하면서 오로지 말하기 위한 연극이 다가서고 있다. 무대 공간이나 무대 이미지를 연극성의 중요한 기제로 삼았던 원칙들이 사라지고, 주제의 구성도 점차 줄어드는 경향으로 가고 있다.[55] 실제 세상과 연극 사이에 있던 환영illusion이 사라지게 되었고, 글쓰기와 인물이 지니는 전통적인 맥락을 찾아볼 수 없다. 따라서 배우는 더 이상 상황을 구축하지도 인물을 연기하지도 않는다. 배우는 텍스트를 읽는, 텍스트를 여는 존재가 된다. 배우는 독자나 관객 혹은 작가의 분신Alter ego이 된다.[56] 이로써 무대와 텍스트 사이에 새로운 관계가 형성된다. 이 모든 것을 가능하게 하는 것은 운문의 독백이다.

"차라리 이 시간에 우리의 귀는 내면의 소리를 들어야 하고,
우리 눈은 내면의 풍경을 들여다봐야 해."
—베르나르-마리 콜테스, 『로베르토 주코』

기억의 글쓰기, 기억의 현상학
—『서쪽 부두』연구

서론: 기억 속의 삶, 삶 속의 기억

기억은 세계에 대한 경험과 인식에 기초한다.[1] 기억이 없다면, 칸트가 말한 것처럼 "하나의 이름이 이 사물에 때로는 저 사물에 부여되거나, 동일한 사물에 여러 이름이 부여될 것이다."[2] 또한 기억은 과거의 기억과 결합해서 새로운 기억을 낳는다. "순차적으로 새로운 지각을 포착할 때마다 우리는 이미 지각했던 것을 기억해내 새 지각과 결합한다. 후행하는 부분을 지각할 때마다 선행적으로 지각했던 부분들을 재생산해낸 뒤 새 지각과 결합하는"[3] 것이 정신의 능력, 즉 기억 행위라고 할 수 있다. 기억에는 이처럼 "포착, 재생, 재인식이라는 의식의 근본 활동이 자리 잡고 있다."[4] 로마 수사학에 따르면, "기억은 다섯 가지 절차를 거쳐서 실현되었는데, 그 절차란 착상 inventio, 배열dispositio, 표현elocutio, 암기memoria, 연설actio을 말한다."[5] 희곡의 글쓰기를 비롯해서 공연도 기억과 망각의 변증법에 의거한 형식을 지닌다. 기억의 신 므네모시네가 제우스와 관계를 맺어 낳은 예술의 여신인 뮤즈들이 고통을 망각하기 위한 것임은 공연의 변증법적 특징과 같다. 즉 등장인물처럼 배우들도 기억과 망각을 오간다. 모든 연극은 기억을

토대로 이루어진다고 할 수 있다. 관객과 창작자들의 기억의 교점이 연극 줄거리의 기본이 되고, 그 기억을 상징화하고 풀어내는 방식은 연극에 내러티브의 형태 혹은 연극 형식의 독창성을 가져다준다. 그것들은 관객들의 기억 한편에 존재하는 실제 기억과 공유하기 마련이다. 그런 의미에서 글쓰기와 읽기는 '기억의 현상학' 6)이라고 할 수 있고, 연극은 기억의 생산이면서 동시에 기억의 소비라고 할 수 있다.

언제나 연극은 그 암담한 혼돈을 무대 위에 반영한다. 과거가 "현재의 기억이고, 현재란 현재의 직관이며, 미래란 현재의 기대" 7)라고 한다면, 연극은 현재라는 시점에서 과거의 미래를 잇는 스펙트럼과 같다. 아리스토텔레스에 의하면 기억은 "성향 또는 소유hexis이거나 상태pathos"로 규정된다. 8) 소유로서 기억은 과거에 지각했거나 경험했던 것을 시간이 경과된 후에 다시 기억하는 것을 뜻한다. 성향은 기억하는 것이 스스로 어떤 변화를 일으키려는 내부의 힘을 뜻한다. 상태는 신체 기관 속에 지각을 통해 만들어지는 것으로 지워지지 않은 흔적을 뜻한다.

콜테스 희곡에 나오는 인물들이 보고 말하는 기억은 대부분 고통스러운 과거에 관한 것이다. 그것은 인물들이 결코 피할 수 없는, 그러니까 면제가 불가능한 것이다. 콜테스 희곡의 특징은 기억의 글쓰기이다. 이러한 글쓰기는 자신의 과거에 대한 기억 없이는 형성되지 못하고 보존될 수도 없다. 기억은 인물들이 자아의식을 형성하고 보존하기 위해 필수불가결한 요소이다. 9) 콜테스와 작품 속의 등장인물들처럼 기억의 불안과 기억의 부재 속에서 산다는 것은 언제나 쓸쓸하고 외롭다. 이들에게 생존의 근거는 과거를 상기하는(하려는) 기억이다. 이들에게 과거의 기억을 떠올리는 것은 오늘의 삶을 사는 행위의 근간이다. 10) 과거의 기억은 오늘의 삶의 출발점archen이기 때문이다. 콜테스 희곡에 등장하는 인물들의 과거에 대한 기억은 '파롤parole'로 나타난다. 콜테스 희곡의 특징은 파롤에 의해서 극 행동이 이루어지고 있다는 점이다. 11)

이 글은 콜테스의 희곡 『서쪽 부두』12)에 나오는 여러 등장인물과 그들의 독백에 가까운 말을 현재적 의식의 활동인 기억 행위로 분석한 것이다. 이는 텍스트에 나타난 기억 공간 안에서 기억이 어떤 방식으로 작동하며 어떻게 의미를 구성하는지를 살펴보는 것이다. 구체적으로『서쪽 부두』에 등장하는 인물들의 말을 중심으로 육체, 시간 그리고 장소에 나타난 기억의 메타포, 인물들의 정체성과 기억의 관계를 분석했다.

본론: 기억과 인물

1. 기억의 메타포—육체, 시간 그리고 장소

기억의 대상은 현재도 미래도 아닌 과거이다. 지금 경험했던 것을 지금 기억하는 것은 아니다. 기억은 박물관처럼 시간의 흔적 위에 놓인다.[13] 희곡에서 기억의 첫번째 대상은 장소이다. 장소는 기억의 내용이라기보다 기억해내려는 작용, 기억의 작용, 기억의 과정이라고 할 수 있다. 장소는 일차적으로 외부 세계이다. 콜테스의『서쪽 부두』에서 기억의 주된 대상인 장소는 큰 곳에서 작은 곳으로 확산되고 이동한다. 이것은 시간의 변화나 운동뿐만 아니라 기억이 이것들과 분리될 수 없다는 것을 뜻한다.『서쪽 부두』의 배경은 "서쪽 항구 도시, 버려진 거리, 도시 중심가와 이곳은 강을 경계로 나뉘어 있다. 오래된 포구의 버려진 창고"이고, "백인, 흑인, 아시아인, 라틴아메리카 인디언 등"이 등장한다.[14] "자본주의 사회를 살아가는" 이들이 등장하는데, 희곡은 "다양한 욕망, 돈과 물질에 대한 갈구, 인간과 인간 사이에 빚어지는 환상, 각각의 등장인물이 지닌 비밀 등이 강가의 버려진 창고 주변을 중심으로 전개된다."[15]

희곡의 제목인 '서쪽 부두' 처럼 장소는 기억과 밀접한 관계를 지니고 있다. 서쪽은 해가 지는 곳이다. 시간상으로 시작이 아니라 끝을 향한 곳, 즉 끝자리이다. 항구는 배가 닿아 멈춰 있는 곳이다. 서쪽 항구는 움직이는 시간과 배가 정지된 곳이다. 따라서 서쪽 부두는 과거와 현재 시간의 연결고리와 같다. 등장인물들의 과거와 현재를 연결해주는 시간과 장소의 경계선이 서쪽 부두이다. 잠재적으로 부두 이쪽과 저쪽은 구분된 경계이지만, 등장인물들의 삶의 단절과 지속은 반복적으로 이루어진다. 서쪽 부두는 인물들에게 제 삶을 기억하는 공간이되 제 삶이 기억되는 곳이다. 그러니까 삶이 지속되면서 삶에 대한 기억이 생출되는 공간이다. 도시 중심가와 부두, 그 경계는 현재의 삶과 기억의 삶이 포개지는 접점이다. "오래된 포구의 버려진 창고"는 인물들이 기억하는 오래된 삶의 풍경이다. 인물들은 버려진 창고와 같은 제 삶을 기억한다. 그러나 기억하기는 "무언가 비정상적이고 의심스러운"(8) 어려운 일이다. 기억을 하기 전까지 인물들은 "흡사 죽거나 잠이 든 멧돼지를 연상하게"(9) 한다. 기억은 동시에 "무언가 알아들을 수 없는 말을 중얼거"리는 것이지만 "온몸에서 강렬한 김을 내뿜으며…… 몸을 웅크리는 것"(9)과 같은 잠재된 것을 뜻한다. 그래서 기억은 벽과 같은 삶 앞의 어둠이다. 『서쪽 부두』는 본격적으로 "어두운 벽 앞, 멀지 않은 곳에서 저속으로 들리는 자동차의 모터 소리"(10)에서 시작된다. 소리 역시 기억이 저장되고 호출되는 장치라고 할 수 있다.

"공연을 위해서도 씌었지만 동시에 읽히기 위해서도 쓰인"(163)[16] 『서쪽 부두』에 등장하는 인물은 여덟 명이다. 남미에서 이민 온 일가족(남편인 로돌프와 부인인 세실, 그들의 아들인 샤를과 딸인 클레르)과 이곳에 죽으러 나타난 이방인 콕과 모니크 그리고 클레르의 남자 친구인 팍이란 별명을 지닌 22세 정도로 보이는 청년, 아바드라고 불리는 말하지 않는 30대 남자가 등장한다. 전체적인 줄거리는 다음과 같다. 첫 장면은 자살하려고 이곳에 온 콕을 도우려는 모니크의 말로 시작된다. 고급 승용차를 타고 온 콕은 한 종교 단체의 자금 관리를 맡은 회계사로 모든 돈을 탕진하고 자살하려고 한다. 희곡 맨 앞부분에 작가가 붙여놓은 위고의 짧은 경구는 이 부분을 암시한다. "방향을 잡기 위해 그는 멈춰 섰다. 갑자기 그는 자신의 발을 쳐다보았다. 그의 두 발은 사라지고 없었다"(10). 죽음은 이처럼 흔적 없는 멈춤이다. 그때 말은 "어두운 벽 앞"에서 발을 대신한다. 세실과 로돌프 부부는 남미의 한 나라에서 28세 된 아들 샤를과 열네 살짜리 딸 클레르와 함께 이민을 왔다. 이들은 고향에서 전쟁을 겪었고, 화폐가치의 폭락을 보며 아들과 딸에게 좋은 교육과 삶의 미래를 제공하기 위하여 이곳으로 온 것이다.

세실은 가족이 모두 이곳에 온 바에 대해서, "항구에서는 열 척의 배가 각기 다른 열 곳의 방향으로 떠나려 하고 있었어요. 우린 어떤 배를 타야 할지 몰랐어요. 아이가 왼손을 잡아당기더군요, 아이를 따라 배를 타서 이곳에, 어둠 속에 도착"(105)했다고 말한다. 지금은 "임시 비자로 어둠 속에서 버려진 불쌍한 개떼처럼 헤매고 있"(106)고, "온 가족이 비자가 나오기를 기다리고 있"(104)다고 덧붙여 말한다. 세실의 남편인 로돌프는 "선생 때문에 반쯤 망가진"(104), "잊혀진 전쟁에서 다리의 반을 잃어버리고 기력도 다 빼앗겨버리고 정신까지 거의 잃어버"리고, "이제는 시력까지도 잃어가고 있"(106)는 존재이다. 각 장면은 붙어 있고, 인물들은 길고 긴 내적 독백으로 장면들을 이어놓고 있다.[17] 인물들의 독백은 작가의 말대로 그들의 "존재 자체simplement d'exister"(164)이다.[18]

이곳에서 이들이 겪고 있는 삶은 과거를 기억해야 견딜 수 있는 굴욕의 삶이다. 세실은 "암흑과 가난 속에 내팽개쳐진" 오늘의 삶을, 무기력하게 오늘을 사는 아들을 의심하고 절망한다. "기어 다니며 길거리의 개 오줌이나 핥고, 쓰레기통에 고인 빗물을 마시며, 소나기가 쏟아지는 하수도 출구에서 죽게"(53) 될 자신의 삶을 증오한다.

세실: ……저 영감이 떠나면 우리 희망도, 우리가 챙길 이득도 모두 사라져 버리는 거야. 카를로. 네가 햇볕을 쪼이며 맥없이 앉아 졸고 있는 동안에 우리는 돈도 없이 수도도 안 나오는 곳에서 암흑과 가난 속에 내팽개쳐지겠지. 기어 다니며 길거리의 개 오줌이나 핥고, 쓰레기통에 고인 빗물을 마시며, 소나기가 쏟아지는 하수도 출구에서 죽겠지. 넌 그 사람의 머리에 벌써 박쥐처럼 달라붙어야 했어(53).

세실: ……널 보면, 내가 뭔가 말하려고 하는 인간이 정말 내 아들인가 의심이 간다. 햇볕을 쪼이며 맥없이 앉아 있는 널 보면 최고의 인간을 만들겠다고 우리 나라에서 이 나라까지 데려온 그 아이인지 의심이 간단 말이다. 오늘 네 꼴을 보고 있으면 여기 배를 타고 도착하면서 내 마음

속에 굳게 남아 있던 희망이란 다 사라져버렸어. 무식하고, 능력도 없고, 배신자인 애송이 주제에 여기 놈들처럼 얼굴은 창백하고, 옷도 여기 놈들처럼 입고, 햇볕이나 쬐고 앉아서 여기 놈들의 방식이나 게으름을 따라하고, 학교를 경멸하고, 명망에는 등을 돌리고, 일이라고는 이름 붙일 수 없는 일을 밤에 해야 하고……(54)

세실은 샤를이 죽으러 온 콕을 달아나게 할 것 같아 안절부절못하고, 이참에 돈이 많아 보이는 콕을 죽이거나 콕이 죽도록 도움을 주는 계획에 참여해서(57) 제 몫의 돈을 챙기려고 한다. 샤를은 여동생인 클레르를 보호하고 싶지만 충분하지 않다. 이들은 모두 "시간을 갖고 기다리기에는 너무 늙어버린"(56) 존재이다. 팍은 샤를과 함께 불법적인 일을 하는 인물로 클레르를 창고 깊은 곳으로 데려가 껴안으며 서로 상대방의 역사 속으로 들어가는 경험을 한다. 불구자로 살아온 로돌프는 자신의 몸에 숨겨놓았던 총을 아바드에게 주며 콕을 살해해달라고 부탁한다. 콕은 죽어 바다에 뜨고, 세실은 이를 보고 죽어간다. 모니크는 어디론가 사라지고, 불법으로 체류하는 흑인인 아바드는 대사가 없는 인물로서 극 마지막에 이르러 샤를을 살해한다. 이어 들리는 "시끄럽게 날아오르는 새들의 소리"(160)가 희곡의 끝이다. 죽음 앞에서 들리는 새들의 소리가 희곡의 맨 앞부분에 나오는 "자동차의 모터 소리"(10)와 "버려진 개떼의 소리"(11)와 더불어 인물들의 말을 초월한다. 자연의 언어가 인공의 언어를 무화시킨다.[19]

앞서 언급한 것처럼 『서쪽 부두』에 등장하는 세실 가족은 태어나 자란 자신의 나라에서 벗어나 지금 낯설고 다른 외국이라는 공간에 거주하며 모국어와 외국어 사이에서 방황하고 있다. 모국어가 과거의 기억이라면 외국어는 현재의 기억이다. 그것은 세실의 아들이 고국에서 '카를로Carlo'로, 이곳 외국에서는 '샤를Charle'로 불리는 이름의 차이, 즉 현실과 꿈의 차이와 같다(60). 그 대표적인 인물이 세실이다. 세실은 한편으로는 "우리가 떠나온 우리 나라, 거기선 모든 게 쉽고 그곳에선 모국어를 쓰고 명예롭게 살 수 있다"고 믿으며, "따뜻한 그곳, 우리가 존중받을 수 있는 우리의 고향, 마을의 풍경과 집들, 물, 폭풍우, 그곳의 봄을"(60) 꿈꾸다가도, 아들인 샤를이 이를 반대하자 태도를 바꿔 정반대로 "그러면 난 네가 고향으로 가서 다시 시작하기를 바라지 않겠다. 카를로, 꿈속에서 비밀스럽게 고향 마을의 봄, 강가, 그곳의 폭풍우, 하얀 길들을 보는 것조차 싫다. 우리 나라를 꿈꾸는 것도 싫다. 여기 이 더러운 곳에서 함께 살았으면 좋겠다"(61)라고 말한다. 이 상반된 독백은 망명자, 강제 이주자 혹은 수용소에 수용된 이들과 같이 외국인으로서 살아야 하는 이들의 정체성을 드러내는 기억의 정서라고 할 수 있다. 분명하게 논의할 필요가 있는 고향에 대한 기억의 외관은 같지만, 두 개의 독백 내용은 기억하는 내용과 일치하지 않는다. 기억함으로써 삶의 검은 구멍, 빈 구멍을 메우려고 하는 내용이지만, 세실의 기억은 과거 그 자체가 아니라 왜곡된 과거를 낳기 때문이다. 기억의 환각 효과와 같은 "이 더러운 곳에서 함께 살"겠다는 독백은 고향으로 돌아갈 꿈은 실현 불가능한 것으로서 "삶의 불가시성l'invisibilité, 장소 없음le sans-lieu, 비장소성 l'illocalité d'un sans-domicile-fixe"[20]을 드러내는 독자적 정서라고 할 수 있다. 세실에게 과거는 무거운 형벌과 같다. 그것은 세실이 과거의 기억을 피할 수 없는 존재이기 때문이다. 현실이 고단할수록 기억의 공간에서 자기 자신이 자기의 볼모로 붙잡힌 것이다.

　두번째로 필자가 주목하는 것은 인물들이 내뱉는 길고 긴 독백 속에 들어 있는 기억의 지배력이다. 현실이 남루할 때 인물들은 과거에 지배된다. 과거란 곧 기억이다. 이들을 지배dominatio하는 주인dominus은 기억이다. 달리 해석하면 이들의 집domus은 기억의 내부 공간이다. 등장인물들은 기억의 내부 공간에 거주하고 기억도 이들의 삶 속에 있다. 슬픔은 기억의 어머니인 셈이고 삶은 기억을 반추한다. 한용운식으로 말하면, "쏟아지는 눈물 속에서"[21] 이들은 자신의 삶을 들여다본다. 기억된 과거의 공간에서 그들은 빛이 아니라 어둠을 응시한다. 눈물과 슬픔 속에서 나오는 말들이 곧 내적 독백이다. 등장인물들은 모두 타인과 소통이 불가능한 사람들이다. 삶이 고통의 연속일 때 인물들이 삶을 위반하는 유일한 규범은 기억하는 행위이다. 오로지 말하면서 쾌락을 느낄 수 있는 인물들의 행위는 가혹한 현실을 벗어날 수 있는 탈출이다.

> 세실: 비밀이겠지만, 카를로, 고향으로 돌아가서 거기서 새롭게 시작해볼 생
> 각을 마음속에서 해본 적 있지? 우리가 떠나온 우리 나라, 거기선 모
> 든 게 쉽고, 그곳에선 우린 외국인이 아니야. 너의 모국어가 사용되는
> 그곳에선 네가 명예롭게 살 수 있어. 그곳을 비밀스럽게 꿈꾸진 않았
> 니? [……] 깨끗하게 청소되어 있는 곳, 이곳의 여름은 쪄죽을 것 같
> 지만, 그곳에선 신선한 바람이 불지. 여기서 얼어 죽을 만큼 추울 때,
> 따뜻한 그곳, 모두 기독교를 믿고 우리가 존중받을 수 있는 우리의 고
> 향 말이야. 고향 마을의 풍경과 집들, 물, 폭풍우, 그곳의 봄을 몇 번
> 이나 꿈속에서 보았는지 말해줘. 그것만이라도 말해다오(60).

> 세실: 카를로, 꿈속에서 비밀스럽게 고향 마을의 봄, 강가, 그곳의 폭풍우,
> 물, 하얀 길들을 보는 것조차 싫다. 인생이 훨씬 쉽게 풀리고, 사람들
> 이 기독교를 믿고, 우리가 존중받을 수 있는 우리 나라를 네가 꿈꾸는
> 것도 싫다. 네가 여기 우리와 함께 남아 이 더러운 곳에서 함께 살았으
> 면 좋겠다(61).

『서쪽 부두』는 고향을 떠나 낯선 곳에서 기억을 먹이로 삶을 지탱하는 이
들의 내적 독백으로 이루어진 희곡이라고 할 수 있다. 어제의 고향, 오늘의
서쪽 부두와 같은 장소는 이들의 언어가 생출되는 샘과 같다. 다음에서는
등장인물들이 내뱉는 내적 독백을 어두운 삶과 빛나는 기억의 관계로 분석
하고자 한다.

2. 기억과 정체성—등장인물들의 말을 중심으로

『서쪽 부두』에 등장하는 인물들은 어떻게 과거를 기억하고 그 기억하는
바를 말하게 되는가? 후설은 "특별한 종류의 지향적 의식으로서 '파지把持,
retention'를 내세운다. 파지는 동일한 의식의 흐름 속에서 매 순간 발현하

는, 현재 순간과 지나간 순간 양자 모두에 대한 의식이다. 이미 지나간 순간의 지각을 망각하는 것이 아니라 의식 안에 저장해놓았다가 현재의 지각과 관계를 맺는 가운데 재생하는 것처럼, 파지에서 의식은 자신을 현재 순간에 대한 의식인 동시에 이미 사라진 순간에 대한 의식으로 파악한다. 결국 파지란 시간의 통일적인 흐름에 대한 의식이다. 파지라는 특별한 지향성 덕분에 그때그때의 지각은 시로 무관한 '조각난discret' 순간들로 남지 않고, 후설의 표현을 빌리면 '혜성의 긴 꼬리처럼' 하나의 흐름으로 연결된다. 지나간 순간을 불러내는 '자발적인 회상Wiedererinnerung'이 가능한 것은 바로 파지를 통해 지나간 순간이 의식 안에 저장되기 때문이다. 요컨대 회상은 파지라는 일차 기억에 기반을 두고 있는 이차 기억sekundäre Erinnerung인 것이다. 파지가 과거를 저장하는 활동이라면 회상은 그 저장된 것을 다시 현재화하는 활동이다."[22] 따라서 기억은 현재를 가지고 과거를 재구성하고 사라진 순간을 오늘에 되살려놓은 방식이다. 기억된 과거란 지금 현재의 마음의 양태로 환원된/전환된 것이다.

『서쪽 부두』에 등장하는 인물들에게 현재와 과거는 분리된 것이 아니라 공존한다. 그들 삶의 과거는 지나간 것이 아니라 되살아나 계속해서 존재하는 삶이다. 그들의 현재는 계속해서 진행 중인 과거이다. 여기서 과거란 "현재의 기억이고, 현재란 현재의 직관이며, 미래란 현재의 기대이다."[23] 따라서 이들에게 과거란 현재와 분리되지 않고 공존한다. 과거는 의식의 활동과 같은 풍경으로 "오래된 포구의 버려진 창고"(8)에서 오늘을 살고 있는 이들의 배후에 존재한다. 인물들에게 삶의 과거는 오늘을 깊이 숙고하게 하는 부름과 같다.[24] 이 작품에 등장하는 인물들은 항상 일방적으로 상대방과 나누는 말을 통해서 이야기한다. 상대자와 직접 대면하는 경우(모니크와 콕, 콕과 샤를, 클레르와 팍, 모니크와 클레르, 클레르와 샤를, 샤를과 팍, 세실과 샤를, 샤를과 모니크, 로돌프와 샤를, 모니크와 세실)도 있고, 상대자가 듣는 것을 전혀 염두에 두지 않고 독백으로 말하는 경우(세실, 샤를, 클레르)도 있다. 이는 『서쪽 부두』에 등장하는 인물들이 말로서 다른 사람들과 연결되어 있다는 것을 뜻한다. 이런 의미에서 이 희곡은 "만남에 관한 이야기l'histoire d'une rencontre"라고 할 수 있다.[25]

　여기서 '만남'이란 장소, 상황, 주제가 어울려 낳은 결과가 아닌 즉물적 만남이다. 불완전한 존재, 소통을 갈망하지만 소통하지 못하는 불행한 존재로서 속박과 결핍을 그대로 드러내는 만남이다. 콜테스는 희곡에서 인물들을 대면시켜 말을 낳게 한다. "난 의도적으로 두 사람을 대면시켰어요. 한 사람이 일을 보고 다른 사람이 교대를 하죠. [……] 이렇게 텍스트는 흘러 갑니다."[26] 이처럼 대화와 독백체의 진술 행위는 진술하는 내용에 대한 기억 행위이며, 그 내용은 말하는 사람과 듣는 사람이 말하는 사람의 기억과 상호 작용한 결과이다. 말하는 행위를 기억의 외면화라고 한다면, 쓰는 행위와 같은 일방적인 독백의 진술 행위는 기억의 내면화라고 할 수 있다.『서쪽 부두』에 등장하는 인물들에게 만남의 대상인 타자는 곧 대화하기 위한 대상이 아니라 기억하게끔 하는 대상일 뿐이다. 따라서 기억을 외면화하는 진술 행위는 듣는 이와 말하는 이의 쌍방관계를 형성하지만, 기억의 내면화와 같은 혼자 말하기는 구술 행위이되 외부 세계와 단절되어 자기 속에 고립된 채 자신을 영속화하면서 드러내는 일이다. 인물들은 상대방을 통해서 자신의 "과거란 존재 저 너머의 존재"[27]를 본다. 즉 타자는 기억의 실마리가 될 뿐, 대화의 상대는 아닌 것이다. 그러므로 이들의 만남은 두 존재의 양립이 아니라 자기 자신 혹은 타자의 존재에 대한 상실의 확인이라고 할 수 있다. 이러한 기억의 과정을 통하여 삶으로 되돌아오는 독백은 삶에 대한 공포의 시선을 지니고 있다. 그것은 환상을 낳는다. 그리스어 eikôn, eidôla는 이미지(아이콘, 우상)를 의미한다. 라틴어 simulacra, simul은 그리스어 eidôla뿐만 아니라 phantasmata를 번역한 말로, 환상(빛의 이미지)의 근간들이다. 아리스토텔레스의 말처럼 "상상의 이미지가 없으면 사고할 수 없다 aneu phantasmatos noein." 그는 덧붙여 "환상이 없으면 기억이 없다"라고 말했다.[28] 이처럼 인물들의 내적 독백은 매 순간 튀어나오는 삶의 원자들이다. 그것은 이성에 반하고alogos 터무니없어 보이기도 하지만, 인물들이 존재하는 데 절대적이기도 하다. 가난하고 고통스러운 삶의 여백을 채우는 것은 환상과 같은 기억이다. 이들의 육체를 에워싸고 있는 것도 기억일 뿐이다. 이들이 독립적인 존재가 되는 것은 저장한 과거를 꺼내 읽어내는 기억 행위를 할 때이고, 이때 이들은 "살아 있는 현재의 의식 안에서"[29] 덜 불행해질 수 있다.

1) 모니크―비어 있는 기억

첫 장면에서 도시에 살고 있는 부유한 두 사람, 모니크와 콕은 도시 바깥의 가난한 동네로 온다. 그들의 삶의 정처가 저곳에서 이곳으로 바뀐다. 삶의 다른 곳에 대한 열망은 여행을 자주했던 콜테스 자신의 삶의 형태에서, 그가 쓴 여러 희곡에서 자주 드러난다. 다른 곳은 이방인이 되어 '진정한 삶 vraie vie'을 추구하는 곳으로, 콜테스의 연극에 현실성과 구체성을 부여하는 중요한 공간이다.[30] 모니크는 콕의 죽음을 돕는 인물이다. 모니크는 삶의 한편에, 콕은 죽음의 다른 한편에 발을 딛고 있는 인물이다. 모니크와 콕은 죽기 위하여, 정확하게 말하면 모니크는 콕의 죽음을 돕기 위하여 "미끄러운 바닥을 힘겹게 걷고 어두움 속에서 등장"(162)한다. 이 둘은 죽기 위해서 어둠을 뚫고 이곳에 왔다. 죽음을 바라보는 콕과 달리 다시 삶으로 되돌아가려는 모니크의 대사는 삶과 죽음의 폿대만큼 서로 어긋난다. 첫 장면에서 등장하는 둘의 모습은 "누가 누구를 쫓아가고 있는" 것인지, "누가 누구를 인도하고 있는지"(162)를 알 수 없게 한다. 그런 탓으로 모니크의 독백은 불안하고 그 시작과 끝의 구분이 어렵다.

모니크의 기억은 어떤 지표를 만나 갑작스럽게 무한히 확장된다. 그리고 그것은 번개와 같이 빠르다. 그 대표적인 예가 장소이다. 장소는 기억의 가장 큰 메타포인 셈이다. 바다와 땅이 교접한, 거대한 미궁 같은 서쪽 부두는 기억의 내밀한 저장 공간이다. 『서쪽 부두』에 맨 먼저 나오는 인물로, 자살하려는 콕을 안내하기 위하여 이곳까지 와서 길을 잃어버린 모니크는 삶에서 "아무것도 기대하지 않"(70)는 "한심한 인간들이 지겨"(71)워 "떠나고 싶"은, 다시는 "도시로 돌아가고 싶지 않"(71)은, 돌아가는 것을 두려워하는 존재이기도 하다. 그녀의 독백은 이 희곡의 첫번째 독백이기도 하다. 희곡의 첫 대사가 모든 것을 잃어버렸다는 듯이 시작된다.

모니크: 그래서? 어디로? 어딜 통해서? 어떻게? 세상에! 이쪽으로? 여긴 벽
이야, 더 이상 갈 수 없다구. 벽도 아니네. 이건 아무것도 아니야.
길일 수도 있고, 집일 수도 있고, 강이나 구역질나는 **커다란 구멍**일
뿐인 공터일 수도 있지. 아무것도 보이질 않아. 너무 피곤해. 더 이
상 못 참겠어. 너무 덥고 발도 아파. 세상에! 어디에 가야 할지도 모
르겠어. 갑자기 이 **검은 구멍**에서 누군가, 뭔가가 나타난다면, 난 어
떤 태도를 취해야 할까? 어떤 놈이 갑자기, 아니 여러 놈이 갑자기,
아니 수많은 놈들이 내 주위에 갑자기 나타난다면 내 표정이 어떨
까? 〔……〕 우린 벽으로 가로막혔어요. 더 이상 갈 수 없어요. 이제
뭘 해야 할지 말씀해보세요. 우리가 어느 구멍으로 떨어지기를 원하
는지 말씀해보시라고요(10).

질문으로 시작되는 이 독백은 질문에 상응하는 답을 구하지 않는다. 그것
은 이 질문이 채워질 수 없다는 사실을 전제로 하기 때문이다. 묻지만 대답
response할 수able 없는 무책임한 모니크의 독백은 삶에 대한 모든 상실을
전제로, 그것을 채울 수도 되찾을 수도 없다는 것을 전제로 성립된다. 스스
로 질문을 하지만 그 답을 상대방인 콕에게 구하고 있다. 모니크는 실제로
"난 길을 잃었어"(39)라고 말한다. 기억은 되찾는 일이다. 그것이 기억의
본질이라고 한다면, 모니크는 기억하는 것이 불가능한 존재이다. 콕이 불안
해하는 모니크에게 "돌아가시오"(12)라고 말하자, 모니크는 "돌아가라구요?
제가 어떻게 돌아갈 수 있죠?"(12)라고 말한다. 모니크의 고통은 기억할 수
없는 과거로부터 촉발된다. 그것도 '얼마 전까지Il n'y a pas si longtemps'
기억했던 과거로부터 멀어지는 것이다.

모니크: 전엔 여기에 가로등이 있었어요. 부르주아들이 사는 평범하고 활기
넘치는 동네였죠. 〔……〕 항구의 낡은 창고 일부는…… **얼마 전까지
는**…… 하지만 지금은 세상에! 어떤 순진한 사람이 한낮에 여기서

길을 잃는다면…… 선생님, 여긴 사람이 사는 곳이 아니에요. 어디 계세요? 아무것도 안 보여요. 아무 소리도 안 들려요. 엔진 소리! 차 소리가 안 들리네. 날 혼자 내버려두지 말아요. 날 혼자 내버려두지 말아요(14~15).

그러나 모니크는 본디 "어릴 적에 컴컴한 데서 뭐든지 잘 보기로 유명했"다. "하지만 이런 시커먼 어둠tant de noir은 처음이에요"(13)라고 말한다. 앞에서 인용된 대사에 나오는 시커먼 어둠과 같은 "커다란 구멍un grand trou" "검은 구멍ce trou noir"은 길을 잃어버린 기억을 체험하는 공간이다. 모니크는 스스로 구멍perditos을 말하면서 길을 잃어버렸다고 말한다. 그러니까 의례적인 삶이 뚫린 구멍 같은 존재가 되었다. 길을 찾기 위해서 모니크가 할 수 있는 일은 "길이 시작되는 방향이라도 가르쳐줘, 어느 방향인지만이라도 가르쳐달라니까"(40)라고 샤를에게 질문하는 것이다. 콕에게 길을 알려주기 위하여 온 모니크가 샤를에게 길을 묻고 있다. 그것은 길이 아니라 길이 시작되는 방향일 따름이다. 모니크는 어디론지 모를 곳으로 사라져간다. 그곳은 "사람이 사는 곳이 아닌"(15), "아무것도 안 보이고, 아무 소리도 안 들리는"(15) 기억할 수 없는, 기억이 부재하는 공간이다. 기억이 부재하는 삶의 공간은 이처럼 "시커먼 어둠"(13)의 공간이다. 이때 모니크의 절규가 시작된다.

모니크: (침묵, 콕은 어둠 속으로 사라져버렸다.) 어디 계세요? 아무것도 안 보여요. 아무 소리도 안 들려요. 엔진 소리! 차 소리가 안 들리네. 날 혼자 내버려두지 말아요. 날 혼자 내버려두지 말아요. (돌에 물방울 떨어지는 소리가 들린다.)(15)

2) 콕—죽음과 언어
콕은 "변덕스럽고 비밀을 지닌 인물"이고, "사람들의 시선을 기만하기 위하여 끝없이 겹겹이 쌓인 파라오의 관cercueils pharaoniques emboîtés 같은

인물"이다.[31] 그는 죽으러 이곳 "서쪽 항구 도시, 버려진 거리"에 온, "아무
도 원하지 않고 내 자신만 원하"(26)는 나이 든 "속물"(135)이다. 콕의 삶
을 지배하는 것은 물질이다. 콕은 물질적 삶에 의해서 익명화된 존재이다.
그는 수녀들이 맡긴 돈을 모두 잃어버려 그것을 기억하려 하지 않는, 스스
로 기억을 지워 자신의 명망을 죽음으로 무화하려는 존재이다. "새로운 인
간으로 변신할 만한 나이도 아니고 그럴 욕망도 없"(27)는 존재이다. "기억
력도 신통치 않으니 어둠 속을 혼자 나아갈 자신도 없"(16)는 콕은 타인의
도움을 받아 삶의 건너편 쪽으로 가고 싶어 한다.

> 콕: 양쪽 주머니에 돌덩이 하나씩 넣도록 도와주겠어? 그 외에는 다른 부탁
> 은 하지 않을 거야…… 여기서 이 시간에, 뭔지 알 수 없는 목적을 가진
> 이런 상태인 남자를 본다면 누구나 갖가지 상상을 다 할 수 있겠지……
> 모든 게 너무 변해서 저 건너편 쪽으로 가려면 누군가의 도움 없이는 갈
> 수 없을 것 같아. 나 혼자 돌덩이를 주울 수 있을 만큼만 빛이 있다면 자
> 네의 도움이 없어도 되겠지…… 난 그쪽으로 가고 싶어…… 자 이제 나
> 는 가진 게 아무것도 없어. 날 좀 도와주게(16~19).

죽으려고 이곳에 온 그는 그곳을 초월의 장소라고 판단했지만, 기억에 감
싸여 있다. 콕에게 아픈 과거의 기억으로부터 자신을 해방시키기에 장소의
이동으로는 충분하지 않다. 콕은 기억을 잃어버리는 전회轉回의 가능성이 없
는 존재이다. 삶을 마감하려고 할수록 콕은 "아무런 의미도 없는 재로 된 시
신quelques cendres mortes"[32]인 채 과거로 되돌아간다.

> 콕: 내 인생에서 평안히 보낸 해가 몇 년이나 될까? 남의 사업들 때문에 속
> 썩지 않은 해가 몇 년이나 될까? 6년? 8년? 몇 살부터 셈을 셀 줄 알게
> 되지? 숫자를 세는 걸 절대로 배우지 말았어야 했어. 나를 궁지에 몰아
> 넣으려고 일부러 나한테 돈을 맡기는 거야. 그리고 해명을 요구하지. 난
> 안 갈 거야. 더 이상 말이 필요 없어(103).

『서쪽 부두』, 파트리스 셰로 연출, 낭테르, 1986.

그것은 그의 삶이 기억을 초월할 수 없기 때문이다. 말하고 싶지 않은 그는 기억하고 싶지 않은 존재와 등가이다. 그래서 콕은 자신을 사랑하고 돕고 싶어 하는 모니크마저 자신을 방해하는 인물로 간주한다.

> 모니크: (콕에게) 내가 모든 걸 이해하고 모든 걸 용서할 수 있다는 걸, 선생님은 이해하지 못하시죠? 선생님이 거짓말만 하지 않아도, 선생님을 돕고 싶어 할 만큼 선생님을 사랑한다는 것도 이해 못 하시겠죠?
> 콕: 난 당신 도움을 원하지 않소. 난 당신에게 용서받을 것이 없어. 당신은 아무것도 아는 게 없소. 난 거짓말하고 있지 않아(101).

그 절정은 자신의 죽음 앞에서조차 자신의 기억에 존재하는 모니크를 부정하고, 그 기억의 모든 것을 "피부가 황산을 증오하듯comme la peau hait le vitriol" 부정한다.

> 콕: 저년은 비열한 년이고, 난 저년을 증오해. 모두들 서로 각자 자기 영역 속에서 살아야 해. 자신의 영역 내부에만 눈을 돌린 채 말이야. 사람들을 서로 만나지 못하게 해야 해. 사람들의 머릿속에서 호기심을 끄집어내어 내동댕이쳐야 해. 보통 남자가 자기 곁에서 합법적으로 사는 여자를 증오하거나 가난한 놈이 돈 많은 속물을 증오하는 것 말고, 서로서로 진정으로 증오해야 해. **피부가 황산을 증오하듯**이 말이야(135~56).

콕의 진정한 삶은 부재한다. 증오하는 삶은 어둠에 사로잡혀 인격도 빼앗긴 질식하는 삶이다. 이런 곳에서 삶은 익명의 존재가 된다. 콕은 기억을 지우고 싶어 한다. 그렇게 해서 피할 수 없는 익명의 존재가 되고 싶어 한다. 모니크에게 있어서도 기억의 부재는 이것과 저것의 구별이 없는 텅 빈 공간을 낳는다. 그 텅 빈 허공에서 주시하는 것은 개별성의 상실이다. 기억의 부재, 그 공간에서 콕은 삶의 목적과 내용도, 시작도 끝도 없는 죽음으로 향한다. 그가 이곳으로 온 이유는 기억과 같은 "자리 잡기에 대한 의식Une conscience de la localisation"[33]과 정반대이다. 콕은 자리 잡기에 대한 의식을 포기함으로써 익명의 존재가 된다. 이처럼 기억의 부재는 존재를 사물화한다. 그곳에 텅 빈 허무가 있다.

3) 샤를—기억의 역설

샤를은 "약하지도 않고 줏대가 없지도 않으며 우유부단하지도 않"은, "단지 어떤 태도를 취해야 할지 모르"는, "자신과 그의 인생에 나타나는 약간의 격차가 그의 계획을 수행하지 못하게 하는 진정한 이유라는 걸 말하고 싶어 하는"[34] 인물이다. 이를 위하여 그는 가족 곁을 떠나려 한다. 과거 고향에서 살던 자신의 모습을 익명의 존재로 만들고 싶어 한다. 그에게 존재는 지금, 여기에서 살고 있는 새로운 존재이다. 그에게 기억이란 잊혀진 카를로라는 과거의 이름처럼 익명의 존재 안에 남아 있는 것이다. 그가 과거의 기억을 잊고자 할 때 그는 샤를이라는 단독자가 된다. 그는 과거의 자기 자신으로 되돌아가고 싶지 않은 "물질적 존재"가 된다.[35] 과거의 기억은 잊어야 할 것이고, 오늘은 그가 맺어야 할 시작일 따름이다. 샤를의 기억은 과거와 단절하려는 아픔과 오늘을 이으려는 구성 사이에 자리 잡고 있다. 그에게 과거의 기억은 물려받아야 할 유산이 아니라 소멸의 대상이다. 새롭게 출발하려는 샤를에게 과거의 기억과 가족은 가능하면 배제할 수밖에 없는 대상인 셈이다. 샤를은 자신의 과거로부터 지배를 받으면서 새롭게 존재하려는 "강물 위로 반짝이는 지는 해"(87) 같은 고독한 인물이다.

> 샤를: 이 검둥이 새끼야, 우리 형제야. 피로 맺어진 형제고, 돈으로 맺어진 형제고, 가려움증으로 맺어진 형제야…… 내가 어린애였을 때, 내 몸에는 이가 득실거렸어. 머리에, 겨드랑이에, 털 한 오라기 있는 곳에는 까만 이가 득실거렸지…… 이가 사라진 줄 알면 발끝에 이가 다시 나타나서 온몸이 가렵기 시작하는 거야…… 늘 어딘가에 숨어 있는 한 마리가 있었고, 그놈이 어디 숨어 있는지는 도저히 찾아낼 수 없었지.

마지막 남은 한 마리 이에 대적해서 할 수 있는 일이란 아무것도 없었어. 그냥 내버려두는 수밖에. 결국 이를 없애버리는 것보다는, 이와 함께 사는 것에 익숙해지는 것이 더 쉬운 법이지…… 이 검둥이 새끼야, 다른 놈으로 태어나야 했어…… 그게 꿈꿔볼 수 있는 유일한 일이지…… 그 이외엔 꿈꿀 가치도 없어. 그건 네 잘못도, 내 잘못도 아니야. 우린 그렇게 잘못 태어났을 뿐이야(65~67).

샤를: ……난 혼자서 차 타고 여길 뜰 거야…… 나로 말하면, 난 이제 새로운 인생을 살 거야. 난 항구로 가서…… 여기 사람들은 더 이상 날 볼수 없겠지…… 우리 둘 다 각자 제 갈 길을 가는 거지…… 난 인생을 다르게 살 거야…… 혼자서 잃어버린 걸 되찾아야 해…… 난 여길 뜬다. 잘 있어(87~94).

낯선 이곳에서 홀로서기를 하고자 하는 샤를의 존재를 지배하는 것은 과거의 기억과 오늘의 현실이다. 그에게 과거의 기억은 오늘의 현실을 지배하지 못하고, 오늘의 현실은 과거의 기억을 지배하지 못한다. 샤를의 의식은 기억과 현실의 사이, 즉 부조리 속에 있다. 그는 삶에 저항하는 인물이다. 그것이 그에게 남은 최후의 수단일 터이다. 그는 과거의 기억으로 절망에 빠져 있지만 눈을 뜨고 현실을 바라본다. 그가 현실을 바라보는 기준은 잊고자 하는 과거의 기억이다. 세실이 과거 속으로 일찍 도피하고자 한다면, 샤를에게 과거의 기억은 몸을 누일 수 있는 최후의 터이다. 그것은 가장 나중에 할 수 있는 도피처인 셈이라고 여기고 있는 것이다. 이것이 샤를이 지니고 있는 기억의 역설이다. 다음과 같은 샤를과 세실의 대사는 극명하게 과거와 기억이 어긋나는 근본적인 부조리를 보여준다.

샤를: 나를 카를로라고 부르지 말라니까. 그러면 난 대답하지 않을 거야.
세실: 대답해봐. 대답해봐. 그러면 널 다시 카를로라고 안 부를게.
샤를: 난 한 번도 고향을 생각한 적 없어.

세실: 하지만 꿈속에서, 꿈속에서 고향을 본 적은 있지?

샤를: 아니, 한 번도 꿈을 꾼 적도 없어.

세실: 그럼 도대체 무슨 꿈을 꾸는 거니?

샤를: 난 꿈 안 꿔.

세실: 자지 마, 자지 마라.

샤를: 난 안 자(60).

카를로라는 이름은 기억된 샤를의 선행적 존재를 일컫는다. 샤를은 카를로라는 옛 이름을 자신의 존재로부터 떼어내고 싶어 한다. 반면에 세실은 아들인 그를 샤를이라고 부르지 않고 카를로라고 부른다. 세실에게 아들은 변함없는 과거이기 때문이다. 세실의 이런 호명은 과거와 현재를 아우르는 아들의 존재에 관한 일체성을 부각시키려는 의도이고, 그것은 샤를에게 과거의 자신과 오늘의 자신이 일치하지 않는 결핍이 된다. 샤를은 과거와 결별하고 현재에 홀로 서고 싶어 한다. 그의 고독은 여기서 촉발된다. 그는 과거의 카를로와 결별해서 샤를이라는 오늘의 존재로 향하고자 한다. 그에게 구원은 과거가 아니라 오늘에 몰두하는 것이다.

> 샤를: 우리는 이미 만들어진 길을 따라 가서는 안 돼. 이 검둥이 새끼야. 이미 만들어진 길옆에 우리 자신이 우리의 길을 만들어야 해. 우린 같이 비즈니스를 해야 한다고. 넌 나하고 비즈니스를 계속 같이 해야 하는 거야(64).

샤를의 머릿속에는 "그 어디에도 꿈 조각 하나 남아 있지 않"(22)다. 이러한 이율배반의 관계, 과거와 화해할 수 없는 관계가 샤를이 겪고 있는 불안의 근원인 셈이다. 꿈이 기억의 동의어라고 한다면, 그가 말하는 머릿속에 남아 있는 "신중함sagesse"(22)은 불안의 동의어이다. 과거를 위해서 그는 "(눈을 뜨며) 할 일이 있어"라고 말하면서 일에 관심을 두며, 지금 여기에 거주한다는 사실을 강조한다. 과거가 없는 그는 '그 어디에도null part'

존재하지 않는 셈이다. 그가 지닌 사물에 대한 관심은 "잘못 태어났을 뿐"(67)인 과거로부터의 도피이며, 자가당착이며, 세실로부터 비난을 받을 수밖에 없는 것으로 나타난다.

> 샤를: 주의를 둘러봐, 아무것도 없어. 구석구석 찾아봐. 땅을 파보라구. 머릿속을 뒤져봐, 남은 건 아무것도 없어. **그 어디에도 꿈 조각 하나 남아 있지 않지**. 여기저기 **신중함**만이 남아 있을 따름이야(22).

> 샤를: 어느 날 난 더 이상 여기 없을 거야. 그럼 넌 나를 마지막으로 본 장소를 기억하게 되겠지. 나를 보러 그곳에 가면 난 거기 더 이상 없을 거야. 그런 거지(46).

기억은 경험한 것을 정신 속에 보존하는 일이지만, 그것은 정확하지 않을 수도 있다. 프로이트는 기억과 망각의 심리적 과정을 억압과 반복, 자리바꿈, 쾌락의 원칙과 같은 심리적 메커니즘에 의해 일어나는 것으로 왜곡과 수정의 산물이라고 말한다.[36] 그러니까 기억이란 정신적 과정의 일부분인 셈이다. "기억되지 않는 부분은 사라진 것이 아니라 정신 속에 어떤 형태로 잔존한다. 체험은 망각되거나 부정확하게 기억된다. 그러므로 망각은 기억과 상반된 현상이 아니라 오히려 기억의 한 형태로 이해할 수 있다."[37] 잊혀지지 않은 기억과 억압된 채 잠재하는 은폐 기억 그리고 망각의 과정이 그것이다. 정확하게 말하자면 기억은 파지把持와 같은 잠재된 일차적인 기억과 이를 재생산하고 종합하려는 이차적 기억을 포함한다. 샤를은 자기 자신과 자아의 연결을 끊어버리려는 자기 망각의 존재로 등장한다. 그는 기억으로부터 해방되기 위하여 "정직하게 일하는 미래"(92)로 향한다. 자기 자신을 미래와 동일시한다. 그 미래는 "난 허기질 거야. 난 여전히 허기질 거야. 허기지지 않는다는 것은 죽은 거야"(92)라고 말하는 것처럼 채워야 할 대상이다. 그의 삶은 미래에 담겨 있는 셈이다. 샤를의 실존은 "자기 밖에 존재하는 탈존적 존재"[38]이다. 그래서 그는 '이곳'을 떠나려고 한다. 그에게 필요한 것은 "늙은 엄마를 죽을 때까지 먹여 살리며 시간과 돈을 낭비하는"(141) 과거가 아니라 "멋진 옷과 멋진 차, 여자들"(141)이다. 그리고 이 모든 것을 갖기 위해서 "오늘"과 "돈"(141)이 필요하다.

로돌프는 샤를이 과거와 같은 집을 버리고 떠나는 것에 대해 "널 저주할 거야"(143)라고 반복하면서 거칠게 반대한다. 로돌프는 아들이 자신처럼 집을 떠나서 경험할 것들을 예상하고 있고 아들의 미래를 자신의 과거와 동일시하고 있기 때문이다. 그러나 샤를의 욕망은 이보다 더 크다.

> 샤를: 아버진 너무 늙었어. 난 권위적이고 강한 남자를 동경해. 〔……〕아버지는 이제 그림자만 남았어. 이제 아버지는 늙고 망가져서 원상복구가 불가능하지. 하지만 난 아직 망가지지 않았고, 늙는다는 것이 그림자처럼 따라다닐지 모르지만 아직 단단해. 〔……〕 늙고 잊혀진 사람들에게 미래가 **동정심**을 갖는다면, 늙은이들은 미래가 원수처럼 기회를 노리고 있는 젊은이들에게 **동정심**을 가져야지(144).

> 샤를: **그럼 날 기억이라도 해줘요**. 잊어버리지만 말아줘요. 누군가의 기억 속에는 남아 있고 싶어. 아버지는 죽지 않으려면 누군가의 기억 속에 살아 있어야 한다고 가르쳤잖아. 아버지처럼 늙은 영감의 머릿속에라도 말이야(145).

그가 요구하는 동정심은 곧 자신에 대한 기억이다. 가족과 세상으로부터 버려진 샤를은 타인의 기억 속에서나마 의존하고 싶어 한다. 그것은 자신으로부터 탈구되어 나온 존재의 고독이다. 타인의 기억 속에 자신을 등록하는 행위는 그가 떠맡겨진 존재라는 것을 의미한다. 그곳에 기억과 싸우는 샤를의 비극이 자리 잡고 있다.

4) 클레르와 팍—불안과 기억

기억은 저장을 통해서 가슴 깊은 곳에 숨겨져 있다. 숨겨진 기억은 스스로 알아차릴 수 있는 것이기도 하고, 어떻게 저장되었는지 모를 수도 있는 것이다. 기억을 하기 위해서는, 정확하게 말해 기억된 것을 소유하기 위해서는 흩어진 것을 한곳으로 모아야 하고 다시re 배열member해야 한다. Re/member가 기억하다로, 모으다를 뜻하는 라틴어 Cogitare가 사유하다로 쓰이는 것은 바로 이 때문이다. 클레르는 세실과 로돌프의 딸이고 샤를의 동생이다. 팍은 클레르가 만나는 남자 친구이다. 팍은 "호리호리한 인상을 가졌지만 아주 힘이 센 인물"이고, "도박이나 경쟁 혹은 성공에 관한 감각을 지닌 인물"이고, "여러 가지 책략을 구사하는 인물"이다.[39] 팍은 샤를과 모종의 사업을 하고 있는 인물이다. 이들은 극 앞부분에서 처음 만나고 뒷부분(136)에서 다시 만난다. 팍은 샤를의 묵인 하에 클레르를 창고 속 깊은 곳으로 데려가서 섹스를 한다. 불안한 이들은 따로 떨어져 있지 않고 항상 붙어 있다. 클레르의 기억과 팍의 기억은 서로 공존한다. 그러나 팍의 기억이 불안한 축적이라고 한다면, 클레르의 기억은 텅 비어 있는 벌판과 같다. 텅 비어 있는 기억의 공간처럼 이들의 정체성은 애매모호하다. 잃어버릴까 봐 두려워해야 할 기억도 없고 내팽개쳐버리고 싶어 하는 기억도 없다. 이들은 기억이 많지 않을 뿐만 아니라 기억을 추방한 인물들이다. 그래서 이들은 기억을 획득하려 하기보다는 과거가 비어 있어 현재와 미래가 더 불안한 인물로 등장한다.

클레르: 난 시간 없어.

　　팍: 나도 마찬가지야.

클레르: 나한테 말 걸지 마.

　　팍: 나도 너한테 말할 시간 없어.

클레르: 흘낏이라도 날 쳐다보지도 말란 말이야.

　　팍: 난 쳐다볼 필요도 없어……

클레르: ……절대로 목욕 안 한다고 말한 사람은 내가 아니고 오빠잖아.

　　팍: 어렸을 때부터 한 번도 목욕을 하지 않은 사람이 얼마나 깨끗한지 넌 모를 걸. 때가 붙어 있지 못하고 그냥 떨어져나가니까. 하지만 매

일 열심히 목욕하면 할수록 때는 더 달라붙기 마련이야. 네가 어른이 되면 점점 더 자주 씻어야 될 걸. 네가 노인이 되면 하루 종일 씻어야 할 거고. 그래도 몸이 더러울 거야. 하지만 난 죽는 날까지 깨끗할 거야.

클레르: ……난 정말 싫어.

픽: 내가 하려고 하든 말든 너에게 달라질 건 없잖아. 내가 하고 싶어 하는 걸 너도 하고 싶어 하니까.

클레르: 오빠가 맘대로 할 수 있는 거라면 왜 내가 원하길 바라는 거지?

〔……〕

팍: 난 아무것도 주고받지 않아. 나에게 누군가가 뭘 주든지 주지 않든지, 내가 받든지 안 받든지, 내가 주든지 주지 않든지.

클레르: 난 너무 불행해.

팍: 네가 진정 불행했다면 넌 싫다고 말하지 않았을 거야. 정말 불행한 사람은 좋다고 하지. 싫다고 말하는 사람은 아직 조금은 행복한 거야.

클레르: 하지만 난 조금도 행복하지 않아.

팍: 그 말이 정말이라면 넌 좋아라고 말해야 해.

클레르: 좋아(82~87).

팍과 클레르가 두번째로 만나는 장소는 "새벽빛이 잠긴 창고 속"(136)이다. 이 장소를 보는 두 사람의 시선은 사뭇 다르다. 과거의 기억이 현재를 조건 짓지 못할 때 같은 공간에 있는 두 사람은 서로 어긋난 채 존재한다. 컴컴한 공간이 공간으로서 의미를 지니지 못한 채 중립적이다. 그들의 기억이 활성화되어 있지 않은 만큼 그들의 삶도 방치되어 있다.

클레르: 그렇게 컴컴하지 않군. 칠흑처럼 컴컴할 때 온다고 했잖아.

팍: 지금 칠흑처럼 컴컴해. 더 컴컴할 순 없어.

클레르: 컴컴하지 않아. 오빠 얼굴이 보이잖아.

팍: 어둠에 익숙해져 내 얼굴이 보이는 거야(136).

『서쪽 부두』, 미셸 프뤽리 연출, 파리, 1994.

클레르: 완전히 컴컴하지 않으니까 무섭기도 하잖아.

  곽: 눈을 감아(137).

클레르: 왜 날 쳐다보지 않는 거야?

  곽: 난 다른 곳을 봐야 하니까.

클레르: 나와 함께 있는데 왜 다른 곳을 쳐다봐야 하지?

  곽: 뭔가를 하려면, 그다음을 이미 생각해놓아야 해, 그렇지 않으면 모
    든 게 너무 빨리 일어나니까(137).

클레르: 지금 기분이 그렇게 좋지 않은데.

  곽: 이미 좋았던 거야.

클레르: 언제?

  곽: 아까?(138)

클레르: 무서워.

  곽: 괜찮을 거야.

클레르: 그래도 무서워.

  곽: 당연히 무섭겠지(138~39).

클레르: 이 창고 한복판에서 난 어떻게 하란 말이야?

  곽: 몰라, 네 자신이 알 일이지. 난 모르지.

클레르: 날 여기 혼자 내버려두지 마.

  곽: 소리 지르지 마(139).

이들에게 오늘의 삶은 항상 불안하고 아직 결정되지 않아 미결정된 채로
남기 마련이다. 클레르는 그 불안감에 곽을 만나고 그를 놓아두려 하지 않는
다. 그러나 "너무 지친"(159) 곽은 "클레르를 한 대 치고 사라진다"(139).

팍조차 떠난 클레르에게 샤를은 유일하게 의존하고 싶은 존재이다. 클레르
는 오빠가 자신에게 모든 것을 의존하기를 바라는 존재가 되고 싶어 한다.
그러나 그것조차 어긋난다. 그녀는 다음과 같은 길고 긴 독백을 샤를에게
하지만, "멀어져 샤를을 쳐다보"(157)아야만 한다. "인생이 자신으로부터
멀어지는"[40] 것을 보아야만 한다. 그렇게 클레르는 영원히 혼자인 존재가
된다. "인생에 휘둘림을 당하도록 자신을 내맡기"[41]는 존재가 된다. 그리고
"자신의 죽음을 준비하기 시작한다."[42] 클레르는 마지막으로 가족을 떠나려
는 오빠에게 간절하게 말한다.

> 클레르: 세상의 그 누구보다도 내가 오빠를 사랑할 수 있다면? 밤이건 낮이
> 건, 겨울이건, 여름이건, 어떤 방법으로건, 어디서건, 여기든지, 다
> 른 곳이든지, 난 오빠를 사랑할 수 있어. 내가 오빠를 너무나 사랑한
> 다고 한다면? 오빠의 이익을 위해서 내가 그렇게 사랑하고, 계속 그
> 렇게 사랑할 거라고 한다면? 오빠를 영원히 사랑한다고 말한다
> 면?(157)

그러나 샤를은 이를 거절하고 멀리 사라진다. 불확실한 기억의 저장 앞에
서 클레르의 죽음은 시작된다.

5) 세실─파괴 불가능한 과거의 기억

세실은 '벽장에 갇힌 한 마리 파리'와 같은, "누군가 문을 열기 전에 죽는"
"자신이 원하는 것을 반사하는 거울과 같은" 인물이다.[43] 고국에서 전쟁을 겪
고 화폐가치의 폭락을 보며 자식들에게 좀더 나은 미래를 마련해주기 위해 이
곳으로 왔지만, "허용된 삶이란 비참과 가난 그리고 굴욕의 삶일 따름이다."[44]
그런 까닭에 세실의 과거는 "파괴 불가능한 과거passé indestructible"[45]이다.

> 세실: 난 이제 늙고 병든 여자야…… 난 이제 기억력이 없는 늙은 여편네라
> 서 가진 것이라고는 더러운 손수건뿐이야…… 저녁이 오기 전에 숨어

야 해…… 너무 피곤해서 생각이 하나 떠오르면 한숨 돌리기 위해서 앉아야 한다니까…… 난 네 고향이 어딘지도 모르고, 네가 어떤 종교를 믿는지도 모르고, 너희 엄마 이름이 뭔지도 몰라. 나도 내 아들에 대해서 아무것도 몰라…… 어쨌건 이제는 고향이 어딘지 기억도 나지 않아. 난 부엌칼로 타이어를 펑크 내고 앉아서 황혼을 기다리는 건강한 창녀라니까. 내가 아프다구! ……엄마도 없고, 근본도 없고, 언어도 없고, 이름도 종교도 비자도 없는 너희들이 이곳에 온 후 모두에게 불행이 닥쳤어. 너희들 때문에 불행해졌다구(79~81).

세실은 현재에서 과거를 살고 있다. 세실에게 "과거란 존재 저 너머의 존재이다."[46] "이제 기억력이 없는"(76) 세실은 과거를 살려고 하는 오늘의 존재인 셈이다. "시간을 갖고 기다리기에는 우린 너무 늙어"(56)버렸고, "잔인하고 음험한, 이름 붙일 수 없는 병을 얻은"(57) 세실의 삶은 과거를 기억하려는 삶인 동시에 고통스러운 현재로부터 벗어나려는 존재이다. 세실은 과거로부터 "한순간도 고통과 비참에서 해방되지 못한 채"(58) 지금 "여기 이 더러운 곳에서"(61) 존재하는 인물이다. 그런 탓으로 세실은 고향을 기억한다. 그 고향은 "신선한 바람이 불지. 따뜻한 그곳, 모두 기독교를 믿고 우리가 존중받을 수 있는"(60) 풍경을 지닌 곳이다. 세실은 "꿈속에서 비밀스럽게 고향 마을의 봄, 강가, 그곳의 폭풍우, 하얀 길들을"(61) 본다. 그러나 그 고향은 "이제는 기억도 나지 않"(79)는 익명의 공간이기도 하다. 그것은 "불행이 슬그머니 계단을 올라와 우리 문을 걷어차고 들어와서 빛과 태양이 필요할 때 비참, 돈 한 푼 없는 생활, 어둠"(81)을 준 탓이고, 삶에 대한 "두려움이 어깨에 달라붙어 떨어지지 않게 되"(81)었기 때문이다. 세실에게 기억의 부재는 곧 "불행의 시작"(82)이다.

세실이 기억하는 과거의 기억 공간인 고향은 자기 자신을 위한 공간이기도 하다. 세실이 이렇게 기억하는 공간은 무의식이 들려주는 거짓말과 같은 왜곡된 기억일 수도 있고 자기중심적 기억이라고 할 수도 있다. 세실은 지금, 이곳에서 경험하고 있는 슬픔과 괴로움의 근원적 사실들을 나열하면서 과거의 기억을 떠올리며 괴로워하는 자신을 잊고 그녀가 소망하는 자신을 기억할 수 있게 된다. 그 공간은 존재하기는 하지만 낯선, 분리된, 불행한 공간이기도 하다. 그런 공간은 세실의 의식에 의해 형성되며 의지에 의해 조종되기도 하는 "의도적 기억mémoire volontaire"[47]이기도 하다. 그것은 다음과 같은 세실의 독백에 그대로 드러난다.

> 세실: 불행이 슬그머니 계단을 올라와 우리 문을 걷어차고 들어와서 빛과 태양이 필요할 때 비참, 돈 한 푼 없는 생활, 어둠이 시작되었지. 멀쩡한 사람들이 집을 버리고 떠나고 무질서와 욕설, 칼부림이 시작되었지. 사람들은 밤에 나가기를 두려워하게 되고, 낮에도 두려워하고, 두려움이 우리의 어깨에 달라붙어 떨어지지 않게 되었지. 밤과 낮이 엉망이 되어버렸고…… 밤은 잠자는 시간이었지…… 난 더 이상 아무것도 보고 싶지 않아(81~82).

세실의 삶과 공간은 같은 짝이다. 여기서 이러한 공간은 세실의 삶과 거리가 없다. 세실의 삶은 공간이란 경험을 통하여 기억의 요소로 환원된다. 세실에게 삶의 일상적 공간과 삶의 기억 사이에는 아무런 근본적인 차이가 없다. 세실은 이처럼 기억을 산다. 오늘의 삶이 고통스럽고 불안할수록 기억에 집착하고 기억 속으로 도피한다. 오늘을 사는 존재의 무게는 기억이라는 부재하는 과거로 내팽개쳐지는 것이다.

> 세실: 우리의 이런 꼴을 보면, 누구나 우리를 버려진 개떼로 생각하겠죠. 하지만 우리는 우리가 누구인지를 잊지 않고 있어요. 그게 우리의 위안이죠. 우리 나라에서 우린 공증인 가족이었어요. 만일 내일 우리가 귀향한다면…… 제일 좋은 가문의 사람들이 우리가 배에서 내리자마자 우리 손에 키스하며 경의를 표할 거예요…… 화폐가치가 폭락한 저의 고향에서 공증인이 무슨 소용이 있었겠어요? 항구에서는 열 척의 배가 각기 다른 열 곳의 방향으로 떠나려 하고 있었어요. 우린 어떤 배를 타

야 할지 몰랐어요. 아이가 왼손을 잡아당기더군요. 아이를 따라 배를 타서 이곳에, 어둠 속에 도착했어요. 고향에서는 우리가 없는 동안, 제일 좋은 가문의 사람들이 이 사람의 영웅적 행위를 칭송하고 있어요…… 그래서 우리는 임시 비자로 어둠 속에서 버려진 불쌍한 개떼처럼 헤매고 있는 거예요(105~106).

이때 세실은 최초의 자유를 경험한다. 앞에서 이렇게 말하고 세실이 퇴장할 때, 뒤따르는 지문은 그것에 대해 "황금빛의 빛줄기가 부드럽게 깜박이다 사라진다"(82)라고 말하고 있다. 기억 속으로 퇴장하는 세실의 발걸음은 "황금빛의 빛줄기"인 셈이다. 기억은 세실에게 "부드럽게 깜박이"는 작은 구원과도 같다. 그것은 곧 어두운 삶 속에서 향유하는 존재의 밝은 기억이다. 그런 아름다웠던 과거의 기억의 밑바닥에는 남편인 로돌프가 자리 잡고있다. 세실은 그것을 잊지 않고 있다. 오늘의 가련하고 부박한 세실의 삶이 의지할 수 있는 것은 과거의 기억일 뿐이다. 콕이 돈을 원하는 샤를에게 "돈이란 존재하지 않는 거라네…… 돈은 주머니에 넣을 수 없는 거야…… 돈이란 다 쓸데없는 거야…… 돈이란 저 뒷마당에서 개들에게 던지는 빵 조각과 같은 거야"(125)라고 말하는데, 세실은 존재하지 않는 돈과 정반대인 존재하는 것을 기억한다.

세실: 여보, 로돌프, 내가 아는 것은 모두 당신이 가르쳐주었었지. 비참했던 생활에서 나를 구해낸…… 늙고 병들고, 기운도 없고, 생각도 할 수 없게 된 나를 데려온 것도 당신이야. 이렇게 늙었는데 왜 아직도 매번 새롭게 불행이 우리를 짓밟고 우리를 올라타고 춤추며, 우리 머리를 너절한 삶 속에 처박는 거지? 우리가 젊었을 때 우리를 괴롭히고도 충분하지 않단 말이야?(123)

세실: 개들의 소리야. 하루 종일 개들은 먹을 걸 찾아 헤매지. 사람들의 구두를 핥으며, 사람들 발밑에서 끙끙거리며 울지. 밤이 오면 개들은 낮 동

안 당한 수모와 경멸에 복수하려고 거리의 침묵을 쫓아내려는 거야
(132~33).

　세실에게 기억은 "끙끙거리며 울"게 만드는 상처이다. 이러한 세실의 발
화는 "잠재태로서 기억 내용이 현실태로서 드러날"[48] 때이다. 그런 탓으로
세실은 "개들은 모조리 죽어버렸으면 좋겠어"(133)라고 말하는데, 자신은
개처럼 "먹을 걸 찾아 헤매"고, "사람들의 구두를 핥으며……" 수모와 경멸
을 당하고 산다. 그 절정은 샤를이 자신의 곁을 떠날 때이다. "난 더러운 상
태로 있고 싶지 않아. 몸에서 냄새가 나는 것도 싫고, 누가 나한테 냄새난다
고 하는 것도 싫어. 당장 아버지를 불러. **케라메스 아 로돌포 떼 디고**"
(152), 아들에 대한 기억이 부재하자 세실에게 남는 것은 자신의 몸에서 흘
러나오는 잠재된 모국어이다. 과거의 언어가 발화되어 현실의 언어로 대체
되면서 클레르와의 대화는 서로 어긋난다. 클레르와 나누는 대화에서 세실
은 클레르가 하나도 알아듣지 못하는 모국어만을 토해놓는다.[49] 이때 세실
에게 클레르라는 존재는 부정된다. 세실에게 클레르는 하나의 벽이 된다.
세실은 클레르라는 인물이 아니라 벽에 울려 되돌아오는 자신에게 말을 거
는 것이다.

클레르: 뭐라고요?
　세실: **께 벵가 프론도, 노 께 노 벵가, 케 떼사빠레즈카**……
클레르: 그만해 엄마, 그만해. (클레르 운다.)
　세실: **에세 임포텐떼 메 이조 에차르 라이세스 엔 에스테 빠이스 데**……
클레르: (몹시 당황하며 달려간다) 아빠, 아빠, 빨리 오세요. 엄마가 무슨 소
　　　리 하는지 하나도 모르겠어요.
　세실: **끼에로 레그레사르 아 라스 로마스 알타스, 노, 노 끼에로 레그레사르
　　　아야, 엘 아이레 아야 에스따 뽀드리도 이 우엘레 아 미에르다**……
로돌프: 날 그냥 내버려둬.
클레르: 엄마가 뭐라고 하는 거예요?

로돌프: 알고 싶지도 않다.

세실: **아마나스깜 마리아? 이마나스깜 노가 와추치 꾸르까니 수빠이완, 니나 나이유꾸완……**

로돌프: 네 엄마 안에 흐르는 야성의 인디언 피가 되살아났구나.

세실: **체크니스카 까춘 아팔란 뚜따, 차이 와르미구나빠 뚜딴……**

로돌프: 인디언이 다시 잠드는군. (세실은 태양을 쳐다본다. 태양이 빠르게 떨어진다.) (153~55)

세실의 그 끝은 삶이 아니라 태양을 바라보는 시선이다. "세실은 더 이상 움직이지 않"고 "클레르는 도망간다"(155). 다른 두 개의 언어가 충돌하면서 과거를 상징하는 기억과 가족이 해체된다.

6) 로돌프―기억을 새기는 형벌

로돌프는 전쟁을 겪은 후 반쯤 정신이 나간, "너무 늙은, 쓸모없는, 움직이기도 힘"(111)든 불구자이다. 월급 명세서를 가져오지 못한 채 비루한 삶을 살고 있는 그에 대하여 작가는 로돌프는 "괴물 같은 인물일 수밖에 없"는, "행복하기 때문에 괴물 같고…… 어느 날 자신의 범죄를 자랑하고야마는 살인자" 같은, "행복하게 살고 있다는 것을 들켜버린" "쓰레기통에서 끌어낸 개의 주둥이처럼 순식간에 우리에게 친숙한 인물이 되어버리"[50]는 존재라고 말한다. 아들인 샤를은 그를 "바람 때문에 몸의 중심을 잃고 겨울 추위 때문에 머리부터 발끝까지 떨고"(111) 있는 존재라고 말한다. 그런 의미에서 로돌프의 "가장 먼 과거는 가장 압축된 폭발 에너지이다. 강렬한 모든 추억은 힘과 유사하다."[51] 추억하는 힘은 즐거움이되 동시에 아픔이다. 로돌프는 과거에 대한 기억의 하중에 눌려 오늘까지 아무 "할 일도 없고, 그냥 돌아다닐 뿐"(110)인, "늙고 쓸모없는"(111), "너무 망가진"(112), "혼자 남은"(117) 존재이다. 로돌프에게 기억은 외부의 고통과 자극으로부터 스스로를 보호하기 위한 일종의 방어기제와 같다.

로돌프: 난 너무 늙었어. 쓸모없는 인간이 됐지. 움직이기도 힘들어…… 내
　　　눈은 너무 망가졌겠지. 이 검둥아, 늙고 망가질 대로 망가진 내가 고
　　　발할 거야. 지구상에 인간이 너무 많아서 자리가 모자라거든…… 저
　　　개떼들은 내가 전쟁으로 완전히 망가져서 걷지도 못한다고 믿고 있
　　　지…… 내가 걷기 힘든 건 전쟁 때문에 그렇게 된 것이 아니야. 패
　　　전 후, 65센티에 5킬로 나가는 이놈을 밤낮으로 지고 다니기 때문이
　　　야. 이제 이놈을 내 몸에서 떼어버릴 수 있게 도와줘. 늙은이라는 게
　　　지긋지긋해. (그는 자신의 옷 밑에서 자동소총을 꺼낸다.) 〔……〕 이
　　　놈은 너무 무거워…… 네가 한 사람도 죽여보지 못했다면 너는 빌어
　　　먹을 네 죽음과 동급이야. 네가 죽어도 그 어떤 흔적도 남지 않을 거
　　　야…… 아들아, 나를 불쌍하게 생각해다오. 모든 게 망가지고 혼자
　　　남은 이 늙은이를 불쌍하게 생각해줘. 그놈을 내버려두지 마, 그놈
　　　을 죽여줘. (로돌프는 계속해서 운다.) (113~17)

　　그가 경험한 전쟁의 충격적 경험은 그의 행동을 통제하고 알 수 없는 기피
증과 공포증을 만든다. "어떤 슬픔은 약이 되Some griefs are medicinable"[52]
는 경우가 있지만, "전쟁을 겪고 나이가 들면서 난 반쯤 미쳤어. 난 내가 누
군지조차도 몰라"(144)라고, "내가 내 자신이 누군지도 모르겠는데 네 아비
인 걸 어떻게 그렇게 확신할 수 있겠니? 〔……〕 아비란 큰 바다 위에 잠시
퍼붓는 소나기 같은 거야. 물방울이 어디로 스며들었는지 볼 시간도 없지"
(145)라고 말하는 로돌프에게 아픈 추억은 전쟁이 가져준 상처로서 지워지
지 않는다. 그의 기억은 이처럼 시간의 흐름과 밀접한 관계를 지니고 있다.
로돌프의 기억은 사유 능력과 거리가 먼 감각 능력에 관련되어 있다. 그것
은 아리스토텔레스가 말한 것처럼 "기억하기 위해서는 시간을 감각할 수 있
는 능력을 가져야 하"[53]기 때문이다. 전쟁은 그가 피할 수 없었던, 그러니까
받아들일 수밖에 없었던 사건이었다. 전쟁의 상흔이 남긴 기억은 로돌프 자
신의 존재를 갉아먹은 셈이다. 그 최댓값은 "난 기억이란 없어. 게다가 이미
모든 걸 다 잊어버렸어"(145)라고 말하는 대목이다. 그에게 전쟁의 고통은

자신의 고독을 완전하게 실현하게 한 사건이었다. 기억의 부재는 곧 "바라는 게 아무것도 없는"(145) 익명적 존재의 양태이다. 그때부터 그에게 새로운 탄생이란 없다.

로돌프가 전쟁이 끝난 후 지금까지 몸에 지니고 있는 총은 그의 모든 사고를 지배하는 상징이다. 전쟁과 자신의 몸을 더럽히게 한 상징인 총은 삶에서 그를 소외시켰고, 그는 몸에 붙어 있는 총으로 자기 삶의 모든 주변적인 것을 무효화시켰다. 그에게 삶은 낯선 집 안에 머물기에 불과하고, 사람들과 맺는 사회적 관계는 불가능하다. 타자와의 관계도 불가능한 이유가 여기에 있다. 그는 총이라는 과거의 기억과 더불어 희미해진 존재이다. 갑자기가 아니라 서서히 빛이 바랜 존재이다. 그가 유일하게 기억하는 것은 전쟁에 관한 것이다. 몸에 지니고 있던 총에 대해서 그는 "이놈은 1분에 650발을 쏠 수 있고 사정거리가 300미터야. 잘만 하면 1분에 650발이나 되는 놈들의 대갈통을 부셔버릴 수 있다"(114)라고 정확하게 말한다. 로돌프는 스스로를 "난 구석에 숨었을 뿐이야. 〔……〕 난 늙고 아무런 쓸모도 없고, 못생기고 못난 아비라서 그냥 숨었을 뿐이다. 다행히 못난 아비들이 숨어 있을 구석이 아직 남아 있"(109)다고 말한다. 그것은 그가 전쟁으로 인하여 모든 것을 잃어버린 존재가 되었기 때문이다. 그래서 그는 "아무것도 없다. 난 할 일도 없고, 그냥 돌아다닐 뿐이야. 걷다 보면 어딘가 가게 되지 않겠니?"(110)라고 말하면서 기억 속에 자신의 존재를 가두고 있다. 샤를은 로돌프를 "바람 때문에 몸의 중심을 잃고 겨울 추위 때문에 머리부터 발끝까지 떨고 계신"(111) 존재로 여긴다.

로돌프: 네가 한 사람도 죽여보지 못했다면 너는 빌어먹을 네 죽음과 동급이야. 네가 죽어도 그 어떤 흔적도 남지 않을 거야. 마치 네가 죽지 않은 것처럼. 죽음을 이기기 위해서는 두 명을 죽여야 해. 두 명 죽이고 나면 넌 어쩔 수 없이 뭔가, 어떤 일이 일어나든 흔적을 남기는 거야. 널 두 번 죽일 수는 없을 테니까(115~16).

이처럼 그가 아바드에게 하는 대사는 그의 삶이 죽음이라는 기억과 등가
라는 것을 분명하게 들려주고 있다. 전쟁에서 누군가를 죽이는 행위는 곧
자기 자신을 죽이는 행위와 등가이다. 그런 뜻에서 타인을 죽였던 기억은
곧 자신이 죽는 기억과 등가이다. 로돌프는 전쟁에서 수많은 사람들을 살해
했던 터라, 그 기억을 지닌 채 오늘까지 살아남은 터라, 아무도 살해해본 적
이 없는 아바드에게 살육의 고통과 살아남은 자의 고통에 대해 자신을 빗대
어 말하고 있다. 전쟁에서 죽음과 살육에 대한 고통을 이기는 방법은 그것
들을 피하는 것이 아니라 죽음과 살육을 잊어버리는 것이다. 전쟁에서 적을
죽이지 않는 것이 불가능할 때, 죽이는 행위를 무화시키는 것은 죽이는 행
위를 반복함으로써 죽임의 원초적 의미를 분열시키는 것이다. 그런 이유로
전쟁이 끝난 지금까지 그는 "계속해서 운다"(117). 우는 행위는 로돌프가
경험한 전쟁과 전쟁의 기억으로 인한 삶의 고독이 서로 화해할 수 없기 때
문이다. 전쟁의 기억이 로돌프 온 생애를 지배할 때, 자신의 존재가 무가치
한 것으로 여겨지기 때문이다. 로돌프 삶의 주인공은 로돌프 자신이 아니라
전쟁의 기억을 상징하는 총이다. 그가 전쟁이 끝난 후 지금까지 총을 몸에
지니고 살아야 했던 울음은 총처럼 자신이 사물화된 존재가 되어 추락하며
외치는 구원과 같다. 그의 삶은 스스로 말하는 것처럼, "물이 샘에서 바다까
지 흘러가는 걸 놓치지 않고 쫓아갈 수 있는"(140) 것이 불가능한 삶이다.

7) 아바드—과거의 부재, 텅 빈 기억

아바드는 『검둥이와 개들의 싸움』[54]에 등장하는 신비한 존재인 흑인 알부
리를 연상하게 한다. 알부리와 아바드는 항상 어둠 속에서 존재하는, 모호
한, 말하지 않는 존재이다. 흑인인 그는 처음부터 끝까지 말하지 않는다. 아
바드는 말하지 않을 뿐이지만 "주위의 날개들의 부딪힘, 숨결, 속삭임Dans
des chuchotements et des souffles, dans des claquements d'ailes"[55]으
로 알부리의 존재를 알게 되는 것처럼 그의 존재는 "시적이고 비문명적이
다."[56] 아바드가 지닌 기억은 언어 이전의 것이다. 아바드의 기억은 언어가
미치지 않는 곳에 존재한다. 그런 이유로 콜테스는 아바드의 존재를 말하면

서 언어 이전의 그림과 같은 세계로 표현했다. 그것은 의식 전 단계의 기억이다. "날개들의 부딪힘, 숨결, 속삭임"은 심상, 이미지로 이루어지는 표의문자로 기억하는 것이다. 아바드의 기억은 일시적이며 사라지는 것이며 우연적인 것이라는 특징을 지닌다. 이것은 인간이 지닌 기억술의 원형이 통상적인 언어가 아니라 그림의 몸짓언어라는 것을 상기시킨다. 그것은 앞서 언급한 것처럼 시간의 통일적인 흐름에 대한 의식 덕분이다. 아바드의 기억은 원형적으로 저장된 일차적인 것이라고 할 수 있다.

머리에서 바닥으로 "물이 뚝뚝 떨어지는 소리를 낼 권리"도 없고, "여기서 존재할 권리도 없는"(80) 아바드는 유일하게 샤를의 말을 들을 뿐이고, 그의 귓속에 대고 속삭인다. 아바드와 샤를의 관계는 이 희곡에서 아름답지만 위험하게 그려지고 있다. 작가는 "선창가 물가에 쪼그리고 앉아 있는" 아바드 곁에 샤를이 "웅크리고 앉아 있다"(87), 그들 앞에 "지는 해가 강물 위로 반짝인다"(87)라고 썼다. 몸을 웅크리고 물가에 쪼그려 앉아 있는 그들의 앞날이 지는 해와 같이 반짝인다면 그것은 이들의 관계가 곧 유동적이고, 그 경계를 넘어서면 공포를 야기한다는 뜻으로 해석할 수 있다.

> 샤를: 넌 좋아하는 것도 없고, 허기지는 법도 없지. 난 늘 허기질 거야……
> 늘…… 허기지지 않는다는 건 죽은 거야. 난 늘 허기지고 넌 이미 죽
> 었으니 우린 함께 일할 수 없는 거야(92~93).

속삭임은 낮은 목소리로 가만가만 말을 해서 그 말을 듣는 이의 속에서 삭이는 일이다. 말하지 않는 존재는 곧 듣는 존재이다. 아바드는 말을 하지 않는 대신 말을 들으면서 존재한다. 그것은 "넌 누구지Qui es-tu?"라고 자신의 정체성에 관해서 묻는 것이며, 그것은 "악마를 보는"(22) 것과 같은 고통이다. 그 질문에 대한 대답은 확답이 아니라 "이렇게 말할 수 있겠지 J'essaie de le dire"(22~23)라는, 기억의 반쪽에 해당되는 불확실함에 가깝다. 이렇게 말하는 것은 달리 방법이 없다는 뜻이다. 이 희곡에는 아바드의 대사처럼 말을 할 뿐, 그에 대한 묘사는 전혀 없다. 아바드가 희곡의 앞

부분에 나오는 괄호 속에서 말한 내용만으로 아바드에 대해서 유추할 수 있을 뿐이다. 괄호 속의 말들은 " "로 갇힌 채 "⋯⋯하고 아바드가 말했다"(24)로 끝난다.

> 아바드: **넌 누구지? 악마를 본 넌, 누구지?** 이렇게 말할 수 있겠지. 〔⋯⋯〕 어느 날 밤, 난 가로등 쪽으로 등을 돌린 한 남자를 보았지. 난 그에게 다가갔고, 그는 벗겨진 분홍색 피부에 푸른 눈을 가지고 있었지. 〔⋯⋯〕 이렇게 말할 수 있지. 넌 누구지? 〔⋯⋯〕 생각이 내 머리에 떠오르기까지는 시간이 걸렸어. 하지만 이렇게 말할 수 있지. 〔⋯⋯〕 아버지는 내 이름을 빼앗아 쓰레기와 같이 강가에 던져버렸어. 이렇게 말할 수 있지. 색깔 없이 태어나는 아이들은 흰색 머리와 하얀 피부, 빛깔 없는 눈을 가지고 어둠과 은신처를 위해서 태어난다고. 한 나무의 그늘에서 다른 나무의 그늘까지 뛰어다니도록 운명지어졌다고. 정오에 태양이 중천에 떠서 땅에게 그늘을 주지 않을 때는 모래 속으로 숨어야 한다고⋯⋯ 침묵이 감돌 때에만 말할 수 있는 거지. 모든 사람들이 잠자고 있을 때 기지개를 켜는 게으른 동물은 자신을 기억해달라고 인간의 귀를 물어뜯지. 하지만 말을 하면 할수록 나는 그를 더 감추곤 하지. 그래서 내 자신이 누구인지 더 이상 알려고 하지도, 물어보지도 않지 하고 아바드가 말했다(23~24).

아바드는 말을 하지 않는 대신 말을 듣고 자기 자신이 누구인지를 생각하는 인물이다. 아바드의 핵심은 타인과의 대화가 아니라 말을 하지 않는 고독의 경험이다. 대화를 통해 타인과 관계를 맺지 않는 아바드의 삶은 일차적으로 공동체 안에서의 일탈이다. 샤를은 "숨어 있는"(88) 불법체류자인 아바드를 발견하여 그에게 도움을 준 인물이다. 그런 인연으로 그들은 함께 일하고 함께 있다. 그들은 샤를의 말에서 나타나듯이 "피로 맺어진 형제고, 돈으로 맺어진 형제고, 가려움증으로 맺어진 형제"(66)이지만, "비즈니스와 부드러움에 달린 미래"(65)에서는 "잘못 태어난"(67) 존재들이다.

극의 끝부분에서 콕을 죽이는 인물은 로돌프의 총을 든 아바드이다. 그러고 나서는 최종적으로 샤를을 쏜다. 모든 인물들이 한꺼번에 사라진다. 그 순간은 "갑자기 개 짖는 소리와 함께 붉은 모래의 회오리바람이 초원을 쓰러뜨리고 나뭇가지를 흔들어대고, 땅바닥에서 마치 비가 거꾸로 내리듯 실성해서 자살하려는 하루살이 떼가 하늘로 솟아 모든 빛을 덮는"[57] 때이다. 이처럼 죽음이란 삶의 기억이 한순간에 끝장나는 결과일 터이다. 그 순간 유일하게 남은 인물은 말하지 않는 아바드일 뿐이다. 기억이 부재하는 곳은 삶의 구멍이 뚫린 곳이다. 그곳에 삶과 언어는 없다. "결국 구멍 뚫린 삶의 밑바닥에서 자신의 나이도 알지 못할 것이고 기억이 사라진다. 삶에 대한 기억마저도."[58]

결론: 노스탤지어의 아픔

희곡을 읽는 것은 일차적으로 작가와 인물들과의 대화인데, 열중해서 읽을수록 독자의 가슴에 어떤 그림자가 생겨난다. 작가인 콜테스에게 말하고 싶은 것, 인물들에게 대꾸하고 싶은 것이 자꾸만 용솟음친다. 이것은 독자가 희곡을 읽으면서 확장되며 전이되는 기억과의 경험인데, 독자의 기억을 자극해 현재의 삶에 환상을 주는 것이기도 하고, 작품 속 환상에 독자가 부여하는 현실감이기도 하다. 그렇게 작가와 작품 앞에 독자들의 기억은 함께 존재한다. 콜테스가 쓴 희곡은 "세계에 대한 정확하고 강렬한 비전, 자신만의 고유하고 풍부한 극적 언어를 지니고 있다."[59] 그러한 작품들을 읽을수록 희곡 속 말들은 겹겹이 우리들 삶의 기억에 포개진다. 그가 피로 눌러 쓴 말들은 읽다가 앞의 내용을 잊어버려도 좋은 말들이 아니다.

앞에서 살펴본 것처럼 콜테스 희곡에 등장하는 인물들은 고통으로부터 해방될 수 없는 상처투성이의 생존자들이다.[60] 모든 것은 사라지기 마련인데, 그의 희곡 『로베르토 주코』[61] 『검둥이와 개들의 싸움』 『서쪽 부두』에는 무능한 개인만이 살아남는다. 무능한 이들은 일상적인 삶을 긍정하니까 그들에게는 어떠한 도피처도 없고, 그것이 실제로 자신이 희망하는 삶이라고까지 긍정해야만 하기 때문일 것이다. 겉으로 보면 등장인물들은 부유하고 가난한 이들로 구분되지만, 비겁하게 살아남아 죽지 못하는 이들의 고백이 콜테스 희곡의 중심 내용이다.[62] 그들은 『서쪽 부두』에 나오는 세실의 절규처럼 "이렇게 늙었는데 왜 아직도 매번 새롭게 불행이 우리를 짓밟고 우리를 올라타고 춤추며, 우리 머리를 너절한 삶 속에 처박는"(123) 이유를 묻지 않는다. 『로베르토 주코』의 주코는 자기 자신에 대한 기억 없이 떠나고 싶은 인물이다. 『숲에 이르기 직전의 밤』은 불안한 한 인물의 독백으로 이루어진 희곡이다. 말을 하지만 상대가 없다. 화자인 '나'는 "쉴 새 없이 끊어지고 또 반복되는 거친 호흡의 말들을 통해 한 주변인의 절망과 반항 그리고 지독한 고독 속에서 타인과의 관계 맺기를 욕망하는 모습을"[63] 보여준다. 이 작품에 등장하는 유일한 인물의 기억은 불확실하고 실재가 아니라 허상에 가깝다. 『목화밭의 고독 속에서』에 등장하는 인물들의 기억은 파편화되어 있고, 그것은 기억의 부재에 이른다. 인물들의 이름은 '딜러'와 '손님'이다. '딜러'는 무언가를 판매하려고 하고, '손님'은 아무것도 원하지 않는다. 이들의 대화는 소통으로 이어지지 않는다. 그것은 "욕망의 대상이 불확실하기 때문"[64]인데, 그럼에도 불구하고 기억의 부재를 두려워하고 있는 이들은 둘 사이의 절망적인 관계에 대해서 줄곧 말을 한다. 그것은 동시에 "1970~80년대를 온몸으로 살아낸 한 젊은 세대의 고통스러운 고백이고 절규에 다름 아니다."[65]

콜테스의 희곡은 공연으로 남겨놓은 암담한 세상의 풍경이다. 콜테스는 작품을 통하여 비겁한 이들만 세상에 살아남는다는 전언을 남긴다. 콜테스도 제 집으로 돌아가고 싶은 마음으로 유럽에서 아프리카로, 다시 라틴아메리카로 돌고 돌아 삶을 마감했다. 고작해야 몇 해 전의 일이다. 콜테스 희곡에는 생을 비우는 징후가 몰려든다. 희곡 속 황폐한 세상에서 삶은 지리멸렬하게 계속된다. 콜테스가 삶의 끝자락에서 쓴, 대표작이라고 할 수 있는 희곡 『로베르토 주코』에서 주인공 주코는 눈을 맞으며 호수를 가로지르는 코뿔소 떼들이 있는 아프리카와 같이 유물로 남은 고대 도시로 가고 싶어 한다.[66] 『서쪽 부두』에 등장하는 세실과 로돌프 가족도 남미 한 나라에서 풍요로움을 꿈꾸며 이곳으로 이민 온 이들, 고향을 떠난 이들이다. 이들은 고향으로 돌아가고 싶어 하지만, 돌아갈nostos 수 없는 아픔algos을 의미하는 노스텔지어nostalgie를 지닌 인물들이다. 고향으로 돌아갈 수 없다는 극복 불가능한 상실 앞에서 떨고 있는 이들이다. 존재보다는 부재의 고통을 느끼고 살아가는 이들이다. 이들은 불행한 이곳에서 행복했던 고향의 삶을 기억한다. 기억하는 고향에서의 삶은 회복 불가능한 삶이다. 되찾을 수 없는 삶은 아픈 기억을 낳고, 그것은 다시 말로서 환원된다. 『서쪽 부두』에 나오는 독백에 가까운 말들은 환원될 수 없는 과거의 삶을 인물들이 애써서 기억하려는 의지의 산물이다. 베르나르-마리 콜테스의 글쓰기는 기억의 글쓰기라고 할 수 있고, 그것을 달리 말한다면 텅 빈, 황량한 기억의 현상학이라고 할 수 있다.

누가 이렇게 늦은 밤, 바람을 뚫고 말 달려 오는가……
Wer reitet so spät durch Nacht und Wind……
—요한 볼프강 괴테, 「마왕Erlkönig」에서

몸과 기억과 언어
─『검둥이와 개들의 싸움』연구

서론: 감각과 언어

　기억에 관한 담론을 중시하는 현대 문예학의 방향처럼[1] 현대 연극의 큰길은 기억으로 통한다. 일반적으로, 기억은 "사물이나 사상에 대한 정보를 마음속에 받아들이고 저장하고 인출하는 정신 기능이라고 설명하기도 한다. 우리말에서는 기억이라는 포괄적인 말로 표현되지만, 영미권이나 유럽에서는 기억의 기능을 분화하여 설명한다. 영어 memorize, remember, reminisence, 독일어 denken, erinnern, vorstellen이 그 예들이다."[2] 재re배열member되는 기억은 보존하는 상태로, 즉 존재하는 모든 것이 아니라 "획득acquisition, 보존conservation, 변형transformation, 표현expression이라는 이 네 악장이 조화를 이루는 향연과 같다."[3] 이런 정의는 기억이 처음 그대로 머물러 있는 것이 아니라 끊임없이 변형되면서 상기되는 것임을 뜻한다.

　콜테스의 희곡작품들은 기억과 밀접한 주제와 인물들을 등장시키고 있다. 『검둥이와 개들의 싸움』을 비롯한 다른 희곡들, 예컨대『서쪽 부두』에 나오는 인물들이 지닌 기억은 "대부분 잃어버린 과거에 관한 고통스러운 것이다. 그 최댓값은『검둥이와 개들의 싸움』의 부재하는(사라진) 죽음이다. 죽음에

114

관한 기억은 인물들이 결코 피할 수 없는, 그러니까 면제가 불가능한 것이다."[4] 이들은 줄곧 타인보다는 자기 스스로에 대해 더 많이 이야기한다. 『검둥이와 개들의 싸움』에서 그 기억의 언어들은 직접 드러나지 않고 장소와 소리, 빛과 냄새 등과 같은 감각을 매개로 드러난다. 등장인물들은 낯선 곳에서 모두 과거를 숨기거나 달리 말하면서 존재한다. 이것은 작가가 1978년 프랑스 사람들이 운영하던 아프리카 나이지리아의 공공시설 현장에서 보낸 한 달 동안, 자신의 경험과 그에 대한 기억을 이 작품에 옮겼다고 말하는 것과 무관하지 않다.[5] 인물로는 흑인과 백인이, 장소로는 아프리카와 유럽이, 언어로는 아프리카어와 프랑스어, 독어가 서로 섞여 있다.

이 글에서는 장소와 소리, 빛과 냄새와 같은 감각과 인물들이 발화하는 기억의 언어로 『검둥이와 개들의 싸움』을 분석하고자 한다. 그것은 기억하고 있는 것과 기억을 말하고 서술하는 언어에 관한 것이기도 하다. 이 작품 속 등장인물들의 언어는 과거에 관한 것이되 그것은 잃어버린 것, 되찾으려 하는 삶의 근원, 즉 자연에 몰입되어 있다. 그리고 『검둥이와 개들의 싸움』에서 인물들이 창출하는 기억의 언어들은 장소와 밀접한 관계를 맺는다.[6] 희곡 속 장소는 기억하는 공간이되 기억되는 공간의 중심이기도 하다.[7] 기억의 또 다른 저장소는 몸이라는 공간이다. 『검둥이와 개들의 싸움』의 시작은 형제의 죽은 몸을 찾으려는 행위로 시작되고, 시체에 관한 아프리카와 서구 문명의 충돌로 이어진다.[8] 그것은 몸이 기억의 저장과 인출이 가능하면서 동시에 그것이 서로 일치하지 않는 불안한 공간이기 때문이다. 기억과 망각이 서로 분리되지 않는 것처럼 이 희곡에서 기억되는 것과 기억을 드러내는 과정에는 언제나 변형, 숨김, 왜곡과 같은 현상이 서로 다르게 자리 잡고 있다. 이 작품에서 시적 서정성을 지닌 지문과 독백에 가까운 대사들은 인간이 자기 자신의 내면을 드러내기 위한 지고한 충동이며 유혹과 같고, 인간과 세상에 대한 형이상학적 인식을 위한 수단이다.

앎의 대상이 오로지 실제적인 것으로 구체화되는 오늘날에 소리, 빛, 냄새에 근거한 시적인 대사는 예지나 온전한 생존의 요구와 같은 모습을 지닌다. 이 희곡에서 자연은 기억이 부활하는 공간이고, 자본과 공장은 기억이 말소되는 공간이다. 콜테스의 인문적 텍스트들에 등장하는 인물들은 이런 공간 안에 머무르려는 경향을 지니고 있다. 『검둥이와 개들의 싸움』에 등장하는 타인들과 소통할 수 없는 고독하고 소외된 인물들은 자기 자신의 기억을 말하고 동시에 작가 콜테스의 기억을 말하고 있다. 시적인 대사와 지문 속에는 침묵이 공명하고 공허가 충만하다. 그 속에서 기묘하게 짓눌린 기억된 시간이 원천적으로 발견된다. 콜테스의 작품들은 말이 지닌 의미와 소리가 잘 어울려 있다. 무기력, 피로, 존재를 끊임없이 추동하는 가족에 대한 기억, 인물들의 황폐한 성격이 말들의 의미와 소리, 빛, 냄새로 드러난다. 이 점이 콜테스의 희곡이 지닌 현대 미학적 독창성이라고 할 수 있을 것이다. 『검둥이와 개들의 싸움』뿐만 아니라 다른 희곡에 등장하는 인물들의 몸과 언어는 기억의 질료적 구조로서 작용한다. 구체적으로 장소, 소리, 냄새, 빛에 관한 감각과 그에 관한 언어들은 콜테스 희곡에서 매우 중요한 기능을 발휘한다. 이 부분에 관한 분석은 콜테스 희곡의 번역에 이어서 다양한 주제를 통한 작품의 심층 연구로 옮아가는 단계에 해당될 것이다.[9]

본론: 기억과 글쓰기

현대 희곡을 대표하는 베르나르-마리 콜테스의 작품들은 모두 과거의 기억이 현재의 앎을 조건 짓고 있음을 보여준다. 등장인물들의 내러티브는 과거를 기억하는 것이 곧 인식임을 보여준다. 과거를 기억하는 것은 과거에서 무엇인가를 알고자 하는 것에 머물지 않고, 그것을 통해서 현재 너머의 미래로 향한 인식의 방법이라고 할 수 있다. 『서쪽 부두』 『목화밭의 고독 속에서』는 아픈 과거가 현재에도 반복될 수 있다는 인식과 앎과 등가인 기억을, 『로베르토 주코』는 인물들의 기억이 미래를 바라보고 있는 상징적 기억을 보여주고 있다. 『사막으로의 귀환』에서는 아버지의 기억을 오래전에 쓰레기통에 버린 딸과 적어도 그것은 존중하자고, 적어도 그것은 더럽히지 말라고 말하는 아들과의 기억의 싸움이 펼쳐진다. 인물들은 기억 그 자체가 되어 하염없이 역사 속에 사로잡혀 있거나 기억의 기슭에 침묵하거나 희미하게 살고 있는 셈이다. 그런 면에서 콜테스가 쓴 희곡들의 내러티브가 지닌 특징은 끊임없이 밑에서 솟아오르면서 재구축되는 기억들을 통하여 현재적으로 행동화하는 기억이다. 『서쪽 부두』는 버려진 항구의 창고 주변에서(그것은 희곡 속 모니크의 대사처럼 "벽으로 가로막"혀 "더 이상 갈 수 없는" 이 세상의 은유일 터이다) 살아가는 인물들의 다양한 욕망이 독백을 통해 모호하게 전개되고 있다.[10] 그런 면에서 희곡(이란 글쓰기)은 앞서 언급한 것처럼 기억의 현상학이라고 할 수 있다.

　기억하는 것과 회상하는 것 그리고 인물들의 정체성은 구체적으로 언어로 드러난다. 이 세 가지 주제는 현대 연극에서 정치적 · 문화적 경계가 무너지고 다시 재정립되는 것과 밀접한 연관이 있다. 『검둥이와 개들의 싸움』은 아프리카를 배경으로 유럽 사람들이 아프리카 사람들과 프랑스어, 독어, 아프리카어를 함께 사용함으로써 동서의 경계선이 붕괴되면서 냉전의 기억들로 점철된 한 시대가 막을 내리게 된 것을 한 아프리카 노동자의 죽음—정확하게 말하면 그 시체—을 통하여 표현하고 있다. 『검둥이와 개들의 싸움』의 무대는 세네갈에서 나이지리아에 이르는 서아프리카, 외국 회사의 공용 공사장이다. 등장인물은 프랑스인으로 공사장의 책임자인 오른, 거주지에 신비스럽게 들어온 흑인인 알부리, 오른의 아내가 될 프랑스인 레온, 그리고 공사장의 기술을 책임지고 있는 30대의 칼이다. 오른과 레온 그리고 칼은 프랑스어를 쓰며, 알부리는 아프리카어를 쓴다. 레온은 알부리와 대화할 때 가끔 독어를 사용한다. 오른은 레온과 이곳에 정착하고 싶어 하고, 칼은 이곳을 떠나고 싶어 한다. 알부리는 죽은 부족의 시신을 찾으러 공사장에 온 인물로 이곳에서 레온과 만나 검은 피, 불행, 어둠, 삶과 죽음에 대한 명상, 냄새 등을 기억하고 말한다. 대사 중에는 괴테의 시구들이 들어 있다. 칼은 끝부분에서 공사장을 지키는 경비원의 총에 맞아 죽고 알부리는 사라진다. 이것은 기억하는 인물은 죽고, 망각하려는 이는 살아남는 잔혹한 세상의 풍경이다.

　다른 작품과 달리 『검둥이와 개들의 싸움』은 지배자와 피지배자, 저장 기억과 회상 기억의 차이를 빌려 오늘날 자연의 상실과 자본주의가 강제하는 기억의 진실성, 기억과 트라우마의 관계에 대한 분석도 가능하게 한다. 『로베르토 주코』 『목화밭의 고독 속에서』 『서쪽 부두』와 마찬가지로 『검둥이와 개들의 싸움』 역시 시적인 운문의 고백체가 많다. 콜테스가 쓴 대부분의 희곡들은 "시적인 운문으로 가득 찬 독백에 가깝다. 그의 희곡들은 조각난 세계, 뒤죽박죽된 세계, 고독, 절망, 불확실성, 사건들과 이성적 질서 사이의 균열, 물질처럼 투명한 정신 상호간의 불투명성, 서로에 대해 터무니없는 것들로 취급되는 논리 체계와 같은 현대성의 주제들이 준독백을 통한 문학적 글쓰기와 잘 어우러져 있는데",[11] 이것이 콜테스 희곡의 특징이라고 할 수 있다. 『검둥이와 개들의 싸움』에 나타난 내러티브의 중심은 현재의 태도를 규정하는 기억에 있다. 이런 기술 방식은 현대 연극의 중심 언어가 되고 있으며, 산문이 아닌 운문에 의한 연극적 커뮤니케이션의 새로운 전범으로 자리 잡고 있다.

베르나르-마리 콜테스는 죽기 전에 아프리카로 갔다. 그가 떠난 곳은 인간 중심적이라는 전통을 지닌 유럽이었고 도착한 곳은 세계사의 뒷골목과 같이 하찮아 보이는, "불안과 고독의 땅le territoire d'inquiétude et de solitude, 세상이 뒤집힌l'envers du monde"(50)[12] 아프리카였다. 그에게 유럽이 기억을 쉽게 삭제하는 곳이라면, 아프리카는 작가가 기억을 회복하려고 한 기억의 안정체[13]와 같은 영토라고 할 수 있다. 작품에서 기억하고 있는 것은 아프리카가 아니라 아프리카를 통해서 본 유럽에서 아프리카로 온 등장인물들의 과거이다. 그들은 한결같이 자신의 정체성을 잃고 아프리카로 왔다. 이곳 아프리카에서 인물들은 더 이상 내가 아닌 또 다른 자신의 정체성을 보게 된다. 등장인물들의 고향인 유럽과 지금 이들이 있는 아프리카 사이에는 고대 그리스에서 말하는 새로운 생명이 태어나는 강물, 즉 므네모시네[14]가 흐르고 있다. 기록을 보면 콜테스가 한 여행은 그의 글쓰기에 커다란 영향을 미쳤다고 나와 있다. 그의 여행은 수많은 장소와 감각의 발견을 가능하게 했다. 그는 스무 살(1968) 때 미국의 뉴욕과 캐나다를 여행했고, 서른 살(1978) 때 라틴아메리카의 니카라과, 과테말라, 살바도르를 여행했으며 아프리카 나이지리아에 머물기도 했다. 서른한 살(1979) 때 말리와 코트디

부아르를 여행했으며, 그해 다시 과테말라로 여행길을 떠났다. 『검둥이와 개들의 싸움』은 1979년 과테말라에서 쓴 작품이다.[15] 그는 서른여섯 살 (1984) 때 세네갈로 갔고, 마흔한 살(1989)이 되었을 때 다시 과테말라로 갔다가 병세(에이즈)가 도져 프랑스로 돌아와야 했으며, 그해 4월 15일 더 이상 여행을 할 수 없게 되었다.[16] 살아 있는 동안 그에게 여행은 절박했고, 심각했던 것으로 보인다.

그는 왜 자신의 생애 내내 프랑스를 떠나 반문명적이고, 제의적이고, 원시적인 아프리카, 라틴아메리카로 가야 했던 것일까? 그에게 절실했던 것은 "혼자 있는d'être isolé" 것이었다.[17] 그는 그곳에서 자신의 모국어를 잃어버리는 대신 새로운 장소와 자연의 감각으로 새로운 사유를 할 수 있었다. 인간의 대지로서 아프리카는 하나의 장소이되 그에게는 하나의 "상징화된 큰 메타포la grande métaphore symbolisée"였다.[18] 그가 겪은 삶의 위기는 프랑스와 유럽으로 대표되는 자본주의, 신식민주의의 위기라고 할 수 있다. 그가 자본주의와 신식민주의의 피해자인 아프리카에서 본 삶의 위기는 생태적 위기로 확대된다. 콜테스는 아프리카에서 거대한 땅, 근원적인 땅, 인간의 대지를 꿈꾸었다. 그러나 오늘날 아프리카는 서구인에 의해서 인간 존중, 환경 존중이 파괴된 곳이었다. 콜테스는 오늘날 아프리카는 고립되어 있고 다문화주의, 세계화라는 이름 아래 흔적도 없이 지워지고 있다고 여겼다.[19] 그에게 아프리카는 찢어진 거미줄과 같았다. 그가 꿈꾼 아프리카와 찢어진 아프리카 사이에서 이 희곡이 씌었다. 등장하는 인물들은 기억을 지우려고 하는 서구에서 온 이들과 기억을 살리려고 하는 인물들로 구별된다. 이들은 기억의 소멸, 기억의 인출과 같은 회상을 경험하는 인물들인데, 『검둥이와 개들의 싸움』에 등장하는 인물들의 언어는 고통스러운 기억의 산물이라고 할 수 있다.

1. 장소와 소리의 언어

콜테스 희곡이 지닌 연극적 상상력은 희곡 속 인물이 아니라 장소로부터 시작된다. 장소는 기억의 주된 근거인 셈이다. 『검둥이와 개들의 싸움』은 특히 그가 아프리카에서 보고 경험한 것의 한 심층을 보여준다. 아프리카는 콜테스에게 가장 큰 장소이다. 장소를 설명하는 중심어는 소리이다. 희곡집 『검둥이와 개들의 싸움』 뒷장에 콜테스가 쓴 글귀처럼 그것은 "불안과 고독의 땅인 아프리카 복판에서 들어야 했던 외침Le cri…… entendu au fond de l'Afrique, le territoire d'inguiétude et de solitude……"일 터이다. 그것은 동시에 프랑스와 백인으로 대표되는 자본주의, 신식민주의에 의해 파괴되는 아프리카의 고통의 소리일 터이다. 콜테스는 이 희곡에서 제국주의, 인종차별 등과 같이 아프리카가 외치는 아픔을 직접적으로 말하지는 않는다.[20] 그러나 그 고통과 이 희곡은 무관하지 않다.

이 희곡에서 작가는 아프리카와 그곳에 있는 인물들을 통하여 기억하는 혹은 기억했던 삶과 오래된 기원과 같은 감각의 아름다움을 복원하려고 한다. 또한 그의 희곡은 죽음과 그 시체를 통하여 상실된 기억을 복원하려는 인물들의 변화 과정을 담고 있다. 그 복판에 상반되게 죽음을 다루는 두 문명의 태도가 극명하게 드러난다. 여기서 아프리카인인 알부리에 의해서 드러나는 죽음은 산 사람과 죽은 사람의 공존을 뜻하는 친숙한 죽음, 곧 자연으로 돌아가는 '순화된 죽음'이다. 반면에 서구인인 오른과 칼이 보여주는 죽음은 끔찍하고 피해야만 하는 금기의 죽음이다. 자신의 행복을 추구하는 데 죽음을 금기로 여기는, 그리하여 슬픔을 추방하는 사회의 금지된 죽음이다.[21] 그런 면에서 오른은 알부리가 지닌 죽음에 대한 태도를 "삶과 죽음에 부여하는 가치의 부재Cette absence de valeur qu'ils donnent à la vie et à la mort"(31)라고 여긴다. 그리고 "희생, 세계의 질서, 그렇다고 세상이 지속하는 것을 방해"할 수 없다고, "슬픈 건 나도 이해하지만 유치해지지 맙시다"라고 말하고, 돈을 건네면서 죽음을 돈으로 환원하려고 한다(89).

콜테스 희곡에 나타난 기억의 밑바탕에 자리 잡고 있는 불안과 고독 그리고 죽음과 운문적 글쓰기는 일차적으로 장소와 연결되어 있다. 희곡에 등장하는 하나하나의 장소란 가치의 응결물이지만 손쉽게 조작하거나 움직일 수 없다. 장소란 특별한 종류의 대상이다. 즉 사람이 거주할 수 있는 대상이다. 공간은 움직일 수 있는 능력에 따라 주어진다. 콜테스는 이 작품에서 맨 먼저 인물에 대해 짧게 설명하고, 그다음으로 장소lieux에 대해 길게 말하고 있다. 『검둥이와 개들의 싸움』의 장소는 "세네갈에서 나이지리아에 이르는 서아프리카, 외국 회사의 공용 공사장"(7)이다. 붉은 가장자리에는 모래가 있고, 한복판에는 진흙이 많은 하천이 공사장을 가로지르고, 완성되지 않은 다리가 하늘에 거대한 모습을 드러내며, 하천이 있고, 멀리 호수가 있는 곳이다. '공사장chantier de travaux publics'이라는 상소는 대상의 한 유형이다. 장소와 대상은 공간을 정의하고 공간에 기하학적 속성을 부여한다. 공간과 장소의 관계로 보자면, 공간은 장소보다 더 추상적이다. 이 희곡에서 소리는 '공사장'이라는 장소와 밀접하게 연결되어 있다. 소리와 같은, 소리가 있는 공간이 움직임이라면 공사장이라는 장소는 멈춤이다. 공사장은 감시의 장소이다. 희곡의 맨 앞, 공사장은 "말뚝으로 둘러쳐져 있고 망루들도 보이entourée de palissades et de miradors"(7)는 곳이다. '말뚝과 망루'는 보이는 것과 보이지 않는 것을 분리하는 기계이며 감시의 독점 체제이다. 이 안에서 나는 소리는, 그러므로 축소된 폭력의 소리로 들린다. 보이지 않는 눈과 같은 말뚝과 망루 안에 있는 오른과 칼은 감금되어 있는 존재들이다. 이들은 외로움에 사로잡혀 있고 죽음에 대한 근심과 두려움으로 떨고 있는 인물들이다.

인물들이 거주하는 이곳에서 들리는 소리는 다음과 같다.

말소리, 고함 소리, 쇠 부딪히는 소리, 쇠와 나무가 부딪치는 소리, 조그만 외침, 딸꾹질, 짧은 노랫소리, 호루라기 소리와 같은 경비원들이 내는 소리들이 거주지를 둘러싼 가시덤불 방책 철망을 넘는다Les appels de la garde: bruits de langue, de gorge, choc de fer sur du fer, de fer sur du bois, petit cris, hoquets, chants brefs, sifflets, qui courent sur les barbelés comme une rigolade ou un message codé, barrière aux bruits de la brousse, autour de la cité"(7).

갑자기 개 짖는 소리와 함께 붉은 모래의 회오리바람이 초원을 쓰러뜨리고 나뭇가지를 흔들어댄다. 땅바닥에서 마치 비가 거꾸로 내리듯 실성해서 자살하려는 하루살이 떼가 하늘로 솟아 모든 빛을 덮는다Tout à coup un tourbillon de sable rouge portant des cris de chien couche les herbes et plie les branches, tandis que monte du sol, comme une pluie à l'envers, une nuée d'éphémères suicidaires et affolés qui voile toute clarté"(60).

이러한 소리와 풍경들을 통하여 콜테스는 장소에 대해 말하되 하나의 풍경으로 그리고, 그 풍경 안에 "약호화된 메시지message codé"(7)를 넣고 있다. 예컨대 "바람이 불자 붉은 먼지poussière rouge가 일어난다. 그녀를 둘러싼 날개들의 속삭임chuchotements, 숨결souffles, 부딪힘claquements 으로 레온은 그의 이름을 알게 된다"(41~42). "매우 가까이에서 들리는 황소개구리의 울음소리. 인부들과는 하늘을 보고 있었어요"(20)처럼 보이는 것은 크게 그리고, 들리는 것은 미세하게 열거하고 있다. 그런 예는 다음과 같이 계속 이어진다. 희곡의 맨 처음에 나오는 장면으로 알부리가 죽은 형제의 시체를 찾으러 왔을 때, 그는 황혼 무렵 부겐빌레아 나무 뒤에 있다. 그리고 "시체를 찾지 못하면 어머니는 마을을 배회하며 온밤 내내 소리칠 겁니다. 무서운 밤이 될 것입니다. 늙은 여자의 소리 때문에"(9)라고 말한다. 이어 오른이 알부리에게 아내를 보여주려고 하자, 알부리는 "멀리서 보겠습니다"(13)라고 말한다. 레온은 "낮이 밤으로 바뀌는 시간 말예요. 해가 지면 애들까지 울어요"(15)라고 말한다. 그 밖에도 "멀리서 개 짖는 소리"(18, 23, 37, 59, 77, 79), "황소개구리의 울음소리"(20, 69), "이 소음들, 어둠, 고함"(27), "아프리카 소리를 들어보세요. 북소리, 조 빻는 소리 말고 테이블에서 선풍기 돌아가는 소리, 카드 하는 소리, 뿔 나팔 소리"(54), "갑자기 바람 소리, 맨발로 달리는 무딘 소리"(57), "갑자기 개 짖는 소리"(60), "매가 우는 소리, 모터 소리"(69, 103), "노인의 울림"(72), "트럭이 멈추는 소리"(72), "가지들이 가볍게 부딪치는 소리, 멀리서 무엇인가 부르는 소리"(72, 78)들이 끊임없이 반복된다.

『검둥이와 개들의 싸움』에서 콜테스는 시적인 지문을 통하여 장소에 대해 설명하면서 소리를 강조한다. 공사장에서 들리는 소리들은 주변 환경을 통일하고 종합한다. 이것은 대상과 보는 이 사이를 분리시키고 거리를 두는 시각적 요소와 다르다. 장소에 대한 콜테스의 서술은 나르시스적인 시각성이기보다는 사물의 질서와 같은 청각성에 기대고 있다.[22] 그 끝은 "알 수 없는 언어가 공간 전체를 채우고 어둠을 지배하며, 빛나는 태양의 광채 속에 경직되어 있는 거주지 전체에 울려 퍼지는 langage indéchiffrable……emplit l'espace tout entier, règne sur l'obscurité et résonne encore sur toute la cité pétrifiée, dans une ultime série d'étincelles et de soleils qui explosent" (107) 풍경이다. 이처럼 시각과 청각이 합쳐진 하나의 풍경 속에 메타포와 같은 언어들이 축적된다. 현실과 기억된 언어로 되새겨진 풍경 사이에서 의미는 생출된다.

콜테스의 눈에 아프리카는 죽어가고 있었다. 아프리카의 아름다움이 백인의 신식민주의의 힘에 무참하게 사라져가고 있었다. 『검둥이와 개들의 싸움』에 나오는 공사장과 중장비는 곧 파괴의 무기와 장소인 셈이다. 등장인물인 오른과 칼은 그 무기를 들고 장소를 지배하는 이들인 셈이다. 콜테스의 눈에 스러져가는 것은 나무가 아니라 아프리카였다.[23] 이 희곡의 첫 장 제목은 '황혼 무렵, 부겐빌레아 나무 뒤에서 Derrière les bougainvillées, au crépuscule' (7)이다. 부겐빌레아 나무[24]와 황혼은 아프리카와 그곳에 사는 이들의 운명의 그림자, 즉 메타포인 셈이다. 잎으로 장식하는 부겐빌레아 나무처럼 콜테스는 공간과 인물들을 이처럼 "연극과 문학의 경계를 넘어서는 언어"[25]로 자연화한다. 그런 뜻에서 콜테스의 언어는 배우의 몸에 쉽게 전달되지 않는, 커다란 공명을 일으키는 "고양된 언어 haute langue"[26]라고 할 수 있다.

2. 빛과 냄새의 언어

『검둥이와 개들의 싸움』에서 장소와 소리 다음으로 이어지는 감각이 빛과 냄새이다. 그것은 인물의 기억을 자극하는 중요한 질료가 된다. 빛과 냄새 그리고 소리의 감각이 통째로 어우러지고, 그 감각이 기억의 힘으로 발휘되

아프리카 서부 베냉Bénin 공화국에 있는 인광석을 캐는 광산.

는 곳이 자연이란 너른 터이다. 그것은 언어의 논리를 뛰어넘는 원초적 장이다. "평범한 사람이 평범한 일에 가치를 두"고, "그 사소한 것이 가치가 있"(31)는 곳이다. 이 희곡에서 빛과 냄새와 기억의 절묘한 조화는 1장, 9장에서 드러난다. 1장에서 오른과 알부리는 공사장에서 처음 만난다. "어두운 나무 뒤에 있지 말고 이리 와요"라는 오른의 말을 듣자 알부리는 "내 눈은 너무 밝은 빛을 견딜 수 없습니다. 눈이 깜빡거리고 흐릿해집니다. 내 눈은 백인들이 밤에 밝히는 강한 빛에 익숙하지 않습니다"(13)라고 말한다. 그리고 "나무 뒤, 어둠 속에 있dans l'ombre, derrière l'arbre"(27)으면서 "멀리서 보겠습니다Je la verrai de loin"(13)라고 말한다. 빛은 거리를 제거한다. 멀리서 보겠다는 말은 거리를 낳겠다는 의지의 표현이다. 보는 이와 대상 사이에 거리가 제거될 때와 그 반대로 거리가 있을 때, 보는 이의 입장도 달라진다. 9장은 알부리와 레온이 서로 '근접' 해 이야기하는 장면이다. 알부리는 부겐빌레아 나무 아래 웅크리고 있고, 레온은 약간의 거리를 두고 알부리 앞에 웅크리고 앉는다(57~59). 이들이 서로 마주하는 것은, 정확하게 말하면 어두워 잘 보이지 않는 얼굴이다. 이들은 지금 영혼이 가장 잘 드러나는 얼굴이라는 인격을 마주하고 있다.

이때 이들이 사용하는 언어는 아프리카어와 독어이다. 서로 다른 낯선 언어를 이해할 수 있는 것은 언어의 구조, 언어의 뜻을 넘어설 때 비로소 가능하다. 생태학적 소통에서 중요한 것은 "최소한의 어휘죠. 그것도 필요 없어요. 어조가 중요하죠. 아니 그것도 필요 없어요." 이때 필요한 것은 "말하는 사람을 오랫동안 정성 들여 바라다보"는 것이고, "그냥 말없이 잠깐 서로 바라보면 되"는 일이다. 소통이 이루어질 때, 그러니까 "서로 통하면" 만물은 조용해진다. 자아와 타아가 언어를 넘어서는 공간에서 서로 이웃이 된다. 이 만남은 자연 속에서 가능한 최적의, 원초적인 관계로서 만나는 것이다. 이처럼 자연은 '근접' 한 공간이다.

알부리: Man naa la wax dara?

레온: Wer reitet so spät durch Nacht und Wind…… 누가 이렇게 늦은

『검둥이와 개들의 싸움』, 파트리스 셰로 연출, 낭테르, 1983.

밤, 바람을 뚫고 말 달려 오는가…… (이하 레온의 대사는 요한 볼프강 괴테의 시 「마왕Erlkönig」 중 일부이다.)

알부리: Walla niu noppi tè xoolan tè rekk.

레온: Es ist der Vater mit seinem Kind(그건 바로 아들을 안은 아버지). (웃는다.) 봐요 이렇게 외국어가 가능해요. 결국은 분명 서로 이해했잖아요.

알부리: You dégguloo sama lakk waandé man dégg naa sa bos.

레온: 그래요, 그래. 그렇게 말하면 돼요. 언젠가 알아들을 수 있을 거야. 내 말 알아듣겠죠? 천천히 말하면요? 외국어라고 무서워할 건 없어요. 난 항상 생각해왔어요. **말하는 사람을 오랫동안 정성 들여 바라다 보면 다 이해할 거라고요. 시간이 필요할 뿐 다른 건 없어요. 난 당신에게 낯선 말을 하고 당신도 그렇고, 그렇지만 금세 이해를 하잖아요.**

알부리: Wax ngama dellusil, maa ngi nii.

레온: 천천히. 이해를 못 하겠어요.

알부리: (사이를 두고)─Dégguloo ay yuxu jigéén?

레온: Siehst, Vater, du den Erlkönig nicht?(보이세요, 아버지? 마왕이 안 보이세요?)

알부리: Man dé dégg naa ay jooyu jigéén.

레온: ……Den Erlenkönig mit Kron und Schweif?(관을 쓰고 꼬리를 늘 어뜨린 마왕이오.)

알부리: Yu ngelaw li di andi fii.

레온: ……Mein Sohn, es ist ein Nebelstrief(아들아, 그것은 안개가 만든 띠란다). 괜찮죠? 그렇죠? 오 물론, 문법은 좀더 시간이 필요해요. 완벽하려면 많은 시간을 같이 보내야 해요. 그래도 실수가 있긴 하지만…… **그냥 말없이 잠깐 서로 바라보면 돼요.** (사이. 그들은 서로 바라본다. 매우 멀리서 개 짖는 소리. 레온이 웃는다.) 입을 다물 수가 없네요. **서로 통하면 조용해지겠죠.** 그런데 무슨 말을 해야 할지 모르겠어요. 난 원래 지독한 수다쟁이예요. 그런데 당신을 보면……

감동적이에요. 난 감동받는 것을 좋아해요. 제발 무슨 말이든 해봐요.

알부리: Yow laay gis waandé si sama bir xalaat, bènbèn jigéén laay gis budi jooy te di teré waa dëkk bi nelaw.

레온: 계속요, 계속. 천천히.

알부리: Jooy yaa ngimay tanxal.

레온: (소리를 낮춰서) **여기서 당신은 내게 말할 때, 날 바라보는 유일한 사람이에요**(57~59).

알부리와 레온의 첫 만남은 잘 보이지 않지만, 서로의 얼굴을 마주하는 것으로 시작된다. 보이지 않는 알부리의 얼굴 앞에 레온은 자신의 얼굴을 드러내놓는다. 이들의 만남은 언어 이전에 얼굴을 마주하는 것으로 시작된다. 얼굴이 인간 영혼의 최고의 그림이라고 한다면,[27] 이들의 얼굴과 얼굴의 만남은 가장 인간적인 만남이라고 할 수 있다. 이들에게는 일그러지지 않은 얼굴이 존재 그 자체인 셈이다. 얼굴을 바라보는 행위 속에 영혼이 자리 잡는다. 알부리 안에 레온의 영혼이, 레온 안에 알부리의 영혼이. 이들은 바라보기만 하는 것일까? 이들은 서로 바라보면서 서로 냄새 맡고 만지고 있다. 현대 희곡에 나타난 생태학적 관점은 시각, 후각, 청각, 미각, 촉각 가운데 감각적 우위를 차지하는 시각으로부터 떨어지는 과정이다. 시각이 감각의 문화적 구성에 우위를 차지하게 된 것은 문자의 발명과 무관하지 않다. "문자의 발명으로 인해 청각이 지배하던 문화는 도태하고 시각이 지배하는 문화로 전환되었다. 문자 이전에는 청각이 지식 습득의 가장 중요한 수단이었던 반면, 문자를 사용하게 됨으로써 시각이 그 자리를 대신하게 되었다. 문자의 발명과 뒤이은 인쇄술의 발명은 시각우선주의의 가장 주요한 원인이다."[28] 이 희곡에서 인물들은 서로 만지면서 서로를 냄새 맡는다. "비행기보다 들을 수 있는 전화를 좋아하는"(15) 레온은 자신이 살던 "파리 사람들의 냄새leur odeur, 생선 냄새, 튀김 냄새, 병원 냄새l'odeur du poisson ou des frites ou l'odeur d'hôpital를 기억한다"(16). "냄새가 본능을 키워주고, 냄새를 알게 될 때 사람을 아는 거l'odeur, ça développe l'instinct. D'ailleurs,

que on connaît l'odeur, on connaît les gens" (37~38) 라고 말하는 칼은
자신의 늙은 개가 "틀림없이 낯선 짐승 냄새를 맡은 거l'odeur d'une bête
inconnue" (23) 라고 말한다. 알부리 역시 개들이 "멀리서도 (자신의) 냄새
를 맡"고 "물려고 달려온" (70) 다고 말한다. 오른은 "눈물 냄새를 맡을 수가
없어 돌아버리겠다" (94) 라고 말한다. 이처럼 『검둥이와 개들의 싸움』에 등
장하는 빛과 냄새 그리고 소리는 인물들에게 "지워시지 않을 흔적marques
pour toute la vie" (98) 과 같은 기억이라고 할 수 있다.

　『검둥이와 개들의 싸움』에서 빛과 냄새 그리고 소리는 공간적 환상을 창
조한다. 8장의 맨 마지막 지문은 "갑자기 바람 소리, 나뭇잎이 흔들리다가
멈춘다. 멀리서 돌 위를 맨발로 달리는 무딘 소리, 거미줄에서 나뭇잎 떨어
지는 소리. 침묵" (57) 이다. 9장의 맨 마지막 지문은 "갑자기 개 짖는 소리
와 함께 붉은 모래의 회오리바람이 초원을 쓰러뜨리고 나뭇가지를 흔들어댄
다. 땅바닥에서 마치 비가 거꾸로 내리듯 실성해서 자살하려는 하루살이 떼
가 하늘로 솟아 모든 빛을 덮는다" (60). 앞에서 열거한 소리의 과밀함이란
자신이 관찰되고 있다는 것을 깨닫는 증거이다. 그래서 오른은 "나무 뒤 어
둠 속에 있지 마세요. 누군가 신경이 쓰이면 짜증이 나요" (27) 라고 대응한
다. 내가 타인으로부터 감시받고 있다는 것은 이웃의 소음과 관심이 끊임없
이 내 안으로 침입한다는 것. 사람의 눈처럼 집들도 눈을 가지고 있다. 이처
럼 이 희곡에서 빛과 냄새 그리고 소리와 같은 기억의 언어는 생태학적 관
점을 드러내는 중요한 요소이다. 이것은 감각의 언어가 사물과 접촉하게 하
고, 그 권리를 확장하면서 사물의 기원에 도달하게 하기 때문이다.

3. 인물과 기억의 언어

　콜테스 희곡의 등장인물들은 기억에 의존한다. 기억이 없는 인물들은 조
각과 같은 인형이 될 수밖에 없다. 시각과 청각 혹은 다른 감각에 의해서 저
장된 사물은 우리가 잊은 사물을 다른 모습으로 되살려놓는다. 기억은 원래
의 것과 같을 수도 있지만 대부분 다르게 변용된다. 콜테스의 희곡들은 기
억이 감각과 앎의 소유이되 변용이라는 것을 드러낸다. 『로베르토 주코』『목

화밭의 고독 속에서』『서쪽 부두』와 마찬가지로『검둥이와 개들의 싸움』은 시간의 개념과 더불어 고통스러운 과거를 기억하고 있는 희곡이다. 각 작품마다 다른 점이 있다면 시간의 흐름, 그 차이에 있다.『검둥이와 개들의 싸움』은 아픈 과거의 기억과 재현되는 현재 사이를 드러내며, 인물들은 운명의 이질성에서 삶의 동질성으로 옮겨가려고 애를 쓴다. 그러나 그들이 지닌 미래의 기다림은 절망적이다.[29]

콜테스를 통하여 현대 프랑스 연극은 이미지와 볼거리에서 말과 글로 되돌아오고 있다. 그것도 시적인 언어로. 서사연극, 부조리 연극, 서정적인 모놀로그, 반연극, 많은 오브제를 사용하는 볼거리 위주의 연극을 뒤로 하고 운문의 독백을 앞에 내세우며 오고 있다. 내레이션을 중시하면서 오로지 말하기 위한 연극이 다가서고 있다. 무대 공간이나 무대 이미지를 연극성의 중요한 기제로 삼았던 원칙들이 사라지고, 주제의 구성도 점차 줄어드는 경향으로 가고 있다. 실제 세상과 연극 사이에 있던 환영이 사라지게 되고, 글쓰기와 인물이 지니는 전통적인 맥락들을 찾아볼 수 없다. 따라서 배우는 더 이상 상황을 구축하거나 인물을 연기하기보다는 텍스트를 읽는, 텍스트를 여는 중심적 존재가 된다. 배우는 독자나 관객 혹은 작가의 분신이 된다. 이로써 무대와 텍스트 사이에 새로운 관계가 형성된다. 이것을 가능하게 하는 것은 운문의 독백과 언어가 지닌 시적 서정성에 있다.[30]

1) 기억에의 종속 — 알부리

『검둥이와 개들의 싸움』에 등장하는 네 명의 인물은 죽음에 대해서 무거운 기억[31]을 지니고 있다. 인물들에게 죽음은 가족과 사회로부터 단절되거나 분리되는 것을 의미한다. 이 희곡은 처음부터 죽음과 그 시체에 대해서 언급한다. 이 희곡은 부겐빌레아 나무 앞에 서서 혹인 알부리가 공사장에서 일하다 죽은 동생 누오피아의 시체를 찾으러 오는 것으로 시작한다. 그는 이렇게 말한다. "저는 알부리입니다. 시체를 찾으러 왔습니다. 〔……〕 시체를 찾지 못하면 어머니는 마을을 배회하며 온밤 내내 소리칠 겁니다. 무서운 밤이 될 것입니다"(9). 그에게 중요한 것은 동생이 무슨 이유로 죽었는지, 누가 죽였는지가 아니라 시체를 찾는 일이다.

오른: (테이블을 친다.) 어쩌자고 시체에 손을 댄 거야. 엉? 땅바닥에 있는 시체에 손을 대면 책임을 피할 길이 없어. 이 빌어먹을 나라에서는 그렇단 말이야. 아무도 안 만졌으면 책임질 사람은 없어. 책임질 사람이 없는 범죄는 사고란 밀이야. 일은 간단했어. 그런데 여자늘이 시체를 찾으러 왔을 때 시체가 없어졌단 말이야. 바보같이. 시체를 찾지 못한 거야. (테이블을 친다.) 알아서 해. (주사위를 던진다.)

칼: 시체를 보자 저놈을 조용히 둘 수 없다고 생각했어요. 본능이죠 소장님, 감각이랄까. 난 그놈을 잘 몰라요. 다만 내 신발에다 침을 뱉었다는 것밖에는. 본능적으로 움직였죠. 너 이 새끼 조용히 잠잘 순 없지. 시체를 보자 그런 생각이 들었어요. 그래서 트럭에 싣고 쓰레기장에 가서 높이 던져버렸어요. 이게 네 놈한테 어울리는 거야. 그러곤 돌아왔어요. 하지만 다시 갔어요. 소장님, 마음을 잡을 수가 없었어요. 신경이 곤두섰어요. 그래서 쓰레기장 높은 곳을 뒤져 시체를 찾았죠. 트럭에 싣고는 호수에 가서 물속에 던져버렸어요. 그런데 그놈이 물속에서 편히 있단 말이죠. 그래서 다시 호수로 갔어요. 허리까지 잠기는 물속에 들어가서 시체를 건졌어요. 트럭에 실었죠. 나도 어떻게 해야 할지 몰랐어요. 네 놈은 결코 조용히 잠잘 수 없어. 영원히. 나도 모르게 그런 생각이 들었어요. 시체를 보고는 이 더러운 자식을 박살내야겠다는 생각이 들었죠. 그래 하수구다. 그거야. 넌 그 속에서 다시는 나올 수 없을 거야. 그렇게 된 거예요, 소장님. 본의 아니게 그놈에게 평화를 준 거죠. 그때서야 마음이 좀 가라앉았어요. (그들은 주사위를 바라본다.) 매장했다면 다시 파헤쳤을 거예요. 난 날 잘 알아요. 마을로 데려갔다면 마을까지 쫓아갔겠죠. 하수구가 제일 간단했어요. 제일 좋은 방법이었죠. 그제야 마음이 좀 진정됐어요. (오른이 일어서고 칼이 쓸어 담는다.) 소장님 검둥이들 세균은 모두에게 해롭단 말예요.

〔……〕

알부리: 여기서 기다렸다가 시체를 가져가겠습니다. 제가 원하는 것이 그것
  입니다. 말한 대로 형제의 시체를 찾으면 떠나겠습니다.

〔……〕

알부리: 난 형제를 돌려받기를 기다릴 겁니다. 그래서 여기에 왔어요.

〔……〕

알부리: 흔히들 평범한 사람들은 평범한 일에 가치를 둡니다. 사소한 것이지
  요. 이 사소한 것이 그들에게는 가치가 있는 것입니다. 어느 것도 이
  생각을 바꿀 수는 없습니다. 그들은 사소한 것을 위해 목숨도 버립
  니다. 죽인다고 해도, 죽어서도 생각을 바꾸지 않습니다(24~31).

알부리의 대사는 죽음과 시체에 관한 아프리카 문명과 서구 문명의 차이
를 극명하게 드러낸다.[32] 19세기 백인들의 침입에 저항한 두이로프Douiloff
(월로프Ouolof)의 왕의 이름(7)과 같은 알부리는 이 희곡에 등장하는 유일
한 아프리카 사람이다. 알부리는 유럽에서 온 이들과 구분된다. 알부리는
자신의 과거에 대한 기억 없이는 형성될 수 없었고 지금 존재할 수도 없다
는 것을 말하는 인물이다. 그는 과거의 기억이야말로 자아의식의 형성과 보
존을 가능하게 하고 지금 여기에 존재할 수 있도록 만드는 것이라고 믿고
있다. 죽은 형제의 시체를 찾으러 온 것은 시체의 유기가 자신의 자아 해체
에 대한 위기의식 및 이에 대한 대응이기 때문이다. 그에게 시체의 유기는
혈육에 관한 기억의 위기이고, 자신의 존재에 대한 위기로 이어진다. 그에
게 기억과 같은 형제는 자신의 근원 기억인 셈이다.[33]

알부리에게 소리는 형제의 시체와 마찬가지로 언어 이전이며, 언어의 최
후이다. 그 소리가 죽음 앞에서 나는 소리이므로. "늙은 여자의 소리 때문에
〔……〕 그래서 제가 여기에 왔습니다"(9)라고 말한다. 그에게 앎이란 바깥
에서 오는 것이 아니라 자기 자신이 자신의 "영혼에게 말하는dire à mon
âme" 것을 "귀 끝까지 달려가서 듣는" 것이고, "눈 끝까지 달려가서 바라보
는"(10) 것을 뜻한다. 알부리에게 삶의 공간은 행복의 샘fons beati이다.

그것은 자연적 욕망의 충족이 아니라 어떤 구체적인 목적 설정으로부터 자유로운 곳이기 때문이다. 거기에서 느끼는 행복은 자기 찾기이며, 그것은 자기 근원으로부터의 회귀로 가능한 근원적 행복이다. 말하자면 인력이 아니라 인간으로서, 일이 아니라 삶을 사는 곳이다. 그러므로 그에게 중요한 것은 형제의 시체를 찾는 일이다. 그것이 세계의 질서이며 곧 자신이 놓일 위치라는 것을 아는 인물이 알부리이다.

알부리는 아프리카에 있는 자동차를 "치명적인 열병une passion mortelle"으로 여긴다. 그리고 아프리카 사람들이 "자동차만 생각하고 밤낮으로 차에 매달려 죽을 것을 기다리고" 있다고 말한다. 알부리는 "자동차들이 유럽으로 되돌아가야 한다"(30)고 말한다. 자동차 소리는 그가 듣고 기억하는 소리와는 너무 동떨어지고 다른 소리이기 때문이다. 아프리카의 평범한 사람들은 "평범한 일에 가치를 두고, 사소한 것이 가치가 있고, 어느 것도 이 생각을 바꿀 수는 없고, 그들(아프리카 사람들)은 사소한 것을 위하여 목숨도 버리고, 죽인다고 해도 죽어서도 생각을 바꾸지 않는"(31~32) 이들이라고 말한다. 알부리는 서구인인 오른의 눈에 "삶과 죽음에 부여하는 가치의 부재"(31)로 보이는 시체에 집착한다. 죽음과 형제에 관한 아프리카 사람들의 생태학적 관점이 고스란히 드러나는 부분은 알부리의 길고 긴 시적인 대사로, "알부리 당신은 누구요?"(32)라고 묻는 오른의 질문에 그는 이렇게 답한다.

> 알부리: 아주 오래전에 난 형제에게 이렇게 말했습니다. 나 추운 거 같아. 그러자 형제는 말했습니다. 조각구름이 태양과 너 사이를 가로막고 있어. 그래서 내가 말했죠. 어떻게 저 작은 구름이 날 얼릴 수가 있어. 주위의 사람들이 숨을 내쉬고 햇볕이 그들을 따뜻하게 해주고 있는데. 형제가 말했어요. 나도 얼었어. 그럼 우린 같이 몸을 데워야겠다. 난 말했어요. 이 구름이 언제 사라질까? 태양이 우리를 덮힐 수 있게 말이야. 형제가 말했어요. **구름은 사라지지 않을 거야.** 이 조각구름은 언제 어디서나 태양과 우리를 따라다닐 거야. 구름이 우리를

어디고 따라다닐 것이고, 열기로 옷을 벗고 웃고 있는 사람들 가운데서 우리 몸은 얼음장이 돼가고, 그래서 같이 몸을 따뜻하게 해야한다고 느꼈습니다. 그렇게 해서 우리의 온기를 빼앗는 이 작은 구름 아래서 우리가 몸을 데운 까닭에 우리는 서로 익숙해졌습니다. 등이 가려우면 등을 긁어달라고 형제에게 부탁했고 형제가 요구하면 나도 형제의 등을 긁어주었습니다. 난 불안하면 형제의 손톱을 물어뜯었고 형제는 졸리면 내 엄지손가락을 빨았습니다. 이번에는 우리에게 매달렸던 여자들이 얼기 시작했습니다. 그러나 여자들은 작은 구름 아래 옹기종기 모였고 다시 따뜻해졌으며 서로가 익숙해졌습니다. 한 남자를 사로잡았던 오한이 점차 전체로 번집니다. 어머니들이 와서 우리와 합쳤고 어머니의 어머니들, 그녀의 아이들, 우리의 아이들, 수많은 가족들, 구름 아래 추위 때문에 가지 않고 우리 한가운데 끼어 있던 죽은 자들이 합쳤습니다. 조각구름이 올라갑니다. 열기를 빼앗으며 태양을 향해 올라갑니다. 더욱 많아지고 **서로가 더욱 익숙해지는 가족, 죽은 시체와 살아 있는 자들과 생겨날 가족이 태양 아래 아직은 따뜻한 지상의 영역이 점차 후퇴하는 것을 보면서 서로가 필요하다고 느낍니다.** 이런 이유로 우리에게서 빼앗아간 형제의 시체를 요구하는 것입니다. 그런 이유로 형제의 부재는 우리를 데워주던 가까움을 깨뜨리는 것입니다. 그런 이유로 죽었다 하더라도 우리를 데워줄 그의 온기가 필요한 것이며 그의 온기를 간직하기 위해 우리의 온기가 필요한 것입니다(32~33).

알부리에게 가장 중요한 것은 집oikos이며 형제이며, 그 속에서 서로 익숙해지는 친밀감, 근접감과 같은 생태학적 가치이다. 알부리는 죽음보다 분리와 같은 떨어짐이야말로 집과 형제가 주는 온기의 부재이며, 결국 인간이 소외되고 삶이 뿌리 뽑히는 것임을 말하고 있다. 알부리에게 형제는 마음과 몸이 분리되지 않는 총체적 개념이다. 그는 몸이야말로 정신의 무덤이나 죽음이 아니라 정신이 살을 붙여 활기를 주는 삶이 유지되는 근본으로 여긴다.

"(형제가) 죽었다 하더라도 그의 온기가 (살아 있는 우리들에게) 필요한 것"은 삶과 죽음이 안과 밖으로 통분화되는 것이 아니라 연결되어 있다는 생태철학의 첫번째 법칙이라고 할 수 있다. 알부리의 조각구름에 대한 이해는 우주의 모든 것이 다른 모든 것과 연결되어 있다는, 안과 같은 삶이 밖과 같은 죽음이 되고, 밖과 같은 죽음이 안과 같은 삶이 되는 통감각적이고 역동적인 생태 사유라고 할 수 있다. 알부리에게 죽음은 시간처럼 영원의 움직이는 그림자와 같다. 그러므로 시체를 찾는 일은 곧 현재를 충만하게 하는 계기이다.[34]

이런 원초적이며 육화된 자연에 관한 알부리의 말을 오른은 이해하지 못한다. "무슨 말인지 모르겠군. (그들은 서로를 응시한다.) 서로 노력을 하더라도 같이 살기는 어렵다고 봐요(침묵)"(33). 이처럼 아프리카 사람과 유럽에서 온 백인의 차이는 "아메리카에서 인디언들은 아침에 집에서 나오고 백인들은 오후에 나온다고 합니다"(34)라고 말하는 알부리의 말에서 드러난다. 이렇게 알부리와 오른 사이에 존재하는 의견의 차이는 극명하다. 그것은 삶과 죽음에 관한 생태학적 관점의 존재와 부재의 차이이기도 하다. 앞선 알부리의 대사에 이어 나오는 다음과 같은 오른의 대사는 그 차이를 극명하게 드러내고 있다.

오른: 아니, 그건 좋지 않은 생각이오. 이봐요, 아직은 협력해야 돼요. 사람들에게 강요라도 해서 협력해야 해요. 난 그렇게 생각해요. (사이) 이봐요, 내가 당신의 말을 끊겠어. 난 누구에게도 말하지 않은 내 개인적인 아주 좋은 계획이 있어요. 당신이 처음이오. 생각하는 바를 말해봐요. 산도 만들 수 있는 저 유명한 30억의 인구에 관한 거요. 내가 계산을 해보았는데 이 모든 사람들을 40층짜리 아파트에 살게 하면서, 정의에 따라 달라지겠지만 더도 덜도 아닌 40층짜리여야 하고 몽파르나스 성처럼 생기진 않아야 하오. 평범한 외관의 아파트라면 내 계산이 합리적일 거요. 이런 아파트가 모여 한 도시가 되는 거지. 딱 하나의 도시요. 도로의 너비는 10미터가 되고 완전히 똑바르겠지. 그러니까

이 도시가 프랑스 반절을 차지할 거요. 1평방미터 더도 덜도 아니게. 나머지는 그냥 놔두는 거요. 완벽하게. 직접 계산해봐요. 내가 수없이 셈해봤어요. 정확하지. 내 계획이 우스워요? 단 하나뿐인 이 도시의 부지만 찾으면 되는 거요. 문제는 없어요. 갈등도 없고 부유한 지역도 가난한 지역도 없고 누구나 똑같은 간판을 걸고 저장품도 똑같이 나눠 갖고. 내 방법이 좀 공산당 같고. (사이) 나한테 프랑스는 이상적인 나라요. 따뜻하고 강수량도 적당하고 기후가 균형이 잡혀 있지. 식물, 동물, 병 걸릴 위험. 프랑스는 이상적인 나라요. 그래서 도시를 좀더 따뜻한 남쪽에 지을 수도 있을 거요. 하지만 난 겨울이 좋아요. 오래된 혹독하게 추운 겨울 말이오. 당신은 그런 혹독한 겨울을 모르시지. 가장 좋은 방법은 보즈 산맥에서 피레네 산맥까지 알프스를 따라 길게 도시를 건설하는 것이오. 겨울을 좋아하는 사람들은 오래된 도시 스트라스부르에서 살면 되고 눈을 견딜 수 없는 사람들, 기관지 환자나 추위에 약한 사람들은 잘 다듬어진 마르세유나 바이온으로 가면 되고. 이 인류애의 마지막 갈등은 알자스 겨울의 매력과 코트다쥐르 봄의 매력 사이에서 생기는 이론적인 싸움뿐일 것이오. 나머지 세상은 그냥 비축해놓는 거요. 자유 아프리카, 아프리카의 풍요로움, 지하, 지상, 태양에너지를 아무런 방해 없이 탐구하는 거요. 아시아나 아메리카에 코를 들이밀기까지는 오로지 아프리카가 여러 세대 동안 도시를 먹여 살릴 수 있을 거요. 최대한 기술을 이용하고 최소한의 꼼꼼한 인부들만 데려오는 거지. 시민의 의무를 지닌 잘 구성된 인부들을 교대로 하면 돼요. 인부들은 석유, 금, 우라늄, 커피, 바나나 같은 필요한 것을 다 가져오는 거요. 그러면 아프리카 사람들은 아프리카에 있지 않아도 되니까 백인들의 침입으로 고통받을 필요도 없을 거고. 암, 프랑스는 아름다워. 모든 인종에게 열려 있고 온갖 종류의 사람들이 섞여 거리를 산책하고. 아프리카도 아름답지. 비어 있고, 너그럽고, 고통 없고, 세상의 젖줄! (사이) 내 계획이 우습소? 하지만 당신의 계획보다는 좀더 애정이 있어요. 이것이 내가 원하는 것이고 계속 생각한 것이오(34~36).

오른은 기술에 중독되어 있는 인물이다. 기술이 현재적인 것이라면 기억은 비현재적인 것이다. 오른은 기억보다 기술에 의지하면서 통일된 삶과 세계의 총체적 의미를 부정한다. 그에게 기술은 기억이 보여주는 재현과 무관한 오늘의 삶을 지배하는 무기인 셈이다. 그는 30억 인구가 아파드에 기주하는 것이 현대 문명의 첨단이라고 믿고 있다. 이러한 극대기술macro-technology인 이것은 있는 그대로의 자연이 아니라 인위적인 산업 문명의 추동력이다. 그는 과거와 기억과 같은 아프리카를 희생해서 현재와 미래인 유럽을 더 풍요롭게 만드는 인공적이고 거대한 기계 도시에 대한 환상을 지니고 있다. 오른이 현재와 미래를 위하여 "원하고 계속 생각하는c'est anisi que je veux et je persiste à penser"(36) 기계적 사유는 망각과 더불어 도덕적 사유의 빈곤을 드러낸다. 알부리가 과거를 기억하는 생태적 인간homo ecologicus이라고 한다면, 오른은 효율성을 강조하는 경제적 인간homo oeconomicus이다. 이렇게 달리 말하는 이들에게 남은 일은 아무 말 없이 "서로를 바라보"는 것뿐이다. 그리고 그 사이에 "바람이 인다"(36).

이 희곡에 등장하는 공사장 소장인 60세 오른과 공사장에서 기술자로 일하는 30세 칼은 기능주의적 입장을 지니고 "아프리카를 견뎌내고"(76) 있는, 스스로 "세계의 질서"(90)로부터 희생당하고 있다고 믿는 인물들이다. 파리에서 아프리카로 온 레온은 오른의 젊은 부인으로 알부리를 만나 점차 생태학적 입장을 취하게 되는 인물이다. 콜테스는 서로 다른 관점을 지닌 두 층위의 인물들이(한쪽은 아프리카 문명을 가능한 한 지우려고 하고, 다른 한쪽은 평생 지워지지 않을 아프리카의 흔적을 제 몸에 새겨놓는다) 죽은 시체를 바라보는 관점을 통해서 생태적인 비서구 아프리카와 기계 산업주의 서구 문명을 이념의 문제가 아닌 기억된 감각의 대비로 구별 짓고 있다.

2) 기억의 바깥, 자기소외―오른

기술 세계와 진보 그리고 협상을 상징하는 오른은 기억과 정반대의 자리에 놓여 있다. 그에게 옛집에 대한 기억은 사라졌고, 오로지 자본주의의 기능과 가치만이 그의 생각과 행동을 결정짓는다. 앞서 인용한 오른의 대사는 삶과 세상에 대한 저주이고, 자신 역시 사회적 희생자라는 것을 드러낸다.[35] 자연에서 멀어지면서 문명 속 희생자인 늙은 오른은 역설적으로 파리의 젊은 레온을 아프리카로 불러온다. 오른은 한편으로 칼과 기술 및 진보를 나누고, 다른 한편으로 레온과 과거를 확인하는 아이러니한 인물이다.[36] 공사장의 소장인 오른은 "경찰이나 지방 기관과 아주 좋은 관계excellents rapports를 유지하고 있고, 만족하는"(10), 그것을 중요하게 여기는 인물이다. 문제는 '관계'인데, 이들에게 관계는 자율적인 인간과 자연이 아니라 기술과 자본에 봉사하는 경찰이나 지방 기관에 종속되어 있다. 여기서 경찰과 지방 기관은 자연을 박탈하고 배제하는 타율적인 대상이다. 오른은 공무원을 좋아하지 않지만, 경찰이나 지방 기관들과 좋은 관계를 지녀야 한다고 줄곧 알부리에게 강조하는 현실적 인물이다(14).

오른이 말하는 관계는 요구와 보상의 관계이다. 그는 죽은 시체에 관해서도 "가족들이 보상을 요구할 거고, 우린 권리가 있는 사람에게 보상을 할 겁니다"(11)라고 말하는 인물이다. 그가 말하는 '아주 좋은 관계'란 더 좋은 보상과 더 많은 권리를 예약하는 일이다. 이를 위하여 그는 "높은 분들의 결정에 전적으로 따른"(29)다. 오른은 관료가 지배하는 오늘의 아프리카도 부패했다고 여긴다. "나라는 부자인데 금고는 텅 비어 있고, 길은 막혀 있다"(29)고 말하면서 오늘의 아프리카를 비판하고 있다. "유럽에서 배워온 진보적인 이념으로 이(아프리카)의 부패를 청산하고 질서를 세우"는 일이 거의 불가능하다고 말한다. 그는 부패한 탓에 지금 건설하고 있는 다리와 길들이 결코 완성될 수 없다고 여긴다. 그에게 아프리카의 미래는 하나의 "환상des illusions"(30)일 뿐이다. 그는 시체를 찾으러 온 알부리에게, 협상과 보상이 아니라 시체 그 자체를 찾으러 온 행위를 삶과 죽음에 "무감각한 행위insensibilité"로, "삶과 죽음에 부여하는 가치의 부재absence de valeur"(31), 즉 사랑의 부재라고 여기면서 "사랑은 유럽인들 몫인가요?"(31)라고 묻는다. 이 부분은 삶과 죽음 그리고 사랑에 대한 입장이 극명하게 드러나는 대목이다.

오른은 생태학적 관점에서 중요한 균형l'équilibre을 상실한 인물이다. 극 중에서 그는 전쟁 중에 상처를 입어 성불구자가 된 인물이다. 8장은 오른과 칼이 테이블에서 주사위 게임을 하는 장면이다. 이 장면에서 오른은 느닷없이 균형에 대해서 말한다. 게임을 하던 칼은 맥락 없이 튀어나온 이 말에 "이건 개지랄이야"(53)라고 화를 낸다. 오른이 말하는 균형이란 인공적이고, 인위적인 균형을 뜻한다. 이것은 자연의 균형과 전혀 다른 차원의 것이다. 그가 말하는 균형은 자연언어가 아니라 인공언어이다. 그것은 아름다움이 아니라 머리를 아프게 하는 고통이다.

> 오른: 균형이라는 단어 말일세. 음식 말이야. 적당한 정도의 단백질과 비타민, 적당한 정도의 지방과 칼로리. 음식의 균형 말이지. 전채요리, 주요리, 디저트. 불꽃놀이가 균형이 잡히고 훌륭하면 그렇게 되는 거야. 색의 조합, 조화로운 감각, 연속적인 폭발, 분출하는 높이의 적당한 정도. 전체가 균형을 이루면서 또 순간마다 균형을 이루는 것은 정말 골치 아픈 일이야(52).

오른이 앞과 같이 말하는 균형에 대하여 칼은 "아프리카 소리를 들어보세요. 북소리, 조 빻는 소리 말고 테이블에서 선풍기 돌아가는 소리, 카드 하는 소리, 뿔 나팔 소리 말예요. (사이를 두고) 암스테르담, 런던, 비엔나, 바르샤바……"(54)라고 덧붙인다. 칼은 아프리카의 소리가 북소리, 조 빻는 소리에서 기계적인 소리로 변화하고 있다는 것을 말하고 있다. 이제 아프리카도 암스테르담이나 런던 그리고 비엔나처럼 되어가고 있다는 뜻이다. 그런 결과, 칼은 "무섭단 말예요. 두려워요. 진짜 두렵단 말예요. 〔……〕 신경이 예민해서죠. 두려움이 쌓이면 어떻게 할 수가 없어요. 여자 앞에서도 무서워요. 정말 그렇게 돼요. 〔……〕 여긴 썩었어요"(56)라고 말한다. 이부분은 삶에서 생태학적 균형을 잃은 이의 고백인데, 그 끝이 삶의 공포라는 것을 예시하고 있다. 그 절정은 오른이 아프리카에 와서 첫번째 다리를 완성하고 그 느낌을 말하는 대목이다. 여기서 오른이 만든 다리는 쾌락의 절정이라고 할 수 있다. 그것은 물질의 완성이고 목적의 최댓값이다.

> 오른: 내가 만든 첫번째 다리가 생각나는군. 마지막 철근을 올려놓은 다음에 최후의 손질을 했지. 개통식 바로 전날이었어. 옷을 홀딱 벗은 기억이 나는군. 빨가벗은 채 다리에서 밤새도록 누워 있고 싶었어. 그럴 수 있다면 목이 열 개가 부러져도 상관없는 기분이었어. 다리 위를 어슬렁거리면서 여기저기를 만져보았어. 성스런 다리. 케이블을 타고 기어도 보고 달빛 아래 진흙 위로 하얗게 뻗어 있는 다리 전체를 바라보기도 하였지. 아직도 생생해. 다리는 흰색이었어(62).

그런 그가 할 수 있는 일은 아프리카에 남는 것뿐이다. 마지막 장면에서 그는 죽은 칼의 시체를 보고, 땅에 떨어진 총을 줍고 나서 텅 빈 망루를 바라본다.

3) 기억의 해체—칼

생태학적 관점을 지워버린다면 오늘날 세상은 모든 것을 도구화하고, 모든 목적을 수단으로 여기고, 주어진 모든 것을 가지고 무제한적인 가치를 창출하려고 하고, 인간을 이러한 무의미한 성장의 노예로 만든다. 수단과 목적의 끊임없는 고리 속에서 기술은 독립적인 삶과 무관하고 결국 인간은 소외된다. 칼은 그 소외의 절정에 놓여 있는 인물이다. 그가 말하는 것은 그가 원하는 것과 동떨어져 있다.[37] 문명화된 칼은 전문 기술자이지만 궁극적으로 자신을 소멸시키고 있는 인물이다. 그는 "희망을 가득 머금고 이 아프리카에 상륙"(45)한, "전 세계 사상이 모이는 파리"에서 대학교에 다닐 때 "철학에 미쳤었"(48)던 인물이다.

> 칼: 나도 말이야. 그 언제더라 희망을 가득 머금고 이 아프리카에 상륙했어. 사람들한테 들은 게 있었지. 내 머릿속에 가득 찬 그것을 사랑했지만, 내

가 기대했던 것을 듣지도 보지도 못했단 말이야(45).

칼: 난 말이야, 알겠지만, 여러 가지 관심이 많아. 말하기도 좋아하고 즐기는
　　것도 좋아하고 특히 이야기하는 것을 좋아하지. 이봐, 난 철학에 미쳤었
　　다고. 정말이야. 그런데…… 아프리카는 생각했던 그런 곳이 아냐. 여기
　　서는 늙은이늘조차 잠신하게 생각하는 걸 방해해. 회사니 직업이니 우리
　　시간을 다 뺏어가. 하지만 난 생각이 있어. 생각, 생각, 항상 혼자 생각
　　하고, 결국은 생각이 차례로 머리에서 터져버리고 마는 거야(47~48).

칼: 선택의 여지가 없어…… 여긴 잊혀진 곳이거든. 특히 지금은 다 끝장났
　　어(49).

칼: 여긴 세상이 뒤집힌 곳이야…… 그게 정상이야. 여긴 모든 게 엎어졌
　　어…… 내가 괴로워해야겠어? 내가 울어야겠냐고?(50)

칼: 그럼 기다리다가…… 이렇게…… 폭발하고 마는 거야. 그리고 끝장이지.
　　끝장이야(52).

칼: 두려워요. 진짜 두렵단 말예요…… 두려움이 쌓이면 어떻게 할 수가 없
　　어요…… 여긴 썩었어요…… 끝장이라고요(56).

　　이와 같은 칼의 대사는 "자신의 존재와 삶, 그리고 세상에 대한 논증
argumentation"과 같다.[38] 그에게 아프리카는 "생각했던 그런 곳이 아"(48)니
고, "늙은이들조차 참신하게 생각하는 걸 방해"하는 곳이고, "시간을 다 뺏
어가"(48)는 곳이다. 아프리카에서는 "누군가와 얘기할 수 있다"(48)고 믿
었지만, "머릿속에 가득 찬 그것을, 기대한 것을 듣지도 보지도 못"(45)한 채
그냥 남아서 일을 하고 있는 기술자이다. 그가 한 일이라고는 이곳에 있는 동
안 "숲 절반을 베어내고 25킬로미터짜리 길을 만들"고, 다리를 "건설" 중이

고, "집을 짓고, 거주지에 우물을 판"(22) 것뿐이다. 그리고 공사장 인물 가운데 한 흑인이 "신발에 침을 뱉었다는" 이유만으로 그를 총으로 쏘아 죽이고, 그 시체를 트럭에 싣고 하수구에 던져버린 인물이다. 또한 그는 아프리카 흑인 노동자를 "더러운 자식"이라고 여기고, 그를 "박살내야겠다는 생각을" 하고 하수구 "속에서 다시는 나올 수 없게"(26) 한 인물이다.

여행을 많이 한 칼은 아프리카에서 지내면서 본능적인 후각만 지닌 인물이 되었다. 그에게 본능은 자기 자신을 안전한 곳에 놓이게 하는 장치이며, 동시에 자기 자신을 홀로 남게 하는 역설인 셈이다.[39] "땀나는 것을 겁내면 어리석은 짓이지. 땀이 나는 표피를 말리고 또 말리면 딱딱한 껍질이 생겨요. 그것이 보호막이 되죠. [……] 냄새는 본능을 키워주거든. 냄새를 알게 될 때 사람을 아는 거요. 그들(아프리카 사람들)의 관심사를 알게 되면 모든 게 단순해져요. 이게 바로 본능이죠"(37). 그럼에도 불구하고 칼은 "난 지금도 아프리카를 채우고 있는 것이 뭔지 몰라요"(38)라고 말할 수밖에 없는 존재이다. 그것이 "선택의 여지가 없는" "다 끝장 난"(49) 그가 지닌 "세상이 뒤집힌"(50) 아프리카에 대한 진실이다. 결국 본능과 같은 "나이에 대한 기억마저"(105) 잃어버린 그는 공사장 망루의 경비원의 총에 맞아, 아프리카에서 죽고 만다. 칼에게 본능은 이 세상을 규명하는 도구였다. 본능과 같은 자연의 해체는 삶의 부재, 즉 죽음뿐이다.

4) 기억의 생태학적 전회—레온

레온은 비행기를 싫어하고 언제든 끊을 수 있는 전화를 좋아하는 인물이다(15). 그리고 심장이 아픈 인물이다. 그런데 그 아픔은 "낮이 밤으로 바뀌는 시간에 찾아오고, 어두워지면 나아지는"(15) 천연적인 순환의 아픔이다. 그런 탓으로 레온은 하루에 한 시간 정도 심장의 아픔을 경험한다. 어둠을 기다려 밖으로 나올 수 있는 인물인 젊은 여성인 레온이 파리를 떠나 아프리카로 온 것은 겉으로는 오른과 결혼하기 위해서이지만, 속으로는 현대 도시인 파리가 지닌 냄새를 피하기 위해서이다. 콜테스는 냄새란 낯선 것과 만날 때 경험하는, 낯선 것이 내 안으로 들어오는 "침투현상une phénomène d'osmose"[40])과 같은 것이라고 말한다. 레온에게 파리는 낯선 곳이다. 후각과 관련해 레온은 칼과 크게 어긋나는 인물이다. 레온에게 도시는 "거리에서 스치는 사람들한테서 나는 냄새, 스웨터, 블라우스, 생선 냄새, 튀김 냄새, 병원 냄새"(16) 등으로 가득한 곳이다. 자기 자신도 그 냄새를 끌고 다니면서 도시 구석구석을 썩게 만든다고 여긴다. 레온은 그와 같은 도시의 냄새를 건디지 못하고 아프리카에 온 인물이다. "여기에 오게 되어 너무 좋아요. 아프리카에 오다니!"(16) 그리고 "어젯밤에 막 도착해서…… 갑자기 기분이 좋아졌어요. 아무런 이유도 없이 한 번도 느껴본 적이 없었던 행복감이 밀려 오"(17)는 경험을 한다. 레온에게 필요한 것은 도시의 냄새가 아니라 물이다. "물! 무엇보다도, 물을 줘요. 물이 필요해요.Mais de l'eau, surtout, de l'eau"(17). 냄새가 고통의 근원이라면, 물은 즐거움의 척도이다. 문명화된 레온이 절실하게 요구하는 것은 물이다. 서구 사회 출신으로 흰색 피부를 가진 레온에게 검은색 아프리카는 더 이상 미개하고 어두운 그림자가 아니다. 레온은 백색의 신화로 일컬을 수 있는 서구 문명의 목마름을 드러내는 인물이다.

레온과 알부리의 첫 만남은 6장에서 이루어지는데, 비문명적이고 비논리적이다. 앞선 알부리와 레온의 대화는 비록 서로 다른 언어로 말하고 있음에도 불구하고 스스로를 소외시키지 않는다. 빛, 냄새, 소리와 더불어 서로 얼굴을 마주보는 근접성은 자본주의의 상징이라고 할 수 있는 시각중심주의로부터 한 발짝 떨어진 행위이고, 몸의 소외로부터 몸의 권한을 되돌리는 행위라고 할 수 있다. 그래서 알부리와 레온은 서로 어긋나는 말들을 힘들이지 않고 한다. 시각중심주의에서 벗어나자 인물들은 독백이 아닌 대화를 하게 된다. 두 인물 모두 언어 문제로 소외되지 않는다.[41] 반면에 알부리와 오른은 불편한 관계에 놓인다. 오른은 알부리를 잠식하거나 침범하고 싶어 한다. 알부리를 지배하는 관계에 놓이고 싶기 때문이다. 콜테스는 이들의 만남을 매우 시적인 언어로 쓰고 있다.

바람이 불자 붉은 먼지가 일어난다. 레온은 부겐빌레아 나무 아래 누군가가 있음을 알아차린다. 그녀를 둘러싼 날개들의 부딪힘, 숨결, 속삭임으로 레온은 그의 이름을 알게 된다. 그녀는 그의 뺨에 새겨진 부족의 흔적을 보자 두려움이 엄습한다. 건조한 열풍, 모래 바람, 나무 발치에 문 하나(41~44).

이 작품에서 아프리카는 "신에게 그리고 인간들에게 버림받은"(69) 존재이다. 이런 아프리카에 대해서 알부리는 "역시 모두에게 버림받은 악마"와 같이 있게 되고, "악마는 우정의 표시로 (아프리카인들의) 조상의 머리를 쓰다듬었고, 그리하여 우리(아프리카인들) 머리가 불타버렸"(69)다고 말한다. 이에 레온은 "당신과 같이 있고 싶어요. 〔……〕 알부리, 내 마음속에 분명히 악마가 있어요. 악마를 어떻게 붙잡죠. 모르겠어요. 분명 악마가 있어요. 그걸 느껴요. 내 안에서 날 애무해요. 난 벌써 뜨거워졌고, 속이 온통 검게 되었어요"(70)라고 말한다. 알부리와 레온은 이렇게 상대방을 자신의 몸처럼 체감한다. 레온은 아프리카에 오자마자 꽃 이름, 꽃 색깔을 떠올린다. 전생을 믿는 것처럼 자기 자신의 바깥을 바라보게 된다. 그리고 행복했던 기억을 떠올린다.

> 레온: 꽃을 보았을 때, 단번에 알아챘어요. 이름도 모르지만 꽃을 알아본 거죠. 내 머릿속에 가지처럼 이렇게 달려 있었던 거예요. 이 색 전체가 이미 내 머릿속에 있었어요. 당신은 전생을 믿으세요? 왜 자기들밖에는 없다고 했을까? 그래, 알았다, 알았어. 저 멀리서 다가온 행복했던, 정말 행복했던 순간이야(42~43).

레온은 남편이 "자기들밖에 없다"(42)는 것을 부정한다. 생태학적 관점이란 이처럼 자기 자신의 바깥으로 나와 자연으로 시선을 확대하는 것을 뜻한다. 그때 레온은 "저 멀리서 행복이 다가오"는 것을 알고 "행복했던" 순간을 떠올린다(43). 그에게 아프리카는 노인과 같은 존재이다(71). 아프리카는 그에게 "노인의 떨림vibration des vieux"(72)을 느끼게 한다. 그것은 "아무도 기다리지 않고, 요구하지도 않고, 잃는 것을 두려워하지도 않고,

다른 사람을 욕하지도 않고, 잔인하거나 불행하지도 않고, 그냥 시간이나 음미하"(72)는 존재의 편안함을 뜻한다.

그 절정은 레온이 15장에서 다음과 같이 말할 때이다.

레온: "흰 피부를 버리고 싶고, 백인이고 싶지 않고" "검은색, 내가 꿈꿔온 색, 내 사랑의 색"이라고 말하고, 아프리카인인 일부리에게 "그곳(아프리카)이 나의 집이 되겠죠. 나의 집, 당신 형제가 나의 형제가 되고, 당신 어머니가 나의 어머니가 되고, 당신 마을은 나의 마을이 되고, 당신 언어는 나의 언어가 되고, 당신 땅은 나의 땅이 되고, 당신 꿈도 나의 꿈이 되겠죠"(92).

레온은 이처럼 말하면서 아프리카와 동화되는 자신을 드러낸다. 이 동화되기의 최댓값은 레온이 "알부리가 사라진 어둠 속을 바라보면서 깨진 유리 조각으로 두 뺨을 긁어 알부리 얼굴에 있던 부족의 흔적과 유사한 흔적을 깊이 남길"(95~96) 때이다. 이 행위는 스스로에게 상처를 입히는 자기 학대이며 스스로를 저주하는 것이며,[42] 신체적 접촉의 최댓값이기도 하다. 피부는 감각의 첨병이다. 얼굴은 인물이 드러내는 언어와 같은 것이다.[43] 알부리 얼굴에 새겨진 흔적은 그가 속해 있는 종족의 사회적 기록이며 그것을 알리는 언어이다. 레온은 거칠지만, 알부리의 피부에 새겨진 흔적을 지니게 된다. 같은 흔적에 의한 피부간의 거래, 그것은 곧 레온이 알부리와 같은 정체성을 취한다는 동의로, 자신의 피부 속으로 알부리를 들어오게 하는 지속으로 해석할 수 있다. 그런 면에서 레온은 알부리라는 타자가 필요했고, 상처 흔적 새기기auto-mutilation는 스스로를 저주하는 고통을 통해서 살들이 하나로 접촉되는 친밀함, 즐거움으로 이루어진 밀교적 순간의 절정이다.[44] 그 후 끝부분에서 레온은 아프리카를 떠난다. "nach Paris zurück(파리로 돌아가요)"라고 말하면서. 그때 그녀는 옷이 반쯤 벗겨지고, 나중에는 완전히 벗겨진다. 모든 거듭남renaissance에는 "옷이 완전히 벗겨지는"(108), 일종의 벌거벗음naissance, nu이 있다.

결론: 몸과 자연의 기억

『검둥이와 개들의 싸움』에서 알부리는 줄곧 죽은 동생 누오피아Nouofia
를, 칼은 죽은 개 투밥Toubab을, 레온은 잃어버린 고향을 말하면서 과거
를 회상한다. 등장인물들이 기억하는 것과 그것을 드러내는 말은 이들의 문
화적 정체성과 밀접한 관계를 지니고 있다. 그런 면에서 베르나르-마리 콜
테스 희곡의 특징은 인물들이 대화를 하되 자아 중심적인 서술 구조를 지닌
기억의 글쓰기라고 볼 수 있다.[45] 이러한 글쓰기는 "자신의 과거에 대한 기
억 없이는 형성되지 못하고 보존될 수도 없다. 기억은 인물들의 자아의식이
형성되고 보존되기 위한 필수불가결한 요소이다. 콜테스와 등장인물들처럼
기억의 불안과 기억의 부재 속에서 산다는 것은 언제나 쓸쓸하고 외롭다.
이들에게 생존의 근거는 잃어버린 과거의 삶과 그 근거인 자연을 상기하는
(하려는) 기억이다. 이들에게 과거의 기억을 떠올리는 것은 오늘의 삶을 사
는 행위의 근간이다. 과거의 기억은 오늘의 삶의 출발점archen이기 때문이
다."[46] 콜테스 희곡에 등장하는 인물들의 과거에 대한 기억은 이처럼 감각의
언어와 몸으로 나타난다. 그리고 희곡의 전개는 이런 기억들에 의해서 극
행동으로 이루어지고 있다.[47] 『검둥이와 개들의 싸움』에 등장하는 인물들이
시체에 대해서 말하고 시체를 요구하는 것은 몸이 말과 더불어 내적인 동시
에 외적인 기억이 되기 때문이다. 알부리의 언어는 몸의 문자가 인물들의
오랜 습관에 의해서나 무의식적으로 보관함으로써, 아니면 폭력의 행사에
의해서 생긴다는 것을 말하고 있다. 이렇게 생기는 몸의 문자는 견고하므로
자기 마음대로 고칠 수 없는 언어이기도 하다. 유럽에서 아프리카로 온 기
술자 오른과 칼, 아프리카 원주민인 알부리와 그를 따르는 레온은 이 부분
에서 서로 어긋난다. 레온이 제 스스로 몸에 상처내기는 몸에 기록하는 것이
야말로 언제나 생생하게 존재하도록 하는 기억 방법임을 표현하는 대목이다.

『검둥이와 개들의 싸움』은 콜테스가 보여주는 대지 철학이다. 그에게 아
프리카라는 땅은 모든 것을 끌어안는 땅이다. 이 희곡은 사람이 이유 없이
다른 사람을 죽이는 이야기로 시작되고 그 이야기가 반복된다. 살인은 전

쟁, 질병과 더불어 인간이 겪는 재앙이다. 이유 없는 살인은 종말론적 재앙이다. 어떻게 이 땅에서 거주할 것인가라는 질문은 콜테스가 죽기 전까지 모든 희곡에서 다루었던 문명 위기의 산물이다. 알부리는 몸과 땅이 분리되지 않는, 타자의 지평에 의해 오염되지 않는 순수한 인물이다. 질서, 기술, 균형과 같은 백인의 계몽주의에 함몰되지 않는 인물이다. 칼은 기술과 자본주의의 시대에 인정받으려는 무제한적 욕구에 사로잡혀 있는 인물이다. 그는 인종적·문화적 자부심에 부풀어 있다. 그가 하찮은 이유로 알부리의 형제를 죽일 수 있었던 것은 서구 문명의 왜곡된 본질주의 탓이라고 할 수 있다. 이들은 사람을 죽이는 것만이 아니라 스스로의 종말을 눈앞에 두고 있는 인물인 셈이다. 레온은 파리에서 아프리카로 와서 생태적 환경인 알부리를 만나 자연의 마술을 몸으로 체험하는 인물이다. 반면에 오른과 칼은 몸과 땅이 분리된 실체들이다. 이들은 자본과 경제 그리고 기술의 효용성과 지배력에 의지한다. 그들은 자연에서 들리는 소리보다 실속을 따지는 물질적 인물들이다. 이들의 냄새 맡고, 맛보고, 만져보고, 듣는 감각은 빈곤하다. 이들은 사물과 타자를 지배하는 시각주의적인 인물들이다.

콜테스가 이 작품에서 드러내는 것은 우리 자신을 땅과 연결시키는 탯줄과 같은 몸이며, 땅과 상호존재적인 몸에 관한 생태적·여성적 글쓰기이다. 그것은 시각이 아니라 청각, 촉각과 같은 감각을 회복하면서 몸이 지상에 거주할 때 이 작품의 맨 앞, 알부리와 레온의 첫 만남에서 보여주는 마음의 눈에 의한 영원한 아름다움의 체험이며, 끝부분의 레온처럼 옷이 벗겨지면서 누리는 전신적 기쁨이다. 이때 몸도 땅처럼 비옥해진다. 전신적 기쁨이란 비옥해진 몸이 누리는 열매와 같은 혜택이다. 이것이 우리가 회복해야 할 잃어버린 기억이다.

"혼자서 누군가를 증오하는 건 고통스럽지만,
여럿이서라면 그건 쾌락이 되지요."
── 베르나르-마리 콜테스,『목화밭의 고독 속에서』(72)

욕망과 언어의 수사학
──『목화밭의 고독 속에서』 연구

서론: 작가와 언어

    베르나르-마리 콜테스 희곡의 중심 주제는 불안과 혼란으로 가득 찬 오늘
날 삶의 정수와 욕망의 풍경이다. 작가의 삶은 짧았지만 강렬했고, 그의 희
곡들은 독백에 가까운 언어로 철학적 성찰을 담고 있다.『서쪽 부두』『검둥
이와 개들의 싸움』『목화밭의 고독 속에서』『사막으로의 귀환』『숲에 이르기
직전의 밤』과 같은 작품들은 삶과 언어, 욕망과 언어를 목화밭과 고독, 사막
과 부두, 검둥이와 개들이라는 제목처럼 은유가 가득하고 관념적인 언어로
드러내고 있다. 그런 이유로 연출가들이나 연구자들에게 콜테스의 희곡 언
어는 매우 어렵게 다가온다.[1] 콜테스의 희곡 언어는 미로와 같아 연출가의
의도를 잃게 만들고, 그 미로 속에서 빠져나오지 못하게 한다. 우리나라에
서 2010년 콜테스가 쓴 이 희곡을 연출했던 기국서는 공연 팸플릿에 한마디
로 "이 작품은 난해합니다"라고 적어놓았다. 그럼에도 현대 연극에서 그의
문자 언어를 무대 위의 언어로 환원시키고자 하는, 즉 공연 언어로 생출하
고자 하는 연출가의 욕망은 점점 커져가고 있다. 그것은 그가 세상을 떠난
후 더 많은 연구와 공연이 이어지고 있는 사실로 확인된다.[2] 그런 면에서

148

콜테스의 희곡은 프랑스 현대 연극일뿐더러 현대 연극의 고전 희곡이라고 할 수 있다.[3]

콜테스는 짧은 생을 여행과 글쓰기로 보낸 작가였다. 그는 포르투갈을 제외한 서유럽을 악취 나는 곳으로, 모국인 프랑스를 "상상력도 없는 멍청한"[4] 나라라고 여겼다. 그에게 아프리카와 아메리카 여행은 너른 세상을 발견하는 또 나른 삶의 글쓰기였고, 여행 경험을 바탕으로 한 그의 글쓰기는 작품으로 승화되었다.[5] 온 삶 동안의 여행과 글쓰기를 통하여 그가 발견하고 작품 속에서 드러낸 세상의 풍경은 생의 안정이 아니라 불안정, 영혼의 지속적 불균형이었다. 그는 안정이야말로 죽은 시간이고 죽음과 같다고 여긴, 세상 구석구석을 떠돌면서 전쟁, 차별, 억압, 소외, 고독의 고통을 겪은 작가였다.[6]

이 글에서는 그의 대표작으로 평가받는 『목화밭의 고독 속에서』를 분석할 것이다. 이 작품은 희곡이 지녀야 할 서사 담론과 서사 행위, 무대에 상연될 텍스트로서의 모든 안정적 구조를 포기하고 있다. 그러니까 연극 상연을 특권화하는 모든 울타리를 제거하고 있다. 등장인물들은 어두운 밤, 낯선 곳에 떨어져 있는 존재들처럼 "스스로 원해서 이 어둠 속에 스며들어온 게 아니라…… 불이 갑자기 꺼져서 화들짝 놀란 아이가 침대 속으로 숨어들듯" (45)[7] 한 이들이다. 이처럼 언표 주체인 등장인물 딜러와 손님은 뜬금없고 불안정하기만 하다. 그리고 "전깃불로 밝혀진 공인된 거래 장소"(22)와는 달리, 낯선 곳과 같은 중성적이고 모호한 무대 공간에서 마주하는 인물들과 거래deal에 관한 대화는 거래하려는 물건보다 훨씬 우선적이면서 불가능한 소통으로 이어진다. 팔고자 하는 딜러의 강제와 무엇을 사야 할지를 전혀 알지 못하는 손님의 욕망은 서로 일치하지 않는다. 거래에 대하여 말하지만 전달 과정을 만들어내는 장치로서 구체적 대상은 없고, 거래에 대한 각자의 주장과 가정만이 수사가 가득한 언어로 발화되고 반복적으로 이어진다. 그리하여 이 텍스트는 읽을수록 말들의 진지함과 더불어 인물들끼리의 애매모호한 복잡성에 빠져들게 한다. 딜러와 손님의 이름, 성별, 나이 등도 알 수 없어 인물들의 정체성이 매우 허약하다. 이들은 각자 분리되어 있지만 끊임없이 자신과 타인, 자신과 세계의 관계를 구축하고자 노력할 뿐이다.

사뮈엘 베케트의 희곡 『고도를 기다리며』처럼 두 명의 등장인물은 "언어로 싸우는 즐거움을 위하여 대결하지만, 제 스스로가 타인들에게 열려지기를 거부하면서 정지되어 있던 욕망과 인간 교류의 변증법을 회복하기 위해 모든 것을 건 노력을 한다."[8] 겉으로 보면 이 작품은 인간이 서로 만나 가장 나약한 관계를 맺는, 쫓고 쫓기는 욕망의 비극을 아름답고 상징적인 운문으로 드러내고 있지만, 작품의 속내에는 우리 삶과 욕망을 말하는 유일한 장소로서의 연극의 본령이 자리 잡고 있다. 콜테스의 작품 세계에서 텍스트와 독자, 공연과 관객 사이의 소통이 쉽지 않은 이유는 여기에 있다. 이 글에서는 욕망의 수사학이라는 이름으로 콜테스의 희곡 『목화밭의 고독 속에서』의 언어를 분석하고자 한다. 구체적으로 시간과 공간을 배경으로 드러나는 욕망의 언어들, 논쟁과 놀이, 인물 속 죽음과 욕망의 언어를 분석할 것이다.

본론: 욕망의 수사학

일반적으로 '딜'은 '상거래transaction commerciale'를 위한 딜러와 손님의 만남이다. 작가가 작품 맨 앞에 쓴 것처럼, 딜은 상점이 아닌 "중립적이고 불특정한 공간에서 암묵적 합의에 의해…… 낮과 밤의 아무 시간에"서 "금지되거나 엄격하게 통제되는 가치들을 취급하는 상거래"(7)를 뜻한다. 그런 이유로 이 희곡에서 극적 공간과 시간은 분명하지 않고 복잡하기까지 하다. 작품은 하나의 지문도 없이 처음부터 끝까지 독백에 가까운 말들로 전개되어, 이야기하는 것과 듣는 것이 몇 겹으로 중첩되어 있다. 공간에 대한 설명은 "밤에 벌거벗고 목화밭의 고독 속에서 산책하며 말하듯"(40)이라는 딜러의 대사 속에서 겨우 표현되어 있을 뿐이다. 콜테스는 등장하는 두 인물이 벌이는 언어의 싸움을 통하여 삶을 거래라는 상업 활동으로 단축하고 이를 목화밭의 고독으로 상징화하고 있다. 거래가 파는 이와 사는 이로 구분되고 그 사이에 거래의 대상이 놓이지만, 이 작품에서 거래의 대상은 존재하지 않는다. 팔고 사기 위하여 서로 유혹하고 위협하고, 나아가 딜러와 손님의 적대적 관계와 언어만 존재할 뿐이다. 그것만이 말로서 드러날 뿐이다. 이처럼 장소와 시간이 분명하지 않은 곳에서 이들은 우연하게 만났을 뿐이고 이름조차 발화되지 않는다. 그들이 어디서 왔고 어디로 갈 것인지도 알 수 없다. 장소는 다만 인물들이 목화밭의 고독 속에서 욕망한 어떤 한 곳이 될 뿐이다.

장소가 배제되고 만남의 동기가 우연이고 팔고 사는 딜의 대상이 빠진 채, 딜에 관한 형이상학적 의미만 드러나는 통에 딜러와 손님은 인물이되 "말하는 두 개의 기계deux machines à parler"[9]로 보인다. 말하는 기계가 상대방을 설득하고, 자기 자신의 사유에 대해 말하고, 상대방의 공격에 자신을 방어한다. 그런 면에서 이 작품 속 대화는 롤랑 바르트가 말한 '가로지른다'는 뜻을 지닌 담론을 떠올린다. 말하는 행위로만 인물들이 이곳과 저곳에 존재하고, 오가는 말들 속에서 작품이 전개되고 작품의 틀거리가 정해지고, 그것이 인물들의 형태를 이루고 있기 때문이다.[10] 여기서 목화밭의 "고독이란 인물들이 지닌 영혼의 상태를 말하면서 동시에 장소 그리고 밤의 한순간을 뜻한다."[11] 이런 특징들이 이 작품에서 욕망의 수사학을 낳는 연극적 기제라고 할 수 있다. 다음에서는 구체적으로 시간과 공간의 언어, 논쟁과 놀이의 언어, 인물과 욕망의 언어를 중심으로 살펴보고자 한다.

1. 시간과 공간의 언어

1) 시간에 대하여

『목화밭의 고독 속에서』에서 먼저 주목하게 되는 것은 딜러와 손님이 만나는 시간과 공간이다. 이들은 어느 한곳에서 어느 한때에 만난다.[12] 텍스트 맨 앞, 그들이 서로 나누는 말은 다음과 같다.

딜러: 당신이 이 시간에 이런 동네를 돌아다니는 것은 당신이 갖고 있지 않

은 무언가를 원하기 때문입니다……

손님: 나는 어떤 특정한 장소와 시간 속을 걷고 있는 게 아닙니다(9~11).

그곳은 어둠과 빛이 교차하는 공간이며, 작가는 그때를 은유적으로 "인간과 동물들 간의 난폭한 관계가 이루어지는"(9), 즉 "인간과 짐승이 난폭하게 서로를 덮칠 시간"(10), "인간과 짐승들이 소리 없이 으르렁대고 있는 시간"(13), "사람이 짐승과 같은 높이에서 걸어 다니고 모든 짐승이 모든 사람과 같은 높이에서 걸어 다니는"(38) 시간이라고 말한다. 그리고 이 "짙은 어둠의 시간" "시끄러운 밤의 소음 속"(79)은 "망각과 혼란과 너무나 뜨거워서 수증기가 되어버린 욕망의 시간"(57)이라고 말하고 있다. 이런 상황 속에서 인물들은 "어떤 특정한 장소와 시간 속을 걷고 있는 게 아니"(14)라, "단지 한 지점에서 다른 지점으로 움직이며 걸어가고 있을 뿐이다"(14). 이런 표현들은 인물들의 욕망이 의지보다 훨씬 선행되는 것이고 강하다는 것을 뜻한다. 이들이 처음으로 만나서 같이 있는 "황혼의 시간"(27)은 콜테스가 쓴 것처럼, "모든 것이 덜 드러나기 때문에 더 아름다운"[13] 어둠 속이다. 이들은 흐르는 시간처럼 정의할 수 없는 한곳에서 다른 곳으로 각자 홀로 이동한다. 그렇게 누군가의 "바람막이가 되"고, "시간의 습기를 불꽃의 열기로 말리고자 하는"(20) 딜러는 어둠 속에서 "당당하게 자리를 잡고 있으면서"(15) 손님을 기다리고 있다. 반면에 손님은 "어떤 특정한 장소와 시간 속을 걷고 있는 게 아"니라, "단지 개인적인 일 때문에 한 지점에서 다른 지점으로 움직이며 걸어가고 있을 뿐이다"(15). 이들은 이렇게 "장소와 시간의 혼돈"(18) 속에서 서로 우연하게 만난다. 이들의 만남과 대화는 황혼 빛이 깃든 동네 밖, "장소와 시간의 혼돈"(18) 속에서 부드럽게 만나 망설이는 것으로 시작된다. 달리 말하면 이들은 "모든 직선이 상대적으로 평면에서 존재하는"(22) 것처럼, "별개의 두 평면을 따라 움직이고 있"(22)다가 만난다. 만남 이전과 만남의 시작은 평면처럼 평등해 보인다.

딜러: 당신이 뭐라 하건, 당신이 예전에 그 위를 걷고 있던 직선이 당신이 나

를 알아본 순간 꼬여버렸기 때문입니다. 그리고 나는 당신의 길이 곡선으로 변한 바로 그 순간에 의해 당신이 나를 알아본 순간을 포착한 것입니다…… 그렇지 않으면 우리는 결코 서로 만나지 못했을 테고, 당신은 내게서 더욱 멀어져갔을 겁니다…… 그렇기 때문에 이제껏 당신이 그 위에서 움직여왔던 절대적인 선은 이제 상대적이고 복합적이며 직선도 곡선도 아닌 치명적인 것이 되어버린 겁니다.

손님: ……당신은 대체 뭘 원하는 겁니까? 그러니 내가 도중에, 기다리며, 대기하며, 이동하며, 규칙과 삶을 벗어나, 임시로, 사실상 부재 상태에서, 말하자면 없는 듯이 여기 있게 된 것은…… 비합적인 의도들과 그것을 토대로 한 나에 대한 억측들을 가득 지니고서 말이죠(20~24).

그런 곳에서 누군가를 손님으로 기다리고 있는 딜러는 어둠과 같은 존재이고, 딜러에게 우연하게 다가오는 이는 빛과 같은 손님이다. 이 작품에서 자연의 정적인 상태와 문명의 복잡한 상태는 두 인물과 더불어 어둠과 빛이라는 상징적 대칭으로 드러난다. 딜러를 상징하는 공간은 어두운 공간이다. 이 어둠 속에 머무는 존재인 딜러는 그 앞으로 오는 손님을 멈춰 서게 한다. 지나가다 잠시 멈춘 손님에게 이 공간은 "모든 자연의 빛과 걸러지지 않은 공기, 그리고 인위적으로 조절되지 않은 각 계절의 온도가 세상을 위험하게 만들"고, "평화도 법칙도 전혀 찾아볼 수 없는…… 위험과 도주와 협박, 그리고 밤중에 서로 접근하는 인간들의 어둠, 그 어둠만이 존재"(30)하는 곳이고, "법도 전기도 미치지 않는 불법적이고 어두운"(29~30) 곳이다. 어둠과 빛과 같은 자연의 공간을 욕망과 견준다면, 그것은 욕망의 불확실함과 애매모호함, 우연과 변덕 그리고 충동에 의한 욕망의 상징일 터이다. 이처럼 콜테스는 세상의 풍경을 인간과 장소의 대결로, 욕망의 싸움이라는 것으로 말하고 있다.

손님: ……결국 당신과 나를 구분 짓는 유일한 차이점은, 혹은 당신 말대로 유일한 불평등함은 한쪽이 다른 한쪽으로부터 폭력을 당할지도 모른다

는 막연한 두려움을 가지고 있다는 사실일지도 모릅니다. 그리고 유일한 공통점, 혹은 당신 말대로 유일한 평등함은 그런 두려움을 어느 정도 공유하고 있는지, 그리고 그런 폭력이 앞으로 얼마나 현실화될지, 그 폭력의 강도가 얼마나 될지를 양쪽 다 모르고 있다는 사실이겠지요…… 두 사람이 만나면 누구든 늘 공격하는 쪽을 택하고 싶어 하는 법칙이 생겨난 거죠…… 이제 결정을 하시지요. 그리고 정체를 드러내세요(29~35).

딜러: ……난 쾌락을 주려고 여기 있는 게 아닙니다. 내가 여기 있는 건…… 욕망의 형태와 무게를 부여할 때 불가피하게 주어지는 잔인함을 지닌 채 거기에 형태와 무게를 부여하기 위해서란 말입니다(37).

딜러: ……정말로 끔찍하고 잔인한 건 한 인간이나 짐승이 다른 인간이나 짐승을 미완성의 상태로 내버려두는 것입니다.
손님: 이곳에 익숙한 사람은 바로 당신이고 나는 여기서 이방인일 뿐입니다. 두려워하고 있는 사람도 나고 그럴 만한 이유가 있는 사람도 나지요…… 하지만 나는 낯선 땅 위에 피를 흘리듯 내 욕망을 아무 이유 없이 드러내고 싶지는 않습니다(41~42).

빛의 공간에서 어둠의 공간으로 들어온 손님은 딜러에게 "불을 밝혀줄 것을 요구"(44)한다. 텍스트에서 어둠과 빛에 관한 대화는 처음부터 드러난다. "불 켜진 창, 어둠이 더욱 짙어야 했을지도, 어떤 어둠이, 자신보다 덜 어둡게 어우러질 수 있도록, 달 없는 밤, 황혼의 어둠 속, 어둠이 다가오고 있는 이 건물, 빛은 어둠을 꿰뚫고……"(16~19)처럼. 손님(이 있던 이)의 공간은 "빛이 어둠을 꿰뚫고 있는"(19), "법과 전깃불을 선호하는"(30) 공간이다. 여기서 전기 조명은 손님이 지닌, "여전히 흔들리지 않고 타오르고 있는"(18) 욕망의 상징일 터이다. 어둠 속 딜러는 "건물 위의 창문에 불이 켜지는 것을 보듯 당신(손님)의 욕망을 본"(10)다. 딜러는 "저 멀리 유리창 뒤에서 피어나는 불꽃들을 알아볼 수 있"다고 말하면서 손님이 지니고 있는 욕망을 알고 있는 것처럼 말한다. 그 욕망이 "겨울의 황혼처럼 얼어붙은 듯 보이지만 천천히, 어쩌면 다정하게 다가가기만 한다면, 절대로 차가운 빛이 아니라는 사실을 기억해"(20)낸다. 딜러는 그 빛을 곧 "말 그대로 뭔가를 요구하려는 듯한 광채"(51)로 여기지만, 손님은 딜러가 말하는 욕망의 분명함과 어둠이 시닌 신비로움을 부정한다. 이처럼 딜리와 손님은 어둠과 빛의 공간 속에서 대립한다. 그것은 시간과 공간 그리고 욕망의 충돌이기도 하다.

누군가를 기다리고 있는 딜러와 어디론가 가고 있는 손님의 만남의 공간은 직선과 곡선으로 상징화되고 있다. 딜러는 손님과의 만남을 치명적인 것으로 말한다. "그 위를 걷고 있던 직선이…… 곡선으로 변한 바로 그 순간…… 그 곡선은 나로부터 멀어지기 위한 곡선이 아니라 당신을 내게로 가까이 오게 하기 위한 곡선이었습니다…… 이 모든 건…… 모든 직선이 상대적으로 평면에서만 존재하기 때문인지도 모릅니다…… 때문에 절대적인 선은 이제 상대적이고 복합적이며 직선도 곡선도 아닌 치명적인 것이 되어버린 겁니다"(21~22). 이에 대하여 손님은 딜러와의 만남으로 혼돈에 빠진다. "갑자기 순결함이 더럽혀지고, 무고함이 죄의식으로 바뀐 것으로" "빛나는 한 지점에서 빛나는 다른 지점으로 나를 인도해야" 할 직선을 잃어버려 "길 잃은 이 어두운 땅에서 구부러지고 어두운 미로"(24)에 빠져버린 자기 자신에 대해 말한다. 직선과 곡선이 만나서 치명적인 것이 되어버린 이 만남의 길목에서 그들은 거래라는 욕망을 말하면서 망설이고 있다. 말을 할수록 그들은 끝없는 고독과 함께 지쳐간다.

딜러: 나무에 대고 말하듯, 감옥의 벽에 대고 말하듯, 혹은 밤에 벌거벗고 목화밭의 고독 속에서 산책하며 말하듯…… 우리 둘이 서로를 붙들고 있는 이 황혼의 시간에……(40)

딜러: …… 홀로 고독하게 앉아 기다리고 잊으며 흐르는 시간 동안 한곳에서

다른 곳으로 천천히 이동한답니다(45).

딜러: 겨울로 변장한 여름도, 여름으로 변장한 겨울도 아닌, 한 계절에서 다른 계절로 넘어가는 길목에서처럼 부드럽게 망설일 뿐이지요(46).

손님: 정의할 수 없는 시공간인 이 시간과 이 장소의 끝없는 고독 속에서 우린 혼잡니다(69).

손님: 내겐 시간이 필요합니다…… 나와 함께 갑시다. 세상을 찾아 나서자고요. 고독은 우리를 지치게 하니까요(74).

이 작품에는 영원한 진리를 말하는 시적인 대사들이 많이 발화된다. 시적인 독백들이 문학적·연극적 공간을 창출하고 있다. 인물들의 말은 발화되는 순간 시제를 초월한다. 일반적 진리의 말과 자신을 일치시키거나, 혹은 그것처럼 보이는 수사가 가득한 말들은 나와 타자의 관계의 총체성을 회복하려 한다.[14] 그것을 지속하기 위하여 말들은 끊이지 않고 길게 반복된다. 그것은 상대방과의 가치에 관한 논리적 싸움이면서 동시에 자기 자신의 가치를 고수하기 위한 강박과 같은 심리적 강제이기도 하다. 이 경우 '인간 혹은 동물'에 관한 표현과 '고독'이 반복되는 경우가 많다. 타자가 인간일 수도 있고 동물일 수도 있기 때문이며, 그 말들의 싸움은 고독한 투쟁이기도 하기 때문이다. 그리고 두 사람만의 대화처럼 서로 대칭을 이루는 대화도 반복되고 있다. 구체적으로 보면 "인간과 동물들 간의 난폭한 관계가 이루어지는 이 시간"(9), "내가 인간이건 짐승이건……"(10), "인간과 짐승이 난폭하게 서로를 덮칠 시간"(10), "인간과 짐승이 서로의 줄을 잡아당기고……"(10), "모든 인간이나 짐승이 이 어둠의 시간에 원할 수 있는 모든 것을…… 그래서 인간과 짐승의 불만에 찬 으르렁거리는 소리에도"(10), "다른 사람이나 다른 동물의 눈을 똑바로 바라볼 수 있는 모든 사람 혹은 동물은 서로 동등합니다"(12), "인간이나 동물들 사이에서 암컷이나 수컷으로 구분되는 것보다는 덜 부당하지요"(13), "인간과 짐승들이 소리 없이 으르렁대고 있는 이 시간에……"(13), "인간인 것이 불만인 인간들과 짐승인 것이 불만인 짐승들 사이에서……"(14), "인간들은 줄을 잡아당기고 돼지들은 울타리에 머리를 처박는, 이 땅과 시간의 언어……"(26), "불법적이고 어두운 시간과 공간에서, 인간과 짐승들 사이에서 이루어지는 일반적인 관계를 되풀이하는 것 이외에는 아무것도 하지 맙시다. 짐승과 인간에 대한 증오로 인해……"(30), "이 시간과 장소에서는, 눈이 마주친 모든 인간과 짐승에게 다가가……"(31~32), "사람이 짐승과 같은 높이에서 걸어 다니고 모든 짐승이 모든 사람과 같은 높이에서 걸어 다니는 이 시간에, 모든 인간이나 짐승들이 두려워하는 건 고통이 아닙니다…… 인간과 짐승이 무엇보다 두려워하는 건 고통의 낯섦이고……"(38), "정말로 끔찍하고 잔인한 건 인간이나 짐승이 다른 인간이나 짐승을 미완성의 상태로 내버려둔다는 것입니다"(40), "내가 개고 당신이 인간이건, 내가 인간이고 당신이 다른 어떤 것이건……"(63), "당신이 여기, 잔뜩 화가 난 인간과 짐승들 한가운데에 와서 딱히 뭔가를 찾지도 않고, 알 수 없는 음침한 이유로 만신창이가 되길 원하니……"(70) 등과 같은 말들이다.

딜러와 손님은 물건을 팔지도 사지도 않으면서 이들이 만난 지점을 떠나지 않는다. 그들은 만남 이후 조금도 변화하지 않았고 자신만의 고독 속에서 떠돌고 있다. 이들에게 어디론가 떠나가는 것은 이곳을 포기해야 하는 위험한 일이다. 이들의 고독은 서로 떠나지 못하고 한곳에 머물 수밖에 없는 한계이다. 이 희곡에서 인물들의 욕망은 앞으로 나아가지도 못하고 뒤로 돌아가지도 못한 채—그것을 감추면서—멈추어 있는 연약한 부동성에서 야기된다.

딜러: 내가 그 어디에서도 내려가지 않을 것이고, 위로 올라갈 의향 또한 조금
　　　도 없다는 당신의 생각은 맞습니다. 하지만 내가 그걸 유감스러워하리라
　　　고 생각했다면 당신은 틀렸습니다…… 난 천천히, 조용히, 거의 움직임
　　　없이 이동할 뿐이니까요. 한곳에서 다른 곳으로 가는 게 아니라 늘 같은

장소에 서서 자기 앞을 지나가는 사람을 주시하며……(19~21)

손님: ……내가 이렇게 멈춰 서서, 여기 머물며, 기다리고 있는데 말입니다
(33).

딜러: ……홀로 고독하게 앉아 기다리고 잊으며 흐르는 시간 동안 한곳에서
다른 곳으로 천천히…… 남자가 고독 속에 앉는 법과 그 속에서 조용
히 머무는 법을 배우는 시간을 보내고 나면……(45~46)

손님: ……날 여기 붙들어두고 있는 것이 당신 계획에서 내가 차지하고 있는
어떤 불확실함 때문이라면…… 하지만 내가 당신에게 다가간 이유가
단순한 무기력 때문이라면? ……그저 낮은 곳에 매혹당해서 이끌리는
거라면?(55)

멈추어 있지만, 앞으로 갈 수도 뒤로 돌아갈 수도 있다는 잠재적 자유야
말로 욕망의 근원인 셈이다. 이들은 이처럼 어찌할 수 없는 극단적인 고통
속에서 살고 있고, 그런 상황에서 이들이 상대방에게 말하는 욕망은 삶에
대한 연민과도 같다.[15]
이것은 두 인물을 둘러싸고 있는 사회의 법칙, 질서와는 상반되고, 그것
들을 오히려 부정하는, 콜테스의 작품이 공통적으로 보여주는 고독과 가난
에 관한 현대적 감각이라고 일컬을 수 있다. 이를 특징짓는 것은 언어일 터
이다. 언어야말로 암울한 이 세상에 사는 인물들에게 남은 터전이면서 근원
적인 구원과도 같은 것이기 때문이다. 『목화밭의 고독 속에서』에서 인물과
세상 사이에 남은 것은 언어일 뿐이다. 언어는 인물과 세상을 잇는 외다리
이고, 인물이 자기 자신의 욕망과 세상의 법칙을 연역하는, 그러니까 일반
적으로 사물을 지칭하는 "의례적 도구véhicule conventionnel"[16]를 넘어서
는 것이다. 이 작품에서 언어는 인간의 몸 안으로, 인간의 몸은 언어 속으로
스며들어가면서 내면화하지 않는다. 몸이 언어를 담지도 않고, 언어가 몸에

서 제 차례를 기다리지도 않는다. 이 최댓값은 언어 그 자체가 발화되자마자 인위적 경험과 몸으로 직화되어 세상의 형식이 되고, 하나의 세상이 존재하기 위한 인간의 형식이 되는 경우이다. 즉 언어를 통하여 인간의 형식이 세상의 형식과 같아지는 직접적인 경험이다.[17] 딜러와 손님은 말들을 통해서 장소를 말하지도 묘사하지도 않는다. 그들은 말하는 그 자체로 자기 사신을 장소로 실체화하고 있다. 콜테스의 글쓰기는 이처럼 "말하는 시간을 제 자신의 몸이라는 공간으로 바꿔놓는다."[18]

2) 공간에 대하여

『목화밭의 고독 속에서』는 상징이 뚜렷한 작품이다. 독자나 배우들이 쉽게 읽고 이해할 수 있도록 하는 장치가 없다. 말들 속에는 욕망하는 대상에 관한 구체적인 내용이 없고 수사만 가득할 뿐이다. 크게 보면 욕망과 고독은 이 작품을 이루는 큰 망과 같다. 그런데 자초지종이 없고 이에 관한 근거가 흐릿하다. 인물들의 움직임을 허락하거나 이해할 수 있는 것들도 거의 없다. 말하는 기계처럼 보이는 인물들에게는 적대적인 관계만이 드러날 뿐이고 그 끝도 보이지 않는다. 텍스트를 읽을수록 언어가 겹겹이 쌓이는 층위만 보일 뿐이다. 말들이 품고 있는 내용이 빚어내는 연출의 가능성이 아니라 말들 그 자체만이 오로지 돋보일 뿐이다. 이 수수께끼와 같은 말들과 분리할 수 없는 것이 극적 공간을 낳는다. 그것은 두 인물이 만나는 물리적 공간이기도 하고, 두 인물이 갈등하는 심리적 욕망의 공간이기도 하다.

이 작품에서 돋보이는 공간은 목화밭이다. '목화밭'은 구체적이나 '고독 속에서'는 매우 추상적이다. 상징이란 목화밭과 고독 속에서라는 두 표현의 조합처럼 구체성과 추상성이 겹쳐질 때 생성된다.[19] 이들이 다루는 것은 거래라는 뜻의 '딜deal'이다. 딜은 팔고 사는 이가 있어야 한다는 면에서 상대방·타인·타자성에 관한 근본적 문제가 야기되고, 팔고 사기 위하여 약속된 신호들이 있어야 한다는 면에서 수사적 말들을 통한 설득이 필요하다. 가치가 있는 재화를 취급하는 상거래라는 면에서 현실적 논쟁이 수반된다. 그리고 딜의 행위가 이루어지는 시간과 장소의 문제가 덧붙여진다. 그런데

『목화밭의 고독 속에서』, 모이스 투레 연출, 파리, 1994.

딜이 정상적인 거래가 아니고 일상적인 공간이 아닌 어둡고 외진 곳에서 이루어지는 것이라면 새로운 거래의 원칙들이 요구된다. 이 원칙들은 서로 다른 문화를 지니고 살아가는 두 인물 사이의 갈등을 초래할 수밖에 없다. 여기서 공간이란 말을 통한 지배의 원리로 상대방을 종속시키는 터를 뜻한다. 이 작품에서 먼저 공간을 점유하고 있는 딜러는 이 안으로 들어온 손님을 지배하려고 하지만, 손님은 공간을 지배하고 있는 딜러의 원칙에 저항한다. 하나의 공간을 둘이 공유하는 것이 불가능한 이곳에서 두 인물은 거리를 유지하고, 서로 공격하고, 서로 방어하는 언어의 놀이를 지속한다.

이 작품의 제목에 나오는 '목화밭'과 '고독'은 인물들의 심리 상태를 드러내는 상징이다. 황혼 무렵 불특정한 장소에서 손님을 기다리고 있는 딜러는 고독한 인물일 수밖에 없다. 그 기다림의 고독은 부드럽고 고운 목화와 연동된다. 목화밭은 고독한 딜러가 머물고 있는 "태아적 공간un lieu foetal"[20]이다. 갈등이나 상업적 거래로부터 벗어난 자연과 같은 모성적 공간이라고 할 수 있다. 그곳에서 딜러는 홀로 "조용히 머무는 법을 배우"(46)고 있기도 하고, 고독한 목화밭이란 공간에 같이 있는 손님에게서 "세상을 찾아 나서자"(74)라는 제안을 받기도 한다. 딜러와 손님이 겪고 있는 고독은 자신에 대한 불만과 세상에 대한 불화가 포화 상태에 이르는 고통의 고독이 아니라 목화와 같은 고독이다. 거래를 위한 욕망과 행위는 이 고독한 공간을 잊게 하거나 벗어나 다른 곳으로 가게 한다.

> 딜러: ……그러니 제발, 거절하지 말고 내게 당신의 열정의 대상을, 당신의 시선이 내게서 찾고 있는 것을, 그 이유를 말해주오. 혹 당신의 자존심이 조금이라도 상할까 봐 그러는 거라면 좋습니다. 그저 나무에 대고 말하듯, 감옥의 벽에 대고 말하듯, 혹은 밤에 벌거벗고 목화밭의 고독 속에서 산책하며 말하듯 그렇게 얘기하면 됩니다. 나를 쳐다보지 않은 채 말해도 된다는 겁니다. 우리 둘이 서로를 붙들고 있는 이 황혼의 시간에 정말로 유일하게 잔인한 일은 한 사람이 다른 사람에게 상처를 입히거나 고문을 하거나 사지와 머리를 잘라내거나 혹은

『목화밭의 고독 속에서』, 파트리스 셰로 연출, 낭테르, 1987.

울게 만드는 게 아닙니다. 정말로 끔찍하고 잔인한 건 인간이나 짐승이 다른 인간이나 짐승을 미완성의 상태로 내버려두는 것입니다. 마치 말줄임표가 문장을 한가운데서 중단시키듯, 누군가를 보자마자 고개를 돌려버리듯, 짐승이나 인간을 잘못 쳐다본 것, 잘못 판단한 것, 하나의 실수로 만들어버리듯, 쓰기 시작한 편지를 날짜까지 쓰고 나서 갑자기 구겨버리듯이 밀입니다(40~41).

글자 그대로 파는 이와 사는 이 사이의 거래를 위한 만남은 이러한 부드러운 목화와 같은 고독, 목화밭의 고독 '속'이 아니라 그 '바깥'으로 나가 있는, 나가 있도록 하는 강제이다. "서로 마주친 두 남자에겐 원수처럼 폭력을 휘두르건 부드럽게 우정을 표현하건, 서로 치고받는 것 외엔 다른 선택의 여지가 없습니다"(62)라고 말하는 딜러는 목화와 같은 고독을 벗어나는 것을, 목화밭과 같은 고독의 바깥을 두려워하고 있다. 그 바깥에서 타자인 상대방은 적이고, 할 수 있는 일은 싸움과 같은 폭력, 나아가 죽음뿐이기 때문이다. 사랑의 부재와 고독의 바깥인 죽음의 두 축이 목화밭과 같은 욕망인 셈이다.[21] 그때, 딜러는 손님에게 자신이 입고 있던 윗도리를 건넨다.

딜러: ……오늘 당신을 만져보니 당신에게선 차가운 죽음의 기운이 느껴졌습니다. 하지만 오직 산 자만이 느낄 수 있는 추위의 고통 또한 느껴졌지요. 그래서 난 당신 어깨를 덮어주려고 내 윗도리를 당신에게 건넨 것입니다…… 내가 당신에게 윗도리만 빌려주는 건 당신이 추위로 상체만 떨고 있는 게 아니라는 걸 몰라서가 아닙니다…… 당신이 머리끝부터 발끝까지, 어쩌면 그 이상까지 추위를 느끼고 있다는 걸 알고 있습니다…… 난 당신의 어깨를 내 윗도리로 덮음으로써 당신의 모습을 내 눈에 더 친숙하게 만들고 싶었습니다(47~51).

'고독'이란 표현은 "밤에 벌거벗고 목화밭의 고독 속에서 산책하며 말하듯"(40), "홀로 고독하게 앉아 기다리고 잊으며 흐르는 시간 동안 한곳에서 다른 곳으로 천천히 이동한답니다…… 남자들이 고독 속에서 앉는 법과 그 속에서 조용히 머무는 법을 배우는 시간을 보내고 나면"(45~46), "추억도 당신의 고독을 위해 간직하란 말입니다"(66), "정의할 수 없는 시공간인 이 시간과 이 장소의 끝없는 고독 속에서 우린 혼잡니다"(69), "나와 함께 갑 시다. 세상을 찾아 나서자고요. 고독은 우리를 지치게 하니까요"(74)라고 말하면서 공간적으로 반복된다. 딜러와 손님은 고독이란 말을 반복하면서 목화밭과 사뭇 다른 정글과 같은 사나운 도시 공간에 있다는 것을 드러낸다. 이 경우 고독은 경험한 바가 아니라 사뭇 상상한 바에 한층 더 가깝다. 동시 에 딜러와 손님이 머물고 있는 도시로부터 떨어져 있는, 도시의 바깥 혹은 벌판과 같은 공간이 이들에게 주는 고독으로 읽을 수도 있다. 즉 인물들의 개별적인 고독일 수도 있고, 딜러와 손님 모두를 지치게 하는 단절감 · 고립 감일 수도 있다. 덧붙인다면 이 고독은 한밤, 딜러와 손님 사이에 결코 이루 어지지 않는 딜이 남겨놓은 불가능한 것으로부터 벗어날 수 있는 방편과도 같은 고독이기도 하고 정글과 같은 도시, 딜과 무관한 작품 전체를 관통하 는 상징이기도 하다.

이 텍스트에서 욕망의 밝음과 어둠은 높음과 낮음이라는 공간적 대비로 시각화되고 있다. 공간의 높음은 인공적 전기로 "불 켜진 창"(15)이고, "엘 리베이터"(15, 17, 19)가 데려다놓은 곳이고, 올라갈수록 가볍고 순수하고 신성한 곳이지만, 낮음은 어두운 곳으로 "썩어가는 기억 더미 한가운데"이 고, "창밖으로 내던져진 오물들을 밟게 될 위험"(15)하고 역겹고 불결한 곳, "절대적인 중력의 법칙"(17)이 작용하는 물질적인 세계이다. 이렇듯 손 님과 딜러의 세계는 높고 낮은 낯선 세계이고, "서로 다른 별개의 세상"(60) 이다. 딜러에게 이 세상은 사회적 · 문화적 · 인간적인 면에서 "명백한 불평 등의 관계로 상처받"(12)는 곳이다. 그는 이러한 세상의 "진정한 부당함" (12)을 거부하고, "마약과 같은 엘리베이터를 피하고"(19), 서로 "눈을 똑 바로 바라볼 수 있는 동등한"(12) 세상을 희구한다. 그러한 세상은 모든 이 들이 "가늘고 평평한, 같은 위도의 선 위를 걷는…… 똑같은 추위와 똑같 은 더위, 똑같은 부유함과 똑같은 가난함의 노예"(12)로 존재하는 공간이다.

딜러와 손님은 서로 만나기 전 무료했던 존재들이다. 이들은 길에서 한없이 누군가를 기다리고 있거나, 길만을 응시하면서 이곳에서 저곳으로 가고 있을 뿐이다. 이들이 서로 우연하게 만났을 때, 서로가 욕망을 드러낼 때 말들이 피어나온다. 딜러로서, 손님으로서 탄생하게 된다. 말들은 끝없이 자기 자신을 주시하고, 혼자 있다는 자각의 산물이다. 이들이 혼자 싸우고 혼자 놀 때, 공간은 이름 붙여진 곳의 의미를 넘어선 어떤 "벌판champs"(72)이다. 그곳은 포기의 공간 혹은 불모의 공간이다. 이 작품의 공간은 "법도 전기도 미치지 않는 불법적이고 어두운"(30) 집 바깥에 있는 "동네lieu"의 한곳이다(9). 딜러와 손님은 지금 "황혼이 이 첫번째 불빛에 부드럽고 공손하게 그리고 다정스럽기까지 할 정도로 다가가"(10)는 "황혼의 어둠 속"(17)에 있다. 그곳은 "어두운 미로"(24)이며, "황량한 사막"(62)과 같은 목화밭의 고독 속이기도 하다. 고독의 공간은 늦은 시간과 어두운 장소라는 불분명함에서도 드러난다. 두 인물은 그곳의 '바깥'으로 나와 있다. 이곳은 집을 나선 바깥일 수도 동네의 바깥일 수도 있는, 현실과 아무런 관계도 없는 모호하고 추상적인 공간이다. 극적 공간을 지시하는 유일한 암시는 손님의 대사 속에 들어 있는 "발걸음을 옮길 때마다 창밖으로 내던져진 오물들을 밟게 될 위험도 있"(15)다는 것뿐이다. 작품의 대화에서 언급되는 장소는 "어둠의 공간"(16) 속 "길모퉁이"(60)이다. 이처럼 이 작품에서 공간의 추상성은 빛과 어둠의 대비를 통하여 더 확연하게 드러난다.

2. 논쟁과 놀이의 언어

이 작품에서 인물들의 논쟁은 딜에서부터 시작된다. 딜은 노동하고 생산하고 소비하는 과정의 끝이다. 딜은 봉건사회에서처럼 필요에 의해서 생산되고 소수의 잉여분만이 시장에서 교환되는 것을 초월하는 개념이다. 그러니까 사용가치보다는 교환가치가 앞서는 것이고, 이를 위해서 시장의 교환이 생겨난다. 이 작품에서 딜은 교환가치의 접근 방식에 더 가까이 다가가 있다. 이 작품에서는 딜의 대상이 매우 불분명하다. 반대로 분명한 것은 생산과 효용성 그리고 기능성이 아니라 교환과 기호 그리고 상징성에 관한 언어이다. 소비의 현상학을 훨씬 뛰어넘는 콜테스의 언어는 딜의 정치경제학에 관한 수사학에 가깝다. 여기에 두 등장인물인 딜러와 손님이 지닌 욕망의 추동과 모방 그리고 이끌림 등이 드러나고, 딜이라는 거래에 관한 매우 현실적인 주제와 이를 풀어가는 고전적 수사가 서로 교직되어 있다. 예컨대 딜의 대상인 "물건들이 존재조차 하지 않는 것처럼, 그리고 어떤 형태의 욕망과 결합해야만 그것들이 존재할 수 있는 것처럼 버티고 있"(33)다. "신비와 어둠"(31)처럼 때와 장소가 분명하게 규정되지 않는다. 그래서 무한하고 본원적인 극중 공간이 처음부터 끝까지 인물들, 인물들의 언어와 떨어질 수 없는 관계를 지니고 있다. 거래의 대상도 "무엇인지 밝히길 거부하는⋯⋯어떤 방법으로도 짐작할 수 없는 신비스럽기 이를 데 없는 물건"(32)이고, 인물들은 "스스로도 알지 못하는 비밀스럽기 이를 데 없는 욕망을 지니고 있"(32~33)다.

> 손님: 당신이 무엇인지 밝히길 거부하는, 그리고 내가 어떤 방법으로도 짐작할 수 없는 신비스럽기 이를 데 없는 물건들을 갖고 있는 상인이고, 또 나는 스스로도 알지 못하는 비밀스럽기 이를 데 없는 욕망을 지니고 있어서 그걸 스스로 확인하려면 피가 날 때까지 딱지를 긁어대듯 추억을 파내야만 하는 구매자라는 게 사실이라면, 만약 그렇다면, 당신은 왜 그 물건을 계속 감추고 있는 겁니까? ⋯⋯물건들이 존재조차 하지 않는 것처럼, 그리고 어떤 형태의 욕망과 결합해야만 그것들이 존재할 수 있는 것처럼 버티고 있군요(33).

두 인물에게 목화밭의 고독은 논쟁의 고독이다. 그것은 둘이 하나의 주제를 놓고 겨루는 것이 아니라 제 스스로 힘들게 싸우는, 작가의 말을 빌리면 딜러와 손님, 이 두 사람이 균형을 이루며, 상징적 수사를 통한 "이중의 의미를 지닌 대화"(7)에 의한 고독의 논쟁이다. 딜러가 팔고 손님이 사려는 물건은 아예 없다. 이들은 텅 빈 거래를 하고 있다. 대신 두 사람은 팔고 사는 것에 대해서 역설적이게도 많은 말을 한다. 거래는 이루어지지 않는 대신 한 치도 변화 없이 자신의 입장만을 반복한다. 말을 통하여 자신의 입장을 드러내고 자신의 위상을 견고하게 만든다. 언어를 통한 딜러와 손님의 태도는 상대방에 대한 조롱에 가깝다. 이 작품의 연극성은 여기에 있다. 딜러와 손님, 두 사람은 언어폭력이라고 할 수 있을 만큼 각자 과도하게 말을 한다. 딜리와 손님이라는 두 인물은 끊임없이 이야기를 하는데, 이야기를 하는 이의 입장을 구체화하고 갈등을 드러내고 상대방의 주의를 요구한다. 상대방이 말하는 것을 듣되 각자 그 언어 바깥에 자기 자신을 놓아두어야 하기 때문이다. 상대방과 다른 입장이나 공격을 이해하기보다는 상대방과 거리를 유지하면서 "당신의 생각은 맞습니다. 하지만……" "그렇다 해도……" "비록 내가……했지만"(19, 22, 28)이라고 말하며, 상대방을 이해하는 척하면서 실은 더 설득하고 자신의 태도를 분명하게 취한다. 이처럼 이들은 스스로 "꽃을 잘못 골라 앉은 벌이고, 전기 울타리 너머로 풀을 뜯어 먹으려 했던 암소의 주둥이"(43)이고, "그저 잠시 나란히 놓여 있다가 각자의 방향으로 굴러가는 그런 두 개의 제로"(68)이고, "맹수들에 둘러싸여 모닥불 가에서 서로 피를 나누는 두 인디언"(78)이다. 이들의 대화는 말하는 이의 주장이나 입장을 드러내지도 않는다. 상대방이 모르는 정보를 제공하기보다는 상대방을 자극하고 불안하게 한다.

> 딜러: 당신이 도망친다면, 난 당신을 쫓아갈 겁니다. 당신이 내게 얻어맞고 쓰러진다면 난 당신이 깨어날 때까지 곁에 있을 겁니다. 당신이 깨어나지 않기로 마음을 먹는다면 난 당신의 잠 속에서, 무의식 속에서, 그 너머에서까지 당신 옆에 있을 겁니다. 하지만 난 당신과 싸우길 원하진 않습니다.
> 손님: 난 싸우는 걸 두려워하지는 않습니다. 내가 알지 못하는 규칙들이 두려운 거죠.
> 딜러: 규칙은 없습니다. 방법만이, 무기들만이 있을 뿐이죠(77~78).

이처럼 이들이 주고받는 언어란 상대방이라는 존재, 즉 상대방이 하는 말을 듣는 것이기보다는 보는 것에 가깝다. 상대방과 나누는 대화는 "하나의 빛으로부터 또 다른 빛을 향해 이동하는 위험한 여정"(78)과 같은 것으로 딜러와 손님은 상대방의 언어를 듣는 것이 아니라 상대방과 이동하는 빛의 언어를 본다. 이 작품이 "신고전주의 수사la rhétorique néo-classique"[22]를 지녔다는 평가를 받는 이유가 여기에 있다.

콜테스는 희곡 맨 앞에 딜의 개념에 대해서 "금지되거나 엄격하게 통제되는 가치들을 취급하는 상거래"(7)라고 적어놓았다. 마치 모든 인간의 행위를 하나의 딜과 같은 거래로 상징화하고 있는 듯하다. 딜러는 손님을 유혹하고 위협하면서 암암리에 적대적 관계를 만들고 있다. 딜러는 처음으로 손님을 만나 "깍듯하게 대했고"(26), 그리고 그것이야말로 손님과 딜러를 "이어주는 필요하긴 하지만 근거가 없는 예의"(27)라고 자신의 존재를 손님에게 말한다. 반면에 손님은 "장사꾼이라면 우선 당신의 물건을 펼쳐놓으세요"(35)라고 거듭 딜러의 존재를 요구한다. 딜러는 이에 "내가 무엇을 갖고 있는지를 당신에게 말하지 않고 이렇게 제안만 하"(35)고 있지만, "제발 거절하지 말고 내게 당신의 열정의 대상을, 당신의 시선이 내게서 찾고 있는 것을 말해달라"(40)고 요구한다. 이에 대하여 손님은 (그것은) "나를 벗어나 당신 발치에 흐르고 있는 피처럼 나는 모르는, 또 알아보지도 못하는, 오직 당신만이 알아보고 판단할 수 있는 그 욕망"(43~44)이라고 말한다. 이처럼 거래의 분명한 대상은 욕망인 셈이다.

이 작품에서 반복되는 비슷한 말들은 딜러와 손님의 적대적 관계와 딜에 대하여 논쟁하는 두 사람 사이의 평등한 관계를 분명하게 밝히고 있다. 희곡의 맨 앞부분에서 "당신이 이 시간에…… 돌아다니는 것은……"(9)이라고 말하는 딜러에게 손님은 "나는 어떤 특정한 장소와 시간 속을 걷고 있는 게 아닙니다"(11)라고 곧바로 응답한다. 여기서 딜러가 말하는 "돌아다니는"이라는 표현은 손님의 대사인 "나는 걷고 있는 게 아닙니다"로 반복된다. 희곡의 맨 마지막에서는 딜러가 "당신은…… 내게…… 얘기하지 않았단 말입니까? 혹 내가 못 들은 건 아닌가요?"(79)라고 말하자, 손님은 "당신은…… 내게…… 제안하지 않았단 말입니까? 내가 알아맞히지 못한 건 아닌가요?"(79)라고 말한다. 이처럼 평행되는 구문을 동시에 사용함으로써 두 사람의 입장이 평행선을 유지하고 있다는 것을 보여준다. 또한 부사와 불특정한 사람을 지칭하는 주어 on의 사용 그리고 접속법의 빈도가 높고[23] 스스로가 내거는 가치들이 거의 모두 전제에 머무는 경우가 많을 뿐, 그만큼 논증의 대상에서는 벗어나고 있다.

딜러: 무언가를 사고자 하는 사람의 욕망은 더할 나위 없이 쓸쓸한 것이어서 (11).

손님: 시선이란 이리저리 떠돌다가 자리를 잡으면 스스로 중립적이고 자유로운 곳에 있다고 믿기 마련입니다…… 무언가를 잃어버리고 아쉬워하는 것과 그 무엇을 갖지조차 못했음을 회상하는 것은 모두 똑같이 고통스러운 일입니다(28).

딜러: 인간과 짐승이 무엇보다 두려워하는 건 고통의 낯섦이고, 그 익숙지 않은 고통을 감내해야만 한다는 사실입니다(30).

딜러: 설명할 수는 없지만, 내가 분명하게 알고 있는 건 당신과 나, 그리고 다른 사람들이 지금 밟고 서 있는 이 땅이, 그 또한 황소의 뿔 위에서 신의 섭리와도 같은 손길에 의해 균형을 유지하고 있다는 사실입니다 (49).

딜러: 아침이면 기억날 저녁을 잊는 것은 부끄러운 일이 아닙니다. 저녁은 망각과 혼란과 너무나 뜨거워서 수증기가 되어버린 욕망의 시간이지요. 하지만 침대 위에 드리운 거대한 구름처럼, 아침은 그 욕망을 주워 담습니다…… 욕망은 훔치는 것이지 만들어내는 게 아닙니다(57).

딜러: 욕망은 옷보다 더 쉽게 빌릴 수 있지요…… 사람들의 기억은 다른 사

람들의 기억과 번갈아가며 존재하는 법이니까요(58).

손님: 개의 시선은 오직 자기 주위의 모든 것이 명백히 개라는 추측만을 담고 있을 뿐입니다(60).

딜러: 좋은 장사꾼이라면 구매자가 듣고 싶어 하는 말을 하려고 애쓰는 법이지요(61).

딜러: 추억이란 사람이 벌거벗겨졌을 때조차도 꼭 지니고 있는 비밀 무기랍니다(63).

딜러: 어머니가 늘 이야기했죠. 비가 올 줄 알면서도 우산을 거절하는 건 어리석은 짓이라고요(64~65).

손님: 우정이란 배신보다 더 인색한 법입니다(65).

손님: 인간은 죽음 다음에야 자신의 죽음을 찾아 헤매고, 하나의 빛으로부터 또 다른 빛을 향해 이동하는 위험한 여정 중에 마침내 우연히 죽음을 만나게 되니까요(78~79).

딜러와 손님이 거래를 위하여 말들을 주고받지만, 서로를 길들이는 것은 불가능하다. 오히려 화를 내는 그 둘의 사이는 너무나 멀고 멀다. 한 사람이 너무나 길고 오래 말하기 때문이고, "남들이 이해할 수 없는 언어를 사용하기"(26) 때문이다. 이는 상대방을 위하여 하는 말들이 아니라 제 스스로를 지탱하기 위하여, "사막의 냄새를 맡은 아랍 말처럼 맹렬하게 지평선을 향해 달려"(26)가는 비극적 상황이다. 갈등이 일어난 다음에 결말을 보여주는 서양 고전주의 극작법과 달리 이 작품은 갈등 이전의 모습을 담고 있다.

딜러: 난…… 당신의 모습을 내 눈에 더 친숙하게 만들고 싶었습니다(51).

손님: 그러니 화를 내세요(53).

딜러: 난 아직 화를 내시 않고 있는 겁니다(54).

손님: 난 당신에게서 욕망의 맛과 생각과 대상과 가격과 만족을 기대했던 겁
　　　니다(57).

　파는 이와 사는 이는 각자 상대방을 배려하는 것처럼 평화와 우정을 말하
지만 거부된다. 그것이 가능한지 불가능한지도 판단하지 않는다. 각자가 말
을 하고 듣지만, 누구나 자신의 독자성을 잃지도 않고 그것을 줄여 상대방
을 배려하려고도 하지 않는다. 이들에게 말의 교환은 시간을 얻기 위한 전
략과도 같다.

딜러: 자, 이제 당신이 아닌 다른 사람을 위해 뭔가를 사십시오(58).

손님: 난 그 무엇으로부터 오는 평화도 바라지 않습니다. 우리가 평화를 얻
　　　는 것 자체를 바라지 않는다는 얘깁니다(59).

딜러: 난 당신이 나를 우정 어린 눈빛으로 바라봐주기를 조심스레, 진지하게,
　　　조용히 부탁하는 겁니다(64).

손님: 내겐 당신의 친절함보단 차라리 교활함이 더 나은 것 같군요(65).
　　　〔……〕 당신이 우리 사이에 은밀히 만들고자 하는 그 친밀함을 난 결코
　　　원하지 않습니다(66). 내가 지녔던 욕망들은 우리 주위에 떨어져 우리
　　　가 짓밟아버렸으니까요…… 당신에겐 작은 것, 간단한 (욕망)들을 만

족시킬 능력조차도 없었기 때문입니다(67~68).

이처럼 말이 부메랑처럼 되돌아올수록 이들은 상대방의 욕망을 결코 달리 할 수도 줄일 수도 없다는 것만을 깨닫는다. 상대방을 배려하는 것처럼 보이는 태도와 입장은 말하는 이의 입에서 발화되지만, 상대방에게 닿지 못하고 자신의 손아귀에 그대로 있게 된다. 그것들은 점차 이들을 적대적인 관계 속에 빠뜨려놓기도 한다.

딜러: 이제 너무 늦었군요. 계산이 시작되었으니 어떻게든 청산을 해야 합니다(69).

손님: 도대체 당신이 뭘 잃고, 내가 뭘 얻지 못했단 말인가요? ……아무리 내 기억 속을 뒤져봐도 난 아무것도 얻은 게 없습니다. 난 아무것도 누린 게 없으니 아무것도 지불하지 않을 겁니다(71).

딜러: 무얼 지불해야 하는지 알고 싶다면, 그건 기다림과 인내…… 물건을 팔겠다는 희망, 무엇보다도…… 모든 사람을 채무자로 만들겠다는 그런 희망이라고 말입니다(72).

손님: 당신이 나를 해치려 한다면 난 소리치고, 비명을 지르고, 도움을 청하고, 구조를 요청하고……(73)

딜러: 당신은 도망쳐야만 할 겁니다(73).

손님: 내겐 시간이 필요합니다(74).

딜러: 여기 내가 건네주었을 때 당신이 받지 않았던 윗도리가 있습니다. 이제 그걸 주우려면 당신은 몸을 숙여야만 할 겁니다(74).

『목화밭의 고독 속에서』, 파트리스 셰로 연출, 바르셀로나, 1989.

손님: 난 내가 느껴보지도 못한 유혹에 대가를 지불하지는 않을 겁니다(75).

딜러: 사람은 누구나 자기 옷이 모욕당하는 걸 내버려둬서는 안 되지요(75).

손님: 내가 당신에게 공평한 제안을 하지요(76).

이들이 각자 하는 말은 "아무것도 얘기하지 않아 못 들은 것"이기도 하고, "아무 말도 하지 않아 알아맞히지 못한 것"(79)이기도 한, 제 "스스로를 위무하는 놀이"[24]와 같다. 그리하여 이들의 "모든 몸짓은 결국엔 애무로 끝나"(52)게 된다.

딜러: 이런 밤 시간에 당신이 추상적이고 모호하게 요구하는 것, 다른 누군가에겐 이미 요구했을 그것을 왜 나, 내겐 요구하지 않았던 겁니까?(77)

손님: 손님을 조심하세요(77).

딜러: 당신이 도망친다면, 난 당신을 쫓아갈 겁니다(77). 하지만 난 당신과 싸우길 원하진 않습니다(78).

손님: 난 싸우는 걸 두려워하지는 않습니다. 내가 알지 못하는 규칙들이 두려운 거죠(78).

딜러와 손님이 상대방의 말에 대답할 수 있는 동기는 무엇인가? 눈은 눈썹이 있어 제 스스로 보는 기능을 제어할 수 있지만, 귀는 열려 있어 선택적으로 들을 수도 아예 안 들을 수도 없다. 이들은 실제로 말을 하지만, 그 말들은 말하는 이 자신의 범주 속에 갇혀 있다. 한 사람이 말을 하는 동안 다른 이는 듣지 않는 셈이다. 제 스스로를 위무하는 헌사로 들리는 말은, 그래서 누구를 위해서 하는 말이 아니다. 그들과 그들의 말은 "서로 비집고 들어갈 수도 없고, 그저 잠시 나란히 놓여 있다가 각자의 방향으로 굴러가는 그런 두 개의 제로"(68)와 같은 존재이다. 이들이 말하는 사랑이란 딜러에게는 무엇인가를 팔기 위해서 주는 것을 뜻하고 손님에게 이를 인정받는 것을 뜻하지만, 손님은 딜러가 밀하는 이런 사랑이라는 이름의 거래(75)를 거절한다. 손님은 팔 물건을 제시하길 요구하지만, 딜러는 팔 물건을 제시하지 않은 채 거래를 요구한다. 이런 이유로 딜러와 손님 사이의 거래는 불가능해진다. 그럼에도 인물들은 끊임없이 말한다. 말을 통해서 상대방과 논의를 진행한다. 콜테스가 말한 "진정한 대화는 항상 논의"[25]라는 것을 증명하려는 것처럼. 그래서 그들은 서로 마주 보고 서로 말을 하는 것 같지만, 서로 보지 않고 서로 듣지 않는, "그저 제로이고 싶고" 각자 "두 개의 제로가 되자"고 말하는, "단순하고 외롭고 오만한 제로"(68~69)와 같은 존재인 셈이다. 각자는 "서로 다른 별개의"(60) 세상일 뿐이다.[26]

그 최댓값은 작품의 맨 끝에서 딜러가 손님에게 "규칙은 없습니다. 방법만이, 무기들만이 있을 뿐이죠"(78)라고 말하고, 손님은 딜러에게 "사랑이란 없습니다. 사랑은 없어요"(78)라고 말하는 대목이다. 희곡의 맨 끝에서 손님이 딜러에게 "그럼, 이제 어떤 무기를?"(79) 하고 되물으면서 두 인물의 말과 욕망의 공허감은 더욱 확장된다. 처음에는 딜러와 손님이라는 상대적 입장에서 출발했다. 하지만 욕망하는 것에 이름 붙이는 것을 거부하면서 이들은 조금씩 갈등하기 시작하고, 이를 극복하기 위하여 딜러는 손님에게 거래라는 상업적 관계를 다시금 환기시키지만 손님은 이를 거부한다. 거래에 대한 지불을 요구하는 딜러와 이를 받아들이지 않는 손님 사이의 갈등은 텍스트의 맨 끝에서 무승부로 끝나게 된다. 작품의 끝자리까지 이들이 논쟁하는 욕망의 대상은 단 한 치도 드러나지 않는다. 두 사람 사이의 사랑과 거래 그리고 욕망의 대상은 "아무것rien"(79)도 아닌 것이 된다.

3. 인물과 욕망의 언어

등장인물인 딜러와 손님은 고유명사가 아니라 사회경제적 기능 혹은 거래하는 행위에 따라 붙여진 이름일 뿐이다. 이 작품에서 딜러와 손님은 부정관사Un가 붙은 한 명의 혹은 어떤 딜러Un dealer와 손님Un client이 아니라 정관사를 붙인, 일반적인 가치를 지닌 문학적·사회적 유형으로서의 딜러Le dealer와 손님Le client이다. 이와 같은 인물들의 설정은 독자 나름의 개체화된 희곡 읽기를 방해한다. 딜러와 손님이라는 두 인물 사이에는 폭력과 부드러움, 우호감와 혐오감이 자리 잡고 있을 뿐 그들의 정체성과 입장은 극의 처음부터 분명하게 설정되어 있고, 그 끝은 "두 개의 제로"(69)가 되고 작품의 끝에 가서는 "아무것도"(79) 아닌 존재가 되기 때문이다.

손님은 "나는…… 당신과 같은 암컷으로부터 나오지도 않았"(60)다고 말하면서 자신의 근원적인 정체성마저 부정한다. 그는 "여자의 부재 속에서도, 어떤 부재에 관한 추억 속에서도, 혹은 그 어떤 것에 관한 추억 속에서도 평화를 찾길 바라지 않"을 뿐만 아니라 "추억, 부재도 나를 역겹게 하기는 마찬가지"(59)라고 말하면서 어머니와 같은 자신의 근원을 부정한다. 반면에 딜러는 어머니를 빌려 자신의 기억과 정체성에 대해 끊임없이 말하고 있다. 그는 어머니에 대해서 "인색하기는커녕 예절이 뭔지도 알았던"(49) 존재라고 했다가, "아무것도, 거의 아무것도 아는 게 없"(61)는 존재라고 했다가, "곧 비가 올 걸 알면서도 우산을 거절하는 건 어리석은 짓이라"(65)는 것을 아는 존재라고 복잡하게 말하기도 한다. 이 부분에 관한 딜러의 다음과 같은 독백을 정리하면, 딜러가 아프리카인이라고 짐작할 수 있다. "똑같은 추위와…… 가난함의 노예"(12), "노예로 태어난 아이가 주인의 아들이 되기를 꿈꾸는 것처럼"(48), "어딘가 의지할 곳이 있어야 오랫동안 사막을 여행할 수 있는 법이니까요" "이 시간의 황량한 사막에서 과거로부터"(62), "내가 개고 당신이 인간이건, 내가 인간이고 당신이 다른 어떤 것이건, 내가 어떤 종자고 당신이 어떤 종자건 간에"(63), "한 인간의 탄생과 그 시간, 그 장소가 우연히 선택된다는 것이 이 세상의 진정한 부당함이라면, 유일하게 공평한 건 바로 그 사람의 옷이니까요. 〔……〕 그래서 사람은 얼굴도, 팔도

피부도 아닌 옷으로 판단해야 합니다. 한 인간의 탄생에 침을 뱉는 건 별일이 아니지만 그의 반항에 침을 뱉는 건 위험한 일입니다"(75~76). 이와 같이 존재에 대한 평가가 태어남의 조건에 따른 것이 아니라 존재하는 그 자체로 판단되기를 바라는 딜러의 욕망은 이 작품에서 작가가 드러내는 인간의 보편적 평등에 관한 주장이라고 할 수 있을 것이다.[27]

1) 죽음과 욕망

이 작품에서 거래되는 것은 없다. 딜러와 손님 사이에 갈등과 욕망의 대상이 무엇인지는 분명하지 않다. 실제로 딜러는 팔려는 구체적인 대상을 가지고 있지 않아 보인다. 딜러와 손님은 제각기 교환하려는 가치에 대한 그의 사유만 지니고 있기 때문이다. 이들이 지닌 욕망은 교환의 즐거움일 뿐이다. 그것만이 이들이 존재하는 목적처럼 보인다. 그럼에도 이들은 끊임없이 사고팔기 위한 논쟁과 타협을 계속한다. 그것은 어느 순간 싸움이 되기도 한다. 이 작품은 교환되는 대상에 관한 것이 아니라 "교환에 이르는 딜러와 손님 사이에 갈등의 진전과 이를 위한 역동적 사유의 거래에 관한 것이라고 할 수 있다."[28] 딜러와 손님의 입장이 상반되는 부분은 희곡의 맨 앞에서부터 드러난다.

> 딜러: 당신이 이 시간에 이런 동네를 돌아다니는 것은 당신이 갖고 있지 않은 무언가를 원하기 때문입니다. 그리고 난 그걸 당신에게 제공해줄 수 있지요.〔……〕당신이 욕망하는 것을 내게 말해주오(9~13).

> 손님: 내가 원하는 것을 당신은 절대 가질 수 없을 겁니다(18).

> 딜러: 당신이 커브를 틀었다고 말한다면 당신은 아마도 나를 피하기 위해 비켜선 거라고 주장할 것이고, 그러면 나는 또 그건 내게 다가오기 위한 움직임이었다고 말하겠지만……(21)

손님: 나는 당신을 만족시켜줄 만한 불법적인 욕망을 갖고 있지 않습니다(22).

그러나 교환 혹은 거래라는 놀이가 불가능해질 때, 말하는 놀이가 더 이상 욕망을 충족시켜주지 못할 때 남는 것은 죽음이다. 죽음만이 놀이를 완성할 수 있기 때문이다. 딜러인 파는 이는 손님이 "원하는 걸 아무것도 얘기하지 않았"고 손님이 말하는 것을 "못 들은" 것이다. "아무 말도 하지 않은" 손님 역시 딜러에게 "내게 아무것도 제안하지 않았"다고 말하고, 딜러가 제안한 것을 "알아맞히지 못한 것은 아닌지" 되묻고 있다(79). 이들에게 남은 것은 아무것도 없다. "그럼, 이제 어떤 무기를"(79), 그런 면에서 죽음은 "우연히 만나는 죽음"(79)이다.

왜 이들은 동네 바깥에서 "이렇게 멈춰 서서, 여기 머물며, 기다리고"(33) 있는 것일까? "욕망은 훔치는 것이지 만들어내는 게 아닙니다"(57)라고 팔고 사는 욕망 그 자체에 대해서 말을 할 뿐 욕망하는 대상은 존재하지 않는다. 딜러는 팔 것이 없고, 손님은 살 것이 없다. 서로를 유혹할 수 있는 욕망의 부재는 곧 사랑의 부재이기도 할 것이다. 딜러는 "난 쾌락을 주려고 여기 있는 게 아닙니다. 내가 여기 있는 건 욕망의 심연을 메우고, 욕망을 일깨우고, 거기에 이름을 붙여 지상으로 끌어내기 위해서니까요"(37)라고 말한다. 그러나 욕망에 형태와 무게를 부여하는 일에는 "불가피하게 잔인함이 주어진다"(37). 욕망의 대상은 드러나지 않은 채, 이들은 욕망에 대해서 말한다. 그러니까 이 작품에는 욕망의 대상이 존재하는 것이 아니라 욕망이란 것을 욕망하는 인물들만 있다. 그것은 매우 추상적인 욕망인 셈이고, 그것으로 채워진 인물들은 자신의 주변과 아무런 관계를 맺지 않는 텅 빈 존재일 수밖에 없다. 추상적 욕망이란 이 세상의 실재를 부정하는 것이고, 삶의 실재를 가능하게 하는 사랑을 부정하는 것이기도 하다. 그것의 최댓값은 "자기 자신과 타자의 존재를 부정하면서 죽음에 이르는 전복적 행위"[29]라고 할 수 있다. 그것은 숱하게 주고받은 말의 끝이 "아무것도"(79) 아닌 것과 같다. 실제로 이들이 거래하는 것은 없다. 거래 대상의 이름이 밝혀지지 않았다면 이들의 욕망은 무엇인가에 막혀 있다는 뜻이다. 욕망하되 욕망하는 것을 구체적으로 말하지 못하는 이들은 갇혀 있는 인물들이다. 대상이 명백하다면 이들의 거래는 완벽하게 이루어졌을 것이다. 구체적으로 무엇을 팔고 사려 하지 않는 이들에게 남은 것은 "사랑이란 없습니다"(78)라고 말하는 상대방과의 단절과 자기 자신으로의 회귀일 터이다. 이들의 욕망은 갇혀 있다. 그것은 곧 세상의 흐름이 멈추어 있다는 뜻이다. 결국 이들이 팔고 사려는 것은 구체적 대상이 아니라 욕망 그 자체가 된다. 이를 위해서 딜러와 손님은 상대방의 독자성을 무력화하려 애를 쓴다. 상대방을 제거하는 것이 아니라 종속시키기 위하여 말하는 주인과 듣는 노예의 놀이를 번갈아가면서 계속한다. 이를 위하여 이들이 사용하는 무기는 수사로 가득한 언어일 뿐이다. 그 끝자리에 욕망의 교환이 불가능하고 욕망하는 대상이 아니라 욕망 그 자체만이 거래되는, 오로지 언어의 유희만이 치명적으로 작용하는 죽음의 자리가 놓여 있다. 그것은 물리적 죽음이 아니라 상대방을 언어로 된 수사로, 그러니까 변증법적으로 노예화하고 중성화하는 상징으로서의 죽음이다.

> 손님: 인간은 죽음 다음에야 자신의 죽음을 찾아 헤매고…… 우연히 죽음을
>   만나게 되니까요.
> 딜러: 당신은 내게 원하는 걸 아무것도 얘기하지 않았단 말입니까? 혹 내가
>   못 들은 건 아닌가요?
> 손님: 난 아무 말도 하지 않았소. 아무 말도…… 내가 알아맞히지 못한 건
>   아닌가요?
> 딜러: 아무것도.
> 손님: 그럼, 이제 어떤 무기를?(78~79)

2) 욕망과 인물

이 작품의 큰 주제는 물건을 팔고 사는 행위인 '딜'이다. 딜은 팔고 사는 일이 서로 공평해야 완성되는 행위이다. 그러나 이 작품은 딜이라는 행위와 팔고 사는 이들이 모두 공평하지 않다. 작가는 이 불균형을 세상의 부당함

으로 말한다. 두 인물은 그 부당함의 희생자이고, 이를 거부하기 위하여 투쟁하거나 피하지 못한 채 살아가는 존재들이다. 이 작품에 등장하는 인물들은 우연히 만나서 상대방으로부터 벗어나지 못하고 있다. 이 인물들은 상대방의 시선 속에 잡힌 포로와 같다. 상대방을 바라보기는 했지만, 이를 원하지 않았던 두 인물은 "비합적인 의도들로 가득 찬 억측을 한 자의 시선"(24) 속에, 그러니까 그 "시선의 무게만으로도…… 순결함은 갑자기 더럽혀지고 무고함이 죄의식으로 바뀌며…… 어두운 미로"(24) 속에 갇혀 있게 된다. 타인을 통하여 자신이 포기되고, 자신을 통하여 타인이 포기되고 있다. 이때 "두 사람이 만나면 누구든 늘 공격하는 쪽을 택하고 싶어 하는 법칙이 생겨난"(31)다. 먼저 공격하는 이는 상대방의 "눈길을 포착한"(22) 딜러이다. 손님은 이에 대하여 합법과 불법을 구분하면서 저항한다.

이 작품의 축이 되는 인물은 물건을 팔기 위하여 한곳에 머물러 있는 딜러이다. 딜러는 앞서 언급한 것처럼 세상의 부당함과 싸우고 있는 인물이고, "모든 사람 혹은 동물은 서로 동등합니다"(12)라고 애써 말하는 인물이다. 그는 인간은 "같은 위도의 선 위를 걷는…… 똑같은 추위와 똑같은 더위, 똑같은 부유함과 똑같은 가난함의 노예"(12~13)일 뿐이라서 공평해야 한다고 말한다. 공평 혹은 이에 반하는 세상의 부당함을 "절대적인 중력의 법칙"(17)으로 이겨내며, "자신만의 공간에 갇힌 채 위로를 받으면서 '여기에' 당당하게 자리 잡고"(15) 존재한다. "그 어디에서도 내려가지 않을 것이고, 위로 올라갈 의향 또한 조금도 없"(19)는 딜러가 싫어하는 것은 "어떤 높이에서 다른 높이의 지점으로 옮겨가"게 하는, "간질여서 품위를 잃게 하는" 엘리베이터이고, "발걸음을 옮길 때마다 창밖으로 내던져진 오물들을 밟"(15)게 되는 것이다. 그리하여 그는 "한곳에서 다른 곳으로 가는 것이 아니라 늘 같은 장소에서 자기 앞으로 지나가는 사람을 주시하"(21)고 있다. 딜러는 지금, 이곳이 익숙하다. 자기 앞을 지나가는 이들이 "어디서 왔는지, 또 어디로 갈지도 알고 있고…… 이 거리, 이 시간을 알고 있다"(42). 그의 앞에 놓인 그런 세상은 "인간인 것이 불만인 인간들과 짐승인 것이 불만인 짐승들"(14)로 가득 차 있다. 그러나 딜러는 "시간의 습기"가

스민 이 세상이 "겨울의 황혼처럼 얼어붙은 듯 보이지만 천천히, 아니면 다정하게 다가가기만 한다면, 절대로 차가운 빛이 아니라는 사실을 기억하"면서 그런 세상의 "바람막이가 되"고자 한다. "시간의 습기를 불꽃의 열기로 말리고"(20) 싶어 한다. 반면에 손님은 상대방인 딜러에 대하여 "어쩌면 당신은 이상한 사람이 아니라 교활한 사람인지도 모르겠습니다. 어쩌면 당신은 악당을 잡기 위해 몰래 악당으로 변장한 법의 하수인에 불과할지도 모르겠습니다. 당신은 심지어 나보다 더 법에 충실한 사람인지도 모르죠. 나는 당신이 누구인지, 또 이곳의 말과 어법, 무엇이 나쁘고 무엇이 적절한지, 어디가 겉이고 어디가 안인지, 뭘 하면 환호를 받고 뭘 하면 비난을 받는지 알지 못하는 이방인"(40)으로 여긴다.

손님은 자신의 모든 것을 드러내놓고 싶지 않은, "아무 말도 안 하고 아무것도 원하지 않는"(43)다고 말하는, 욕망이 부재할 것처럼 보이는, 사물과 세상을 두려워하고 있는 편집광적인 존재이다. 딜러 앞에 놓인 그는 "신비로움을 유지하고 있는 불안한" "창녀가 되기 전의 고상한 처녀"(11)와 같은 "우수에 잠긴 순결한"(13) 인물이다. 손님은 "아무것도 모르고 두려워하고 있고, 어둠 속에서" 우연히 만난 딜러의 모습을 추측하면서 "모든 위험을 감수해야 하는 이방인일 뿐이다"(41). 딜러가 보여줄 수 있는 폭력적 의도에 대하여 "당신과 나를 구분 짓는 유일한 차이점은, 혹은 당신 말대로 유일한 불평등함은 한쪽이 다른 한쪽으로부터 폭력을 당할지도 모른다는 막연한 두려움을 가지고 있다는 사실일지도 모릅니다. 〔……〕 그런 폭력이 앞으로 얼마나 현실화될지, 그 폭력의 강도가 얼마나 될지를 양쪽 다 모르고 있다는 사실이겠지요"(29)라고 말하면서 자신을 방어할 뿐이다. 그런 탓으로 그의 생은 늘 "한 지점에서 다른 지점으로 움직이며 걸어가"(14)고 있고, "저 위에 보이는 불 켜진 창으로부터 저 아래 또 다른 불 켜진 창을 향해 가고"(15) 있을 뿐이다. 손님에게 딜러는 피하고 싶지만 맞닥뜨릴 수밖에 없는 세상이고, 자신이 두려워하고 있는 폭력은 그런 세상에 대한 부정적 사유와 적대감의 동의어라고 할 수 있다. 손님은 애초부터 이런 세상에서 그 누구와도 우정과 사랑을 희망하지 않는다. 그에게 우정이란 "배신보다 더 인색한 법"(65)이고, 사랑은 "없는 것"(78)이다. 그는 "감정이란 그와 비슷한 것으로만 교환할 수 있는 법입니다. 가짜 돈으로 이루어지는 가짜 거래, 거래를 흉내 낸 보잘 것 없는 거래"(65)라고 여기면서 세상의 거래를 신뢰하지 않는다. 그리고 딜러를 "가난하고 어떤 고상한 취미 때문이 아니라 빈곤과 필요성, 무지 때문에 여기에 머무는"(68) 존재로 역전시켜놓는다.

손님이 지닌 세상에 대한 부정적 사유는 서구 사회가 지녔던 확신의 논리, 양심의 문제를 가혹하게 비판하는 대목으로 읽힌다. 더 이상 어떤 가치에 의지할 수도 없는 오늘의 세상, 더 이상 어떤 가치도 지니고 있지 않은 인간의 삶을 말하고 있다. "당신이 우리 사이에 은밀히 만들고자 하는 그 친밀함을 난 결코 원하지 않습니다. 당신의 손을 내 팔에 얹는 것도, 당신의 윗도리도 원하지 않습니다. 당신과 섞이는 위험 따윈 원하지 않는단 말입니다"(66)라고 말하는 손님의 대사 속에는, 인간의 친밀함(팔 얹기)과 우정과 같은 나눔(윗도리)과 공존(거래)의 가치들이 더 이상 존재하지 않는다는 경고이기도 할 것이다. 그는 "아니오라고 말할 줄 알고 또 그렇게 말하는 걸 좋아하고…… 아니오라고 말하는 모든 방법들을 알려줄 수 있는"(34) 부정과 무관심의 인물이다. 그런 그에게 "특정한 장소와 시간 속을 걷는 것"(14)과 같은 타자와의 관계 맺기는 불가능하며, 상대방을 "만족시켜줄 만한 불법적인 욕망"(22)은 부재한다. 그는 자신의 욕망을 "낯선 땅 위에 피를 흘리듯 아무 이유 없이 드러내고 싶지 않"(42)은, 절대적 고독을 지닌 인물이다.

딜러가 자연의 빛과 같은 어두운 길 한곳에 머물거나 "천천히, 조용히, 거의 움직임 없이 이동"(21)하면서 어둠 속에서 세상의 부당함을 주시하고 있다면, 손님은 인위적으로 조절되는 "법과 전깃불을 선호하"(30)면서 끊임없이 움직이며 "여전히 흔들리지 않고 타오르는 불빛, 불붙은 성냥"(18)과 같은 세상에 기대고 있다. 그런 탓으로 그는 "하늘을 바라보면 회상에 젖고, 땅에 시선을 고정시키면 슬퍼지는"(28) 육체가 부재하는 고통스러운 인물이다. 그런 탓으로 그는 "도중에, 기다리며, 대기하며, 이동하며, 규칙과 삶을 벗어나, 임시로, 사실상 부재 상태에서, 말하자면 없는 듯이 여기 있게 된"(23), 지상에 한 발자국도 디디지 않으려 하는 정지된 인물이다. 손님은 떠도는 존재이다. 손님은 이런 암울한 세상을 "절대적인 선"과 같은 것으로, 딜러는 "상대적이고 복합적이며 직선도 곡선도 아닌 치명적인 것"(22)으로 여긴다.

이처럼 딜러와 손님은 멈춤과 움직임, 불꽃의 열기와 시간의 습기, 상대적 선과 절대적인 선, 비로와 직선, 어둠과 빛, 불법와 합법, 익숙함와 낯섦 등으로 대비된다. 결국 딜러는 외투와 같은 사물과 욕망을, 손님은 시간과 공간에 용해되고 자신을 망각하고 텅 비어 있는 것을 요구한다. 그 최댓값은 "제로가 되"(69)는 것이고, "아무것"(79)도 아닌 존재가 되는 것이다. 이처럼 두 인물은 서로 대척점에 놓여 있다. 그들 사이의 거리에는 상대방에 대한 예우와 이를 치환하는 언어만 있을 뿐이다. 이 작품의 인물들은 개별적으로 존재하지 않는다. 이들은 시간과 공간 속에서 형성되는 상대방과의 관계를 통해서 자신의 입장과 움직임의 의미를 드러낸다. 인물들은 시간적으로는 매우 추상적이고, 공간적으로는 큰 덩어리와 같은 매우 모호한 형체를 지니고 있다. 즉 딜러와 손님이라는 등장인물은 직선과 곡선이라는 또다른 이름처럼, 높은 곳과 낮은 곳에 존재하는 것처럼, 위도와 중력의 법칙처럼 서로 상반된 지점에 놓여 있다.

겉으로 보면 이들은 "별개의 두 평면을 따라 움직이고 있"(22)다. 딜러는 "천천히, 조용히, 거의 움직임 없이" 멈춰서 "자기 앞을 지나가는 사람을 주시"하고 있다가, "한 지점에서 다른 지점으로 이동하는 사람의 속도로 걷고 있"는 손님을 만난다. 만남은 일종의 경계를 이룬다. 이 작품에서 "존재하는 경계란 사는 자와 파는 자 사이의 경계뿐이지만, 이 둘의 욕망과 그 대상은 들쑥날쑥하기에 그저 불확실할 뿐"(13)이다. 경계는 두 인물에게 각자의 역할을 생출한다. 텍스트 맨 앞에서 딜러는 손님에게 불법적인 욕망을 안겨주는 역할을, 손님은 딜러로 인하여 자신이 불평등함에 상처받는 희생자 역할을 맡고 있다는 것을 상정한다. 딜러와 손님의 이러한 역할은 서로 상충되면서 각자 자신의 존재 역할을 증명한다. 작품의 맨 끝에 가서 이들의 경계를 이루던 정체성은 흔들리며 조금씩 흩어져 역전되는 기미를 보여주기도 한다. 딜러는 욕망의 대상을 끊임없이 요구하고 명령하는 가장 바람직한 손님이 되고, 손님은 욕망이 부재하는 가장 바람직한 딜러가 되는 가능성이 엿보인다. 딜러는 "**장사꾼을 조심하세요**…… 그의 말은 겉으로는 존경과 부드러움을 담고 있고 겸손과 사랑을 가장하지만, 그건 겉모습일 뿐이"(70)라고 말하고, 손님은 "**손님을 조심하세요**…… 그는 뭔가를 찾는 듯이 보이지만, 사실은 다른 걸 원하고 있답니다. 장사꾼이 짐작도 못하는 그것을 그는 결국엔 얻어내고 말지요"(77)라고 말하면서 말이다. 그 결과 딜러는 손님이 자신에게 아무것도 얘기하지 않은 것과 자신이 못 들은 것을, 손님은 딜러가 아무것도 제안하지 않은 것과 자신이 알아맞히지 못한 것을 말하면서 서로 헤어지게 된다.

> 딜러: 제발 부탁입니다. 이 시끄러운 밤의 소음 속에서 당신은 내게 원하는
>   걸 아무것도 얘기하지 않았단 말입니까? 혹 내가 못 들은 건 아닌가요?
> 손님: 난 아무 말도 하지 않았소. 아무 말도. 그러는 당신은, 이 밤에, 익숙
>   해지려면 한참이 걸릴 정도로 짙은 이 어둠 속에서, 내게 아무것도 제
>   안하지 않았단 말입니까? 내가 알아맞히지 못한 건 아닌가요?(79)

이렇듯 팔려는 것이 없어 보이는 딜러와 살 의도가 없는 손님, 이들은 텅 빈 욕망을 지닌 인물들이다. 이들이 만난 지금, 여기, 손님은 일상의 삶에 관심이 없고 타인에 대하여 닫혀 있다. 편집광 같은 손님은 삶과 타인에 대하여 공포를 지니고 있고 자신의 주변에는 온통 적들만이 있다고 여기고 있기 때문이다. 딜러 역시 삶과 같은 거래의 규칙이나 요구 그리고 물건을 파는 이의 역할에 갇힌 채, 이 세상의 어두운 한구석에 갇혀 자신의 삶을 꼼짝달싹하지 못하게 만들고 있다. 이 작품의 줄거리는 매우 단순하고, 무대 위에서 전개되는 볼거리도 밋밋하다. 작품이 드러내는 유일한 물리적 증거는 딜러와 손님 사이에서 거래되는 물건이 아니라 서로 주고받는 말들이고, 그속에서 용해되는 거래, 욕망에 관한 논쟁이라고 할 수 있다.[30] 말들은 대화이기보다는 병치된 두 개의 길고 긴 독백에 가깝다. 그것은 인물들이 존재

하는 것이 아니라 말들이 공생하기 위하여 치열하게 대립하고 있는 풍경일 터이다.[31]

3) 논쟁과 욕망

인물들이 상대방의 모순을 지적하고 설득할수록 작은 모놀로그처럼[32] 교대로, 수사로 채운 밀들을 채워진, 에코처럼 되울리는 이들의 논쟁은 소통 불능과 잔혹한 지경에 이르게 된다. 이들이 지닌 논쟁의 무기는 말뿐이다. 이들은 처음 만났을 때부터 논쟁을 시작한다. 작품의 맨 앞에서 딜러는 손님에게 "당신이 이 시간에 이런 동네를 돌아다니는 것은……"(9)이라고 말하자, 손님은 딜러에게 바로 "나는 어떤 특정한 장소와 시간 속을 걷고 있는 게 아닙니다"(11)라고 말한다. 이제 딜러가 다시 공격을 할 차례이지만, 그는 슬쩍 "……당신의 생각은 맞습니다. 하지만 내가 그걸 유감스러워하리라고 생각했다면 당신은 틀렸습니다"(19)라고 반쯤의 동의가 곁들여진 이의를 제기하면서 논쟁은 복잡하게 진행된다.

이런 이들의 만남은 말(만)을 낳고, 그 말들은 서로 충돌하고 새롭고 낯선 곳으로 이들을 이끌어간다. "미묘한 전투 방법 중 하나인"(73) 말들은 인물들이 지닌 의도를 드러내는 것이고 전략이다. 말들은 "반복과 지속을 통해서 논증을 강화하고 이를 통하여 상대방을 정복하는 무기"[33]이다. 이 말들은 대화가 아니라, 단박에 상대방을 거꾸러뜨리는 것이 아니라, 고전적 수사와 언어의 명증함이 덧붙여진 채 지루할 정도로 반복되는 독백과 같다. 각자 상대방의 말에 뒤따라 자신의 말을 잇고 있지만, 그것은 상대방을 위한 대답이 아니라 인물들의 존재론적 고독 속에서 태어나는 수사와 운문으로 가득한 입장일 뿐이다. 그러므로 말하기는 "고독으로 지친" 이들이 말을 통하여 새로운 "세상을 찾아 나서고자 하"(74)는 노력일 터이다. 그 세상이란 말들이 끊이지 않고 목소리가 사라지지 않기 위하여 싸우는 터와 같다. 이것은 타자의 존재를 긍정하고 그 상대방과 "싸우는 것을 두려워하지 않아"(78)야만 가능하다. 불가능한 소통의 끝자리는 이 작품의 맨 끝 대사인 "아무것"도 아닌 것이기 때문이다. 언어 다음에 지녀야 할 "어떤 무기quelle arme?"(79)는 아무것도 아닌 죽음과도 같은 것, "죽음을 만나게 되는"(79) 일이기 때문이다. 콜테스의 때 이른 죽음처럼, 『목화밭의 고독 속에서』의 두 인물처럼.

경계와 같은 이 만남에 대해 딜러는 "이제껏 당신이 그 위에서 움직여왔던 절대적인 선은 이제 상대적이고 복합적이며 직선도 곡선도 아닌 치명적인 것이 되어버린 겁니다"(22)라고 말한다. 반면에 손님은 딜러와의 만남이 갖는 의미를 부정한다. "내가 출발한 지점에서 내가 가려는 지점까지를 이어주는 직선이 어떤 이유로도 갑자기 휘어질 이유가 없었음에도 불구하고 내가 비켜선 이유는, 당신이 내 길을 막고 있었기 때문입니다. 〔……〕 빛나는 한 지점에서 빛나는 다른 지점으로 나를 인도해야 할 직선이 내가 길 잃은 이 어두운 땅에서 당신 때문에 구부러지고 어두운 미로로 변해버리기 때문입니다"(23~24). 이들의 만남은 손님이 가는 직선과 같은 길이 갑자기 곡선으로 변모한 것으로 상징되고 있다. 딜러는 이러한 곡선의 만남이 우연이 아니라 운명과도 같은 것이고, 필요에 의해서 저쪽에서 이쪽으로 오기 위한 교차점으로 여긴다. 딜러와 손님의 욕망은 이렇게 직선과 곡선의 움직임으로 상징화되고 있다. 구체적으로 욕망은 직선이 아니라 곡선처럼 불균형을 이루고 "비합법적 의도, 비합법적 행위"(24)에 가까운 것으로 드러나고 있다. 규정할 수 없어 불확실하고, 합법적인 것이기보다는 불법적인 욕망은 그래서 "도중에, 기다리며, 대기하며, 이동하며, 규칙과 삶을 벗어나, 임시로, 사실상 부재 상태에서, 말하자면 없는 듯이 여기 있게 되"(23)는, 멈추지 않고 표류하는 것이다.[34]

손님은 산책 중에 우연하게 딜러를 기다리고, 딜러는 초대하듯이 손님을 맞이하게 된다. 이 최초의 만남의 형식은 서로에게 매우 관대하다. 관대함은 각자가 말할 때 자신과 상대방을 모두 대상으로 하는 데서 드러난다. 딜러가 말할 때는 딜러 자신과 손님의 입장을, 손님이 말할 때는 손님 자신과 딜러의 입장을 두루 지닌다. 그런 면에서 이 작품의 등장인물은 "둘이 아니라 넷"이다.[35] 이들은 "거울과 같은 상대방에게 투영된 존재"이다.[36] 손님과 딜러 사이에는 실제로 팔고 사는 물건이 없다. 손님은 딜러에게 숨기고 있

『목화밭의 고독 속에서』, 미셸 디딤 연출, 디종, 1994.

는 물건을 밝히라고 거듭 비판적으로 말하지만, 돌아오는 대답은 물건과 관계가 없는 고통에 관한 것이다. 그런 면에서 이들의 관계는 단순하게 파는 이와 사는 이로 규정할 수 없다. 존재하는 것은 딜러의 욕망에 담긴, 그러니까 딜러가 알고 있는 사는 이의 형태와 손님의 욕망에 의해서 생성된, 즉 손님이 알고 있는 "파는 이의 형태"일 뿐이다.[37] 이러한 두 낯선 형태의 딜러와 손님이 충돌하여 고통을 야기한다.

> 손님: 당신이 무엇인지 밝히길 거부하는, 그리고 내가 어떤 방법으로도 짐작할 수 없는 신비스럽기 이를 데 없는 물건들을 갖고 있는 상인이고, 또 나는 스스로도 알지 못하는 비밀스럽기 이를 데 없는 욕망을 지니고 있어서 그걸 스스로 확인하려면 피가 날 때까지 딱지를 긁어대듯 추억을 파내야만 하는 구매자라는 게 사실이라면, 만약 그렇다면, 당신은 왜 그 물건을 계속 감추고 있는 겁니까? ……이제 결정을 하시지요. 그리고 정체를 드러내세요(33~35).

> 딜러: 모든 인간이나 짐승들이 두려워하는 건 고통이 아닙니다 …… 무엇보다도 두려워하는 건 고통의 낯섦이고, 그 익숙지 않은 고통을 감내해야만 한다는 사실입니다(30).

딜러의 고통은 계속된다. 그것은 그에게 "겨울로 변장한 여름도, 여름으로 변장한 겨울도 아닌, 한 계절에서 다른 계절로 넘어가는 길목에서처럼 부드럽게 망설"(46)이는 일처럼 한없이 지속되고 있으며, 이를 감내해야 하기 때문이다. 딜러와 손님이 욕망하는 딜러의 사이, 손님과 딜러가 욕망하는 손님의 사이, 고통의 낯섦과 고통의 감내 사이, 한 계절에서 다른 계절로 넘어가는 사이와 같은 서로 일치하지 않는 이중의 접점에서 인물들의 비극성이 생성된다.[38] 딜러와 손님은 서로 마주 보지 않고, 이들은 서로 말하지 않고, 서로 보완하는 바도 없고, 딜러는 손님을, 손님은 딜러를 소외시키고 있다. 두 인물 사이의 모순에도 불구하고 딜러는 손님에게 "오늘 당신을 만져보니 당신에게선 차가운 죽음의 기운이 느껴졌습니다. 하지만 오직 산 자만이 느낄 수 있는 추위의 고통 또한 느껴졌지요"(47)라고 말한다. 이처럼 상대방의 실제적 존재(의 깨달음)는 이 둘의 관계와 존재하는 공간마저 불편하게 만들 뿐이다. 이는 인물 각자의 욕망이 서로 일치하지 않기 때문이고, 각자의 존재의 의미를 위해서 상대방을 배제하고 있기 때문이다. 인물들은 서로 만남의 형시만 지녔을 뿐, 이들의 세상은 "결국 서로 다른 별개의 것이고, 그 낯섦은 포도가 포도주에 섞이듯 우리의(서로의) 본성 안에 녹아들어 있을"(60) 뿐이다.

『목화밭의 고독 속에서』에서 딜러와 손님은 같이 있는 것 같아 보이지만, 두 인물이 논쟁하는 내용은 서로 일치하지 않고 대립한다. 딜러와 손님은 서로 다르기 때문에 비극적인 결말을 낳지만, 서로 다르기 때문에 존재를 지속할 수 있는 인물들이다. 이 작품에서 인물들이 존재할 수 있도록 상보적 역할을 하는 것은 손님과 딜러 사이의 상충되는 대립과 두 인물의 존재 자체이다. 제목에 나오는 목화밭은 두 인물이 허리를 숙이고 목화를 따기 위하여 일하는 공간을 상징한다. 한 사람, 한 사람이 줄곧 앞으로 나아가지만, 더러 멈춘 채 말을 교환하는 장면을 연상하게 한다. 줄곧 앞으로 나아가야 하는 노동의 형태가 고독을 뜻한다면, 멈춘 채 말하는 장면은 교환을 뜻한다. 고독하게 일하는 목화밭의 노동과 말을 주고받지만 이르지 못하는 교환은 서로 상충된다. 딜러는 손님이 존재한다는 것을, 손님은 딜러가 기다리고 있다는 것을, 내가 말하면 상대방이 들을 것이고, 상대방이 말하면 내가 응답해야 한다는 것을 기대할 뿐이다. 그런 면에서 이 작품에서 인물들의 욕망은 상대방을 통해서 되돌아오는, 상대방을 통해서 확인하는 과정에서 온전하게 드러난다.[39] 이들은 "거울이라는 감옥prison du miroir"[40]에 빠져 있는 절망적 인물이다. 목화밭은 거울의 상징이고, 고독은 거울 속에 투영된 자신들의 육체이다.

결론: 욕망과 고독

이 작품에서 '수수께끼'와 같은 장소는 두 인물의 욕망과 고독을 직접 혹은 간접으로 드러내는 극적 장치라고 할 수 있다. 두 인물의 독백과 같은 대화 속에서 구체적 장소와 그 상징을 읽어내기는 참 어렵다. 짐작할 수 있는 바가 드러나지 않기 때문이다. 오히려 독자와 관객은 극을 보거나 텍스트를 읽을수록 미궁과도 같은 장소에 빠져들게 된다. 등장인물인 딜러와 손님은 거리의 부랑자들로 보이고, 미궁 속으로 빠져들게 하는 극한의 벽 앞에 놓인 이들의 대화는 고전문학에서 볼 수 있는 독백에 가깝다. 『목화밭의 고독 속에서』는 이러한 인물들의 대칭, 인물과 말의 대비와 역설 등이 도드라져 보이는 작품이다. 이 작품에 등장하는 익명의 딜러와 손님은 고정되어 있는 이들이 아니라 편재되어 있는 자유로운 인물로 서로 만난다. 자신들이 사는 곳으로부터 떨어져 있는 이들은 딜러와 손님이라는 역할만 드러날 뿐, 서로 연관이 없고 이름을 지니지 않은 낯설기 이를 데 없는 인물들이다. 딜러로서 팔고자 하는 것과 손님으로서 사고자 하는 욕망의 대상도 분명하지 않을 뿐만 아니라 무엇인지 짐작할 수도 없다.

딜러와 손님은 물건을 파는 이와 사는 모든 이를 대변하는 일반성도 지니고 있지 않다.[41] 익명이라는 공통점을 지닌 딜러와 손님에게 개별성도 찾아볼 수 없다. 이들에게 존재하는 것은 말을 건넬 수 있는 상대방이라는 이타성altérité뿐이다. 딜러 다음에는 손님이, 손님 다음에는 딜러가 이어지는 교차배치만 있을 뿐이다. 이렇듯 딜러와 손님이라는 익명의 존재들은 지금 여기에 혼자 혹은 같이 있을 수밖에 없는, 서로 말을 하지만 아무것도 교환될 수 없어 고독이라는 고통 속에 있는 인물들이다. 이들이 말하는 것은 하나의 명제에 이어지는 반명제와 같은 것일 뿐이다.[42] 딜러와 손님이라는 두 인물 사이에는 공유할 수 있는 공간이 부재하고 오로지 관계의 중립성만이 존재한다. 그 때문에 두 인물은 서로 나눌 수 있는 감정이 없다. 공통된 사회적 시간과 장소도 이들에게는 찾아볼 수 없다. 이들이 일반적인 언어의 관습으로부터 벗어나 말할 수 있는 이유는 관계의 중립성에서 창출된다. 이들은 팔거나 사는 교환 행위를 하지도 않고 힘들게 현존한다. 파는 이와 사는 이의 현실을 가늠할 어떠한 소통의 내용도 찾아볼 수 없다. 말을 하되 마주 하지 않고, 팔고 사는 행위와 입장에 관한 말을 주고받되 정작 교환되는 것이 아무것도 없는 이런 상황의 끝자락에 남는 것은 고독한 생의 연민일 터이다.

딜러와 손님은 존재하기 위한 공간을 찾아 나선 인물들이다. 그런데 그 공간은 추상적인 '목화밭의 고독 속에서'의 한 섬이다. "이 땅과 시간" 안에서 이들은 당연히 "남들이 이해할 수 없는 언어를 사용한다"(26). 콜테스는 이러한 고전주의 극작법에서 볼 수 있는 수사와 현대 연극이 지닌 공간감이 가득한 언어를 통하여 인물의 형태를 묘사한다.[43] 이를 통하여 콜테스는 인물들의 의지를 드러내고, 체념이 아니라 인물들이 욕망하고 그 욕망을 관철하기 위하여 싸우는, 이른바 논쟁과 같은 놀이를 지속하게 한다. 그러므로 공간은 적극적으로 존재하려는 욕망으로 가득한 곳이 된다. 콜테스는 우리가 살고 있는 이 세계가 아무것도 알지 못한다고 여긴다. 딜러와 손님처럼 자기 식으로 생을 구축하는 것도 헛된 일이라고 말하고 있다. 이들은 이 세계가 필요로 하지 않는 존재로 여긴다. 이러한 상황에서 유일하게 자신을 규찰하는 것은 말뿐이었다. 낯선 공간에서 낯선 이와 주고받는 말은 억제 없이 행해지는 충족, 일종의 생존 양식과 같다. 그러나 그 말도 결국에는 하나의 무기가 될 뿐이고, 두 인물은 말이라는 무기 다음을 질문으로 남긴다. 이들마저 말이라는 정신으로 현실의 광속을 따라갈 수 없었던 것이다. 이러한 몰락 속에서 인물들은 아무것도 아닌 존재가 된다.

결론적으로 이 작품은 욕망과 고독이라는 주제를 동어반복과 같은 화법으로, 불분명한 시간과 중심이 아닌 불모의 세계와 같은 후미진 변방이라는 공간 속에서 정신의 폭발과 같은 소통의 단절을 드러내고 있다. 이 작품에서 딜은 주고받는 관계intéressé가 아니라 아무런 배상의 관계가 없는désintéressé 형식이다. 이것이야말로 콜테스의 다른 작품처럼 『목화밭의 고독 속에서』도 시적 언어가 가득한 수사를 지닌 고전주의적 화법에 의지하고, 이를 통하여 "울림과 리듬을 지닌 음악과 같은 언어"[44]를 부활시킬 수 있었던 바이다. 그 언어들은 상상력이 극한으로 가는 사고의 순수한 놀이와도 같다. 이데올로기를 떠나 비정치적이지만 딜이라는 주제를 통하여 이 세상에서 행해지는 거래와 이윤과 같은 경제 논리가 아니라, 그 불모의 형편을 상상력의 자유로 드러내는 이 작품은 정신의 슬픈 주문과 같다.

"지금, 그것이 일어난다. 지금. 그러나 지금 무엇이 일어났는가? 아직 미래에 속할 뿐인 노래의 현존, 그리고 그는 현재 속에서 무엇을 만졌던가?"

——모리스 블랑쇼

현대 연극에 나타난 고백의 언어
——『숲에 이르기 직전의 밤』 연구

서론 : 콜테스와 고백의 언어

대부분의 콜테스 희곡은 사회로부터 소외된 인물들의 이야기를 담고 있다. 인간의 경험을 언어로 진술하는 방식인 희곡 속 인물들은 고통과 절망 그리고 비통함 등을 지녔다. 이들은 운명과 관계없이 낯선 이방인으로서 자신의 유한함과 나약함을 세상의 폭력과 더불어 말하고 있다. 인물들의 이야기는 인물들이 겪고 행동하는 것이되, 실제로 일어난 것이기도 하고 상상속에서 엮인 것일 수도 있다. 콜테스 희곡의 또 다른 특징은 이야기의 전개가 인물들이 등장하고 머무는 장소로부터 출발하고 지속된다는 점이다. 장소는 지금 이곳의 노래와 저곳을 향한 염원으로 구분된다. 정신과 육체가 바깥 사물과 만나는 것이 경험인 것처럼 장소와의 경험은 인물들에게 중요한 요소로 작용한다. 인물들의 아픔과 고독은 운문으로 쓰인 엄격하고 유려한 고백의 언어로 탁월하게 드러난다. 말이 생의 샘터와 같은 장소로부터 생출한다는 것은 인물이 느끼는 절망의 깊이와 절박함이 세상과 한통속이라는 것을 뜻한다. 그러한 인물과 장소에 밑바닥처럼 자리 잡고 있는 것이 길고 긴 운문의 독백 혹은 고백이다.

『숲에 이르기 직전의 밤』(이하 『숲······』으로 표기한다)[1]은 현대 연극의 특징인 소외된 계층의 반사회적 성향을 지닌 것으로 잘라 말할 수 있지만, 그런 해석은 콜테스의 연극 세계를 주제로만 국한시켜 협소하게 만들 우려가 있다.[2] 콜테스의 희곡에 나오는 인물들의 성격이나 발화 내용만을 해석하면, 콜테스의 다양한 극적 세계가 하나의 주제로 제한되고 감퇴되는 결과를 지니게 되기 때문이다. 콜테스 희곡을 분석하면서 비극적 세계관과 고전 비극의 시학을 중심으로 연극의 현대성을 간파하고, 콜테스를 현대 연극의 신화로 상징한 안 위베르스벨트도 콜테스에 관한 연구서에서 이 점을 언급했다. 그는 고독에 대한 정의, 타자와 사랑의 절대적 필요성 등과 같은 해석을 넘어서서 그의 연극 세계가 지닌 언어의 고유성, 인물의 변별성, 언어와 장소 그리고 인물의 전체성 등을 희곡 분석을 통해서 더 면밀하게 연구해야 한다고 주장하고 있다.[3] 콜테스의 초기 작품에 속하는 『숲······』은 인물들의 이야기의 서술 형태, 이야기 속의 경험들이 분명하지 않고 혼미의 양태를 보이고 있다. 인물이 말을 하지만 다하지 않고, 말해진 것도 상징이나 은유를 가득 지니고 있다. 모든 것을 다 말하지 않는 이 희곡은 다른 작품들보다 여백의 폭이 크다. 그런 면에서 이 희곡은 말들의 뜻이 넘치는, 해석의 책무가 복잡한 작품이라고 할 수 있다.

『숲······』(1977)은 『아주 멀리 도시 속으로 말을 타고 달아나기』(1973~76)와 유사한 작품이다. 『숲······』은 1977년에 집필하여, 같은 해 7월 아비뇽 연극축제의 오프 공연le off d'Avignon으로, 낡고 오래된 옛 경매장에서 매일 밤, 겨우 스무 명 안팎의 관객 앞에서 처음 공연되었다.[4] 그리고 1981년 파리 오데옹 극장에서 재공연되면서 널리 알려졌다. 『아주 멀리 도시 속으로 말을 타고 달아나기』는 1973년에 집필을 시작하여 1976년 대본이 완성되었고, 1984년 콜테스 작품으로는 처음으로 출판되었다. 1986년에 쓰기 시작했지만 미완성 작품으로 남은 『프롤로그』와 더불어 이 세 작품은 희곡답지 않은 미완의 형식으로 씌었다는 공통점을 지니고 있다. 앞의 희곡들은 종래 희곡의 구성이나 전개 형식을 아예 지니고 있지 않다. 희곡 속 이야기는 시작부터 과정을 거쳐 끝으로 연결되는 것이 아니라 처음부터 끝까지 하나로

붙어 있는 고백의 언어를 통해서 전개된다. 이야기는 실제의 삶을 넘어서는 몽상과 같은 것으로, 실제의 행위보다는 말하는 화자와 이야기가 담고 있는, 이야기를 하려는 화자의 욕망이 우선된다. 그런 이야기는 현실의 삶과 채울 수 없는 욕망 사이의 괴리를 대체하는 몽상으로 환원된다. 말들이 이어지지만 소멸되고, 새롭게 생성되는 일련의 사건과 같은 것이 없고, 처음부터 끝까지 하나의 시간, 그 영원성만이 존재한다.

『숲……』은 "말로 표현할 수 없을 정도로 외로운"(121) 주인공 화자가 처음부터 끝까지 어떤 길과 길모퉁이에서 말하는 고백의 연극이다. 희곡 제목은, 인물은 숲 바깥에 있을 뿐 결코 숲에 이르지 못한다는 상정이다. 그사이 세상은 온통 뒤죽박죽이고 어두컴컴한 밤이다. 장소가 길과 길모퉁이처럼 분명하지는 않지만, 말은 이곳과 저곳을 오가는 사이에서 생성된다. 고백의 언어는 전적으로 운문으로 씌어 있어 희곡은 한 편의 추상화 같다고 할 수 있다. 이 논문은 길고 긴 하나의 문장으로 말하는 욕망의 문제, 이야기를 통하여 말하는 '나'가 지금, 여기에 있는 장소의 문제, 말하는 '나'는 무엇이 되고 싶은가에 대하여, 고백의 언어 속에 들어 있는 욕망의 대상인 음악, 비, 물과 같은 대상들을 분석하려고 한다. 예컨대 비는 위에서 아래로 떨어지는 물리적 현상이되 끊어지지 않은 독백의 외연이다. 위에서 아래로 떨어지는 수직의 비는 입에서 발화되어 수평으로 퍼져나와 사라지는 말과 하나의 괄호 속에 묶이는 관계이다. 여기 있는 말하는 나와 저기 있는 부재하는 너와의 사이, 이 세상과 저 세상과의 사이인 숲을 수놓은 상징들을 분석하는 것이 이 글의 목적이라고 할 수 있다.

본론: 희곡의 추상화와 언어

1. 말하는 욕망 — 시간과 이야기

1977년 콜테스는 『숲……』을 쓰고 난 후, 3년 동안 아무런 글도 쓰지 않고 지냈다. 스스로 말한 것처럼 『숲……』은 그 후에 발표한 작품들과 확연하게 구별되는 경계에 놓이는 작품이다. 그 이유는 『숲……』이 그가 말하고 싶은 욕망 그 자체가 오롯이 드러나는 작품이기 때문이다. 콜테스는 이전에는 "뭔가를 만들어내려고 c'était d'inventer des choses 했다면, 『숲……』을 쓰면서부터는 뭔가를 이야기하고 싶었다 c'est de bien les raconter"[5]고 했다. 뭔가를 말하고 싶었다고 하지만, 실제로 그가 말하는 내용은 분명하지 않다. 말을 할 뿐 말하는 것이 분명하지 않다면, 말하면서 드러나고 말한 후 남는 것은 말하는 자신과 듣는 대상 그리고 말하는 장소일 터이다. 그런 현상은 발터 벤야민이 시론 『화자 Der Erzähler』에서 언급한 모든 서술적 패러다임의 소멸, 곧 이야기의 종말로 여겨지기도 한다.[6] 인간들이 더 이상 공유한 경험이 없을 때 남는 것을 아직은 이름 붙일 수 없는 새로운 서술 형태라고 한다면, 희곡 『숲……』의 제목처럼 콜테스가 지어낸 숲과 같은 장소와 밤과 같은 시간에 주목하되, 그 너머를 읽어야 할 필요가 있다.

『검둥이와 개들의 싸움』(1989)에 나오는 아프리카라는 구체적인 장소를 그가 스스로 밝힌 대로 "신식민주의도, 민족의 문제도 아닌…… 이 세상의 한곳 un lieu du monde"[7]으로 읽어야 하는 것처럼, 『서쪽 부두』(1985)에서는 "도시 중심가에서 분리된"(7)이고, 『숲……』의 장소는 이보다 더욱 애매모호한 어떤 '길' '길모퉁이'이다. 그 시간은 낮이 아니라 비 오는 밤이고, 누군가와의 만남도 불가능한 밤이다. 낮을 기다리는 밤, 모든 것이 말해지기를 기다리는, 부재하는 만남에 대해서 간절하게 말을 하고픈 때이다. 이처럼 콜테스의 인물들은 거의 모두 세상의 한구석, 중심에서 벗어난, 분리된 곳에서 살고 있거나 움직이고 있다. 그 끝은 그의 마지막 작품인 『로베르토 주코』(1990)에서 태양을 향한 영원한 죽음에 이르게 된다.

콜테스의 거의 모든 희곡작품에서 그렇듯이 인물과 장소 그리고 언어에 대한 해석은 그것들을 넘어서는 세기말적 고독과 불안함으로 가득 찬 오늘의 세상을 읽어내는 데 이르게 된다. 콜테스의 희곡이 현대 연극의 전범이 되는 가장 큰 요소는 이와 같은 삶과 세상에 대한 형이상학적 태도라고 할 수 있다. 여러 등장인물과 그들의 언어는 절망과 고통의 단순한 드러냄과 극복이 아니라 극복 이전의 비애 그 자체이며 그것들의 일체에 가깝다. 언어와 장소의 배경에는 언제나 황폐한 삶과 세상의 비극성이 지울 수 없을 만큼 널리 깔려 있고 그 끝을 가늠할 수 없을 정도로 펼쳐져 있다. 인물과 세상의 유려한 슬픔이 언어로 그 위를 수놓는다. 그런 면에서 콜테스의 희곡들은 요절한 작가 자신의 삶의 연대기와 사뭇 닮아 있다. 콜테스가 짧은 생내내 절망적인 삶을 살았다면, 그의 작품들은 콜테스보다 "더 절망적plus désespéré"[8]인 산물이라고 할 수 있는 것은 이런 해석의 결과인 셈이다. 『숲……』(1977)부터 죽기 전에 마지막으로 쓴 『로베르토 주코』(1990)에 이르기까지 그의 모든 희곡이 지니고 있는 언어의 장중함과 유려함은 오늘날 불모의 세상, 그 고통과 삶의 비극성을 웅변한다. 콜테스가 짧은 삶을 살면서 이룩한, 운문으로 쓰인 고백의 언어가 현대 연극의 새로운 글쓰기로서 미혹이고 매력이 되는 이유는 여기에 있다.

『숲……』은 이곳이 아닌 저곳에서 '너'를 만나 말하고 싶어 하는 '나'의 고백의 연극이다. "여기서 도망치고 싶어, 얘기를 할 수 있는 방에 있고 싶어져, 친구, 여기서는 너한테 해야 할 말을 할 수가 없어. 다른 데로 가야만 할 것 같아. 주위에 아무것도 없는 곳"(124)을 말하는 바에는 지금, 여기에 있고 싶지 않다는 의지와 말하고 싶지만 말할 수 없는 좌절이 섞여 있다. 이 두 가지 요소가 말을 계속할 수 있게 하는, 말이 시간과 연계되어 끊이지 않게 되면서 이야기가 생성되고 지속되는 원동력이다. 이 희곡에서 중요한 것은 "사건의 경과가 아니라 그 사건 자체, 그 사건으로서의 접근, 이 사건이 일어나도록 되어 있는 그늘과 같은 공간,[9] 아직 미래에 속하는 사건이며 그 잡아당기는 힘에 의해 이야기 또한 실현될 수 있는"[10] 데 있다. 말의 내용보다 더 중요한 것은 말 그 자체이며, 말을 계속할 수 있는 그늘과 같은 밤의 공간이다. 그곳에서 콜테스는 "가장 단순한 언어로, 가장 중요한 것을 말하고 싶을 뿐이었다. 그것은 욕망, 동요, 장소, 빛이나 소리와 같은 것으로, 우리가 사는 세상의 끄트머리에 있는 것이나 우리 모두에 해당되는 것이었다."[11]

『숲……』의 장소는 도시의 길, 때는 밤이다. 주인공 화자는 비 오는 길모퉁이에서 머리와 옷에 쫄딱 비를 맞으면서 '너'를 기다리지만, '너'와의 현재화된 만남은 이루어지지 않는다. 그 만남은 미래로 연기되는 부재하는 만남이다. 주인공 화자인 '나'는 만남을 위해서 끊임없이 움직일 뿐이다. '너'와의 상상의, 부재의 만남은 희곡 속에서 세 번 드러나는데, '너'와의 만남의 순서는 실망·상실·죽음으로 상징화된다. 그 끝은 자기 자신을 지우는 도피에 관한 말들이다. 화자가 만난 첫번째 '너'는 "작고 연약하고, 윤기 나는 곱슬곱슬한 금발"을 지닌, "오직 상상 속에서만 존재할 것 같은"(96) 여자이지만, 그 여자는 주인공 화자를 "지구상의 마지막 바보처럼"(97) 만드는 놈들과 함께 있다. 첫번째 여자는 "다른 편"에 있는, 주인공을 실망시킨 인물이다.

> 작고, 연약하고, 윤기 나는 곱슬곱슬한 금발인, 그렇다고 너무 곱슬곱슬하거나 너무 금발도 아닌, 꼭 필요한 만큼만, 그리고 도저히 뒤따라가지 않고서는 못 배길 것 같은 여인. 그리고 내가 여자에게 말을 걸었을 때…… 나를 바라보는 오직 상상 속에서만 존재할 것 같은 두 눈이, 내가 상상했던 것과 똑같이 반짝이고 있어. 황량하고, 아무 일도 일어나지 않는 어느 저녁에, 나는 환상에 빠지지…… 이제 더 이상 아무것도 상상할 수가 없어…… 거기에서 우리 마치 지구상의 마지막 바보가 된 것처럼 놈들에게 당하고 말지. 그 여자가 다른 편이라는 걸…… 알았더라면…… 이제 다시는 정신 나가서 여자 뒤를 쫓는 일은 절대 없을 거야. 이제 다시는. 절대로 환장하지 않을 거야 (95~98).

두번째 '너'는 "도시 한가운데의 어느 다리 위에서"만 있는, "물가에 앉아 있거나 물 위로 몸을 숙이고 있"는, "다리나 둑 위에서만 얘기할 수 있는, 그 위에서만 사랑할 수 있는, 다른 곳에선 꼭 죽은 사람 같은"(111) 마마 mama라 불리는 여자이다. 두번째 여자는 많은 사람들과 소음이 있는 그곳을 도망쳐 어디론가 달아난 인물이다.

> 어느 날, 저녁 우연히, 강물 위로 몸을 구부리고 있는 어떤 계집애를 봤다

고…… 그 애가 몸을 돌리면서 이렇게 말하는 거야. 내 이름은 마마야……
그냥 머물러. 새벽이 되어 그 애가 떠날 때까지, 난 밤새도록 이렇게 묻지.
넌 누구야? 어디 살지? 무슨 일해? 다시 볼 수 있을까? 그 앤 강 위로 몸을
구부리고 말해. 난 절대 강을 떠나지 않아. 이 둑에서 저 둑으로, 이 다리에
서 저 다리로 옮겨 다닐 뿐이야. 난 수로를 거슬러 올라갔다 다시 강으로 내
려와. 난 배도 바라보고, 수문도 바라보고, 강바닥을 찾아보기도 해. 난 물가
에 앉아 있거나, 물 위로 몸을 숙이고 있곤 해. 난 다리나 둑 위에서만 얘기
할 수 있어. 그 위에서만 사랑할 수 있어. 다른 곳에선 꼭 죽은 사람 같아. 하
루 종일 지루해. 그래서 매일 저녁 난 물가에 돌아와서 해가 뜰 때까지 떠나
지 않아. 그러더니 그 계집애는 도망쳐버렸어…… 돌아와 마마, 돌아와, 난
미친놈처럼 썼어. 마마, 마마, 마마(110~12).

세번째 여자는 "너무 멀리 갔기 때문에 죽어버린"(113), "묘지로 가서 무
덤 옆의 땅을 파…… 제일 깊숙한 곳의 흙을 쥐고 그걸 삼켜…… 죽을 때까
지 흙을 삼키"(114)다 죽은 미친 창녀이다.

　난 너무 멀리 갔기 때문에 죽어버린 여자를 알고 있어. 더 쉬웠다면 죽어버
렸을…… 그 방법을 두려워하지 않았다면, 더 멀리 나아갔을…… 흙을 삼키
고 나서 모든 걸 치러낸 그 여자처럼. 그녀는 묘지로 가서 무덤 옆의 땅을 팠
어. 손에 흙을, 제일 깊숙한 곳의 흙을 쥐고 그걸 삼켰어…… 묘지 한가운데
서 죽을 때까지 흙을 삼키는 이 미친 창녀에게, 누가? 거기서 난 분명 그녀를
봤어…… 그 여자는 창녀였어…… 창녀들도 미칠 수 있어(113~15).

　흙을 먹다가 죽어버린 창녀를…… 그 여자를 봤어. 묘지에, 죽어 있는
걸…… 여기서 도망치고 싶어.(어디로 갈지 안다면 말이야.)(124)

이런 만남은 순서상으로 과거에 속하는 것이지만, 만남이 이뤄지지 않았
다는 면에서 미래형이고 그럼에도 그런 만남을 회구한다는 면에서 여전히

현재형이다.

콜테스의 언어는 이런 부재 속에서 끊어지지 않고 이어진다. 시간이 끼어들고 말들이 태어난다. 이런 경험 이후 주인공 화자는 "어디로 가지? 어디로 가지?"(122)라고 반복적으로 말하면서 "여기서 도망치고 싶어"(124) 한다. 그곳은 "주위에 아무도 없는 곳, 돈이라든지 빌어먹을 비 따위가 문제되지 않는 곳, 풀밭이나 뭐 그런 데 앉아 있는 것처럼 편하게, 더 이상 움직일 필요도 없고, 시간도 여유롭고, 나무 그늘이 있는"(124) 니카라과(125) 같은 곳이다. 희곡의 끝부분에서 화자가 있는 세상의 풍경이 어렴풋이 드러난다. 그곳은 지하철 속 "복도 저쪽 끝에선 거지가 구걸하고 있고, 반대편 승강장에서는 온통 노란 옷만 입은 미친 노파가 웃으며 신호를 보내고 있고, 위쪽 난간에서는 어떤 아줌마가 갑자기 걸음을 멈추고 숨을 고르고 있고, 옆에는 어떤 아랍인이 앉아 나지막하게 뭔가 노래를 부르고 있고…… 머리가 등까지 내려오는, 잠옷을 입은 계집애가 주먹을 꽉 쥐고 앞을 지나가고 있고, 하얀 잠옷을 입고, 그런데…… 표정이 일그러지더니 질질 짜기 시작하는……"(138) "지긋지긋한, 더 이상 참을 수 없는, 넌더리가 나는 세상"(139)이다. 화자가 이 난장판 속에서 찾던 '너'는 희곡의 맨 끝에서 팔을 잡고, 바라보면서 사랑해라고 말을 할 수 있는 천사 같은 "친구, 친구"(141)일 뿐이다. 그 끝은 불가능한 만남, 이야기의 추락이다. 그것은 반복되어 울리는 "비, 비, 비, 비"라는 메아리로, "아랍인의 노래"(141)처럼 이곳이 아닌 저곳의 욕망으로 상징화된다.

희곡의 맨 앞부터 끝까지 상대방 인물에 대한 언급은 불확실할 뿐만 아니라 구체적인 지시문은 아예 없다. "아무것도 뒤섞이지 않고 제대로 이해한다는 건 내게는 어려운 일"(89)이라고 말하는 주인공 화자에게 말할 상대가 필요하지만, 그것 역시 "내가 단지 이야길 하기 위해 그러는 것"(133)은 아니라고 말한다. 이처럼 그에게 가장 불확실한 것은 세상과의 만남이다. 첫 대사인 "내가 널 봤을 때 넌 길모퉁이를 돌고 있었어Tu tournais le coin de la rue lorsque je t'ai vu"(81)처럼 너와의 만남은 불가능했던 만남이고, 실패한 만남이고, 유산된 만남이다. 그사이에 비가 계속 내린다. 주인공 화자가 처음 있던 곳은 어느 길모퉁이고, 그다음에는 아래로 되돌아가는 길과 교차로(87)로 이어지고, 그 길은 평면으로 계속 확대되고 있다. 그는 '빌어먹을 바람'이 불고 '빌어먹을 비'가 내리는 저녁 시간에 쫄딱 비에 젖은 채 "텅 빈"(86), "거울로 가득 차 있"(83)는 길 위를 달려간다. 거울이 많을수록 세상은 더욱더 텅 비어 있게 된다. 불가능한 만남은 작게는 말할 상대방의 부재이고, 나아가 세상에 대해서 말하는 것도 불가능한 채로 하룻밤이 그냥 그저 사라졌다는 것을 뜻한다. 그런 생의 불확실함과 모호함 속에서 주인공 화자는 "여기를 도망치고 싶고…… 다른 데로 가야만 할 것 같"(124)다고 말한다. 여기를 떠나 다른 곳으로 나아가면서 읊조리는 것이 63쪽에 달하는 한 문장으로 된 긴 고백이다.

이야기 끝에 의미가 생출되는 것이 아니라 오히려 이야기 자체가 의미를 넘어서는[12] 이 작품은 말하는 고통, 견뎌내야 하는 고독의 경험, 함께 나누고 싶은 생의 욕망으로 채워진 연극이다. 주인공 화자인 '나'는 자신이 찾는 '너'를 향하여 끊임없이 말을 한다. 줄거리를 지니지 않은 그의 말하기는 상대방이 자신의 앞에 존재하는 것처럼 여기고, '나'가 '너'라는 존재와 의지와 관계없이 '너'에게 말을 건네는 형식이다. 그러므로 '나'의 고백은 곧 텅빈 자기 자신에게 말하는 충만과도 같은, 자기 자신에 내재된 이야기 즉 "비밀 노래Chant secret"(141)이다. 주인공 화자는 말하는 사람일 뿐, 그의 말들 속에는 인과관계가 있는 내용을 전달하려는 내레이션이 자리 잡고 있지 않다.[13] 전형적인 이야기가 해체되는 말들의 구조 속에서 그것을 대신하는 것은 이야기가 담고 있는 메타포이다. 그것은 곧 화자가 되묻는 "어디로 갈까? 어디로 가지? 〔……〕 어디로 갈까? 이제 어디로 갈까?"(120), "어디로 가지? 어디로 가지?"(122), "어디로 가나, 어디로 가나"(123)와 같은 고백에, 제 스스로에게 하는 질문만 있고 대답이 없는 이 문장에 함축적으로 들어 있다.[14] 화자는 어두운 밤 속에서 자신의 고독함과 고통이 스스로 말할 수 있게 함으로써 그것들을 제거하고 그것들의 너머로 옮겨가려 한다. 그 자리에서 주인공 화자는 "등 뒤에서 흔드는 바람을 느끼면서" "바람이 들어 올려"(109) 달리고, "풀밭과 나무 그늘"(129)과 같은 '방'을 원한다.

……난 방을 잃었어. 난 딱 오늘 밤만 보낼 방을 찾고 있어. 밤새도록도 아
니고 잠시면 돼…… 오 분이면 돼…… 난 오늘 밤 잠시 머무를 방을 찾고 있
어……(106~107)

그 끝은 희곡의 맨 마지막 부분에서 "아무 말도 하지 마, 움직이지 마, 난
널 바라볼래. 널 사랑해. 친구. 친구 난 이 난장판 같은 곳에서 천사 같은
누군가를 찾아 헤맸어"(141)라고 메아리처럼 무한을 향하여 울리는 말이다.
이처럼 주인공은 조금도 지치지 않고 시간의 연대기 속을 처음과 끝의 구분
없이 오로지 말하는 행위로 헐떡거리며 언어의 극단으로까지 치닫고 있다.
상대와 "말하기, 응답하기가 생략된 채 말하는 이의 길고 긴 사유로 구조화
된 이 텍스트"[15]의 내용은 억압과 폭력 그리고 위선으로 가득 찬 세상과 그
속에서 주변인, 이방인으로서의 삶의 탄식이며 자신을 타자화시키는 비명이
다.
　　콜테스의 첫번째 희곡이라고 할 수 있는 『숲……』은 후기 작품인 『목화밭
의 고독 속에서』(1986)와 닮은 부분이 많다. 두 작품의 맨 앞, 말들의 발화
가 상대방을 바라보는 순간적인 시선 속에서 이루어지고 있다. 『목화밭의
고독 속에서』는 상대방이 말을 잇지만, 『숲……』에서는 상대방이 끝까지 나
오지 않고, 다만 말하는 이와 듣는 이, 혹은 그 말을 받아 응답하는 사이에
거리가 존재할 뿐이다. 이 두 작품의 서두의 경우 말하는 이는 정지된 채 있
고 (보이는, 보이지 않는) 상대방은 움직이는 현재형의 상태 속에 있다. 그
리고 두 희곡의 첫 대사처럼 장소에 대한 정보를 구체적으로 알려주는 것은
없다. 독백 속에 '시간'과 '때'와 같은 어떤 순간이 선행될 뿐이고, 말하는
자신의 의식과 더불어 과거의 사건과 현재의 재현, 미래의 염원이 서로 얽
힌 채 상징적으로 드러나고 있다.

딜러: 당신이 이 시간에 이런 동네를 돌아다니는 이유는 당신이…… 난 이곳
　　에 당신보다 오래전부터 있었고, 앞으로도 오랫동안 머물 것이며……

202

(『목화밭의 고독 속에서』, 9)

내가 널 봤을 때, 넌 길모퉁이를 돌고 있었어. 비가 와서.(『숲……』,
81, 이하 『숲……』에서 인용)

난 네가 길모퉁이를 도는 걸 보자마자 네게로 달려갔어…… 이번만큼
은 모퉁이를 돌았을 때 네가 없는 텅 빈 길 위에 혼자 남겨지고 싶지
않았으니까. 이번에도 비, 비, 비만 있는 건 싫었으니까. 이번만큼은
반대편 모퉁이에서 너를 만나고 싶었으니까(86~87).

나는 달리고, 달리고 또 달렸어…… 용기를 내어 이렇게 외치고 싶었
으니까. 친구! 용기를 내어 네게 이렇게 말을 걸고 싶었으니까. 친구.
불 좀 빌려줘. 별것도 아니잖아. 친구, 빌어먹을 비, 빌어먹을 바람,
빌어먹을 교차로(87).

국제 조합에 대한 내 생각이 이길 때까지…… 모든 수단을 동원해서
버텨야 해. 그럼 모든 게 우리 차지가 될 거야…… 난 놓치지 않을 거
야. 구석구석을 다 찾아다닐 거야. 난 놈들을 전부 다 찾아낼 거야(102).
누군가 네게, 너와 함께 있는 저 낯선 녀석은 누구냐 하고 물으면, 넌
몰라요, 몰라요, 라고 대답해야 해. 그래도 계속 다그치면, 넌 또 말해
야 해. 모르는 사람이에요. 그저 내가 모퉁이를 돌 때 말을 건 사람일
뿐이라고요. 내게 하룻밤, 그것도 잠시 동안 머무를 방이 있는지 물어
보더군요. 그전에는 한 번도 본 적이 없는 사람이에요, 라고 대답해야
해. 사실 난 멀리서 널 보고 있었어(103~104).

앞에서 언급한 두 텍스트는 극작술에 있어서 합리적인 선행조건 없이 뜬
금없이 말들이 튀어나오는 것으로 시작한다. 그것은 "마치 황혼녘에 건물
위에 창문에 불이 켜지는 것을 보듯…… 이 첫번째 불빛에 부드럽고 공손하
게, 그리고 다정스럽기까지 할 정도로 다가가듯"(『목화밭의 고독 속에서』,
10), "그래서 네가 저기, 길모퉁이를 돌 때, 내가 널 봤을 때, 난 뛰기 시작
했고, 생각했어……"(82)처럼 시작되어 끊임없이 계속 이어진다. 콜테스의

희곡 가운데서 가장 긴 고백의 언어를 지닌 이 두 작품에서 사건의 진행보다 더 중요한 것은 말들의 지속되는 과정, 풍경이다.[16] 지속되지만, 그 과정과 풍경은 끝까지 어둠 속에서 구체적이지 않은 채 이어지고 있을 뿐이다. 말하는 이의 의지와 두 시선이 서로 교차하는 행위만이 드러날 뿐이다. 말하는 '나'는 지금, "주위에 온통 정렬한 병사들이 기관총을 들고 겨누면서 움직임을 주시하는 가운데서도 나뭇잎 위로 날아오르고 싶어 하는 하찮은 새가 되고 싶"(132)어 한다. 이처럼 『숲……』에서 주인공 '나'가 혼자 말하는 행위는 정신의 긴장intentio과 이완distentio을 동시에 지니고 있다. 정신의 긴장과 이완은 곧 말하는 행위의 시간성을 뜻하고, 말은 그 긴장과 이완 속에서 생출된다. 그러니까 화자는 말하는 내용〔'너'에게 해줄 절실한 욕망(88), "내 머릿속에 항상 숨어 있다가 문득문득 떠오르곤 하는"(131) 이야기들, "어떻게 이야기를 해야 할지 모르"(141)는 데서 오는 절망과 같은 것들〕과 그것을 어떻게 말할 것인가의 문제 사이에서 벗어날 수 없다. 달리 말하면 이 희곡 속 화자는 그가 이야기를 말하는 행위와 말하는 내용이 지니는 시간적 경험 사이에 존재한다. 화자는 말을 할수록 과거와 미래와 연결되어 있다. 그가 말을 할수록 그의 행위는 기억과 맞닿아 있다. "네가 저기, 길모퉁이를 돌 때, 내가 널 봤을 때, 난 뛰기 시작했고, 생각했어. 하룻밤, 그것도 잠시 동안 머물 방을 찾는 것보다 더 쉬운 일이 또 있을까? 〔……〕 정말로 간절히 원한다면, 용기를 내어 부탁한다면……"(82)처럼 주인공이 말하는 앞의 언술 행위 속에는 기억의 층위가 들어 있다. 그 "기억은 과거의 이미지를 갖는 일이다. 그 이미지란 사건들이 남긴, 그리고 정신에 새겨진 어떤 흔적이다."[17] 앞의 말 속에는 과거의 현재와 같은 기억이 "시작했고, 생각했어"처럼, 현재의 현재인 직관이 "돌 때, 봤을 때"처럼, 미래의 현재인 기다림이 "원한다면, 부탁한다면"처럼 드러난다. 길고 긴 독백 혹은 고백은 말의 연장선이면서 시간의 지속선이다. 그 말들은 어두운 무대를 비추는 한 줄기 빛과도 같다. 그 상태가 최고조에 이를 때, "열기는 점점 더 더해가고, 사람들은 황홀경에 빠지기 시작해. 이제 더 이상 아무것도 상상할 수 없"(96)게 되어 모든 것이 증발되고 무화된다. 이렇게 해서 장소는 아무 곳도 아닌 애매한, 상징적인 공간이 된다. 이처럼 『숲……』은 모든 것이 말로써 이루어지고, 말이 행위처럼 보이게 되는 극단적인 작품이다.

2. 말하는 '나'와 장소

콜테스의 희곡에서 장소는 중요한 역할을 하지만 어둡고 분명하지 않다. 무대 위에서 빛을 보이는 것은 오로지 발화되는 말들뿐이다. 생성을 위한 빛과 같은 종류의 것들이 모두 죽고 사라진 어두운 무대 위에 남은 것은 밤과 같은 어둠la nuit, 이방인과 같은 검은색 피부를 지닌 검둥이le noir뿐이다. 콜테스에게 무대는 일시적인 장소에 불과하다. 인물들은 그곳을 끊임없이 떠나려고 하고 있어 무대는 문제가 야기되는 장소일 뿐이다.[18] 콜테스의 무대는 빛과 같은 삶이 부재하는 어둠으로 채워진 텅 빈 부재의 공간이다. 그에게 무대는 "삶을 부정할 수 있는 유일한 장소"[19]인 셈이다. 그러므로 콜테스 스스로가 자신의 희곡에 대해 "특정한 주제에 관해서 쓰지도 않았고, 어떤 주제를 지닌 작품이 아니다"[20]라고 한 언급은 희곡의 주제는, 생의 진정한 모습은 이곳 무대를 떠난 무대 밖hors-scène, 이름 붙일 수 없는 어떤 곳un non-lieu에 있다는 것을 암시한다. 그것은 진정한 삶, 꿈꾸는 삶은 가까이 할 수 없는, 무대scène, 너머hors를 통하여 상상해야 하고 연극을 통해서 다시 창조해야 하는 삶이라는 뜻일 터이다. 이러한 부재의 공간에서 울리는 말들은 낯설고, 미완성이고, 일회적이고, 간헐적일 수밖에 없다.

『아주 멀리 도시 속으로 말을 타고 달아나기』의 맨 앞부분의 도망과 추격 장면에서도 밤과 검은 차la voiture noire가 등장한다. 『샐린저』에서는 "밤은 깊다La nuit est profonde"라고 말하고 있고, 『검둥이와 개들의 싸움』은 "부겐빌레아 나무 뒤에서, 황혼"(9)으로 시작되고. 『서쪽 부두』도 "어두운 벽 앞Devant un mur d'obscurité"(10)에서 시작되어 "이 검은 구멍ce trou noir"(10)으로 이어지고, 그것은 "벽을 따라 어둠 뒤에서l'obscurité de derrière, le long des murs"(19)로 계속 확대되고 있다. 『사막으로의 귀환』의 장소도 "정원으로 둘러싸인 벽Mur qui entoure le jardin"(원서, 11)이다. 『로베르토 주코』의 첫 장소도 "침묵과 어둠을 겨누기 지쳐버린 간수들이 가끔 환각의 희생물이 되는 시간A l'heure où les gardiens, à force de silence et fatigués de fixer l'obscurité, sont parfois victimes d'hallucinations"(6)인 곳이다. 콜테스가 전 생애에 걸쳐 인터뷰한 글들을 모은 책인 『내 삶의 한 부분』에는 장소에 관해 un lieu, le lieu, la scène, une autre scène와 같은 단어들을 연거푸 쓰고 있다.[21] 널리 보면 이 장소의 깊이와 다양성은 무대scène와 무대 바깥hors-scène이라는 개념으로 이어진다. 무대 바깥은 무대와 이어져 있는 것이고, 이것이 콜테스에게서 장소의 지속성durer 문제와 직결되어 있다. 무대와 무대 바깥 가운데 어느 것이 진정한 무대la vraie scène이고 삶인지는 크게 문제 삼을 것이 아니라고 여겨진다. 다만 무대와 무대 바깥이 보이게, 혹은 안 보이게 붙어 있고, 그 사이를 채우는 것이 말들이고, 그 말들이 지속되는 것처럼 삶도 지속된다고 보는 것이 중요할 것이다. 콜테스의 연극은 이 두 무대를 모두 아우르는 특징을 지녔다. 그러니까 관객들은 지금 이곳의 무대를 보면서 또 다른 삶, 진정한 삶을 꿈꾸는 지금 저곳의 다른 무대 즉 바깥 무대를 연상해야 하는 몫을 지니게 된다. 콜테스의 연극에서 작가의 상상력은 장소를 매개로 관객의 상상력과 맞물린다.

『목화밭의 고독 속에서』의 두 인물이 있는 공간과 시간은 "정의할 수 없는 시간과 공간의 영원한 고독 속dans l'infinie solitude de cette heure et de ce lieu qui ne sont ni une heure ni un lieu définissable"(69)이다. 『숲……』에서 시간은 밤이고, 공간은 정의할 수 없는 영원한 고독과 같은 숲 속의 길모퉁이다. 이곳에서 '나'는 "나무 그늘도 있는 풀밭"과 "하룻밤 지낼 방"(132)을 찾고 꿈꾼다. 정확하게 말하면 풀밭과 방의 바깥이 아니라 그 안쪽이다.[22] 직선적인 시간인 '하룻밤'이 방이라는 이완의 공간에서 새로운 의미를 갖게 된다. 『숲……』의 장소는 직선적 시간의 표상이기도 한 '길모퉁이'에서 시작된다.

내가 널 봤을 때, 넌 길모퉁이를 돌고 있었어(81).
그래서 네가 저기, 길모퉁이를 돌 때, 내가 널 봤을 때, 난 뛰기 시작했고,

206

『숲에 이르기 직전의 밤』, 이반 헤이드시엑 연출, 파리, 1994.

생각했어(82).

난 네가 길모퉁이를 도는 걸 보자마자 네게 달려갔어(86).

나는 달리고, 달리고, 또 달렸어. 이번만큼은 모퉁이를 돌았을 때, 네가 없는 텅 빈 길 위에 혼자 남겨지고 싶지 않았으니까(86).

이번만큼은 반대편 모퉁이에서 널 만나고 싶었으니까(87).

그리고 난 네가 흠뻑 젖은 채로 저 모퉁이를 돌 때, 그리 강해 보이지 않는다는 걸, 그렇게 튼튼해 보이진 않는다는 걸 금방 알 수 있었어(90).

사실 난 멀리서 널 보고 있었어. 아직 어린 너를. 길모퉁이에 버려진 강아지 같은 너를, 바람만 조금 불어도 날아가버릴 것 같은 너를 말이야. 내가 한 번, 두 번, 세 번, 너를 쫓아갔을 때, 그곳엔 텅 빈 거리와 비뿐이었어. 이번에도 또 널 놓치고 싶지 않았기에(104).

난 이미 네게 다가가서 말을 걸었어. 네가 길모퉁이를 돌 때 난 널 알아봤어(106).

널 길모퉁이에서 보자마자 물어보고 싶었어(108).

길은 "도시 한가운데, 어느 다리 위"(110)로 지평이 이어지고, 그 사이에서 주인공은 머물 방을 찾고, (도시 바깥으로) "너무 멀리 갔기 때문에 죽어버린 여자"를 만나기도 한다. 여자를 죽인 것은 "이야기를 몰살하는 일"이고, "빌어먹을 학살"(114)이라고 말하게 되면서 도시(의 광포함)는 더욱 확대된다. 그런 여자에게 "더 멀리 나아갔을…… 지나갔다고 결코 확신할 수 없는…… 오래 계속될 수도 있"(113)는 방법을 말해주고 싶어 한다. 그리고 죽은 여자의 "묘지 한가운데에서 죽을 때까지 흙을 삼키는 미친 (늙은) 창녀"(114)를 만나기도 한다. 묘지의 흙, 그 속에 있는 관에 닿는 흙을 먹는 일은 곧 주인공이 알려주고 싶어 하는, 이야기에 귀를 기울이는, 그 이야기를 모든 사람들에게 알려줄 수 있는 흙처럼 "부드러운 방법"(113~14)이다. 이처럼 이야기는 시간과 장소에 의지해 설정되고 고백된다.

주인공은 도시 속, 도시의 풍경 속에 갇혀 있다. 그가 있는 도시는 어디론가 갈 수 있는 "방법이 없"(120)는 곳이다. 도시는 "더러운 비와 슬픈 불빛"(104)의 공간이다. 그 안에 사는 사람들은 "오만 가지 피곤함이 낯짝에 가득한데도 굴하지 않고, 흥분하고 망가지"(118)고 있다. 도시는 "지도 위에 구역을 각각 연필로 표시해놓고, 그 안에 우릴 가둬"(120~21)놓은 곳이다. 그 속에 직업, 공장, 조합, 정당, 군대, 국제적 악당, 난봉꾼 조직, 국제적 사기꾼 등이 존재한다. 공간적으로 도시는 "일주일 내내 일해야 하는 구역, 오토바이를 타는 구역, 여자들을 꼬드기는 구역, 여자들의 구역, 남자들의 구역, 호모들의 구역, 슬퍼하는 구역, 수다 떠는 구역, 괴로워하는 구역, 금요일 저녁의 구역"(121) 등으로 나뉜다. 이방인인 주인공이 찾는 곳은 "금요일 저녁"(121)에 "이야기를 할 수 있는 방"(124)이다. 방을 대체하는 곳이 "미친놈들과 미친 계집들을 차갑게 식혀주는 성질이 있는"(123) 묘지의 흙이다. 그곳에 "흙을 먹다가 죽어버린"(124) 이가 있다.

『숲……』의 장소는 말하는 '나'가 부르는 '너'라는 호칭과 더불어 여러 곳으로 변주되어 드러난다. 숲은 니카라과 숲이라는 욕망의 또 다른 상징으로, 모든 욕망이 구체화되는 신화적 장소로 이어진다. 이와 더불어 말하는 화자인 '나' 역시 "네가 길모퉁이를 돌 때 난 널 알아보았어"(106)처럼 말하는 '화자Je-locuteur'로, "놈들이 정신을 차리고 내가 이방인이라는 걸 알아챘을 때"(106)처럼 '듣는 화자Je-allocutaire'로 이어진다. 이러한 장소와 말하는 화자의 분리와 복합적 연동은 이 작품의 시간과 공간을 무한으로 이끌어가고, 그것이 끊임없이 반복되면서 숲은 구체적 장소가 결여된 공간 역할을, 밤은 분명한 때를 넘어서는 시간 역할을 한다. 그곳은 희곡 속, 그러니까 화자가 말하는 "옛날이야기에 나오는 것 같은 숲 속의 초가집…… 커다란 대들보와 커다란 벽난로, 그리고 십만 년이나 된 난생처음 보는 커다란 가구들이 있는 그런 집…… 거기에 들어서는 순간…… 내 집처럼 느껴지는 곳"(84)이다.

『숲……』에는 시간(밤)과 공간(숲)을 지칭하는 니카라과와 같은 단어들이 들어 있다. 극의 진행으로 보면 이 희곡 제목은 1970년대 "니카라과 숲 속에 이르기 직전의 밤"이라고 해도 좋을 것이다. 희곡에 등장하는 니카라과는 지리적으로 라틴아메리카의 구체적인 장소lieu를 뜻하지만, 이 희곡에서는 장소를 뛰어넘는 상징적이면서 몽상적인, 장소 너머의 공간non-lieu, 어둡고 그늘과 같은 공간, 정의할 수 없고 분명하지 않은 애매한 공간, 파괴되기도 한 어렴풋한, 주변적이면서도 희미한 공간을 뜻한다.[23] 니카라과는 물리적으로 1970년대 가난한 나라, 식민 통치 이후의 어두운 국내 경제와 권력이 독점된 정치 상황, 고통 속에 놓여 있는 노동자, 다민족 국가, 내란 등을 연상케 하는 공간적 의미를 지녔다. 어원상으로 니카라과Nicaragua는 Nican-Arauac, 즉 '여기에 사람이 있다'는 뜻이다. 여기서 사람은 물과 같은 새로운 사람, 새롭게 태어나는 이의 희망 혹은 사람들 사이의 따뜻한 형제애, 연대 의식을 뜻한다고 볼 수 있다.[24] 다른 한편으로는 물 가까운 곳이라고 해석할 수도 있다.

『숲……』의 이름이 없는 주인공 화자는 숲에 이르기 직전의 밤길 위, 그 어두운 공간에 갇혀 있다. 그곳을 빠져나와 이르게 되는 곳이 숲 속이고, 그때는 어둠 다음이다. 밤은 그러므로 숲과 그 바깥인 길의 경계이다. 넓게 말하자면 주인공 화자와 같은 이름이 없는 숱한 이들은 그 경계에 놓여 있고 갇혀 있다. 밤은 사회와 국가의 경계, 나와 너의 경계, 이기심과 형제애의 경계, 나 자신의 경계, 앞을 볼 수 없는 갇힌 눈의 경계라고 할 수 있다. 콜테스는 『숲……』에서 그 깊고 어두운 밤을 헤쳐 나올 수 있는 바가, 정확하게 말해서 헤치고 나와 '너'를 만나야 하는 염원에 대해서 한없이 길게 말한다. 희곡을 크게 나누면 앞부분은 어두운 밤의 세계에 사는 이의 불안과 고독을 드러내고, '지금, 이곳'에 속하지 않는 방황하는 이방인으로서 함께 말할 상대, 말을 들어줄 상대를 절실하게 구하게 된다. 이것은 말로써만 행해지는데, 그 고백의 성찰 속에 이방인으로서 갖는 희원과 절망은 고조되기도 하고 하염없이 부서지기도 한다. 이 희곡이 독자를 매혹으로 이끄는 점은 주인공 화자의 불안정한 상태이다. 그것이 말을 계속 잇게 하고, 그 말은 희곡을 읽는 독자에게 다시 자신의 불확실한 상태를 되묻는다. 희곡의 뒷부분은 어느 정도 불안정에서 안정으로 안착된, 이상화된 모습을 보여준다. 그것은 모든 것을 말하되 하나의 대상을 유일하게, 구체적으로 언급하고 있기 때문이다. 그것은 지상의 아주 작은 장소인 방 한 칸이다.

주인공이 찾는 것은 '방' 이다. "난 방에 들어가기 전까진 이 상태로 있을 거야. 어딘가에 자리를 잡자마자 모든 걸 벗어버릴 생각이지. 내가 방을 찾는 건 바로 그 때문이야"(82). 이 희곡에서 '방' 이란 말은 화자에 의해서 자주 발화된다. 겉으로는 방은 세상과 구획을 짓는 공간이면서, 누군가를 만나는 장소이기도 하다. 『숲……』에서 '방' 은 구체적으로 명시되어 있지 않다. 방이라는 장소도, 방에 들어가는 시간에 대한 내용도 전혀 없다. 기껏해야 '방' 은 "거울로 가득 차 있는 세상"과 구별되는, 즉 "모든 유리가 가려져 있는"(83) 곳이 될 뿐이다. 그 안에서 화자는 "모든 걸 벗어버리"려고 한다. 그렇게 하면 '방' 은 "누울 수 있는 풀밭"이고, "머리 위로 하늘이 펼쳐져 있고, 나무 그늘도 있는 풀밭"이 되고, "우리만의 시간을 가질 수 있는"(132) 곳이 된다.

내가 단지 방을 찾고 있을 뿐이라고 네가 생각한다면, 그건 아니야. 난 졸리지 않아. 하룻밤 지낼 방을 찾는 것보다 쉬운 일은 없어. 거리는 방을 찾는 사람들과 방을 주려는 사람들로 가득 차 있으니까. 내가 단지 이야길 하기 위해 그러는 거라고 생각한다면, 아니야. 난 밖에 있는 저 바보들처럼 그게 필요한 게 아니야. 난 놈들과 달라(133).

이처럼 방은 두 사람이 같이 있었던 흔적을 말해주지도 않는다. 주인공에게 있어서 '방' 을 구하는 일은 "거울만이 가득하고, 병사들이 총을 쓰고, 거지들이 구걸을 하고, 건달들이 쥐새끼를 사냥하"(141)는 난장판과 같은 세상의 욕망을 진정시키는 장소의 상징이다. 그러므로 '방' 은 호텔이나 집과 같이 구체적인 장소를 훨씬 벗어나 있는 욕망의 한 형태라고 할 수 있다. '방' 은 "욕망을 가라앉히는 장소 le lieu de l'apaisement du désir" [25]이다. 뒤집어 말하면 욕망을 진정시킬 수 있는 곳이면 어느 곳이든 주인공 화자에게는 '방' 이 될 수 있다는 뜻으로 해석할 수 있다.

주인공 화자는 '방' 을 연거푸 말하면서 자신의 어린 시절을 떠올린다. 앞서 언급한 것처럼 '방' 이 욕망의 진화 장소라면, '방' 이 어린 시절과 끊임없이 연계되어 있다면, 주인공의 욕망은 잃어버린 "천사 같은"(141) 어린 시절에 대한 처절한 갈구로부터 생출하는 것이라고 할 수 있다. 주인공에게 '방'과 어린 시절은 모두 되찾을 수 없는 잃어버린 낙원과 같은 곳이기 때문이다. '방' 바깥과 어린 시절 이후, 세상은 그에게 "더러운 비와 슬픈 불빛만이 있는"(104) '난장판'과 같기 때문이다. 그는 '방'에서 "아직 어린 너를" "바람이 조금만 불어도 날아가버릴 것 같은 너를"(104), 즉 자기 자신의 동심을 되찾고 싶어 한다. 그가 방에 들어가자마자 "모든 걸 벗어버릴 생각"(82)이란 동심을 잃어버린 이후의 모든 것이다. 그러한 '방'을 찾기 위하여 주인공 화자는 "달리고, 달리고, 또 달려"(86)야 했고, "용기를 냈고, 이미 여기까지 왔고, 또 이런 내 꼴을 보고 싶지 않았"(81)다고 말한다.

주인공 화자가 달려간 방향은 도시와 같은 욕망의 앞이 아니라 그 뒤인 '방'이다. 여기서 '방'은 도시와 길항한다. 잃어버린 순수한 어린 시절을 되찾으려고 하는 그의 노력은 불가능해 보이기 때문이다. '방'은 그 불가능한 회복의 상징적인 공간이다. 이 희곡의 제목인 '숲에 이르기 직전의 밤'처럼 주인공은 '방'에 이르기 직전까지 달려갔다. 그렇게 밤이 되고, '방'에 이르지 못한 그에게 남은 것은 욕망의 고통이고, 그것이 말로 환원되어 희곡 속 고백으로 드러난다. '방'을 찾지 못한 채 주인공은 비가 오는 도시 속을 계속 헤매면서 달려간다. 그는 어느 곳에서도 이르지 못한 채 자신이 지닌 욕망의 혼란 속에 빠져 있다. 희망과 같은 지상의 "부드러운 방"(113)은 그의 욕망이지만 그는 결코 그곳에 이르지 못한다. 그것은 그에게 더욱 "이런 개판, 이런 쓰레기 같은 세상"(141)에 갇혀 있다는 고통을, "난 생각했어. 다른 데도 다 마찬가지야. 내가 계속해서 쫓겨날수록, 난 더욱더 이방인이 될 거야. 그들은 여기서 끝장나고, 난 거기서 끝장나겠지"(128)라는 고통을 연거푸 부가한다. 콜테스가 보는 이 세상의 풍경은 이렇듯 절망과 고통 그리고 권태로 고통스러운 곳이다. 그 속에서 나와 찾지 못한 '너'라는 존재, 그러나 어딘가에 존재하는 '너'라는 존재와의 거리는 결국 외침 속에 담겨 있게 된다. 이 희곡은 대부분 주인공 화자의 욕망·불안·만남에 대해 말하고 있지만, 그것은 궁극적으로는 자유와 공유의 상징인 작은 방이라는 공간으

로 귀결된다.[26]

주인공 화자가 '너'를 만나기 위한 거리에서, 길모퉁이에서 그 방에 이르기까지 들리는 숱한 소음들은 오늘날 약소국가, 가난한 이들이 겪고 있는 고통의 무성음들이다. 제목처럼 숲에 이르기 직전의 밤은 오늘날 이들의 안고 있고 갇혀 있는 비극의 풍경이다. 돌고 도는 순환적 계절과 달리 세상의 불평등과 고통이 이들에게는 필연적이고, 더욱 확대되면서 앞으로 나아갈 뿐이다. 『숲……』이후 그의 후기 작품들은 색과 더불어 공간의 의미가 더 깊어지는 쪽으로 흘러갔다. 『검둥이와 개들의 싸움』『서쪽 부두』『목화밭의 고독 속에서』『사막으로의 귀환』『아주 멀리 도시 속으로 말을 타고 달아나기』 등처럼 장소는 그 외연이 아프리카, 서쪽 부두, 사막, 목화밭, 도시 속, 길모퉁이와 같은 구체적이고 상징적인 공간으로 더욱 커지면서 심오한 의미를 구축하고 있다. 불평등한 세상 속에서 고통받는 이들을 등장시키는 콜테스의 희곡들이 그의 작품을 연구한 스테판 파트리스의 책 제목처럼 전복적 subversif일 수밖에 없는 이유는 여기에 있다.[27]

3. 고백의 언어의 욕망의 대상

『숲……』은 다이얼로그가 아니라 한 문장으로 된 아주 긴 모놀로그의 희곡이다. 다이얼로그가 논쟁과 같은 것이라면, 콜테스 희곡의 모놀로그는 인물들이 제 스스로의 언어와 함께, 언어 그 자체로 존재하는 형태이다. 말을 하면서 그 말들을 들어줄 수신자를 찾지만 그 존재는 분명하지 않다. 밀물과 같은 말들의 과잉은 만남의 가능성을 영으로 만들어버린다. 고백의 언어는 그러므로 분명하지 않은 누군가에게 하는 말로서 또 다른 자아un alter ego를 대상으로 제 스스로에게 하는 말이기도 하다. 오가고 주고받는 말들을 통하여 텍스트가 이어지고 완성되는 대화의 희곡과 달리, 다변의 어루증처럼 보이는 『숲……』은 말을 통하여 인물이 세워지고, 인물이 유지되고, 내면에 가득 찬 말들이 밖으로 나와 뒤죽박죽된다. 말들이 한계에 이르면, 그 끝과 더불어 인물이 사라진다. 고백의 언어는 같은 말들의 반복이기도 하고, 혼자 놀고 있는 고독과 부재를 대체하는 언어유희이기도 하다. 그런 면에서 화자는 정상적인 언어의 기능부전을 앓고 있는 이라고 할 수 있고, 언어의 숲, 기억의 숲, 존재의 숲에 이르지 못한 채 어두운 밤 내내 도시 속을 방황하고 있는 인물이다. 화자인 '나'처럼 숲에 이르지 못한 '나'가 발화한 언어들도 방황하는데, 그것이 말들이 끊임없이 이어져 고백의 군집을 이루지만, 정작 숲forêt에 이르지 못한dé 고백의 언어들은 파괴된 숲déforesté과 같은 언어로 죽음으로 치닫고 있다. 숲에 이르지 못한 세상은 밤과 같은 난장판 속이고, 그 고백의 언어들은 쓰레기 같은 세상에 내리는 비처럼 흐르고 흘러 말하는 화자의 온몸을 적시고 있을 뿐이다.

콜테스는 초기 희곡에서부터 유작인 『로베르토 주코』에 이르기까지 고백 체인 모놀로그 형식을 희곡의 형식으로 지속시키고 있다. 『서쪽 부두』나 『목화밭의 고독 속에서』 『검둥이와 개들의 싸움』처럼 한 인물(알부리)이 혼자 아주 길게 말하는 경우가 있고, 『로베르토 주코』처럼 한 장을 한 인물(제4장「형사의 우울」, 제13장「오필리아」)이 혼자서 다 말하는 경우도 있다. 말을 계속하되 말을 듣는 대상이 구체적이지 않다는 정황은 모든 언어의 수행적 조건을 제거하는 행위이다. 그것은 언어 행위의 사회적 규칙들과 더불어 대화인 다이얼로그dia/logue를 넘어서는 행위이다. 한 사람의 고백 soli/logue으로 이루어진 『숲……』은 그러므로 오롯이 시간 속에서 수행되어 울리는 희곡의 본질을 갈파한다. 다이얼로그에서 모놀로그로의 전이는 변화하고 발전하는 과정이기보다는 두 개가 희곡의 조성처럼 확고해지는 현대 연극의 형식에 가깝다.[28]

초기 희곡에 속하는 『숲……』이후 콜테스의 다이얼로그 희곡들은 두 개의 모놀로그가 서로 견주는 형태를 보여주고 있다. 그런 발화 형식은 어느 하나의 말이 나머지 말을 억압하고 지배하는 것이 아니라 그 두 개의 말이 서로 공존할 수 있기 위한 끊임없는 모색이라고 할 수 있다. 『검둥이와 개들의 싸움』에 등장하는 두 인물, 알부리와 레온은 서로 다른 언어로 말한다. 알부리는 아프리카어로, 레온은 독일어로 말함에도 불구하고 결국 서로 이해하게 된다. 『아주 멀리 도시 속으로 말을 타고 달아나기』의 샤반느는 갑자기 혼자가 되자 프랑스어를 잊어버린 채 아랍어로 말을 하기도 한다. 『서쪽 부두』에서는 인디언의 피를 지닌 인물로 라틴아메리카에서 프랑스로 이민온 세실이 죽는 순간 스페인어와 남미 페루의 고원지대에서 사용하는 언어인 케추아어로 말한다. 자신의 모국어로 말하는 내용은 떠나온 고향인 로마스 알타스에 관한 것이다.

『숲……』에서 유일하게 등장하는 화자의 모놀로그는 "그 언어 자체le langage-en-soi" [29]로 가깝고도 먼 세상과 인물 시이를 오롯이 진화하고 심화한다. 이렇게 해서 작품은 모든 인과관계, 사건의 전이 같은 희곡의 고전적인 조성관계에서 해방된다. 그런 면에서 콜테스의 초기 작품에 속하는 『숲……』은 말을 통한 근본적인 희곡이고, 말들이 저장된 기억처럼 순환하면서 기억을 조금씩 발전시키고 있다. 오로지 말을 통해서 이루어지므로 기억의 발전인 언어는 소리이되 시간인 셈이다. [30] 앞서 언급한 장소는 시간의 배경을 이루는 색으로 전화한다. 콜테스가 쓴 희곡을 엄격한 말들의 연극이라고 하는 바는 이런 이유 때문일 것이다. 따라서 『숲……』은 모놀로그의 희곡이지만, 이를 독백이 아니라 고백이라고 옮기면 더 나을 듯싶다. 희곡속에서 구체적으로 등장하지 않는 '너'를 대상으로 '너'에게 하는 말이기 때문이다. 주인공 화자의 고백은 아무런 정황 없이 맨 처음 "내가 널 봤을 때넌 길모퉁이를 돌고 있었어……"(81)라고 시작된다. 그리고 고백은 "……그리고 네가 여기 있어. 널 사랑해. 그리고 남은 건 맥주, 맥주, 난 어떻게이 얘기를 해야 할지 아직도 모르겠어……"(141)라고 하면서 끝을 맺는다. 이런 길고 긴 고백 사이에서 화자는 제 몸조차 추스를 수 없는 존재로 놓여있다.

비가 와서, 머리와 옷에 쫄딱 비를 맞아서 보기 좋은 모습은 아니었지만, 그래도 난 용기를 냈고, 이미 여기까지 왔고, 또 이런 내 꼴을 보고 싶지 않았던 만큼, 몸을 말려야 했어. 저 아래로 되돌아가 몸을 추슬러야만 했어. 아프지 않으려면 최소한 머리라도 말이야. 그런데 몸을 추스를 수 있을까……il pleut, cela ne met pas à son avantage quand il pleut sur les cheveux et les fringues, mais quand même j'ai osé, et maintenant qu'on est là,

que je ne veux pas me regarder, il faudrait que je me sèche, retourner
là en bas me remettre en état—les cheveux tout au moins pour ne pas
être malade, or je suis descendu tout à l'heure, voir, s'il était possible de
se remettre en état……(81)

그가 지닌 생의 고통은 "거울이 있는 곳에서는 싫더라도 자기 모습을 보
지 않는다는 건 어려운 일이mais, même si on ne le veut pas, il est
difficile de ne pas se regarder"라고 말하는 대목에서, "세상은 거울로 가
득 차 있et pourtant c'en est plein, comme partout ici……"(82)다고 말
하는 대목에서 상징적으로 드러난다. 주인공 화자는 이렇게 고통에 직면하
고 그것을 표현하기 위하여 말한다. 주인공이 혼자서 길게 말할 수 있는 유
일한 근거는 고통이다. 그 고통은 주인공 화자가 '널 봤을 때' 이전부터 계속
시작되어 잠재된 것이고, 그것이 시간과 더불어 변형되어 최종적으로 언어
로 발화되고 지속된다. 여기서 고백이란 시간이 고통의 외침을 언어로 변형
한 결과이다. 처음에는 내재적인 고통의 모색과 과정으로 시작되고, 그다음
에는 조금씩 더듬더듬 혹은 중얼거림과 같은 발화 작용으로 이어지고, 최종
적으로 언어로 융합되고 드러나게 된다. 그 최댓값은 나와 너 사이 그러니
까 그 분리를 넘어서는, 나와 너 사이에 오가는 대화가 아니라 그 사이마저
부정하는 불멸의 언어, 즉 고백이다. 『숲……』은 고백이야말로 대화 너머의
본질적인 말하기 방식이라는 것을 보여주는 희곡이다. 고백은 사건의 절차
와 타인에 대한 배려를 초월하는 것이고, 그 모든 것이 부재한 상태에 놓인
존재의 봉인된 절망이 한 줄기 빛처럼 흘러나오는 기도문과 같다. 『숲……』
의 주인공 화자의 고백 속에 '너'라는 존재는 고통을 주는 대상이 아니라 고
통의 외침을 말하기 위한 반향판에 가깝다. 그러니까 화자의 고통을 언어로
관개灌漑하는 역할을 할 뿐 구체적 대상은 아닌 셈이다. '나'의 고백의 언어
들은 '너'라는 상징화된 존재에 가닿고 다시 울려, 말하는 내게로 되돌아온
다. 그 언어의 반복적이고 순환적인 형태가 고백이라는 형식을 낳고 작품을
유지시킨다.

216

이제 난 사방에서 그놈들을 봐. 놈들은 거기 있어. 우릴 건드리는 네가 상상할 수 있는 최악의 악당들이, 우리들의 삶에 성가시게 끼어드는 놈들이 말이야. 난 그놈들이 저 위에, 사장들 위에, 장관들 위에, 모든 것 위에 숨어서 보이지 않는다고 믿었더랬어. 살인자의, 강간범의, 생각을 훔치는 자의 낯짝, 너나 나 같은 진짜 낯짝이 아닌, 이름도 없는 낯짝을 하고서. 은밀한 난봉꾼들, 처벌받지 않는 악당들의 무리, 냉혹하고, 계산적이고, 기술적인, 한 줌밖에 안 되는 개새끼들의 무리가 이렇게 결정해(93~94).

이처럼 존재를 위협하는 바깥의 인물들은 사장, 군인, 장관들처럼 보이기도 하지만, 매춘과 같은 성을 무기로 하는 가면 쓴 권력이기도 하다. 이런 권력의 희생자들과 이에 저항해야 하는 이들이 곧 주인공 화자 같은 이방인들이다.

바로 그런 식으로 우린 지구상의 마지막 멍청이들처럼 놈들 손아귀에 들어가는 거야…… 그러니 우리 정신 바짝 차리고, 그런 생각을 아예 없애버려야 해. 놈들한테 당하지 않으려면 말이야. 친구, 우리 이방인들은……(101)

놈들은 정부와, 짭새들과, 군대, 일을 손에 쥐고 있어. 곱슬머리 금발 계집애들까지 말이야…… 그 계집애들은 다른 사람들과 마찬가지로 저쪽 편이라고…… 그러니 우리가 이길 때까지, 국제 조합에 대한 내 생각이 이길 때까지, 온 힘을 다해서, 모든 수단을 동원해서 버텨야 해(101~102).

'이방인'은 콜테스 희곡 속에 자주 언급되는 존재이다. 『목화밭의 고독 속에서』에 나오는 이방인은 "이곳의 말과 어법, 무엇이 나쁘고 무엇이 적절한지, 어디가 겉이고 어디가 안인지, 뭘 하면 환호를 받고 뭘 하면 비난을 받는지 알지 못하는"(43) 인물이고, 『숲……』에서는 "완전히 이곳에 속하지 않는"(84), "지구상의 마지막 멍청이들처럼 놈들 손아귀에 들어가는"

(101), "언제나 가진 게 없었던, 언제나 자제해야 했던"(102), "돈도 없고, 직업도 없고, 오늘 밤 몸을 누일 방도 없"(103)는 "숨길 수 없는 불안을" 지닌(91), "언제나 가진 게 없었던"(102), "말로 표현할 수 없을 정도로 외로운"(121) 인물이다. 이방인인 주인공 화자와 대척관계에 놓이는 인물들은 행정과 관리라는 이름으로 조직화된 세상, 전체주의, 즉 권력을 통째로 지니고 억압하면서 놀이와 일을 구별하는 전체적인 국가, 사적인 것과 공적인 것을 나누어놓고 욕망과 같은 사적인 영역의 자유마저 인위적으로 통제하고 길들이는 위선적인 국가 형태이다. 이 "빌어먹을 학살"(114)과 같은 것이 행해지는 산업화되고 통제된 이곳에서 주인공 화자는 복종 속에서 "낯선 동네를 돌아다니기도 하고, 말로 표현할 수 없을 정도로 외로웠"(121)고, "묘지 한가운데서 죽을 때까지 흙을 삼키고"(114) 있는 미친 창녀를 보고, "오만 가지 피곤함이 낯짝에 가득한데도 굴하지 않고, 흥분하고 망가지"(118)고 있는 대부분의 사람들을 본다.

난 놈들이 자기들 지도 위에 우리 구역을 각각 연필로 표시해놓고, 그 안에 우릴 가둬놨다는 걸 전부 알게 되었지. 일주일 내내 일해야 하는 구역, 오토바이를 타는 구역, 여자들을 꼬드기는 구역, 여자들의 구역, 남자들의 구역, 호모들의 구역, 슬퍼하는 구역, 수다 떠는 구역, 괴로워하는 구역, 금요일 저녁의 구역(120~21).

이런 구역을 벗어나기 위하여 주인공 화자가 묻고 또 묻는다. "어디로 갈까, 이제, 어디로 갈까…… 어디로 갈까? 다른 방법이 없어…… 어디로 가지? 어디로 가지?"(120~22) 이렇게 지금, 이곳에서 도망치고 싶어 하면서 "얘기를 할 수 있는 방"(127)을 찾는다. 그 방의 확대된 외연이 희곡 속의 니카라과이며, 니카라과의 숲(125~27, 132)이라는 상징의 장소이다. 그러나 그곳에서도 마찬가지로 "더욱 이방인이 되어버리고…… 뒤를 돌아보면, 언제나 언제나 사막뿐"(126)이라는 것을 깨닫는다. 그렇게 "계속해서 쫓겨날수록 더욱더 이방인이 되어…… 끝장날"(126) 그가 궁극적으로 찾는 것은 언어의 구조와 의미를 뛰어넘는, 그러니까 언어 이전의 시각적이고 청각적인 상태인 "풀밭과 그늘"(129), "누울 수 있는 풀밭…… 머리 위로 하늘이 펼쳐져 있고, 나무 그늘도 있는 풀밭…… 아니면 우리만의 시간을 가질 수 있는 방"(132)뿐이다. 그곳은 "이방인이라는 걸 숨기지 않아도 되는…… 유행과 정치와, 월급과, 먹는 것에 대해 억지로 얘기하지 않아도 되는" (108), "어떤 이야기들이 숨어 있다가 문득문득 떠오르는"(131) 곳인 세상에서 "잠시 머무를"(108) 자연과 같은 작은 '방' 한 칸이다. 그러나 이런 희망은 말로써만 발화될 뿐, 세상의 풍경으로 이루어지지 않는다. 결코 그곳에 이르지 못하는 절망은 화자인 '나' 안에서 '너'라는 존재와 더불어 더욱더 창궐한다.

난 항의하고 싶고, 그럴 수 있기를 바라(129).

갑자기 난 모든 게 지긋지긋해졌어. 이번엔 정말로. 더 이상 참을 수가 없어. 난 넌더리가 났어. 이 세상 전체가, 각자 한구석에 자기만의 이야기를 품고 있는 이 모든 사람들이, 그들의 꼬락서니가, 이 모든 것들을 견딜 수 없었어…… 다 두들겨 패고 싶었어…… 두들겨 패고 싶었어…… 이 모든 난장판이 지긋지긋해졌어…… 패버리고 싶었어. 난 두들겨 패고 싶었어. 늙은이들, 아랍 놈들, 거지들, 타일 붙인 벽들, 지하철 열차들, 검표원들, 짭새들, 죄다 부숴버리고 싶었어. 자판기들, 벽보들, 불빛들, 빌어먹을 냄새, 빌어먹을 소음(138~39).

이러한 과도한 자기 고백의 끝은 자기 자신의 순수한 욕망과 희원으로 되돌아온다. 그것은 말을 뛰어넘는, 말이 되기 전의 언어 즉 고요한 음악과 같은 언어 세계이며 자기 자신을 향한 절대적인 고독의 응시이다. 그 끝자리에 참으로 소박한 희망의 기도 소리가 한 이방인의 삶의 통주저음처럼 울린다.[31]

친구, 모든 게 끝날 때까지, 모든 게 멈출 때까지 죄다 박살내고 싶은 욕망을 끌어안고 앉아 있었어. 그런데 갑자기 모든 게 정말로 멈추더군…… 갑자기 모든 게 멈춘 거야. 오직 음악만이 멀리서 들려오고 있었어. 미친 노파가 입을 열더니 끔찍한 목소리로 노래를 하기 시작했고, 아무도 거들떠보지 않는 거지가 저쪽에서 연주를 했지. 여자는 또 거기에 맞춰 노래를 불렀어. 둘은 마치 준비라도 해온 것처럼 서로 화답하고 화음을 맞췄어…… 둘의 합주 소리가 어찌나 컸던지. 다른 모든 게 다 멈춰버리고, 노란 옷 입은 노파의 목소리만 역 안에 가득했지. 난 생각했어. 오케이…… 역을 가로질러 뛰어가자. 밖으로…… 난 달렸어(139~40).

4. 불모의 세상, 말들의 풍경

콜테스의 희곡에서 말은 재현의 도구가 아니라 '말들 자체', 즉 스스로 말이라는 존재로 여겨진다. 말이 희곡의 재료matière이면서 형식form을 이루고 있기 때문이다.[32] 그것의 최댓값은 말이 글쓰기 형식이면서 곧 극 형식을 이루는 데 있다. 말이 희곡의 재료이면서 하나의 형식으로 존재하는 것이야말로 콜테스 희곡의 특징이라고 할 수 있다. 『숲……』은 아무런 지문 없이 시작한다. 인물과 장소에 대한 정보도 없다. 희곡은 "내가 널 봤을 때, 넌 길모퉁이를 돌고 있었어. 비가 와서, 머리와 옷에 쫄딱 비를 맞아서 보기 좋은 모습은 아니었지만, 그래도 난 용기를 냈고, 이미 여기까지 왔고, 또 이런 내 꼴을 보고 싶지 않았던 만큼, 몸을 말려야만 했어. 저 아래로 되돌아가 몸을 추슬러야만 했지. 아프지 않으려면 최소한 머리라도 말이야. 그런데 몸을 추스를 수 있을까 해서 좀 전에 내려가 보았을 때, 거기엔 바보 같은 놈들이 죽치고 있었어……"(81)라고 수동적 기억의 말로 시작한다. 그리고 "그러다 널 발견해서 네 팔을 잡았어. 난 정말 방을 원하고 난 흠뻑 젖었어. 마마, 마마, 마마, 아무 말도 하지 마, 움직이지 마. 난 널 바라볼래. 널 사랑해. 친구. 친구. 난 이 난장판 속에서 천사 같은 누군가를 찾아 헤맸어. 그리고 네가 여기 있어. 널 사랑해. 그리고 남은 건, 맥주, 맥주. 난 어떻게 이 얘기를 해야 할지 모르겠어. 이런 개판, 이런 쓰레기 같은 세상, 친구, 그리고 언제나 비, 비, 비, 비"(141)라는 능동적 기다림의 말로 끝을 맺는다.

이처럼 『숲……』은 이름도 알 수 없는 한 사람이 처음부터 끝까지 혼자 말을 하면서 희망과 절망을 가로질러가는 은유를 점진적으로 역동화시키는 희곡이다. 독백은 한 사람만이 듣도록 말하는 형식이다. 이 경우 화자 자신이 스스로 하는 기억과 기다림, 그 수동성과 능동성이 대립되는 말은 동시에 기호가 된다. 그러니까 화자의 말은 "기다림에 결부된 능동성과 기억에 결부된 수동성 사이의 불협화음"[33]으로 화자가 말하는 행위의 근원이 되는 셈이다.[34] 『숲……』의 고백은 말하는 한 사람의 역할과 연관된 공간 속에서 일련의 기호들을 창출하지만, 혼자 말하기는 말하는 이, 그 자체에 한정되기 때문이다. 이렇듯 희곡 『숲……』의 글쓰기 형식은 원인과 결과가 분명하게 구별되지 않는다. 작가의 의도가 글 속에 숨어 있는 것이 아니라 희곡의 언어인 말 혹은 글 자체가 작가의 의도와 동일시된다. 『숲……』에서 하는 말들은 콜테스가 "말하고 싶었던 가장 단순한 것이고, 그가 아는 바 가장 중요한 것이고, 그 내용이 어떠하든 욕망·감정·장소·빛·소리처럼 모든 이들에게 속하고 우리가 사는 세상에서 볼 수 있고 찾을 수 있는 것"[35]이라고 할 수 있다. 그런 뜻에서 『숲……』은 고백의 언어라는 통로를 통하여 '욕망하는 대상'[36]을 가로질러간다.

주인공이 내뱉는 말은 강물처럼 흘러 지나간다. "내가 널 봤을 때"로 발화되는 희곡 속 이야기의 출발(어디에서)과 "더러운 비와 슬픈 불빛만이 있는 매일 밤"(104)이라는 과정(어디를 거쳐) 그리고 "언제나 비, 비, 비"(141)로 귀결되는(어디로 흘러가는) 바는 시간과 공간의 인식 문제를 낳는다. "흘러간다는 것은 미래에서 현재를 거쳐 과거로 가는 것"[37]이라고 할 수 있다. 그런 면에서 주인공은 발화되는 모든 것들이 과거가 될 때를 위해서 끊임없이 말한다. 죽은 목소리를 향하여 현재의 목소리가 이어진다. 그래야만 현재라는 의미가 생출된다. 모든 것을 과거로 옮겨놓은 말하는 행위가 『숲……』의 주인공의 모든 사유와 행동을 정당화한다. 그의 말은 그가 본 것, 그가 사유한 것, 그가 기다리는 것 등에 관한 주의력으로 연속적 지속이다. 이것이 말을 끝까지 이어지게 한다. 그렇게 말을 지속함으로써 주인공의 자신과 그 바깥의 모든 것은 주인공 자신 안에 있게 된다. 콜테스의 희곡이 가지는 글쓰기의 특징을 음악의 언어와 견주는 바는 이런 과정이 사라진 소리를 창출하는 음악의 생리와 같기 때문이다. 그러므로 『숲……』의 (겉으로 드러내 보이는) 글쓰기는 사라진 목소리의 외연이다. 그 최댓값은 희곡의 글쓰기가 노래로, 춤으로, 악기로 보이는 것이다.

『숲……』의 긴 독백 앞에는 침묵이 있고, 이어서 무음의 소리la voix amuie가 연거푸 이어진다. 주인공은 끊임없이 말을 한다. 그가 말하는 행위가 곧 시간의 흐름이다. 시간 속에서 발화되는 모든 말은 즐거움이 아니라 고통에 관한 것이다. 이 희곡에서 말과 시간은 주인공이 견뎌내고 있는 긴장과 이완 사이에 존재한다. 긴장 다음에 이완이 오기 마련인데, 긴장은 기다림과 주의력과 관계가 있고 그다음의 이완이 말하게 하는 행위와 연결된다. 그러니까 주인공의 기다림과 주의력은 고통이라는 현재에 매달려 있다. 그것은 말하기 직전과 같다. 이 작품의 제목처럼 숲에 이르기 직전의 밤이다. 숲에 이르기 직전의 밤은 펼쳐져 있는 고통스러운 어떤 광경, 즉 흔적이다. 그리고 기다림과 주의력의 밤이 지나고 나면 기억이 늘어나고, 그 기억은 말로 드러난다. 제목에 나오는 말처럼 '이르는juste avant' 것은 기억이 되기 전의, 말이 되기 전의 긴장과 같다. 긴장의 최댓값이 밤이 되는 셈이다. 말을 하기 전, 긴장의 수동적 양태가 밤이다. 밤은 머물러 있지 않고 곧 지나가는 순간이다. 독백은 긴장과 주의력이 어떤 지점에 수동적으로 이른 다음 능동적으로 질러가는 이완의 결과이다. 그러므로 화자의 안에서 이 긴장의 수동성과 이완의 능동성은 서로 대립되고 있다. 그 끝은 물과 같은 "남은 맥주le reste, de la bière"(141) 혹은 흘러내리는 "언제나 비, 비, 비, 비toujours la pluie, la pluie, la pluie, la pluie"(141)이다. 언어의 끝, 즉 말하기의 끝은 맥주나 비와 같은 물이라는 음악적 변화에 이른다.[38] 그 비는 시간 속에서 흘러내리는 고통의 모습이다. 주인공 화자의 얼굴에 설비치는, 언어로 발화하기 전의 소리와 같은 것이다. 이 부분이 희곡의 맨 끝인데 『숲……』은 끝에서 다시 맨 처음으로, 소리 이전으로 되돌아간다.

"길모퉁이를 돌고 있었던…… 널 봤을 때. 비가 와서……"로 시작한 주인공 화자의 말은 "난 널 바라볼래. 네가 여기 있어. 그리고 언제나 비, 비, 비, 비"로 끝맺는다. 언어의 물리적 변화의 최댓값은 언어의 음악화일 터이다. 그것은 인물이 말에 복종하고, 그 안에 거주하기 때문이다. 말이 소리의 현상을 넘어서 의미로 진화하기 때문이다. 콜테스 희곡의 특징은 "음악과 문학은 근본적인 단절 없이 공존한다. 희곡 속 모든 인물들은 제 스스로 하나의 음악과 같은 요소를 지니고 있는데, 작가는 그것을 글로써 표현할 수 있을 것이다. 인물 속에 들어 있는 음악적 시스템이라고 할 수 있는 장치들을 이해한다면 인물의 본질을 이해한 셈이다"[39]라고 스스로 말했듯이, 언어와 인물의 핵심이 음악이라는 점이다.

주인공이 내뱉는 독백의 핵심은 맨 앞부분의 '널 바라보았어Je t'ai vu'와 맨 끝부분의 '널 바라볼래Je te regarde'가 말하는 행위의 정선율이라면, 맨 앞 '비가 와서'와 맨 끝 '언제나 비, 비, 비, 비'는 대선율이라고 할 수 있다. '비'를 통해서 주인공의 존재와 말은 젖어들고 형체를 잃게 된다. 주인공에게 견고한 질서는 처음부터 불가능했던 것이고, 주인공은 빗속에서, 비에 젖어 부조화의 상태에 놓여 있던 존재였다. 바라본 과거와 바라볼래의 현재 사이, 비가 오고 언제나 비뿐인 그 속을 채우는 길고 긴 고백은 부조화에서 조화로 가닿으려는 끊임없는 언어적 노력이라고 할 수 있다. 또한 고통의 외침, 존재의 파괴가 소리가 되어 언어를 이루는 과정이다. 그 언어들이 닿는 곳에 주인공에 관한 삶이 펼쳐진다. 주인공이라는 화자는 '너'를 말하기 위한 것이 아니라 시간 속에 고통받고 해체되는 '나Je'를 주어로 말하기 위한 보어와 같은 '나un moi'이다. 독백은 보어 '나'를 통하여 주어 '나'를 말하기 위한 충만한 언어, 영원한 노래와 같다. 언어와 노래는 이렇게 해서 자신의 기억과 밀접한 관계를 맺기 마련이고, 주인공은 자기 자신이 아니라 고통이라는 시간으로부터 잠시나마 벗어나게 된다. 거칠게 말하자면 여기서 보어 '나'는 『숲……』의 주인공 화자이고, 주어 '나'는 콜테스 자신이라고 할 수 있다. 독백은 이 둘을 엮는 영원한 목소리, 시간이라고 할 수 있다. '나'가 한 말이 '나'를 통해서 내게 되돌아오면서 그 말과 소리는 영원해지

기 때문이다.[40]

희곡의 맨 마지막 대사는 이와 같은 고통의 절규에 가깝다. "난 이런 난장판 속에서 풀밭 같은 걸 찾으려 했어" "난 이 난장판 속에서 천사 같은 누군가를 찾아 헤맸어. 그리고 네가 여기 있어. 널 사랑해…… 이런 개판, 이런 쓰레기 같은 세상, 친구, 그리고 언제나 비, 비, 비, 비"(141). 이제는 '너'가 어디에 있는지가 문제 되지 않으면, 영원한 '너'를 고백하게 된다. '너'를 찾는 시원적 절규가 계속되면서 세상은 존재론적 결핍의 공간이라는 사실이 뚜렷해진다. 줄여 말한다면 『숲……』은 주인공 '나'가 쓰레기, 난장판 같은 세상에서 '풀밭 같은, 천사 같은' '너'를 찾는 이야기이다. '나'만 등장해 말하는 이 희곡에서 '너'는 앞의 내용 이상으로 등장하지 않는다. '나'가 있는 이 세상은 그야말로 쓰레기, 난장판과 같은 곳이다. 말하는 '나'와 친구인 찾는 '너' 사이에는 비가 "비, 비, 비, 비"라고 하는 반복되는 것처럼 줄곧 내릴 뿐이다. 동사 '찾다 chercher'의 시제는 처음에는 현재형 cherche였지만 말미에는 과거형 cherché로 바뀐다. 그사이 현재와 과거로 대립되던 시간은 지나갔고, '나'의 애면글면 찾는 행위는 과거 시제로 끝나 버렸다. 찾으려고 했을 뿐 찾지 못했다는 뜻으로 읽히는데, 그 애절한 행위에 비가 내려 '나'의 염원은 다른 어떤 것으로 환원될 수 없어 더더욱 비감해진다. 현존하는 세상과 부재하는 '너'는 서로 떼어놓을 수 없는 것으로 여기서 현존하는 '나'는 부재하는 '너'와, 그리고 난장판, 쓰레기 같은 이 세상은 풀밭, 천사와 같은 저 세상과 대립항을 이룬다. 그 사이를 채우고 존재와 비존재를 얽어매는 것이 말과 목소리일 터이다.

이 작품에서 "바람만 불어도 땅에서 날아가버릴le moindre souffle de vent nous ferait décoller" '나'와 '너'는 우리nous로 이어지고, 우리를 위협하는 이들Ils은 '사장, 장관 등'으로 된 조직, 즉 비인간적이고 반문화적인 "전문적인 도둑놈 무리"(93~94)로 확대된다. 이 작품에서 영원성의 상징인 바람과 땅 위에 존재하는 '나'와 '너'는 '그들'에 의해서 억압을 받고 있는, 고통받고 있는 유한한 존재들이다. 그래서 "언제나 가진 게 없었"고, "언제나 자제해야 했던"(102) 주인공은 "사람들마다 오만 가지 피곤함이 낯짝에 가득한데도 굴하지 않고 흥분하고, 망가지는"(118) 이곳, "살인자의, 강간범의, 생각을 훔치는 자의 낯짝, 너나 나 같은 진짜 낯짝이 아닌, 이름도 없는 낯짝을 하고서, 사기꾼들, 은밀한 난봉꾼들, 처벌받지 않는 악당들의 무리, 냉혹하고, 계산적이고, 기술적인, 한 줌밖에 안 되는 개새끼들의 무리"가 있는 "여기를 도망치고 싶어"(124) 하고, "얘기를 할 수 있는 방"(124)과 "아무런 경계심이 없는 니"(93)를 계속 찾아 헤맨다. "놈들이 정부를, 짭새를, 군대를, 사장들을, 거리를, 교차로를, 지하철을, 빛을, 바람을 다 지고 있는 마당에, 놈들이 마음만 먹으면 우리를 저 위에서 쓸어버릴 수 있는 마당에"(94)서 "마치 지구상의 마지막 바보라도 된 것"(97) 같은 "너와 나의"(94) 만남은 거의 불가능하다.

그리하여 "지구상의 마지막 바보"(97)처럼 이방인이 된 주인공 '나'는 "이제 더 이상 아무것도 상상할 수가 없어"(96)라고, "돈도 없고, 직업도 없고, 오늘 밤 몸을 누일 방도 없"(103)다고 말한다. 그 억압과 고통은 죽음에 이를 만큼 커서(111) 이들은 "꼭 죽은 사람 같"(111)아진다. 그 절망의 최댓값은 다음과 같은 절규이다. "새로 도착한 곳에서 너는 더욱 이방인이 되어버리는 거야. 그렇게 계속 반복되는 거지. 넌 점점 더 이방인이 되고, 점점 더 집에 있다는 느낌을 못 받게 되고, 사람들은 널 점점 더 먼 곳으로 떠밀고, 넌 네가 어디로 가는지도 알지 못해. 그리고 네가 늙어서 돌아왔을 때, 뒤를 돌아보면, 언제나, 언제나 사막뿐이지"(126). 이런 곳에서 주인공이 원하는 이상향은 "산속, 호숫가, 숲 속"(128)이다. 그리고 방과 더불어 "풀밭과 나무 그늘"(129)이다. "우린 누울 수 있는 풀밭을 찾아야 해. 머리 위로 하늘이 펼쳐져 있고, 나무 그늘도 있는 풀밭을, 아니면 우리만의 시간을 가질 수 있는 방이라도"(132). 이곳에서 '나'는 "변하지 않는 널 계속 바라보"(134)고 싶어 한다. 여기서 '너'라는 불멸의 존재는 시간 속에 있다. 시간 속에 '너'가 설정되고, 고백되고, 생출되기 때문이다.

시간은 무한하지만 기다림의 대상인 '너'라는 존재는 주인공 화자에게 존재론적 결핍이다. 이 부정적 징후는 "더러운 비와 슬픈 불빛만이 있는 매일 밤"(104), "난 모든 게 지긋지긋해졌어. 이번엔 정말로. 더 이상 참을 수 없

었어. 난 넌더리가 났어. 이 세상 전체가, 각자 한구석에 자기만의 이야기
를 품고 있는 이 모든 사람들이, 그들의 꼬락서니가, 이 모든 것들을 견딜
수 없었어…… 이 모든 난장판이 지긋지긋해졌어…… 자판기들, 벽보들,
불빛들, 빌어먹을 냄새, 빌어먹을 소음……"(139)과 같은 상황과 겹친다.
그럴수록 "모든 게 끝날 때까지, 모든 게 멈출 때까지 죄다 박살내고 싶은
욕망을 끌어안고 앉아 있"(139~40)는 주인공 '나'에게 "천사 같은 누군가"
(141)인 '너'는 유일한 사랑이고 희망이다. 그런 '너'는 "나 혼자 간직할 수
없는 그런 이야기"(110)와 같은, 수수께끼와 같은 존재인 마마라고 불리는
'너'라는 "다리 위의 소녀"(111)로, "묘지 한가운데서 죽을 때까지 흙을 삼
키는 미친 창녀"(114)로 환원되기도 한다. 그리고 '나'는 지금 있는 이곳을
방어할 목적으로 더 큰 세상인 "국제적 규모의 조합un syndicat à l'échelle
international"(92)을 꿈꾼다. 여기서 이 조합은 정부 · 경찰 · 군대 · 시
장 · 거리 · 공장에 저항할 수 있는, '너'를 기다리고 있는 '나'가 꿈꾸고 창
조하는 세상이다. 이런 상상력의 변이는 콜테스가 '너'라는 영원성을 부정
하고 해체하는 "동시대의 지배 세력에 대해 지니고 있는 분노의 거침없는
분출이며" 덧없는 시도이기도 하다. "첫 연극에서 제시된 이러한 개인-이방
인-노동자-국제적 조합과 집단-정부-자본가-군대-경찰 사이의, 즉 우리와
그들 사이의 부당한 힘의 관계는 콜테스의 사회-경제-정치적 비판의식과 지
향점을 가늠하게 해주는 근거"이기도 하다."[41]

결론: 부재의 글쓰기

일반적으로 희곡의 언어는 무엇을 전달하고 무엇을 말하는 말들의 총합
혹은 이미지로 존재한다. "내 삶의 한 몫은 여행이고, 그 나머지는 글쓰기이
다. 나는 매우 천천히 글을 쓴다Une part de ma vie, c'est le voyage,
l'autre, l'écriture. J'écris très lentement"[42]고 한 콜테스는 일찍 생을 마감
했다. 독자는 그의 죽음으로 그의 여행과 글쓰기의 삶이 마감되었다고 여길
수 있지만, 그의 희곡을 읽는 여정은 계속된다는 것을 깨닫는다. 동시에 그

의 삶과 작품에 대한 해석은 희곡의 공연과 더불어 새로운 글쓰기의 출발점이라고 할 수 있다. 콜테스의 희곡이 운문의 독백, 고백 중심의 형식으로 씌었다는 것은 콜테스 희곡이 지닌 형식을 가장 잘 드러내는 표현이다. 콜테스의 희곡이 일반적인 희곡 형식과 다르다면, 그것은 무엇보다도 인물과 장소 그리고 시간이 분명하지 않아 연극이라기보다는 문학 텍스트로 읽힐 수 있다는 뜻을 함의하고 있다.

『숲……』은 말들이 모여 이미지를 만들고, 그것이 어떤 내용을 전달하는 풍경으로 존재하지 않고, 그 자체로 존재하면서, 그것을 내세워 언어를 날것 그 자체로 존재하게 한다. 희곡 속 시간과 장소뿐만 아니라 인물과 사건의 추이가 애매모호한 이유는 여기에 있다.『숲……』은 시간의 과정을 해체하면서 존재의 근원적인 경험을 돌이킬 수 없는 지속의 개념으로 환원시켜놓고 있다. 한 인간의 존재가 지닐 법한, 존재와 사물, 존재와 세계의 정합성 같은 것을 거의 부정하고 있다.[43]『숲……』에 나오는 주인공인 화자의 말에는 상대가 누구인지, 말하는 때가 언제인지, 말하는 장소가 어디인지, 왜 말을 하는지는 구체적으로 씌어 있지 않다. 이것은 말을 하지만, 말하는 방식에 대한 거부라고 해석할 수 있다. 아무런 제약 없이 말하는 것처럼 보이지만, 주술처럼 말하는 행위는 존재의 근원에 대한 되물음을 낳는다.[44]

『숲……』에서 함께 말할 수 있는 대상이 부재하고 상대방과 말하기 위한 원초적 만남이 불가능해지자, 주인공 화자의 고백은 자기 자신(나)과 그 내면의 풍경〔방, 집, 호텔, 초가집, 오래된 물건들, 독특한 냄새, 가족들의 냄새……(83~84)〕에서 벗어나 새로운 것을 말하기 시작한다. 그것은 국적에 관한 것인데, 곧 '프랑스 사람들'과 '이방인'이다. 길모퉁이에서 한 사람과 절대적으로 만나는 것이 불가능해지자 그 공모의 대상은 그 만남을 불가능하게 만드는 근원적인 것, 즉 '나'와 '너'가 아닌 다른 사람들과 문화로 확대된다. 다른 사람들과의 공모는 우선 성적인 욕망으로 부풀려지기도 하고, 말하고자 하는 욕망은 "상상이란 걸 할 줄 모르는 프랑스 놈들"(85), "상상력도 없는 멍청한 프랑스 놈들"(86)을 뛰어넘는 존재, 즉 이름도 성도 구체적이지 않은 대상인 "동지camarade!"(87)로 전이된다. '너'가 아닌 동지와의 만남은 실제가 아닌 무명의 만남이지만 행복한 만남에 대한 희원이기도 하다. 화자는 동지와의 만남 뒤로 공장, 노동, 종교, 정치, 정당, 조합, 군대, 경찰(88~90)과 같은 오늘날의 세상과 사람들을 관리하고 지배하는 도구들과 결별한다. 그리고 대안으로 "방어만을 목적으로 하는"(92) 감금과 수용에 저항하는 연합체로서 특히 권력에 대항하는 "국제적 규모의 조합, 국제적 조합"(92)을 말한다.

앞서 언급한 것처럼, 『숲……』은 추상화와 같다. 인물, 대사, 묘사, 구성 등에서 지울 것을 거의 지워 뼈대만 남은 작품이다. 인물들 가운데 남은 이가 '나' 뿐이고, 대화에서 상대방의 말을 지우면 나만의 독백이 남는다. 묘사와 구성 등 이야기를 채우는 것들은 이 독백 속에 들어 있게 된다. 그러므로 이 작품의 분석은 추상화된 하나의 희곡을 여럿으로 늘려놓는 시도라고 할 수 있다. 혼자 말하는 독백의 분석은 말하는 행위와 더불어 내용 그리고 그것들을 아우르는 시간과 공간에 관한 분석이 핵심이다. 말하는 행위는 시간과 공간 속에서 이루어진다. 『숲……』은 (시간 속에서) 말하면서 (공간 속으로) 흘러가는 희곡이다. 앞서 언급한 것처럼 발화의 수행적 행위가 모든 사회적 언술 행위를 넘어서고 있기 때문이다. 그러므로 주인공 화자의 말은 그것 자체로 울리고, 언술의 논리나 연역적 추이가 아니라 언어 그 자체의 기억을 따라 이어질 뿐이다. 말들이 발화되자마자 사라지고, 그것에 이어지는 목소리들만이 덧붙여진다. 사라지는 목소리가 새로운 말들의 이정표가 되는 셈이다.

"내 뿌리라니? 웬 뿌리? 난 배추가 아냐. 내 발은 바닥에 처박혀 있으라고
만들어진 게 아니란 말이다. 내 동생 아드리엥, 이 전쟁으로 말하자면, 난 관심도 없어.
난 전쟁을 피해서 온 게 아냐, 난 이 좋은 도시에 전쟁을 몰고 온 거야."
—베르나르-마리 콜테스, 『사막으로의 귀환』(13)

기억과 공간
—『사막으로의 귀환』 연구

서론: 기억과 공간의 시학

연극과 희곡 분석에서 기억을 중심으로 한 연구는 매우 다양하다. 기억에
관한 연구는 습득된 문화적 기억, 이데아와 같은 근원을 재인식하는 근원
기억, 자연 언어를 중심으로 한 생태적 기억 그리고 사회적 맥락에서 개인
기억과 집단 기억이라는 용어로 일컬어질 만큼 광범위하다. 특히 인물, 자
아의 해체를 다루는 현대 연극과 희곡에서 기억의 문제는 작가와 작품의 분
석을 위한 중요한 기제라고 할 수 있다. 기억의 글쓰기, 기억의 변증법과 같
은 용어들이 이를 증명한다.[1] 예컨대 현대 연극은 기억과 싸우는 인물들,
기억을 잃은 인물들을 내세워 불투명한 삶과 세계의 모습을 극대화한다. 그
것의 최댓값은 기억의 완전한 상실이고, 기억의 대립으로 인한 정체성의 혼
란으로 이어진다. 그 한 예가 연극에 등장하는 유령일 것이다. 유령은 본래
의 모습을 잃고 다른 모습으로 다시 돌아오는 것re-venant, 일종의 기억으로
자신의 회귀를 뜻한다. 기억은 과거의 시간처럼 사라진 것이 다시 이곳 혹
은 저곳에 있는, 부재의 현존을 뜻한다. 이렇게 기억은 보이지 않고, 잠재
되어 있으면서, 과거로 방향을 튼다. 기억은 과거이면서 언제나 지금 여기

로 다가오는 현재이기도 하다. 텍스트 분석과 더불어 역사 분석도 그러할 것이다. 기억은 보이지 않는, 그리하여 사후적으로 드러나면서 비로소 파악될 수 있는 과정 및 관계를 의미한다. 인물들이 겪은 체험으로서의 과거는 기억의 문제이고, 그것은 인물의 정체성에 관한 문제로 고착화된다. 그럴수록, 인물들은 지금까지 자신이 믿고 의지할 수 있는 기억에 더욱 집착하는 형상을 낳기도 한다.

희곡도 문자로, 인물로 기억하고, 기억을 보존하는 방식이라는 점에서, 기억이라는 주제는 희곡 분석의 중요한 틀이 되고 있다. 프랑스 현대 희곡을 대표하는 콜테스와 그의 희곡들은 과거의 기억이 현재의 앎과 삶을 조건 지우고 있다는 사실을 강조하고 있다. 등장인물들의 내러티브는 과거를 기억하는 것이 곧 오늘을 사는 인식임을 보여주는 증거와 같다. 과거를 기억하는 것은 과거에서 무엇인가를 알고자 하는 것에 머물지 않고, 그것을 통해서 현재 너머 미래로 향하는 인식의 방법이라고 할 수 있다. 『숲에 이르기 직전의 밤』은 아픈 과거가 현재에도 반복될 수 있다는 인식 및 앎과 등가인 기억을, 『목화밭의 고독 속에서』는 어떠한 추동에도 변함없이 미래를 바라보고 있는 상징적 기억들을 보여주고 있다. 『서쪽 부두』에 등장하는 인물들은 기억 그 자체가 되어 하염없이 역사 속에 사로잡혀 있거나, 기억의 기슭에서 침묵하거나 희미하게 살고 있다. 『사막으로의 귀환』[2]에 등장하는 인물들의 내러티브가 지닌 특징은 끊임없이 과거와 같은 밑sous에서 솟아오르면서venir 재구축되는 기억souvenir들을 통하여 현재적으로 행동화하는 기억mémoire이다. 인물들의 말은 과거 기억의 욕망이다. 그런 뜻에서 콜테스의 희곡(이란 글쓰기)은 인물들의 과거가 지닌 기억들의 현상학이라고 할 수 있다. 그 말들은 인물들이 놓인 과거와 현재 공간, 인물들의 근원인 뿌리를 드러낸다. 사막으로의 귀환은 곧 과거로의 귀환, 기억으로의 귀환을 뜻한다. 이 작품은 알제리라는 존재하지 않는 사막으로의 귀환으로 끝맺는다.

콜테스의 희곡에서 기억은 현대 예술의 다른 장르에서처럼 매우 중요한 창작 방법이기도 하다. 이를 기억의 글쓰기라고 일컫는다면, 이는 새로운 언어의 탄생, 보이지 않는 과거를 복원하는 잠재적인 힘을 통한, 개인의 삶과 역사의 재구성에 관한 것들이라고 할 수 있다.[3] 이처럼 현대 연극과 희곡은 인물들이 지닌 기억이 주된 정보가 되고, 인물들을 규정하기도, 변형시키기도 한다. 콜테스의 글쓰기와 더불어, 그의 작품 속 인물들이 지닌 기억들은 그의 삶 한편에 "심어놓은 과거의 나무"[4]로 비유할 수 있고, 그가 쓴 희곡들은 삶의 기억들과 같은 나무들이 지닌, 사라진 시간이 남긴 지워지지 않는 주름과도 같다고 할 수 있다.

콜테스가 죽기 1년 전에 쓴 희곡 『사막……』에 등장하는 인물들은 콜테스의 기존의 작품에 등장하는 인물들과 사뭇 다르다. 앞의 작품들은 전적으로 어둠과 우울과 같은 비극적 정서에 의존하고 있다.[5] 그러나 『사막……』은 역사적, 집단적 사건이 한 개인의 몸에 어떻게 각인되는지를 보여주는 면에서 이념적이고 정치적인 희곡이다. 고통스러운 과거의 기억은 인물에게 투쟁과 같은 목표 그 자체가 되기도 하며, 숨기고 싶은, 왜곡된 이야기의 끝이 되기도 한다.[6] 이 작품에서 드러나는 권력을 지닌 가해자들의 집단적인 기억은 제2차 세계대전 시기 프랑스와 독일의 전쟁, 1954~62년 프랑스와 알제리의 전쟁의 폭력과 관련된 것이고, 희생양과 같았던 인물들의 개인적인 기억은 역사적 상황 속에서 개인이 짊어지고 견뎌내야 했던, 배제와 추방이 가져다준 과거의 아픔에 관한 것이다. 『사막……』은 인물들이 지닌 과거의 기억을 끄집어내, 지난 역사를 구체화하고 앞날을 상징화한다. 이 작품에서 전쟁 속 개인의 기억은 프랑스 현대사를 결정짓는 정치적 이데올로기와 밀접하다. 가해자의 역사와 피해자의 역사가 있는 것처럼, 『사막……』에서 기억은 개인의 기억과 집단의 기억으로 분명하게 구분되는데, 기억된 과거가 펼쳐지면서 이 두 가지가 치열하게 대립한다. 콜테스가 이 작품의 맨 앞에서 인용한 셰익스피어의 『리처드 3세』 2막 2장의 글귀처럼, 기억 없이는 인물들은 "뿌리가 다 말라버린 나뭇가지"이고, "수액을 받지 못해 시든" 잎과 같은 존재들이다.

이 글에서는 기억과 (기억) 공간을 중심으로, 콜테스의 희곡 『사막……』에 나타난 기억의 내러티브 방식을 분석한다. 인물들이 지닌 기억과 그들의 내러티브는 밀접한 관계를 지닌다. 인물들에게 있어서 기억은 가장 값지고 유일한 물건을 보관하는 "상상의 저장소thesaurismos phantasion"[7]이기 때문이다. 작가를 비롯하여 작품 속 인물들이 끊임없이 기억의 부재인 망각과 싸우면서 기억에 집착하는 모습을 분석하는 것을 이 글의 목표로 삼을 것이다.

본론: 기억과 공간의 언어

1. 기억의 언어

전통적으로 연극의 매력은 과거의 사건을 항상 현재 시제로 재현할 수 있는 데 있다. 그것은 연극이 과거의 단순한 저장이 아니라 항상 새롭게 기억하고 기억을 재생산하는 장르의 예술이기 때문일 터이다. 규범을 재생산하는 것과 동떨어진 연극은 기억의 변증법적 형식이라고 할 수 있다. 텍스트 속에서 기억의 고리가 하나씩 새롭게 형성될 때마다 삶의 사슬은 과거로 옮겨간다. 배우 예술의 근원이 정서적 기억인 것처럼, 글과 말과 그리고 몸은 연극의 기억 저장장치이다. 연극을 기억하는 곳은 극장이고, 희곡에서 기억의 저장장치는 글을 비롯해서 인물들 자체이다. 희곡의 극적 장치들은 모두 기억의 공간을 생성한다. 콜테스의 희곡들 속에서 문자로서의 인물들을 살아 있는 인물로 만드는 기제는 무엇보다도 기억이다.

『사막……』 속 인물들은 표면적으로는 개인적 존재로서 기억을 잃지 않는 인물(마틸드 세르프누아즈)과, 집단적 광기로 자신들이 한 모든 결정과 기억 들을 잊으려 하는 권력들(동생 아드리엥, 경찰청장 플랑티에르, 변호사 보르니, 도지사 사블롱)로 나눠진다. 이 작품의 주인공인 마틸드는 고향에서 추방당해 낯선 곳에서 사는 15년 동안 과거라는 부재하는 것, 보이지 않는 것을 기억하고 있는 인물이다. 잃어버린 시간 속에서 그는 전적으로 몸에 새겨진 기억에 의존하면서, 그것을 자신의 정체성으로 확인하면서 살아왔다.[8] 콜테스는 이런 인물들을 등장시켜, 작품 제목인 '귀환'처럼, 이미 있었던, 지난 과거의 역사(이데올로기)와 그 역사가 개인에게 남긴 지울 수 없는 상처(기억)를 묻는[9] 동시에, 다가올 현재를 드러낸다. 『사막……』은 지금 여기에서의 상처라는 기억의 회생과 정치적 폭력이라는 기억의 상실과의 싸움이다. 작품의 제목에 등장하는 사막이라는 공간처럼, 작품 속 집과 알제리, 프랑스는 "존재하지 않는semblait ne pas exister"[10] 상징적인 공간이면서 동시에 실제 공간이기도 하다. 여기서 싸움의 무기는 이데올로기 자체가 아니라 이데올로기에 의한 상처, 즉 몸의 기억이다. 『사막……』은 집단이 개인의 잘못을 비판하는 것이 아니라 그 반대의 경우이다. 인물들은 몸에 각인된 상처들을 드러내면서 여기를 보라고 말하고, 집단적 기억이 망각한 것들에 대항하고 있다. 그 시작은 장소에 대한 기억으로부터 출발한다. 『사막……』에서 인물이 놓여 있는 장소는 기억의 장소이다. 장소가 인물들의 정체성을 규정한다. 집은 인물들이 과거로 귀환하고 있음을 상징한다.

> 아드리엥: 마틸드 누나, 난 누나가 집주인 행세를 하게 내버려두지도, 안주인처럼 복도에 있는 이것저것을 만지게 내버려두지도 않을 거야. 황무지의 들판을 버려두고는 어느 바보가 그 땅을 경작하도록 숨어서 기다리다가, 수확을 할 때에 돌아와서 그건 자기 재산이라고 주장할 수는 없는 법이라고. 집이 누나 것이라면, 이 집이 번영한 건 내 덕이야. 그리고 난 내 몫을 포기할 생각이 없다는 걸 알아둬.
> 마틸드: 내가 사용할 침대가 내 것이고, 내가 밥 먹을 식탁이 내 것이며, 내가 거실을 정리하건, 늘어놓건 그건 정당하고 합법적이라는 걸 늘 기억할 생각이야(14).[11]

마틸드의 투쟁은, 1장부터 프랑스어와 아랍어의 충돌, 프랑스 여자와 아랍 남자 사이에서 태어난 아이들의 정체성을 결정하는 피의 문제와 유산인 집의 소유에 관한 논쟁으로 시작된다. 그 중심에 놓인 인물이 같은 피를 나눈 누이인 마틸드와 남동생인 아드리엥이다. 그들 주변에 마틸드의 아들인 에두아르, 아드리엥의 집에서 하인으로 있는 아지즈, 그리고 집안일을 돕는 마암 퀼르라는 3명의 증인들이 있다. 논쟁의 배경은 프랑스와 독일과의 전쟁, 프랑스와 알제리와의 전쟁이다. 그리고 이러한 역사적 사건 속 프랑스 동부의 작은 소도시와 이 희곡의 부제이기도 한 '세르프누아즈 집안의 역사 d'histoire de la famille Serpenoise'에 관한 것이다. 주인공 마틸드는 고향에서 "말썽을 일으킨"(86) 죄로 억울하게 추방당한 인물이다. 그는 15년 후, 복수하기 위하여 고향의 집으로 두 아이를 데리고 돌아온다. 그의 남편, 아이들의 아버지는 불분명하다.

아드리엥: 내가 아내가 없는 것은 그렇다 쳐도 누나는 남편이 없잖아. 이 애들은 누구 애들이야? 누나도 누구 애들인지도 모르겠지(17).

이처럼 혼종으로서 마틸드가 프랑스의 파시즘과 싸운다. 그리고 작품의 끄트머리에서 "말썽을 일으킬" 아이들이 보기 싫어 고향인 도시와 집을 떠난다. 두 국가, 두 문화, 두 적대적 관계 속에서 화해는 불가능하다는 것을 암시한다. 『사막……』은 해결 방법을 제시하지 않고, 두 이데올로기의 벽 앞에서 충돌하는 모습들만을 보여주고 있다. 한 국가의 잘못된 집단 기억을 해체하는 것이 불가능하기 때문이다.

마암 퀼르: 그래요, 네, 서로 치고받고, 망가뜨리고, 눈을 뽑으세요, 어디 끝을 봅시다. 더 빨리 끝낼 수 있게 칼을 가져다 드릴게요. 아지즈, 부엌에 있는 식칼을 가져오너라. 공평해야 하니 두 개 가져와. 오늘 아침 잘 갈아두었으니 금방 끝날 거야. 이번에는 서로서로 상처를 입히고, 할퀴고, 아주 죽이세요. 그럴 게 아니면 입 닥쳐요, 입 닥치지 않으면 두 분의 목소리가 더 이상 들리지 않게 목구멍 깊숙한 뿌리부터 내가 두 분의 혀를 잘라버릴 거예요. 〔……〕 조용히 싸우세요. 〔……〕 두 사람이 침묵 속에서 서로 미워하든가. 난 포기할 거예요(37).

기억 속, 과거에 벌어졌던 사건의 내용이 드러나지 않은 상태에서 인물보다 선행되는 것은 장소이다. 『사막……』에서 그곳은 프랑스, 알제리 그리고 이들이 헤어져 있다가 모인 집이다. 이 작품에서 집과 같은 공간과 과거의 흔적인 기억들은 개인의 범주에 해당되지만, 시대의 이념과 집단이 개인에 가한 폭력과 권력은 상징적이되 집단적인 범주에 해당된다. 지난 역사에 관한 개인의 기억과 집단의 기억, 그리고 역사적 상황들이 펼쳐진 도시와 집과 같은 공간은 이 작품에서 인물들이 존재하고, 말하려는 욕망의 기원인 셈이다. 더 정확하게 말하면, 마틸드가 집으로 돌아오기 전까지 동생이 살았던, 과거에는 이들이 함께 살았던 집과 도시는 기억을 지우고 권태와 지루함으로 차 있던 희미한 공간이었다면, 마틸드의 귀환 이후의 공간에는 과거의 숨은 빛깔들이 드러나고 있다. 거짓과 진실, 기억과 망각의 싸움이 시작된다. 떠나 있던 마틸드의 출현은 집에 남아 있던 이들에게는 공포이다. 그것은 유령과 만나는 것이기도 할뿐더러, 남아 있는 이들조차 유령이 될 수 될 수 있음을 상정하기 때문이다.

아드리엥: 마틸드 누나, 살기 좋은 우리 도시로 다시 돌아왔군. 좋은 의도로 돌아온 거겠지?

마틸드: 내 동생 아드리엥, 내 의도는 선량해.

아드리엥: 누나는 당연히 전쟁을 피해서 누나의 뿌리가 있는 집으로 돌아온 거야. 잘했어. 전쟁은 곧 끝날 테니까 누나는 곧 알제리로 돌아갈 수 있을 거야.

마틸드: 내 뿌리라니? 웬 뿌리? 난 배추가 아냐. 내 발은 바닥에 처박혀 있으라고 만들어진 게 아니란 말이다. 내 동생 아드리엥, 이 전쟁으로 말하자면, 난 관심도 없어. 난 전쟁을 피해서 온 게 아냐, 난 이 좋은 도시에 전쟁을 몰고 온 거야. 여긴 오래전부터 해결했어야 할 일들도 있으니까. 이런 일들을 해결하러 오기까지 시간이 이렇게 많이 걸린 건 너무도 많은 불행을 겪으며 내가 순해졌기 때문이야. 그렇지만 불행 없는 15년을 지내고 나니, 기억이 다시

되살아나더구나. 원한과 내 적들의 얼굴도.

아드리엥: 누나, 적들이라고? 누나가? 이 좋은 도시에서? 그전에도 그러더
니, 오래 다른 곳에 살아서 상상력이 더 커졌나 보군. 알제리의 뜨
거운 태양과 고독이 누나 머릿속을 뒤죽박죽으로 만들어놓은 거야
(13).

『사막……』에서 과거의 기억은 인물들에게 호소하고, 인물들을 추동시켜
다른 행동을 하게 한다. 인물들은 극중의 흐름 안에 있으면서, 예전에 살던
고향의 집과 나무숲과 같은 기억 속에 빠져 있기도 하고, 기억에서 빠져나
와 사건 진행을 돕기도 하고, 사라진 기억처럼 제 스스로를 상실하기도 한
다. 고향의 집에서 일하는 프랑스 식민지 출신의 하인인 아지즈와 같이 고
향을 아주 떠난 이들에게는 기억은 멀어지기만 하는 희미한 메아리로 남아
있다. 그리고 남은 것은 생득적으로 터득한 모국어일 뿐이다. 1장 맨 앞에
서 마틸드가 등장하면서 아랍어로 말을 했을 때, 아지즈는 주저하지 않고
모국어인 아랍어로 대답한다. 그러나 고향을 떠나야 했던 마틸드에게 상처
와 같이 몸에 새겨진 기억은 희곡/공연 속에서 인물의 의사疑似 개인적인 공
간, 내적 공간이 된다. 그의 몸, 그 현존이야말로 그를 둘러싼 모든 것과 싸
우기 위한 정치적, 이데올로기적 무기이며 요새이다. 그 속에 모국어인 프
랑스어와 15년 동안 고향을 떠나 살면서 터득하게 된 아랍어의 차이는 없
다. 마틸드에게 모국어는 가해자의 언어이고, 아랍어는 집단이 자신에게 가
한 상처의 언어인 셈이다. 마틸드는 자신의 몸에 난 상처가 읽히고 치유되
어야만 지난 정치와 역사가 개인에게 범한 죄악들을 용서할 수 있다고 믿는
다. 이것이 콜테스가 크게는 연극에서, 작게는 『사막……』에서 숨길 수 없
는 과거 역사를 다루는 극적 방식이라고 보여진다.[12]

마틸드: 난 당신을 알아. 난 당신을 알아봤어. 15년이 지나고 나니 살이 쪘
고, 옷도 잘 입고, 안경도 썼고, 반지까지 꼈네. 당신이 손가락으로
나를 가리키며 유배지로 몰아낸 그날부터 당신이 벌을 받을 오늘까

지 100년이 지났다 하더라도, 300년이 지났다 하더라도, 난 당신을 알아봤을 거야(29).

마틸드: 그래, 맞아, 난 너와 맞서 싸워, 아드리엥. 너와 네 아들과 네 아내로 사용되는 저 여자와 맞서 싸워. 난 집 안에 있는 너희들 모두와 맞서 싸워. 난 집을 둘러싼 정원과, 내 딸이 ㄱ 아래에서 지옥에 떨어진 나무와, 정원을 둘러싼 벽과 맞서 싸워. 난 너희들이 숨 쉬는 공기, 너희들 머리에 내리는 비, 너희들이 걷는 대지와 맞서 싸워. 난 이 도시의 길과 집들과 맞서 싸워. 난 도시를 가로지르는 강과 운하와 운하 위의 작은 배들과 맞서 싸워. 난 너희들 머리 위에 있는 하늘과, 하늘에 있는 새들과, 대지 위의 시체들과, 대지와 뒤섞인 시체들과, 엄마 배 속의 아이들과 맞서 싸워. 내가 그렇게 하는 건, 나는 너희들 모두보다 강하다는 것을 알기 때문이야. 아드리엥(38).

『사막……』에서 사막은 조국인 프랑스, 작은 도시 속 집이기도 하고, 다시 돌아가는 타향인 알제리이기도 하고, 망각되어지는 역사의 폐쇄성, 집단 기억의 오류와 그 폭력이기도 하다. 관객 입장에서 볼 때 공간이 새로운 현실을 창조하는 곳이라면, 등장인물들에게는 현실을 판단하는 곳이기도 하고, 기억 그 자체이기도 하다.[13] 이 작품에서 마틸드가 15년 만에 자신의 두 자녀 에두아르와 파티마와 함께 알제리에서 프랑스 동부의 작은 도시인 자신의 고향으로 돌아오는 것처럼. 작품의 제목인 사막은 광야처럼 아무런 기억이 존재하지 않는 터이기도 하고, 인물과 작품에 새로운 지평을 열어주고, 폐쇄되지 않은 가능성을 열어주는 공간이기도 하다. 그러나 마틸드가 다시 찾은 옛집의 문은 굳게 닫혀 있다. 평소에도 집의 문은 닫힌 채 있다. 마틸드가 집에 들어오려고 문 앞에서 인기척을 했을 때, 집 안에 있던 이들은 놀란다. 하인인 마암 퀼르는 문을 열다 말고 놀란 채 문을 닫아버린다. 문 바깥에서 기다리던 마틸드는 다른 하인인 아지즈를 만나 프랑스어가 아닌 아랍어로 능숙하게, 아무렇지도 않게 말한다. "마틸드: 엘라슈 가디 이

쿤 느하르 카엡(재수 없는 하루가 될 것 같아)." 아지즈는 마틸드가 누구인지
묻지 않은 채 자연스럽게 아랍어로 대답한다. "아지즈: 이다아 카아네틀 오
크트 흐마아라 브하알 코하아 바이나(왜 재수 없는 하루가 될 것 같은 거
지)?(11) 이들의 아랍어 대화는 프랑스와 알제리 사이의 해결되지 않은 정
치적 문제를 암시하고 있다.

콜테스의 희곡에서 인물들의 외국어 사용에 관한 문제를 좀더 분석하면,
프랑스어가 아닌 외국어를 발화하는 인물들의 출현은 기억 공간을 확장하는
기능을 발휘한다. 이는 프랑스의 오랜 제국주의를 비판하는 형식이자 반파
시스트적인 기제로 볼 수 있다. 콜테스는 아프리카어와 아랍어를 공용으로
쓰는 것이 프랑스의 미래를 위하여 매우 중요한 결정이라고 밝힌 바도 있
다.[14] 『검둥이와 개들의 싸움』에서는 알부리의 원주민의 언어와 레온의 독일
어, 『서쪽 부두』에서는 로돌프의 스페인어, 세실의 아메리카 인디언 언어,
『로베르토 주코』에서는 이탈리아어 등이 그 예에 속한다. 덧붙여, 이 희곡
은 마치 막처럼 이슬람교에서 매일 올리는 다섯 번의 기도의 이름으로 구성
되어 있다. 1막(1~4장)은 새벽의 기도인 소브Sobh(마틸드는 새벽처럼, 새
벽에 이 집으로 들어온다), 2막(5~7장)은 정오의 기도인 조르Zohr(집단 기
억에 해당하는 경찰서장, 변호사, 도지사의 복수 내용이 펼쳐진다), 3막(8~11
장)은 오후의 기도인 아스르Asr를 뛰어넘어 밤의 마지막 기도인 이샤cha(공
중에서 정원으로 내려온 검은 피부를 지닌 공수부대원이 등장한다), 4막
(12~14장)은 해질녘의 네번째 기도인 마그리브Maghrib(갈등의 고조, 카페
사이피가 폭발한다), 마지막 5막(15~18장)은 '알 이이드 앗 싸기이르'[15]가
열리는 라마단Ramadan이다(갈등의 해소). 마틸드와 동생 아드리엥은 화해
하고 같이 알제리로 떠난다. "집에서 나왔어요, 정원에서 나왔어요, 난 완
전히 떠날 거예요"(21)라고 말한 아드리엥의 아들 마티유처럼, 집을 떠나
자유로운 공간으로 향한다.

2. 개인 기억과 집단 기억의 충돌

서구 고전 희곡에서부터 현대 희곡에 이르기까지 연극에 나타난 기억에

관한 연구는 1)비극에서 기억과 망각, 2)기억한다는 것의 고통, 3)기억의 공간, 4)보이는 현실과 보이지 않는 기억의 거리와 차이, 5)망각할 수 있는 권리와 기억해야 하는 의무 사이의 문제 등을 다루고 있다.[16] 희곡 속 인물들의 기억은 흡수된 경험이되 분류, 제거되고 남은 산물이다. 등장인물들은 맨 먼저 "감각기관에 의해 흡수된 경험이 도장을 찍는 것처럼 기억 속에 이미지icon, 즉 상"[17]을 지니게 된다. 감각기관을 통해 들어온 상像, 즉 메티포와 같은 기억은 등장인물들을 말하게 하고, 행동하게 하는 잠재적 기제가 된다. 그러므로 기억은 소리를 저장했다 다시 재생된 것을 듣는 것과는 다르다. 거대한 공간과 같은 기억에 의한 내러티브는 현재의 행동이기도 하고, 미래를 향한 회전판과도 같다.

1장에서 마틸드는 겨우 열린 문 틈새를 비집고 집 안으로 틈입한다. 그는 15년 동안의 부재 끝에 이렇게 문을 밀면서 집으로 돌아온다. 집단이 개인에게 가하는 폭력의 역사는 여기서도 재연된다. 이름하여 사막과 같은 길고 긴, 역사의 끝나지 않는 폭력이다. 표면적으로는 문이라는 경계에 의해, 집은 닫힌 공간으로 드러난다.

마암 퀼르: 길거리는 위험해. 어서 들어와. 난 이 문을 열어두는 게 싫어.
마암 퀼르: ……(마틸드에게) 누구시죠? 누굴 찾으세요?
　마틸드: 들어가게 해줘요, 마암 퀼르 아줌마, 나예요, 마틸드(11).

집 안에는 마틸드를 추방한 이들이 갇혀 있고, 이들이 숨기고 있던 지난 시절의 관계가 빗장을 연다. 이를 통하여 마틸드가 잊지 않고 있는, 유산과도 같은 과거의 상처가 조금씩, 고스란히 드러난다.

플랑티에르: 아니, 아드리엥, 넌 날 배반했어.
　아드리엥: 맹세할 수 있어, 아니야, 아니라고, 난 아무 말도 안 했어.
플랑티에르: 그럼 어떻게 알았을까? 적과 내통했다고 네 누나를 고발해달라고 부탁한 건 너였잖아. 그때 내가 제정신이 아니어서 그렇게

했지, 그리고 그건 우리 사이의 비밀이어야 했어. 세르프누아
즈, 당신이 말했어, 다르게 생각할 수가 없어.

    아드리엥: 난 말하지 않았어요(31).

앞에서 언급한 것처럼, 현대 연극은 개인적, 집단적 기억을 잃거나 왜곡
하고 있는 인물들을 앞에 내세우면서 삶과 세계의 불투명성을 극대화시키는
경향을 지니고 있다. 그것을 자아의 위기라고 한다면, 『사막……』에서 그
최댓값은 아드리엥처럼 불편한 기억의 대상인 알제리라는 나라의 존재를 부
정하는 기억의 왜곡이다.

    아드리엥: 누가 네게 알제리에서 전쟁이 났다고 하더냐?(22)

    아드리엥: 알제리라는 나라가 있다고 누가 말하더냐?(22)

    아드리엥이 아들인 마티유에게 하는 이런 말들은 기억의 완전한 상실이자
정체성의 혼란과 부재를 뜻한다. 『사막……』에서, 이런 집단적 기억을 지닌
이들은 이 집단 기억과 위배되는 개인의 기억을 지닌 인물들을 배신자로 여
기고 자신들의 공동체에서 추방한다. 사막과도 같은 집에 갇힌 가해자들의
삶도 비극의 복판에 놓인 것과 같이 다음 세대로 기억을 강제하는 폭력은 연
장된다. 콜테스는 집단 기억의 폐해를 마티유를 통하여 이렇게 말한다.

    마티유: 어린애들이 나를 보고 감탄하고, 남자애들이 부러움에 가득 차서 나
        를 쳐다보고, 여자들이 나에게 접근하고, 적들이 나를 무서워했으면
        좋겠어요. 난 영웅이 되고 싶어요, 생명의 위협을 무릅쓰고, 테러에
        서 살아남고, 고통을 받아도 불평하지 않고, 다쳐서 피를 흘리고 싶
        어요.
    마티유: 죽이고 정복할 수 있는 적들이 있으면 좋겠어요. 난 알제리에 가고
        싶어요(24).

지난 과거에 대해 자기반성을 할 의무가 없을 때, 소멸해가는 역사의 기록과 판단이 불가능해질 때 비극은 생성되고 연장된다. 그럴수록 등장인물들은 자신이 선별해서 저장한 기억, 즉 집단적 기억에 더욱더 의존하게 된다. 콜테스의 『목화밭의 고독 속에서』에서 손님의 말처럼, "혼자서 누군가를 증오하는 건 고통스럽지만, 여럿이서라면 그건 쾌락이 되"[18]기 때문이다. 미틸드는 이러한 과거의 왜곡된 기억에 저항하는 유일한 인물이다. 그의 무기는 몸과 기억이다. 유령 같은 몸이다. 기억은 몸에 새겨져 지워지지 않은, 상처와도 같은 흔적이다. 마틸드는 이에는 이, 눈에는 눈으로 대항하듯 복수를 다짐한다. 기억과 망각의 싸움이 시작된다.

마틸드: 난 마틸드야. 머리를 삭발해드리지. 당신 머리를 빡빡 밀어버릴 거니까 여기서 나갈 때는 적과 동침한 여자들처럼 머리가 매끈할 거야. 머리를 빡빡 밀린 채 울퉁불퉁하고 희멀건 머리를 하고 길거리를 다니는 즐거움이 어떤 건지 알게 해주지. 그건 벌거벗은 것보다 더 고통스러운 거야. 느린 리듬을, 머리카락이 자라는 참을 수 없이 길고 느린 리듬을 알게 해주지. 아침에 거울을 보면 거울 속에는 끔찍한 늙은이가, 역겨운 이방인이, 당신의 찌푸린 얼굴을 흉내 내는 원숭이가 있을 거야.

플랑티에르: 나를 잡고 심하게 다루는 이 애송이는 누구야? 난 존경받는 사람이오, 존경받을 만하니까. 경력은 흠 잡을 데 없고, 가정생활은 완벽하고, 이 도시에서 내 명성은 주목할 만하지.

마틸드: 나도 내 머리카락에 남이 손대는 것이 싫었어. 하지만 군중 속에서 당신이…… 손가락으로 나를 가리켰어. 당신은 거짓말로 사람들이 내게 침을 뱉게 하고, 적과 내통했다고 고발했어. 시간이 지나서 당신, 당신이 잊어버렸다고 해도, 나, 나는 안 잊어버렸어.

플랑티에르: 도대체 무슨 말을 하는 거요? 그리고 내가 누구라고 생각하는

거요? 아마 오래전에, 옛날에 당신에게 뭔 일이 일어났었나 본데, 아마 다른 사람으로 나를 오인하신 것 같은데? 난 당신을 모르오. 당신을 한 번도 본 적이 없소, 당신도 나를 본 적이 없을 거요(28~29).

『사막……』은 시간의 개념과 더불어 고통스러운 과거를 기억하고 있는 희곡이다. 그러나 집에 머문 인물들과 집을 떠나 살아야 했던 인물들이 지닌 시간의 흐름에는 차이가 있다. 집을 떠나 먼 곳에서 살다 돌아온 이들이 아픈 과거를 재현하는 현재와 같은 기억이라면, 집을 떠나지 않고 유산으로 받은 자신의 집에 계속 살고 있는 아드리엥과 그의 새 부인, 그리고 그들의 아들 마티유는 운명의 이질성을 거부하고, 삶의 동질성을 관철하려는 미래와 같은 기억이라고 할 수 있다. 알제리 출신의 하인인 아지즈처럼 상반되는 기억이 없는 인물들은 인형이 될 수밖에 없다. 시각과 청각 혹은 다른 감각에 의해서 저장된 사물들은 우리가 잊은 사물들을 다른 모습으로 되살려 놓는다. 기억은 원래의 것과 같을 수도 있지만 대부분 다르게 변용된다. 이 작품에서 본 바와 같이, 인물들의 서로 다른 기억들은 감각과 앎의 소유이되 변용이다.

아드리엥: 미친년, 세상과 맞서 싸울 수 있다고 생각하는 거지? 명예로운 모든 사람들을 도발하는 넌 누구야? 예의범절을 조롱하고, 다른 사람들의 관습을 비판하고, 고발하고, 중상모략하고, 전 세계에 욕설을 퍼부을 수 있는 건 누구일 것 같아? 넌 여자일 뿐이야. 재산이 없는 여자, 독신의 애 엄마, 미혼모야, 얼마 전까지만 해도, 너 같은 여자는 사회에서 추방당하고, 사람들이 얼굴에 침을 뱉고, 존재하지 않는다는 듯이 비밀의 방에 가둬두었을 거야. 넌 뭘 요구하러 온 거야? 그래, 우리 아버지는 네가 지은 죄 때문에 일 년 동안 네가 무릎 꿇고 밥을 먹게 했어. 하지만 벌이 충분히 가혹하지 않았어.

마틸드: 그래, 맞아, 난 너와 맞서 싸워, 아드리엥. 너와 네 아들과 네 아
내로 사용되는 저 여자와 맞서 싸워. 난 집 안에 있는 너희들 모두
와 맞서 싸워. 난 집을 둘러싼 정원과, 내 딸이 그 아래에서 지옥
에 떨어진 나무와, 정원을 둘러싼 벽과 맞서 싸워. 난 너희들이 숨
쉬는 공기, 너희들 머리에 내리는 비, 너희들이 걷는 대지와 맞서
싸워. 난 이 도시의 길과 집들과 맞서 싸워. 난 도시를 가로지르는
강과 운하와 운하 위의 작은 배들과 맞서 싸워(38).

『사막……』에서 유산을 놓고 싸우는 남매의 태도는 기억에 대한 태도로
부터 야기된 것이다. 이 희곡이 지닌 내러티브는 '지금 여기에서 어제를 말
할 수밖에 없는', 어제를 규정하고, 현재의 태도를 규정하는 과거의 기억이
다. 그 중심에 피의 문제가 있다. 누이 마틸드와 동생 아드리엥은 같은 피를
나누었지만, 동생은 거의 아랍인이 된 누이의 정체성을 의심하고, 프랑스
땅에 있는 아랍의 모든 것을 부정한다.

아드리엥: 젊었을 때부터 (저 여자는) 유혹에 넘어갔어. 자연의 부름에 응했
지. 나이가 들었다고 기적적으로 숙녀가 되는 건 아니야.
마틸드: 유혹에 넘어갔다고, 마암 퀼르 아줌마? 그럼 저 녀석의 자식은?
그야말로 엄청난, 어마어마한 오류 아닌가? 그 따위를 만들어낼
필요가 있었나? 하루 종일 정원이나 거실에서 편안히 쉬고 있는
무익하고 게으른 저 녀석의 아들이 무슨 권리로 내 집을 혼잡하게
하는 거야?…… 저 녀석에게 물어봐요, 마암 퀼르 아줌마, 왜 결
혼할 필요가 있었는지, 왜 아이를 만들었는지.
아드리엥: 저 여자에게 물어봐요, 마암 퀼르 아줌마, 왜 아이를 둘이나 만들
었는지.
마틸드: 저 녀석에게 말해줘요, 난 아이들을 만든 게 아니라, 내가 애를 갖
게 되었다고.
아드리엥: 저 여자의 아들은 도시의 빈민가에 있는 아랍 카페를 드나들어.

모두들 다 알고 있지. 피를 부르는 거야. 알제리의 태양이 우리 누나의 머리를 뜨겁게 내리쬐더니, 봐 이젠 아랍 여자가 되었고 아들도 마찬가지야. 난 저 여자의 아들이 내 아들을 빈민가에 끌고 다니는 걸 원하지 않아, 난 마티유가 아랍 카페에 드나드는 걸 원하시 않아(35).

이 작품은 현대 프랑스 희곡이면서, 보편적인 인간의 기억의 양식을 두드러지게 보여주는 희곡이다. 그리고 서유럽인들이 지닌 과거에 관한 가장 보편적인 양식을 보여준다기보다는, 불편한 기억의 원천을 드러내고 있다고 볼 수 있다.[19] 『사막……』은 과거의 기억으로 인하여 고통받고 있는 이들에 대한 기억, 가족에 대한 사랑과 원망, 희망과 좌절에 관한 기억들을 통째로 보여주고 있다. 이 희곡에 등장하는 인물들은 과거를 살고 있는 오늘의 인물들이다. 이들에게 지나간 현실에 완벽하게 조응하는 기억이란 존재하지 않는다. 오히려 그들은 그것 때문에, 그것과 더불어 오늘을 힘겹게 견뎌내고 있다.

마암 퀼르: 그래요, 네, 서로 치고받고, 망가뜨리고, 눈을 뽑으세요, 어디 끝을 봅시다. 더 빨리 끝낼 수 있게 칼을 가져다 드릴게요. 아지즈, 부엌에 있는 식칼을 가져오너라. 공평해야 하니 두 개 가져와. 오늘 아침 잘 갈아두었으니 금방 끝날 거야. 이번에는 서로서로 상처를 입히고, 할퀴고, 아주 죽이세요. 그럴 게 아니면 입 닥쳐요, 입 닥치지 않으면 두 분의 목소리가 더 이상 들리지 않게 목구멍 깊숙한 뿌리부터 내가 두 분의 혀를 잘라버릴 거예요. 그리고 조용히 싸우면, 아무도 모를 거고, 살아갈 수 있어요(37).

이처럼 『사막……』은 현대 연극의 특징 가운데 하나인 기억이라는 형식을 통하여 변형되고, 활성화되는 현상을 지니고 있다. 등장인물들은 기억으로 "기억을 특징 지우는 부재와의 싸움"[20]을 하고 있다. 등장인물들의 기억[21]은 연극처럼, 사막처럼 무한히 넓고 변형된 공간의 연속이다. 고향에서, 고향 밖에서 인물들이 경험한 사물과 세상은 희곡, 혹은 연극 안으로 들어올 때 변용과 왜곡을 경험한다. 이 희곡 맨 앞에 작가가 인용하고 있는, "뿌리가 다 말라버린 나뭇가지가 어떻게 자랄 수 있단 말인가? 수액을 받지 못하는 잎들이 어떻게 시들지 않겠는가?"(셰익스피어, 『리처드 3세』, 2막 2장)라는 글귀에서, 뿌리와 수액이란 단어는 기억으로 바꿔놓아도 된다. 그만큼 기억은 이 작품에서 인물들이 삶을 연명하는 잠재적인 힘이며 말하고자 하는 욕망의 근원이라고 할 수 있다.

> 마틸드: 내 국가는 어디야? 내 대지는 어디 있지? 내가 잠잘 수 있는 땅은 어디에 있지? 알제리에 있을 때는 난 외국인이고 프랑스를 꿈꿔왔어. 프랑스에서는 더 이방인이고 난 알제리를 꿈꿔. 국가란 자신이 없는 그 장소인가? 내가 있어야 할 자리에 있지 못하고, 내가 있어야 할 자리가 어디인지 알지 못하는 게 지겨워. 국가들이란 존재하지 않아, 아무 데도 없어. 없다고. 마리〔아드리엥의 첫 부인—인용자〕, 네가 두 번 죽을 수 있다면, 난 너의 죽음을 바랄 거야. 찬송가를 부르고, 하늘이든 지옥이든 뒹굴고 있거라. 하지만 거기 뒹굴면서 남아 있어, 나에게서 너의 기억을 없애줘(48).

역사 서술이 과거의 재현에 가깝다면, 희곡 『사막……』은 과거를 변형한 기억에 가깝다. 모든 존재는 차이와 그 차이들의 반복에 의해서 존재할 수 있다. 연극이 존재하려면 희곡은 사물과 세상에 대한 기억이 만들어내는 간격, 그 차이를 반복해야 한다. 그러므로 등장인물들은 치열하게 싸운다. 싸우게 만드는 원동력은 제 스스로가 지닌 기억이다. 인물들이 지닌 기억은 "획득acquisition, 보존conservation, 변형transformation, 표현expression이라는 네 개의 변화"[22]를 보여주고 있다. 기억에 의한 변용과 왜곡은 실제를 있는 그대로 옮기는 것이 아니라 실제의 변용, 왜곡이다. 그래서 『사막……』의 형제들은 서로 싸운다. 싸움의 내용은 유산 분할이 아니라 기억의 절차들로, 기억해야 하는 이유, 기억하는 내용, 기억하기 위한 방법, 기억한 다음에 해야 할 바들이다. 아리스토텔레스가 『시학』에서 기술한 것처럼, 기억을 모방한 대상이 되는 셈이고, 희곡은 기억의 모방된 오브제와 같다.[23] 희곡의 글쓰기는 허구이다. 기억에 의한 연극과 희곡은 사물이나 현상과 같지 않다. 그것을 허구, 이론적 실재라고 할 수 있다. 허구는 실체를 고정시키지 않고, 사라지게 한다. 사라지게 하기 때문에 실제의 사물과 세상은 더 크고, 그 존재의 양은 증가하게 된다.

> 아드리엥: 원숭이들은 숨어서 인간들을 응시하는 걸 좋아하고, 인간들은 슬그머니 원숭이들을 홀깃홀깃 쳐다봅니다. 인간이나 원숭이나 같은 과에서 내려오지만 진화 단계가 다를 뿐이에요. 원숭이나 인간이나 누가 누구보다 앞선 건지 알 수 없어요. 누가 누구를 목표로 하는지 아무도 몰라요. 틀림없이 원숭이가 영원히 인간을 목표로 하기 때문에, 인간도 영원히 원숭이를 목표로 하는 것이겠죠. 어떻건 간에, 인간은 다른 인간들을 쳐다보는 것보다는 원숭이를 쳐다보는 것이 필요하고, 원숭이는 다른 원숭이들을 쳐다보는 것보다는 인간을 쳐다보는 것이 필요해요. 그래서 원숭이와 인간은 서로 응시하고, 서로 질투하고, 서로 언쟁을 벌이고, 서로 따귀를 때리고, 욕설을 주고받는 거겠지요. 하지만 원숭이와 인간은 머릿속에서조차 결코 헤어질 수 없고, 지치지도 않고 서로를 쳐다봅니다 (42).

희곡 『사막……』의 구성은 크게 세 단위로 나눌 수 있다. 첫번째 단위는 마틸드와 아드리엥이 만나서 서로 적대적 관계를 드러내는 것이다. 그와 함께 가족이 아닌 증인들이 나타난다. 두번째 단위는 마틸드의 기억 속에 있는 지난 일들에 대한 원한들의 노출이다. 전쟁 중에 버림받아 상처를 지니게 된 마틸드의 과거의 기억과 복수가 함께 노출된다. 강박에 가까운 마틸드의 도전이 시작된다. 세번째 단위는 죽은 아버지의 유산에 대한 동생 아드리엥과의 논쟁이다. 1960년대 이후 프랑스의 사회 계급과 가부장적인 제도로 인한 아픈 기억들이 송두리째 표현된다.

3. 현대 연극과 공간의 언어

연극은 기억의 공간이 낳은 것이되 동시에 기억을 위한 공간을 낳기도 한다. 그러니까 연극 앞에 허구와 몽상의 공간이 있고, 연극 뒤에 실제와 미래의 공간이 생출된다. 이 모든 공간을 아우르는 것은 연극 그 자체이기보다는, 연극 속 인물들이 지닌 기억의 밑바닥에 자리한 삶이다. 진짜와 가짜의 경계와 같은 공간을 오고가는 것은 삶의 실체이다. 연극은 삶과 견줄 수 없다. 연극은 삶의 그늘과 같은 공간에서 삶을 위하여 봉사할 뿐이다. 공간은 연극을 창출하는 유전자일 뿐, 삶을 결정하거나 대체할 수 있는 것은 아니다. 삶의 공간은 연극의 공간에서 재구성된다. 그러나 연극 속 실제와 허구를 넘나드는 기억 공간은 삶의 공간을 초월하기도 한다.

현대 희곡에 등장하는 인물들이 지닌 공간의 특징은 유추 가능한 공간성에 있다. 등장인물들은 한정된 공간에 멈추어 있지 않고 끊임없이 이동한다. 움직여서 공간을 이동하는 것은 이들이 살아 있다는 것을 증거한다. 이러한 공간의 특징은 광장에서 또 다른 곳으로 옮겨 가는 이동성에 있다. 이동과 변모의 끝은 아무도 없는 땅에 가닿는 것이다. 불모의 땅에 이르는 것이다. 이를 위하여 등장인물들은 정처 없이 떠돈다. 그들에게 여기와 저기의 구별은 불가능하다. 그런 공간의 경계는 애초부터 존재하지 않는다. 정착하지 않는다는 면에서, 고정된 삶을 원하지 않는다는 면에서, 기존의 모든 가치를 존중하지도 인정하지도 않는다는 면에서 떠도는 이들은 무정부주의적인 삶을 지향한다. 그들은 적의와 체념과 절망의 시선을 지닌 아나키스트들이었다. 앞서 언급한 것처럼, 떠도는 이들에게 경계는 없다. 경계가 무화되면 종족이나 민족 그리고 국가라는 개념도 상실된다. 현대 연극에서 인물들이 자기 자신의 기억에서 멀어져 떠도는 경우가 많아지는 것은 자민족중심주의가 서서히 깨지고 있다는 것을 의미하기도 한다. 국가가 해체되는 것을 제일 먼저 몸으로 체현하는 이들이 현대 연극에 등장해서 기억 없이 떠도는 이들이다.

『사막……』에서 인물들은 한결같이 뭔가를 들입다 말한다. 말을 할 뿐, 말하는 내용과 듣는 대상이 분명하지 않다. 남는 것은 말하는 자기 자신과 말하는 장소뿐이다. 서양의 현대 연극에 등장하는 인물들처럼, 이 희곡에 등장하는 인물들은 서서히 자기가 살고 있는 기반을 떠나면서 시작된다. 영화에서 말하는 로드 무비처럼, 『사막……』은 여행의 연극, 유랑의 연극인 셈이다. 마틸드의 경우처럼 떠돎은 아무도 아닌 자의 철학, 이른바 노마드 nomade의 삶의 상징이다. 국가와 규범 등의 경계를 완전하게 벗어나 있으므로 마틸드의 떠돎은 영원한 휴식, 부재와 같다. 극의 도입부의 마틸드의 귀향과 종결부의 마틸드와 아드리엥의 떠남은 그들이 이미 있는 길을 찾아간 것이 아니라 가면 길이 되는 것을 알고 있었고 그렇게 하는 존재임을 드러낸다. 떠돌기 때문에 그들에게는 머물 집과 피를 나누고 함께할 가족이 없다. 그리고 고정된 정체성이란 것이 없다. 아니 정체성과 경계에 묶이지 않기 위하여 그들은 집이 아니라 길 위에 머무는 존재가 된다. 이들은 한편으로는 국가와 사회 체제로부터 떨어져 있었고, 다른 한편으로 그것으로부터 완전하게 소외된 채 살아가는 존재이다. 『사막……』의 주인공인 그들은, 고향을 떠나 어떤 곳으로 귀향함으로써 당대에 그야말로 아무것도 아닌 자기 자신이 되는 것이다. 소외는 일종의 시선의 상실이다. 자신의 의지에 따라 자신의 삶을 변화시킬 수 없는 소외된 자는 타자의 시선으로부터 피해 숨기 마련이다. 그래서 그들은 당대에 철저하게 이방인으로 떠돌면서 존재했고, 그 존재를 연장하는 인물들이다. 그런 의미에서, 작품 제목이 집으로의 귀향이 아니라 사막으로의 귀향이다. 사막은 경계 없는, 아무것도 아닌 공간인 셈이다.

『사막……』의 첫 장면은 마틸드가 무거운 가방을 들고 집 안으로 들어오는 모습으로 시작된다. 극중에서 배우와 인물들에게 상징적인 오브제는 손에 든 무거운 가방이다. 그것은 아주 먼 곳에서 왔음을 뜻하는 동시에 언제든지 떠날 수 있다는 것을 암시한다. 손에 든 큼직한 가방은 인물들의 삶이 포개져 들어가는 기억 공간이라고 할 수 있다. 가방 안에 있는 삶에 관한 기억처럼 앞으로 들어가게 될 미래의 삶도 간결해야 한다는 것을 암시하기도 한다. 떠도는 이방인들에게 필수적인 것이 가방이다. 연극에 등장하는 기억의 상징인 가방은 떠날 수밖에 없는 절망과 떠나지 못하게 하는 억압의 상징이라고 할 수 있다.[24]『사막……』에서 기억의 공간은 마틸드가 들고 들어오는 가방으로부터 시작된다. 마틸드의 가방은 떠날 때까지, "풀지도 않은" (86) 채 그대로 있다.『사막……』의 첫 장면에서, 인물들은 처음 만나자마자 프랑스어와 아랍어로 대화한다. 두 개의 서로 다른 언어는 두 개의 서로 다른 공간을 낳게 한다. 언어는 공간을 낳고, 대체하는 기능을 발휘한다.

마틸드: 엘라슈 가디 이쿤 느하르 카엡?[25]

아지즈: 이다아 카아네틀 오크트 흐마아라 브하알 코하아 바이나.[26]

마틸드: 아나아 에라프트하 마쉬 브하알 코하아![27]

아지즈: 우 키이프 타아르피하아?[28]

마틸드: ……아나 히야 크투우[29](11).

콜테스의 희곡에서 의미를 지닌 장소, 즉 공간은 중요한 역할을 한다. 『서쪽 부두』의 장소는 황폐한 공사장이고, 『검둥이와 개들의 싸움』은 아프리카의 공사장이고, 『목화밭의 고독 속에서』는 길 한 모퉁이, 아무도 살지 않는 어떤 곳이고, 『숲에 이르기 직전의 밤』은 외로운 주인공 화자가 처음부터 끝까지 끊이지 않고 말을 하는 어떤 길과 길모퉁이이다. 이렇게 장소는 길과 길모퉁이처럼 분명하지는 않지만, 말들은 이곳과 저곳을 오고 가는 사이에서 생성된다. 이들 공간의 특징은 일상적이지 않다는 데 있다. 『사막……』의 장소는 다른 작품들과는 전혀 다르게, 지방 작은 도시의 중산층 가정이다. 그리고 은유적으로 사막이 덧붙여진다. 집 안으로 들어가면, "벽으로 둘러싸인 정원, 열린 현관"(11)이 나타난다. 도시 속 집은 "집 고유의 냄새와 의식과 전통"(14)을 지니고 있다. 집을 떠나지 않고 머물러 살고 있는 동생 아드리엥에게 이 작은 도시는 인구가 많지 않아 좋기도 하지만, 겨울에는 춥고 여름에는 더워 집은 불편하다. 길도 예전 그대로 좁고 굽은 터라, 걷기에는 어려움이 없지만 차들이 들락날락하기에는 여간 힘들지 않은 곳이다. 동생은 아버지의 유산을 제 것으로 여겨 이 집을 떠나려 하지 않는다. 살면서 불편한 집을 지배하려고 한다. 그가 사는 집과 도시에는 직선의 길이 없어 보인다. 그러나 집을 떠나 15년 동안 알제리에서 살다가 다시 돌아온 누이 마틸드는 이곳에서 저곳으로 가려면 돌고 돌아야 하고, 약간의 높낮이가 있는 길을 기억하고 있다. 마틸드에게 도시의 집과 사람들 그리고 오고 가는 이들이 모두 입체적으로 보이는 이유는 여기에 있다.

> 마틸드: 이불 속으로 들어오렴…… 이 집을 이토록 정겹고, 따뜻하게 만들던……
> 파티마: 많은 일들이 벌어지고 있는데, 엄마는 잠자는 것과 기억해내는 것만 생각해.
> 마틸드: 내 옷들 사이에서 이름을 들었어…… 내 옷들이 바삭거리는 소리 사이에서……(19~20)

마틸드가 집 바깥으로 시선을 돌려도, 그가 보는 것은 그가 기억한 것의 호출일 뿐이다. 기억하는 한, 그는 자기 자신이 "나이도 들지 않았고", 제 스스로에게 "하인이었던 적도 한 번도 없"(29)었다고 말한다.

> 마틸드: 시간이 지나도 [……] 당신이 잊어버렸다고 해도, 나, 나는 안 잊어 버렸어.
> 마틸드: 난 당신을 알아봤어. 15년이 지나고 나니 [……] 오늘까지 100년이 지났다 하더라도, 300년이 지났다 하더라도, 난 당신을 알아봤을 거야(29).

마틸드의 기억 속에서 도시와 집은 그의 삶의 공간을 결정했던 중요한 것들이다. 반면에 알제리에서 태어나 자란 딸 파티마는 이 집에 대한 기억이 없는 터라 모든 것을 주워 넣기만 한다. 그것이 마틸드가 말하는 "잔디에 남은 흔적, 바람과 이슬, 나무 그루터기의 흔적"(19)들이다. 마틸드에게 자신의 삶과 살던 집, 고향의 길과 사람들은 기억 속에 또렷하게 자리 잡고 있다. 이곳에서 저곳으로 가려는 거리와 시선의 산물이 공간이라면, 마틸드에게 그 모든 것은 고정되어 있다. 그가 마을 사람들로부터 적과 내통했다고 고발당해, 머리카락을 깎이는 고통을 당하고 고향을 떠나야 했던 것 모두가 그 공간과 더불어 기억되고 있기 때문이다. 마틸드는 제 스스로 발품을 팔아 고향으로 다시 돌아온 유령과도 같은, 사라지지 않는 인물이다. 마틸드의 삶은 이 공간에서 다시 시작된다. 그리고 고향이 지닌 지형적 조건과 아직도 생존해 있는, 자신을 적과 내통했다고 고발하고 군중 속에 몰아넣고 침을 뱉었던 고향 사람들과 지옥이 되어버린 것 같은 자신의 삶을 논쟁한다.

그것은 고향에서 "추방당해, 존재하지 않았던"(38) 마틸드가 고향으로 돌아와, 자신의 삶을 이렇게 만든 과거를 다시 끄집어내는 것으로부터 출발한다. 15년 동안의 알제리에서의 삶을, 하루하루가 노동이었고, 기억을 배반하는 모든 것들과 싸워야 했던 것들을 상기한다. 낯선 타향에서 모든 것이 낯설었고 하는 일마다 실수를 했지만, 그에게 힘이 되었던 것은 과거와 과거를 저장하는 기억 공간이다. 이를 위해서 마틸드는 고향에서 배운 모든 삶의 기술을 포기해야 했다. 타향에서는 고향의 모든 것이 허용되지 않았기 때문이다. 공간을 가로지르는 잣대가 쓸모가 없었고, 모든 것을 거의 자신의 손으로 해야 했기 때문이다. 그럼에도 마틸드는 알제리에서 몸으로 새롭게 터득한 것보다는 과거의 기억이 더욱 소중했다. 마틸드의 시간, 걸음걸이, 사유 등이 계절과 날씨에 관계없이 조금도 변하지 않은 이유가 여기에 있다. 낯선 타향에서 모든 것이 처음일 수밖에 없었지만, 삶은 여전히 그에게 낡고 익숙한 것이었을 뿐, 새로운 것은 하나도 없었다. 억울한 과거의 기억 공간이 주는 것을 기억함으로써 잃지 않을 수 있었던 덕분으로, 고향의 삶의 지형은 언제나 그대로 있었다. 기억 속 고향은 마틸드의 삶의 밑변과 같았다.

『사막……』은 18장으로 되어 있다. 장으로만 되어 있을 뿐, 분명하게 언급된 막은 없다. 18장은 서로 연결되어 있기도 하고, 분리되어 있기도 하다. 장과 장은 일차적으로 단절을 전제로 하면서도 서로 이어져 있는 셈이다. 희곡을 읽는 입장에서, 각 장은 독립된 장으로 여겨질 수도 있고, 하나의 장을 극복해야만 다른 장으로 나아갈 수 있는 것으로 보이기도 한다. 하나의 장이 뒤로 갈수록 이야기의 깊이는 증대되기 마련이다. 내용의 난이도도 점점 커진다. 각각의 장은 평면과 같다. 평면의 장은 인물들이 오고 가는 짓이 우선된다. 하나의 장에서 다른 장으로 옮겨 가는 것이 오름짓과 내림짓으로 여겨지지 않는다. 장과 장은 서로 교차한다. 그러므로 이 작품에서 볼 만한, 시간과 공간적인 맥락을 아우르는 스펙터클은 존재하지 않는다. 인물들의 삶이 평면적으로 보일 뿐이다. 희곡이 장으로 분할되어 있다는 것은 평면적 삶의 진정이다. 따라서 등장하는 인물들의 삶이 긴장 관계에 있을 수밖에 없다. 이들끼리 서로 허리춤에 달려 있는 기억과 같은 무기로 싸울 수밖에 없는 원인은 여기에도 있다.

4. 현실과 허구, 그 기억 공간

연극, 그것은 공간 속에 말들C'est de la parole dans l'espace[30]을, 말들 속에 공간을 짓는 일이다. 연극 속 공간은 영역이되 말들의 소리, 의미로 확장된다. 연극을 비롯한 공연 공간은 마술적이다. 그 속에 실재와 허구, 진짜와 가짜가 섞여 있기 때문이다. 공연 공간은 현실 속의 공간과 환영 속의 공간의 복합이다. 배우와 관객, 희곡과 독자가 서로 마주볼 수 있는 한 장소에서, 허구의 공간을 상상하는 이 만남은 이중적이다. 실제와 허구라는 두 차원의 공간은 서로 맞물린다. 물리적인 공간은 상상적인 공간에 영향을 미치고, 상상적인 공간은 물리적인 공간의 지평을 넓힌다. 그 가운데 하나가 이름이다. 마틸드의 두 자녀, 파티마와 에두아르는 순수 혈통이 아니다. 그들은 어머니 마틸드와 이름을 알 수 없는 알제리인 사이에서 태어난 혼혈이다. 혼혈이라는 피 속에 혈통에 관한 복잡함이 들어 있다.

아드리엥: 누나 애들 이름을 잊어버렸어.
마틸드: 남자애는 에두아르, 여자애는 파티마.

아드리엥: 파티마? 미쳤군. 이름을 바꿔야 해. 다른 이름을 찾아줘야 한다고. 파티마! 나에게 누군가가 이 애의 이름을 물어보면 어떻게 대답하라는 거야? 난 조롱거리가 되기 싫어.

마틸드: 이름을 바꾸지 않을 거야. 이름은 만들어지는 것이 아니라, 요람 주변에서 얻어지는 거고, 아이가 숨 쉬는 공기에서 시작되는 거야 (16).

혼혈이 인물의 내적 공간이라면, 『사막……』에서 집은 외적 공간이다. 이 작품에서 집은 매우 구체적이다. 집에 대한 서술은 일상의 삶에서부터 상실과 귀향에 이르기까지 그 범위가 매우 크고 넓다. 1960년대 초, 마틸드는 15년 만에 자신의 두 자녀 에두아르와 파티마와 함께 알제리에서 프랑스 동부의 작은 도시인 자신의 고향으로 돌아온다. 유산으로 받은 집에는 동생인 아드리엥과 그의 새 부인, 그리고 그들의 아들 마티유가 살고 있다. 마틸드와 아드리엥의 과거의 감정적인 빚 청산과 집 소유에 대한 문제로 집안은 전쟁터가 되어버린다. 이외에도 파티마는 아드리엥의 첫 부인인 마리의 환영을 보는 정신이상 증세를 보이고, 마티유는 아버지의 심한 반대에도 불구하고 알제리 전쟁에 참가하는 "꿈"을 꾸는 등 모든 인물들이 각각 다른 문제를 지닌 채 서로 싸우며 고민한다.

『사막……』에서 마틸드가 찾는 집과 가족들은 잃어버린, 억울한 생의 순명한 원형을 찾는 일이기도 하다. 누구도 원하지 않는 유령처럼 되돌아오는 마틸드의 귀향으로 전쟁을 치르는 가운데, 이익을 위해서 타인의 삶의 근간을 파헤치고 도려내었던 집단적인 과거가 드러난다. 마틸드는 살 곳이 없고 갈 곳이 없는 인물이 아니라, 살아 있는 존재이면서 어디든 갈 수 있는, 다시 돌아오는 유령과도 같은 무서운 존재이다.

마틸드: 아이가 홍콩에서 태어났으면 이름을 추웨이 타이라고 지었을 거고, 아이가 바마코에서 태어났으면 이름을 샤데미아라고 지었을 거고, 아메리카에서 아이를 낳았으면 이름을 이즈타지위앗이라고 지었을

거야. 누가 날 말릴 수 있었겠어? 태어나는 아이를 처음부터 외국으로 보내기 위해서 스탬프를 찍을 수는 없는 거잖아(16).

고향을 떠나, 집에 부재했던 마틸드가 오래된 길을 따라 집으로 돌아와 존재가 된다. 자신의 과거가 숨 쉬고 있는 옛집으로 왔다. 자신을 부수고, 쫓아내고, 떠돌게 한 고향의 집으로 되돌아온다. 그에게 삶과 집은 뒤엉켜 있는 지옥, 사막과도 같은 곳이다. 끝에서 집에서 국가라는 더 큰 공간으로 옮겨 간다.[31] 콜테스가 지닌 국가관, 타민족과의 결합이 갖는 중요성이 통째로 드러나는 대목은 마틸드의 다음과 같은, 그의 온 삶의 파국을 말하는 절박한 대사이다. 마틸드: 내 국가는 어디야? 내 대지는 어디 있지? 내가 잠잘 수 있는 땅은 어디에 있지? [……] 국가들이란 존재하지 않아, 아무 데도 없어. 없다고(48). 이처럼 상처는 깊고, 분노는 제어되지 않는다. 돌아온 집은 겉과 달리 폭력이 감추어진 이중적인 공간일 뿐이다.

마틸드: (관객들에게) 난 저녁에는 절대로 말을 하지 않아요. 저녁은 거짓말쟁이기 때문이죠. 외부의 동요는 영혼의 고요를 나타내는 흔적일 뿐이고, 집들이 조용한 것은 위험하게 정신의 폭력을 감추고 있는 거예요. 그래서 난 저녁에는 말을 하지 않는답니다(67).

『사막……』의 주된 공간은 벽으로 둘러싸인 집과 정원이다. 공연에서 이 작품의 무대장치로 무대를 길게 가로지르는 높고 커다란 벽이 세워져 있다. 벽 너머로 하나의 잎조차도 남아 있지 않은 앙상하고 창백한 나무 한 그루가 보인다. 벽은 위험한 세상으로부터 인물들이 자기 자신을 보호할 수 있는 역할을 한다. 인물들이 자신을 옹호하고 보호할 때, 벽은 점점 더 높아진다. 자기 자신의 세상만을 구축하게 되어, 시간이 흐르면서 자신을 가두는 감옥의 벽이 되기도 한다. 마침내는 자신이 나가는 것조차 방해하고 남이 들어오는 것도 저지하게 된다. 자기 자신과의 벽 그리고 타인과의 벽, 벽은 이처럼 늘 양면성을 동시에 지닌다. 벽으로 둘러싸인 공간이 집이다. 이처럼 『사막……』의 집은, "조용하지만 위험하게 정신의 폭력을 감추고 있는" (67), 상징적인 집이다. 콜테스는 집과 가까이 혹은 거리를 두는 것에 따라서, 집과 배경과의 관계에 따라서 그 정체성이 결정되기 마련이라고 말한다. 마틸드가 요구하는 집은 단순한 집이 아닐 것이다. 그것은 "집과 저녁, 저녁과 국가"(67)처럼 확대된다.

마틸드에게 있어서 집은 삶을 품는 곳이기도 하고, 삶을 바라다보는 눈이기도 하다. 추운 곳에 사는 이누이트들은 바닷속 물개들이 숨을 쉬기 위해서 얼음 표면에 뚫어놓은 구멍을 눈이라고 말한다. 너른 바다가 얼음 속에 있고, 그 구멍은 바다와 세상이 만나는 접점이며 통로이기도 하다. 마틸드에게 집은 세상을 향해서 열리고 닫히는, 크고 작은 문들을 지닌 공간이다. 그가 되돌아왔을 때, 조금 열린 문은 사진기의 조리개와 같은 눈으로, 집의 숨구멍이다. 문이 열리고 닫히는 작용은 집의 숨 쉬기와 같다. 얼음 속에서 얼음 바깥으로의 분리, 집 안에서 집 바깥으로 그리고 그 반대로 이어지는 분리와 연장의 흔적은 애써 기억하는 즐거움과 집 떠난 괴로움의 기억을 낳는다. 그 끝은 침묵하기일 터. 그때 두꺼운 집과 울음(18장)은 소리 없는, 침묵하는 아우성이 된다.

태초에 사람이 있었고, 집도 있었다. 집의 끝은 사막이다. 『사막……』의 끝에 이르면, 집이 텅 비어 있다. 사람들은 집을 나와 길 위에 있다. 사람이 집에 있지 않다는 것은 어떤 외부의 힘에 의해 집에 있을 수 없게 되었음을 말하는 것이기도 하고, 집이 집다운 격을 잃어버려 삶이 그곳에 있을 수 없음을 저항적으로 웅변하는 것이기도 할 터이다. 『사막……』의 인물들은 집을 나온 나그네가 된다. 콜테스에게 있어서, 집은 더 이상 삶이 거주하는 공간이 아닌 셈이다. 집의 원형을 잃어버렸다는 것은 숨길 수 없는 사실이다. 마틸드의 동생 아드리엥은 맨발로 출연한다. 자신의 외동아들인 마티유가 벽을 넘어 세상으로 나가고 싶어 할 때, 이를 저지하기 위해 "(자신의 맨발을 가리키며) 내 발을 쳐다봐, 마티유, 이게 바로 세상의 중심이야"(23)라고 말한다. 한밤중에도 양복을 차려입는 아드리엥이 맨발로 있는 것은 문명 가운데의 원시적인 면모를 의미할 수도, 위험스런 세상에서 사방을 벽으로 막고 안전한 자신의 집에 있다는 것을 의미할 수도 있다. 연극이 끝나기 바로 직전, 아드리엥은 신발을 신고, 누이인 마틸드와 함께 "진정한 사막"[32]으로 떠날 채비를 한다. 이들이 떠나기 전, 화해하는 장면의 대사는 다음과 같다. 모두가 희생자로서 고통을 감내하고 있었던 셈이다.

> 아드리엥: 미안해, 마틸드 누나, 미안해. 누나가 여행 가방을 싸기도 전에 난 이미 신발을 신었어. 난 누나가 떠나겠다고 말하기 전에 떠나겠다고 말했어. 내가 누나 흉내를 낸다고? 난 미치지 않았어…… 난 누나가 사는 방식에 찬성한 적은 한 번도 없어. 난 항상 예의범절 편이었지. 난 항상 아빠 편이었어.
> 마틸드: 아빠 편, 그래 맞아. 나에 대항해서. 넌 어린 개처럼 아빠를 흉내 냈어. 아빠에게 찬성하고, 내가 무릎 꿇고 밥을 먹는 것을 비웃으면서 쳐다봤어.
> 아드리엥: 난 비웃지 않았어, 마틸드 누나, 맹세해. 그건 고통의 표현이었어 (84~85).

『사막……』의 집들이 집답지 않은 이유가 여기에 있다. 집들은 사람과 자연으로부터 분리되어 있고, 집과 집이 이루는 공동체도 사라졌다. 사람들은 길 위에 휑하니 있다. 길 곁의 집들은 작고, 사람이 들어 있지 않은 집들은 희미하다. 홀로 남겨진 집을 바라보는 마암 퀼르의 시선은 쓸쓸하게 고정되어 있다.

> 마암 퀼르: 슬픔이 이 집을 지배할 때 난 아지즈가 좋아. 마틸드와 주인은 거실에서 뻗쳐 있고, 마티유는 울고, 파티마는 신음하면서 추위에 대해 불평하고, 에두아르는 책 속에 파묻혀 있고, 모든 게 평온하고, 조용하고, 슬퍼. 집은 우리 거야(67).

반면에 가출한 이들의 시선은 여기저기로 흩어져 있다. 집을 뛰쳐나온 실향민과 뜨내기들은 가늘고 여윈 나무같이 여위었고, 집에 등을 돌린 채 걷고 있다. 아지즈는 기억에서 조국을 잃어버린 인물이다.

마티유: 네가 아랍인이 아니면 넌 뭐야? 프랑스인? 하인? 널 뭐라고 불러야 하지?

아지즈: 얼간이, 난 얼간이야. 아지즈, 돈을 요구할 때만 사람들이 내 이름을 기억하지. 난 내 집이 아닌 집에서 얼간이 짓을 하며 시간을 보내지, 내 것이 아닌 정원을 가꾸고, 내 것이 아닌 바닥을 닦아. 그리고 전방에서 전쟁을 할 수 있도록 난 내가 번 돈으로 프랑스에 세금을 내. 난 전방이 프랑스에 전쟁을 할 수 있도록 전방에 세금을 내. 그 안에서 누가 아지즈를 보호하지? 아무도 보호하지 않아. 누가 아지즈에게 전쟁을 걸지? 모든 사람들이.

사이피: 그런 식으로 말하지 마, 아지즈.

아지즈: 극우파는 나보고 아랍인이라고 해, 주인은 나보고 하인이라고 하고, 병무청은 나보고 프랑스인이라고 하고, 나는 나 자신을 얼간이라고 불러. 나는 아랍인이든, 프랑스인이든, 주인이든, 하인이든 관심 없어. 난 프랑스에 관심 없는 것처럼 알제리에도 관심 없어. 나는 내가 편을 들어야 하지만, 내 편이 아닌 것에 관심 없어. 난 찬성도 반대도 아무것도 아니야. 내가 찬성이 아닐 때 누군가 나보고 반대라고 말한다면, 그럼 난 다 반대야. 난 진짜 얼간이야(73).

아지즈가 지닌 이런 풍경은 국가와 민족의 정체성이 하염없이 말소된 이들의 기억의 전형이다. 『사막……』에서 소외된 그들이 가는 곳이 도시 한가운데 있는 '사이피 카페'이다. 이 카페가 사람들의 시선에서조차 멀어져 있다. 아지즈는 사람들이 억압하는 세상으로 조금 비켜 서 있는 곳에 이르러 겨우 제 곁에 눈을 돌리게 된다. 그러나 다른 사람들은 한쪽으로 내려앉은 저울추처럼 세상 한쪽으로 기울어져 있다. 집에서 멀어지자 풍경은 커지고 사람은 더욱 작아지며 제 모습을 잃기 시작한다. 그 정점은 카페의 폭발이다. 16장에서, 권력을 가진 집단 기억들은 극중에서 아지즈와 에두아르가 마티유를 데리고 가는, 프랑스 문화와 아랍 문화가 만나는 중성적 공간이고, 한 문화가 다른 문화를 "초대하고 유혹하는 공간"[33]인 사이피 카페를 폭발시킨다. 이로 인하여, 프랑스에서 태어나 자란 마티유가 희생자가 되지만, 그는 그곳에서 처음으로 다른 문화, 민족 차별, 프랑스 제국주의 그리고 "모든 쾌락을 지불해야 하는 이 세상이 잘못되었다"(71)는 것을 알게 된다. 사이피 카페가 폭발했을 때, 아지즈는 "완전히 죽는"[34](77)다. 극의 끝부분에서 마틸드의 아들 에두아르는 "도약하여 뛰어내리고, 허공 속으로 사라진다"(80). 그가 원했던 사막으로의 귀환인 셈이다.[35]

> 에두아르: 나는 떨어지면서 여기서 1400킬로 떨어진 우주에 가 있을 거고, 지구는 엄청난 속도로 나에게서 멀어질 거야. 지구는 나로부터 떨어져나갈 거고, 나는 지구에서부터 떨어져나갈 거야. 〔……〕 내가 여기서 수백만 킬로미터 떨어진 허공 속에 놓이게 된다면, 그건 더 나을 거야(78).

결론: 사라진 기억, 지워진 얼굴

『사막……』의 끝부분에 이르러 아지즈와 에두아르 모두 이곳이 아닌 저곳으로, 삶의 세상이 아닌 죽음의 세상으로 갔다. 집이 아예 눈에서 멀어지자, 한때 집에 거주하던 사람의 얼굴이 사라지고 짐승의 거죽을 지닌 남루한 맨손과 같은 형체만 남았다. 아드리엥처럼 두 다리만이 제 그림자와 함께 맨발로 걷고 있다. 17장에서는 아랍인도 프랑스인도 아닌 아지즈처럼, 사람들의 남은 형체마저 어둠 속으로 사라진다. 에두아르도 허공 속으로 사라진다. 실체가 아닌 그림자 속, 그곳에 제 얼굴은 없다. "다른 사람들에게 모습을 보여주고 싶지 않은"(75), 죽어서도 존재가 사라지지 않고 나타나는 유령이 등장한다.[36] 유령만이 남는다. 억울하게 죽고 올바르게 매장되지 않은 유령 마리를 볼 수 있는 존재는 파티마이다. 유령 마리는 존재하지만, 익명의 존재이다. 마르트(마리의 여동생, 아드리엥의 두번째 부인)의 대사처럼, 이곳에서는 "유령 맞아, 난 확신해. 하지만 순결한 사람만이 그 유령을 볼 수 있"(77)다. 유령인 마리의 등장은 살아 있는 이들에게 상징적 부채이고 공포일 터이다. 유령을 보지 못하는 아드리엥이 마리와 대화하는 파티마를 "저 미친 애"(75)라고 말하는 이유이다.

마틸드의 딸 파티마가 검은 피부를 지닌 건장한 공수부대원의 쌍둥이를 출산한다. 이 아이들의 피부도 검은색이다. 아이들의 얼굴은 온통 검은 피부로 지워져 있다. 파티마는 이 아이들의 이름을 "로물루스Romulus, 레무스Remus"라고 짓는다. 훗날 로마제국을 건설하게 될 로물루스와 레무스는 군신軍神인 마르스와 알바 롱가의 왕녀 실비아의 쌍둥이 자식으로 이리에 의해 양육된다. 희곡의 맨 끝에서, 마틸드와 아드리엥이 알제리로 자발적인 귀환 혹은 귀향을 시도함으로써, 자연스럽게 문제의 이 집에는 알제리 사람을 아버지로 둔 파티마와 그의 쌍둥이 흑인 아이들이 남게 된다. 아이들의 출생과 잔존은 이 집을 프랑스의 미래라고 해석하게 만들기도 한다. 이것이 오늘날 콜테스가 표현하는, 프랑스가 숨기고 있는 집과 삶의 실체일 터이다. 집이 사라지고, 가족 공동체가 해체되고, 공존과 공생이 불가능한 폐쇄된 사회의 모습들이다. 이를 당당하게 웅변하는 이가 공수부대원이다.

> 공수부대원: 난 이 땅이 좋아, 부르주아, 하지만 이 땅을 채우고 있는 인간들은 싫어. 누가 적이지? 넌 친구야, 아니면 적이야? 난 누구를 지켜야 하고, 누구를 공격해야 하는 거지? 적이 어디 있는지 더 이상 모르게 되면, 난 움직이는 모든 걸 다 쏘아버릴 거야. 〔……〕 국가는 존재하기도 하고 존재하지 않기도 한다고, 인간은 자신의 자리를 차지했다가 잃어버리기도 한다고, 도시나 영지들, 집들, 그 집에 사는 사람들의 이름이 인생의 굴곡에 따라 변한다고 사람들은 말해. 그렇다면 모든 것이 다른 질서에 맡겨진 것이고, 아무도 자기 이름을 모르고, 자기 집이 어디인지 모르고,

자기 나라가 어디인지, 국경이 어디인지 모르는 거야. 뭘 지켜
야 하는지 모르게 되지. 누가 이방인인지 모르게 돼. 누가 명령
하는지 모르게 돼. 사람들은 역사가 인간을 통솔한다고 말하지
만, 한 인간의 인생이란 너무도 짧은 법이야. 내 임무는 전쟁에
나가는 거고, 내 유일한 휴식은 죽음일 거야(57).

『사막……』을 해석하는 방식은 다양하다. 마틸드가 알제리에서 알제리인
과의 사이에서 낳은 두 아이(파티마, 에두아르)를 데리고 자신의 고향 프랑
스로 돌아와 이곳을 사막으로 여기는 '프랑스라는 사막으로의 귀향'으로 해
석할 수도 있고, 연극 마지막 장면에서 제2의 고향이 된 알제리로 되돌아가
는 것에 주목하여 '실제 사막으로의 귀환'을 의미할 수도 있다. 혹은 맨 끝
에서 프랑스의 집에 남는 파티마와 그의 두 흑인 아이들의 미래, 프랑스의
미래일 수도 있다. 희곡을 읽는 독자나 관객 들이 자신들이 고향이라고 여
기는 그 장소가 실제로는 사막일 뿐이라는 것을 상징할 수도 있다. 전쟁을
하러 고향집에 온 첫번째 유령 마틸드처럼, 두번째 유령 마리처럼, 꿈에 그
리는 귀환이 악몽의 귀환이 될 수 있다는 암시이기도 하다. 공간에 대한 작
가의 상상력은 이렇게 다층적으로 보태진다. 16장과 17장에서 아지즈와 에
두아르가 사라지고, 마티유가 피를 흘리는 부상을 당하고, 파티마가 유령인
마리와 대화를 한다. 마틸드와 아드리엥은 알제리로 같이 떠나고 남은 인물
들은 "완전히 까맣고 머리는 곱슬곱슬"(85)한 쌍둥이 아이들뿐이다. 그 아
이들의 이름이 집의 안이자 바깥인 국가의 앞날을 조명할 뿐이다. 콜테스는
미래의 기억과 같은 이 세계의 앞날을 이렇게 적어놓았다.

베르나르-마리 콜테스 연보
(1948~1989)

1948년

4월 9일 제철공장과 아랍 노동자들이 많았던 메츠에서 태어났다. 부모인 에두아르 콜테스Edouard Koltès와 제르멘 웰쉬Germaine Welsch는 아들 3형제(장-마리 콜테스, 프랑수아 콜테스, 베르나르-마리 콜테스)를 두었고 그 가운데 막내아들이 베르나르-마리 콜테스였다. 지방의 소시민이었던 이 가족 안에서는 가톨릭의 영향과 아버지 직업에서 온 군인정신이 지배적이었다. 장교였던 아버지는 전쟁(인도네시아, 알제리)으로 인해 자주 집을 비웠던 터라 그는 아버지에 대하여 거리감을 갖게 된다. "부자관계, 좀더 일반적으로 모든 가족관계가 내게는 모든 심리적 근원으로부터 독립되어 있는 숙명성에 대해 답해준다"(알랭 프리크Alain Prique와 가진 대담, 「즐거운 발걸음Gai Pied」, 1983). 콜테스의 눈에 메츠는 언제나 '지방'의 전형적인 이미지로 나타난다. 그는 거기서 "언제나 무정하게 옮겨와 있다toujours impitoyablement décalé"고 느낀다(콜레트 고다르Colette Godard와 첫번째로 가진 대담, 『르몽드』, 1986. 6. 13).

1956년

가족들과 함께 자주 알프스에서 휴가를 보낸다.

1958년

예수회에 의해 1855년 메츠에 문을 연 생클레망 중학교collège Saint-Clément의 기숙학생이 되어 중등교육을 시작하다. 같은 이름의 옛 수도원에 자리 잡은 이 중학교는 당시 '아랍 지구의 심장부'였던 퐁티프루아Pontiffroy에 있었다(미셸 장송Michel Genson과 가진 대담, 1988). 예수회 신부들의 교육은 사고력과 논쟁의 수사학을 진작하는 것이었고, 이것이 콜테스 작품의 대사에 영향을 미치게 된다. 하루 세 번의 식사시간 동안 의무적으로 낭독을 해야 했다. 이 기회에 그는 잭 런던의 소설 『흰 송곳니』를 발견하게 된다. 『황야의 부름』의 작가이기도 한 잭 런던은 콜테스의 열광의 대상 중 하나가 되며, 특히 『마틴 에덴』이 그렇다.

몇몇 예외적인 경우를 제외하고 그의 선생들은 그들이 대면하고 있던 그의 비범한 개성을 알아보지 못한 듯하다. 하지만 그가 다니던 중학교의 종교 과목 담당 교사는 "베르나르의 글에는 삶이 침묵 속에서 충분히 드러내지 않는 것이 나와 있다"라고 썼다. "그의 작품은 언제나 대사건이다. 이것을 문학적 사건으로 한정지어 말할 필요는 없다." 이 예수회 신부는 "베르나르가 매우 빨리 대단한 인물이 될 것을 확신"했던 것으로 보인다. "그는 얌전하지만 점점 더 통찰력을 갈망한다." 전반적으로 콜테스의 학업은 평균적이었던 것 같다. 중학교 교장인 신부는 이렇게 쓴다. "베르나르는 파국으로 달려간다…… 미소 지으며." 첫 학기에 그리고 철학 수업에서는 문학 과목을 맡은 교사들은 그에게서 "예민함과 취향" "취향과 통찰력"을 발견했다고 말한다. 학교 기숙사에 머무는 동안 부모에게 많은 편지를 쓰다. 1960년에 쓴 편지에는 그가 쓴 편지가 제대로 갔는지 걱정하는 내용, 답장을 일찍 받고 싶어 하는 염원, 편지를 받은 기쁨이 가득한 글귀가 많다(『편지들Lettres』, p. 19).

1960년

프랑스 식민지였던 알제리에서 일어난 전쟁과 고향 메츠가 그에게 큰 영향을 준다. 콜테스는 후에 그것을 몇 번이고 되풀이하여 회상하게 된다. 특히 미셸 장송과 가진 대담에서 이를 언급한다. "1960년에 나는 메츠에 있었다. 나의 아버지는 장교였고, 그가 알제리에서 돌아온 것이 바로 그때였다. 게다가 생클레망 중학교는 아랍 지구의 중심에 있었다. 나는 마쉬 장군의 도착을 보았고 아랍 카페들이 폭발하는 것을 보았다. 모든 것을 멀리서, 아무 견해도 없이 말이다. 그때는 내게 인상들만 남아 있었고 그에 대한 견해는 나중에 갖게 되었다. 나는 알제리 전쟁에 대해서는 작품을 쓰지 않으려고 했지만, 열두 살에 어떻게 외부에서 일어나는 사건들로부터 기인하는 감정들을 경험할 수 있는지는 보여주고 싶었다. 하지만 이 모든 것은 지방에서 이상한 방식으로 일어났다. 알제리는 존재하지 않는 것 같았고, 그럼에도 카페들은 폭발했고, 사람들은 아랍인을 강물로 던졌다. 이런 폭력이 자행되었다. 그것에 대해 한 아이가 민감해했고 그 아이는 아무것도 이해할 수 없었다. 열두 살에서 열여섯 살 사이에, 이러한 인상은 그 아이에게 결정적으로 작용했고, 내 생각에 모든 것이 결정된 것은 바로 그 지점이었던 것 같다. 모든 것이. 아마도 이것이 나를 프랑스인보다는 외국인에게 더 관심을 갖도록 이끌었을 것이다. 나는 그들이 프랑스의 새로운 피라는 것을 매우 빨리 이해했다. 만일 프랑스가 단지 프랑스인의 피 위에서만 산다면 그것은 악몽으로, 스위스와 같은 어떤 것으로 바뀌리라는 것을 말이다. 예술적인 면에서, 그리고 모든 면에서 완전한 불임 상태로"(미셸 장송과 가진 대담, 『로렌 공화주의자』, 1988. 10. 27~11. 3).

콜테스는 마지막으로 출판된 대담(1989)에서 이 주제로 돌아온다. "메츠에서 이것은 매우 뜨거웠다. 제강소 때문에 거대한 아랍 커뮤니티가 형성되었다. 우리가 학교에 갈 때, 카페들이 폭발했던 이 시기 내내 우리는 경찰의 보호를 받았다"(에마뉘엘 클로스너Emmanuelle Klausner와 브리지트 살리노 Brigitte Salino와 가진 대담, 『목요일의 사건 L'Événement du Jeudi』, 1989. 1.

12). 『사막으로의 귀환』(1988)의 독자는 어렵지 않게 작품의 배경이 되는 "1960년대 초반의 프랑스 동쪽 지방 도시"를 알아본다. 게다가 이 작품에는 마틸드 세르프누아즈Mathilde Serpenoise, 마리 로제리외유Marie Rozérieulles, 마암Maame, 크웰뢰Queuleu, 플랑티에르Plantières, 보르니Borny, 사블롱Sablon이라는 인물들이 등장한다. 이것들은 메츠의 지명이며, 여기서 콜테스가 암시하는 사건들이 일어난다.

바흐, 쇼팽의 음악을 통하여 피아노 연주를 배우기 시작했으나 바로 그만둔다. 그러나 올리비에 메시앙의 오르간 주자였던 루이 티리Louis Thiry를 만나 1965년에 다시 오르간 공부를 시작한다. 1964년에는 삼촌이 성직에 들어선 지 40년이 되는 해를 기념하기 위해 '오르간 연주와 소나타를 테이프로 녹음할 것'을 계획한다(1964년 3월 2일에 어머니에게 보낸 편지). 그는 또한 합창을 연습했으며, 생클레망에 들어간 이래 합창단에 참여한다. 1986년에 콜테스는 피에르 불레Pierre Boulez를 위해 오페라의 대본 작업을 하게 된다. 위고의 『레미제라즈』과 쥘 베른의 작품을 읽다.

1961년
첫 영성체. 플레야드 판으로 된 몰리에르의 책 한 권을 받다. 그것을 주석으로 뒤덮다. 중학교에서 작품 하나를 무대 위에 올린다.

1962년
1938년 10월 19일에 결혼한 부모의 결혼기념일을 축하하는 시를 쓰다. "산 위에 어둠이 내리고, 들녘에 햇볕이 차츰 줄어들 때, 엄마와 아빠는 부드럽게 서로 키스를 나누고……"(『편지들』, p. 26).

1964년
플레야드 판 랭보를 읽다. 거기에서 영감을 받아 『생클레망 졸업생 회보』(12호)에 「저녁」이라는 시를 출판, '베르나르 콜테스, 2e 1'이라 서명. 가족들과 모로코를 여행하다.

1965년
아프리카 토고 여행을 앞둔 어머니에게 보낸 편지에 "아프리카의 햇빛, 석양, 밤, 모래, 덤불, 동물들의 외침" 등에 대하여 쓰다(『편지들』, p. 29).

1967년
대학입학자격시험에 합격하다. 철학 계열. 6월 26일 마들렌 콩파로에게 보낸 편지에 이렇게 썼다. "운명의 여신은 눈을 감고 있다고 사람들은 말한다. 그 말을 믿어야 한다. 왜냐하면 여신은 우리 모두에게 미소를 베풀어주기 때문이다. 그리고 여신은 네 오빠와 나를 대학입학자격시험에 성공시켰다……"

콜테스는 메츠를 떠나 스트라스부르로 갔으며 거기서 형 프랑수아와 함께 살게 된다. "18세 때인 1968년에 나는 매우 빠르게 스트라스부르로, 파리로, 뉴욕으로, 출몰했다. 그리고 거기서 갑자기 삶이 내 얼굴로 달려들었다. 거기에는 어떤 단계가 없었다. 나는 파리를 꿈꿀 시간을 갖지 못했고, 곧바로 뉴욕을 꿈꾸었다. 그리고 1968년의 뉴욕, 그것은 정말 다른 세계였다"(에마뉘엘 클로스너, 브리지트 살리노와 가진 대담, 1989).

스트라스부르 대학의 국제고등언론교육센터에 입학하다. 그의 재학 기간은 몇 달을 넘지 않았다. 기관의 부책임자가 한 말에 따르면 베르나르-마리 콜테스의 출석률은 "매우 불만스러운" 것이었다.

콜테스는 스트라스부르에서 잘 지내지 못했다. 1968년 11월에 그는 이 도시는 "죽을 지경으로 슬프다"고 쓴다. 1984년에 가진 한 대담에서 그는 그의 소설 『아주 멀리 도시 속으로 말을 타고 달아나기』에 대해 "그 도시는 바로 스트라스부르다. 나는 거기서 살았다. 난 그 도시를 싫어한다. 참 이상한 도시다. 약간은 마치 물 위에 놓인, 표류하기 시작하는 도시 같다"라고 말했다.

1968년

봄에 콜테스는 삶의 길을 바꾸기로 결심한다. 3월 26일에 쓴 편지에서 그는 어머니에게 이렇게 말한다. "내일부터 연극을 하려 해요." 3월 29일에 그는 동부드라마센터La Comédie de l'Est 입학 시험에 대한 안내, 특히 연출 수업을 듣기 위해 필요한 시험에 대한 안내를 우편으로 요청한다. 그러한 요청에 대해 그 학교는 콜테스에게 학교 상황에 관한 정보를 보낸다. 그는 스트라스부르 국립연극학교T.N.S.의 무대감독 부문의 글쓰기 시험에 합격한다. 하지만 최종적으로 그의 입학 허가는 나오지 않았다. 콜테스는 주소가 바뀌어 인터뷰 소집 통지를 받지 못해 소집받은 인터뷰에 나가지 못했던 것이다.

콜테스는 1968년 5월 학생 혁명에 전혀 참여하지 않았다. 그는 '관객'으로서 5월 사건을 목격한 것 같다. "여기 스트라스부르에서 우리는 계속해서 격앙된 분위기 속에 살아요. 학교 건물 위로 검은 깃발이 나부껴요. 하지만 어쨌든 거기서 어떤 조직이 태어나기 시작하는 것 같아요…… 이것과는 별도로 문학학부는 케르메스Kermesse(수호성인 축제, 정기 시장) 같아요. 오케스트라는 단과대 안에서 밤새 사기를 진작하고, 춤추고, 마시고 말이에요. 사람들은 아이스크림을 팔고 전단지를 돌리고, 단적으로 말해 나는 그것이 어떻게 굴러갈지 상상하기 어려워요"(1968년 5월 18일에 어머니에게 보낸 편지).

6월부터 9월까지 침낭을 넣은 배낭을 짊어지고 캐나다 퀘벡을 여행하다. 거기서 방학을 맞아 캠프에 참여한 청소년들을 관리하는 일에 채용된다. 그리고 미국의 뉴욕과 워싱턴, 펜실베이니아, 브루클린, 맨해튼 등을 여행한다. 특히 그의 "열광"을 불러일으킨 도시 뉴욕의 풍경에 대해서 그는 "너무

컸고, 어찌 말할 수 없을 정도였고, 비인간적이었고, 잊을 수 없는 곳"이라고 썼다(『편지들』, p. 60). 그의 영어 수준은 괄목할 만하게 좋아졌고, 그는 셰익스피어의 텍스트 읽기를 시도한다. (나중에 셰익스피어의 두 작품을 각색했다.) 그러나 그곳에서 프랑스어를 할 줄 아는 이를 만날 수 없어, 그의 희곡에 나오는 인물들처럼 "혼자 말하면서"(『편지들』, p. 80) 지내게 된다. 콜테스는 이 여행들이 자신에게 없어서는 안 될 경험이라고 생각했다. "공부 끝에 여행하는 것이 매우 중요하다고 생각한다. 거기서 우리는 우리 일생에 필요한 것들을 배운다. 만일 우리가 세계 속에서 우리가 점하고 있는 상대적인 위치를 열여덟 살짜리 젊은이들에게 대면시켜주지 않는다면 그들은 자신들과 매우 중요하며 자신들의 경력이 매우 중요하다고 생각하면서 그들의 일생을 허비해버릴 것이다. 그것을 젊을 때 배우게 되면, 우리는 그것을 잊지 않게 된다. 나는 스무 살 때 그 모든 것을 의심했다"(에마뉘엘 클로스너, 브리지트 살리노와 가진 대담, 1989).

이러한 확신은 단번에 콜테스에게 뿌리내렸고, 이것은 1968년 8월 15일에 그가 자신의 부모에게 보낸 편지에서 좀더 신중한 용어로 표현된다. "저는 특히 이 여행에서 제가 본 것에 대한 꽤 옳은 생각을 가지고 돌아갈 것 같습니다. 제가 관광객으로서 산책하는 일은 줄이고 사람들 집에서 그들의 삶을 가능한 한 많이 보고 있기 때문이에요. 저는 톨레랑스를 많이 가지고 가기도 할 겁니다. 점점 덜 카테고리화되는 판단과, 그리고 유럽에서 우리가 가지고 있는 생각들과는 전혀 다른 관념을요."

뉴욕에 대해서는 이렇게 쓴다. "나는 센트럴파크에 누워 일광욕을 할 것이다. 우울한 생각 없이, 수많은 우울한 생각과 함께. 그리고 브로드웨이를 걸어 내가 가장 좋아하는 '피터 래빗' 바에 갈 것이다. 여기는 내가 내 침대보다, 내 어머니 품보다 더 좋아하는 곳이다. 거기서는 내 발밑으로 뿌리가 돋는다. 〔……〕 그것은 허드슨 강변에 있다. 그러고 나서 코카콜라와 위스키, 웃음들, 잭 런던 소설의 이미지들에 취해 나는 물가, 오른쪽 도크로 간다. 〔……〕 나는 다른 곳에서는 채우기 어려울 욕구와 내성을 내 안에 만들어나가고 있다. 아마도 나는 뉴욕 맨해튼 웨스트사이드 끝에 있는 '피터 래빗'의 위층 방에 살도록 태어난 것 같다"(출판되지 않은 편지). 그러나 미국에 머무는 동안 음식 때문에 크나큰 고통을 겪는다(『편지들』, p. 82).

프랑스로 돌아와 가족들이 여름 휴가를 보내던 사부아에서 바윗길을 오르는 산악 훈련에 참여한다. 이것이 그가 한 유일한 운동이다. 셰익스피어 전집을 손에 넣다.

1969년
4월에 스트라스부르 국립연극학교에 다시 지원하나 거절당한다. 알프스에 가서 산장에 머물며 암벽 등반과 독서로 소일한다.

1970년
T.N.S.에 입학하다. (그는 1970년 9월 15일부터 1971년 6월 30일까지 여기에 머문다.)

장 보티에Jean Vauthier가 각색하고 조르주 라벨리Jorge Lavelli가 연출한 『메디아』(세네카)의 마리아 카사레스로 인해 연극과 첫 교감을 경험하다. 고리키의 『유년기』를 희곡으로 만들어 16개의 타블로로 된 공연, 『쓸쓸함 Les amertumes』을 쓰고 연출한다. 이 작품은 작가가 만든 부두극단 Théâtre du Quai에 의해 생니콜라 교회와 퐁생마르탱 극장에서 공연된다. "처음 내가 극장에 간 것은 매우 늦은 나이인 스물두 살 때였다. 그 공연에 매우 감명을 받았다. 비록 제목을 잊어버렸지만, 위대한 여배우인 마리아 카사레스가 나왔다. 그녀는 매우 인상적이었고, 곧바로 나는 글쓰기를 시작했다. 나는 고리키의 『유년기』를 각색하면서 작품을 시작했고 친구들과 그 작품을 무대에 올렸다"(장 피에르 한과 가진 대담, 『유럽Europe』, 1983).
경제적으로 매우 힘든 생활을 한다.

268

1971년

도스토옙스키의 『죄와 벌』을 각색한 작품 『미친 소송 *Procès ivre*』을 쓰고 연출하다. 또한 그가 교환한 서신이 콜테스에 대한 이 러시아 작가의 영향을 증명한다. 스트라스부르에서 구약성서에서 모티브를 따온 『발걸음 *La Marche*』을 쓰고 연출. 이것은 앙리 메쇼닉이 번역한 『아가』를 각색한 것이다. 성경은 언제나 콜테스의 애독서 중 하나였다. 생애 말년에 그가 마지막으로 기획한 작품 역시 성경의 「욥기」에서 비롯된 것이다. 이 작품은 마리아 카사레스에게 바치려던 것이었다.

연말에 콜테스는 파리에 자리 잡고, 프랄로냥 라 바누아즈에 있는 가족 오두막에 자주 머문다.

1972년

12월 2일, 프랑스 퀼튀르 라디오 방송을 통해 뤼시앵 아툉 Lucien Attoun의 "새로운 드라마 레퍼토리" 코너로 『유산 *L'Héritage*』이 방송된다. 에블린 프레미 Evelyne Frémy가 연출했으며, 배우 중에는 마리아 카사레스도 있었다.

빌리 홀리데이, 레이 찰스를 발견하다. 존 리 후커와 함께 블루스를, 마빈 게이와 함께 소울을 발견하다.

1973년

11월, 자동차를 타고 파리에서 소련으로 여행하다. 우크라이나, 모스크바, 상트페테르부르크, "도스토옙스키의 도시이자 위대한 소설들의 배경이 되는 모든 장소들……" "음울한" 동독을 거쳐, 폴란드("국토의 대단한 횡단")를 여행하다. 아름다운 풍경과 사람들, "독보적이다." 안드레이 루블료프의 성상에 감명받는다. (후에 그는 이 종교화에 헌정된 타르콥스키의 영화를 칭송한다.)

도스토옙스키의 작업 일지를 경탄하며 읽다. 러시아 작가들에 대한 그의 열정이 그를 소련으로 이끌어 마르크스와 레닌을 읽는다.

『죽은 이야기들: 길 잃은 꿈』을 쓰다. 스트라스부르에서 창작된 작품. 나중에 『잃어버린 밤 La nuit perdue』이라는 제목으로 70분짜리 영화 대본으로 각색되지만 자금 부족으로 완성되지 못한다. 상영은 메츠, 보주와 알자스에서 상영되었다. 소설 『아주 멀리 도시 속으로 말을 타고 달아나기 La Fuite à cheval très loin dans la ville』를 쓰기 시작하다. 이 작품은 10년 후인 1984년이 되어서야 출판된다. "소설 쓰기는 나를 자극한다. 특히 그것이 극작품을 쓰는 것만큼이나 나의 용기를 꺾고 나를 소진시키는 일이라고 생각하기 때문에 그렇다. 〔……〕 한편 내 소설의 출판에 대해 말하자면, 사람들은 이제야 내게 그걸 제안한다. 내가 작품을 완성한 지 8년 만에 말이다. 그리고 지금 나는 더 이상 거기에 관심이 없다. 〔……〕 나는 8년 전의 내 소설을 오래전에 잊었다, 심지어 나는 더 이상 정확히 그게 무엇에 관한 것이었는지도 모르겠다"(미카엘 메르슈마이어 Michael Merschmeier와 가진 대담, 『테아터 호이테 Theater Heute』, 1983. 7).

1974년
프랑스 공산당에 가입하다. (당적에 따르면 1981년까지 있었다.)
가브리엘 가르시아 마르케스의 소설 『백 년 동안의 고독』에 충격을 받고, 남아메리카 작가들(세베로 사르두이 Severo Sarduy, 카를로스 푸엔테스 Carlos Fuentes 등)에게 흥미를 갖게 된다. 카슨 매컬러스 Carson MacCullers의 책들, 특히 『프랭키 아담스』를 읽다. 안톤 체호프를 발견하고 『벚꽃 동산』을 읽다.

콜테스는 『아주 멀리 도시 속으로 말을 타고 달아나기』 다음으로 두번째 소설을 기획한다. "나는 다른 것을 하나 쓰기로 결심했다. 소설, 그것은 최고 중의 최고다"(질 코스타즈Gilles Costaz와 가진 대담, 1988). "나의 절대적인 꿈은 소설을 쓰는 것이다"(베로니크 오트Véronique Hotte와 가진 대담, 『테아트르/퓌블리크Théâtre/Public』, 1988. 11/12). 유고집『프롤로그 Prologue』에 수록된 몇몇 단편(Les Editions de Minuit 편집, 1991)이 이러한 시도를 증언한다.

『햄릿의 삶, 살육의 날 Le Jour des meurtres dans l'histoire d'Hamlet』을 쓰다. 그리고 1987년에는 『겨울 이야기』를 번역한다. "이것은 믿을 수 없는 경험이었다. 나는 단지 기쁨을 위해 셰익스피어 번역을 또다시 할 것이다"(질 코스타즈와 가진 대담, 1988). 그는 『리처드 3세』나 『리어왕』을 염두에 두었다.

『들리지 않는 목소리들 Des voix sourdes』을 쓰다. 이 작품은 자크 타로니Jacques Taroni의 연출로 라디오 프랑스 알자스(혹은 ORTF-Strasbourg)의 전파를 탔고, 프랑스 퀼튀르의 뤼시앵 아퉁의 '새로운 드라마 레퍼토리' 코너에서 조르주 페이루Georges Peyrou의 연출로 방송된다.

1975년
첫번째 자살 기도.

1976년
파리에서 중독 치료. (무엇에 관한 것이었는지에 대해서는 밝혀진 바가 없다.)
9월에 소설 『숲에 이르기 직전의 밤 La Nuit juste avant les forêts』을 완성한다. 이 작품은 1977년에 아비뇽의 '오프' 페스티벌에서 공연된다. 이후 1981년 에든버러 페스티벌에서 재공연되었고, 독일, 오스트리아, 벨기에, 덴마크, 이탈리아 등에서 공연된다. 이 작품을 통해 베르나르-마리 콜테스는 유럽 전역에 알려지게 된다. 1984년, 미뉘 출판사에서는 콜테스의 작품 중 처음으로 이 작품을 출판한다.

1977년

미국 작가 샐린저의 소설에 대한 반향으로 『샐린저*Sallinger*』를 쓰고 5월에 리옹에서 초연한다. 엘도라도 극장에서 브뤼노 뵈글랭Bruno Boöglin 연출.

작가 자신이 연출하여 아비뇽 오프에서 『숲에 이르기 직전의 밤』이 초연된다. 공연 장소는 플라스 크리옹place Crillon의 오텔 데 방트Hôtel des ventes였으며, 이브 페리가 출연했다. 처음으로 성공을 거둔다.

처음 이 작품에 붙은 제목은 『니카라과의 숲 바로 직전의 밤』이었다. 콜테스는 이 작품에 대해 이전 작업들과 사뭇 다르다고 고백한 바 있다. "『숲에 이르기 직전의 밤』과 이전 작품 사이에는 매우 분명한 단절이 있다. 우선 3년이라는 오랜 시간 간격이 있다. 3년 동안 나는 아무것도 하지 않았고 더 이상 아무것도 쓰지 않으리라고 생각했다. 그리고 내가 다시 글쓰기를 시작했을 때, 그것은 완전히 달랐다. 그것은 완전히 다른 일이었다"(장 피에르 한과 가진 대담, 1983). "옛날 작품들을 나는 더 이상 좋아하지 않는다. 나는 그 작품들이 무대에 올라가는 것을 더 이상 보고 싶지 않다. 예전에 나는 아방가르드 연극을 쓴다는 느낌을 가졌다. 하지만 그것은 앵포르멜이었고 매우 초보적인 것이었다"(1982).

1978년

니카라과, 과테말라, 살바도르 등 라틴아메리카를 여행하다 소모사 정권의 계엄령과 국경 폐쇄로 인해 니카라과의 마나과에 머문다. 제목을 달지 않고 두 편의 중편소설을 쓴다. 처음 작품은 니카라과에서 8월에, 두번째 작품은 9월과 10월에. 이 소설들은 1991년에 묶여 『프롤로그』에 실린다.

나이지리아로 아프리카 첫 여행을 떠난다. 강물 위로 흘러가는 시체, 공항을 나서며 목격한 흑인들 간의 폭력적인 공격 장면, 즉 세 명의 경찰관에게 난타당하던 시민의 모습. 두 개의 다른 이 이야기가 아프리카에 대해 그가 처음 갖게 된 생각을 보여준다. 그는 아프리카에서 편지를 쓴다. "혁명적 진영에 있기 위해 공산주의자로 있는 것으로 충분할까?" 그리고 공산당과 결별한다.

1979년

다시 아프리카 여행. 이번엔 말리와 코트디부아르였다.

6개월 동안 과테말라를 여행한다. 산디니스타 혁명군이 마나과에 도착한 바로 직후였다. 두 달 동안 아티틀란 호숫가의 작은 마을에 머문다. 거기서 콜테스는 『검둥이와 개들의 싸움 *Combat de nègre et de chiens*』을 쓴다. "나는 과테말라에서 『검둥이와 개들의 싸움』을 썼다, 사람들이 심지어 스페인어도 쓰지 않는 작은 마을에서 말이다. 나는 두 달 동안 거기에 머물렀다" (미카엘 메르슈마이어와 가진 대담, 1983). 이 작품은 뤼시앵 아퉁의 테아트르 우베르Théâtre Ouvert의 『타퓌스크리*Tapuscrits*』 제7호에 게재된다. 1980년에 다시 스톡Stock출판사에서 책으로 나왔으며, 이후 그가 죽은 해인 1989년에 미뉘 출판사에서 재간행된다.

지뉴Gignoux가 이 작품을 파트리스 셰로Patrice Chéreau에게 소개한다. 네 명의 등장인물이 아프리카의 한 작업장에 있다. 두 마리 혹은 세 마리의 개(이들은 오른Horn과 칼Cal이라는 백인들을 가리킨다). 한밤이라 거의 잘 안 보이는 한 명의 흑인, 알부리, 그는 두 장면에서 월로프어로 말한다. 그리고 젊은 파리 여자인 레온, 그녀는 가끔씩 독일어로 말한다.

콜테스는 연출가 파트리스 셰로와 만난다.

『검둥이와 개들의 싸움』이 파리에 있는 벨기에 프랑스 문화 공동체의 문화센터에서 가브리엘 모네Gabriel Monnet에 의해 목소리로 연출된다. 마르크 베통Marc Betton, 제라르 에송바Gérard Essomba, 가브리엘 모네, 엘렌 뱅상Hélène Vincent 출연.

1980년

르부르제에서 밥 말리Bob Marley의 콘서트를 보다. "나는 레게 음악에서 내가 좋아하는 작가들의 작품들이 나를 매혹하는 모든 것과 등가를 이루는 미학을 발견한다."

『검둥이와 개들의 싸움』이 프랑스 퀼튀르 라디오로 방송됨. 에블린 프레미 감독.

1981년

4개월간 뉴욕을 여행한다.

오데옹 소극장에서 코메디 프랑세즈에 의해『숲에 이르기 직전의 밤』재공연, 장-뤼크 부테Jean-luc Boutté 연출, 리샤르 퐁타나Richard Fontana 출연. 코메디 프랑세즈의 자크 토자가 프랑스어를 쓰는 배우들을 위한 작품을 주문한다. 이 작품이 바로『서쪽 부두』이다.

콜테스에 관한 중요한 논문이 처음 출간된다.

파트리스 셰로가 『검둥이와 개들의 싸움』을 연출하기로 약속한다.

1982년

다시 뉴욕으로 가다. 뉴욕에서 프랑수아 쿠릴스키François Kourilsky의 연출로『검둥이와 개들의 싸움』을 영어로 초연한다.

아돌 후가드의 『The Blood knot』를 각색한 『혈연관계 *Le lien du sang*』, 아비뇽 페스티벌에서 초연, 유카타 와다Yukata Wada 연출.

1983년

프랑스 낭테르의 아망디에 극장에서 파트리스 셰로의 연출로『검둥이와 개들의 싸움』초연. 시디키 바카바Sidiki Bakaba, 미셸 피콜리Michel Piccoli, 필리프 레오타르Philippe Léotard, 미리암 부아예Myriam Boyer 출연.

"사실, 이 작품은 순간적인 비현실적 영상으로부터 탄생했다. 하지만 그 영상은 너무나 강렬한 것이었다. 그것은 아프리카에 대해 내가 처음 가진 이미지였다! 비행기에서 내렸을 때, 나는 우선 목덜미를 짓누르는, 압도적인 그 어마어마한 열기에 완전히 사로잡혔다. 그리고 공항 문을 통과하자마자 내 짐들 속에 지니고 온 아프리카에 대한 모든 생각들은 거기에 펼쳐진 장면에 의해 굳어지고 말았다. 흑인 경찰관 하나가 그의 형제들 중 한 명을 곤봉으로 내리치고 있었다. 군중 속으로 나아가자, 나는 즉시 보이지는 않지만 모든 곳에 편재하고 있던 장벽에 부딪혔다. 한편에 백인을, 그리고 다른 편에 흑인을 상징적으로 나누고 있는. 나는 흑인들 쪽을 바라보았다. 나는 내가 속한 편이 부끄러웠다. 하지만 엄청난 증오가 그들의 시선 속에서 이글거리고 있었으므로 나는 두려워졌고, 이내 백인들 쪽으로 달려갔다"(은자미 시몽과 가진 대담, 『브와나 매거진』, 1983. 3).

장 주네와 하이너 뮐러를 만남.

포크너를 읽으며 한 해를 보낸다. 그는 "극장에는 거의 가지 않을 것"이라고 쓴다.

에르베 기베르, 장 피에르 한, 알랭 프리크에 의해 콜테스가 수락한 첫 인터뷰가 이루어진다.

가을에 처음으로 에이즈의 증상이 나타난다.

『베르나르 마리 콜테스와 F. 르뇨F. Regnault가 초안 작성과 크로키를 한 쐐기풀 가족, 주네의 병풍들에 관하여』에『북쪽에서 작성된 12개의 노트』가 실림. 낭테르 아망디에 출판.

『서쪽 부두Quai Ouest』를 쓰다. 버려진 항구의 창고를 배경으로 여덟 명의 인물이 등장한다. 전혀 말이 없는 이름 없는 이방인, 샤를이라는 인물은 그를 아바드라 부른다. 로돌프와 그의 아내인 세실(그녀는 죽어가면서 케추아어를 쓴다), 14세의 클레르와 그녀를 쫓아다니는 팍이라는 사나이, 그리고 모니크와 모리스.

콜테스 작품이 독일에서 많이 연출되기 시작한다. 이후 15년간 13개 국어로 번역되고 50여 개 나라에서 공연된다.

1984년

세네갈로 여행하다.

1976년에 쓴 소설 『아주 멀리 도시 속으로 말을 타고 달아나기』가 미뉘 출판사에서 나온다. 이 책은 공식적으로 처음 출간된 것이다. (이하 콜테스의 모든 책은 미뉘 출판사에서 출간되었다.)

"나의 절대적인 꿈은 소설을 쓰는 것이다. 첫번째로 출판된 나의 책은 『아주 멀리 도시 속으로 말을 타고 달아나기』라는 소설이었다. 만일 내가 더 이상 소설을 쓰지 않는다면 그것은 단순히 소설로 생계를 유지할 수 없기 때문이다. 한편 나는 어떤 평범한 직업을 갖는 것을 거부한다. 그것이 문학과 연관된 것이라 하더라도 말이다. 나는 쓴다…… 그리고 그것이 힘들다 할지라도, 그것이 구속한다 할지라도 나는 그 속에서 기쁨을 느낀다. 거기서 즐거움의 위대한 순간이 탄생한다"(베로니크 오트와 가진 대담, 1988).

1985년

'니켈 스터프Nickel Stuff'라는 제목의 시나리오를 하나 쓴다. 그러나 이것은 프로듀서가 없어서 영화로 만들어지지 못했다.

미뉘 출판사에서 희곡 가운데 처음으로 『서쪽 부두』를 출판하다.

『목화밭의 고독 속에서Dans la solitude des champs de coton』를 쓰다. 이 작품은 1986년에 출판된다.

암스테르담에서 스테판 스트루Stéphane Stroux에 의해 네덜란드어로 『서쪽 부두』 초연.

1986년

『서쪽 부두』의 프랑스 초연, 파트리스 셰로 연출, 마리아 카사레스, 장-마르크 티보Jean-Marc Thibault, 장-폴 루시옹Jean-Paul Roussillon, 카트린 이에겔Catherine Hiégel, 아무 그라이아Hammou Graïa, 이삭 드 방콜레Isaach de Bankolé, 장-필리프 에코페Jean-Philippe Ecoffey, 마리옹

그리모Marion Grimault 출연, 낭테르 아망디에 극장.

"뉴욕의 서쪽 맨해튼에 있는 웨스트엔드의 한편에 옛 항구가 있다. 여러 도크, 특히 폐쇄된 도크가 있고, 비어 있는 커다란 창고가 있다. 나는 거기에 숨어서 며칠 밤을 보냈다.

그곳은 아주 이상했다. 부랑자들과 남색가들, 밀매의 지불을 위한 피난처, 하지만 어둠 때문에 경찰들은 절대로 오지 않는 곳. 우리는 거기로 숨어들어간 순간부터 우리가 세계의 특별구역 안에 있다는 것을 이해하게 된다. 마치 정원 한가운데에 방치돼 신비스럽게 느껴지는 화단처럼. 거기서는 식물들이 다르게 성장하게 될. 정상적 질서가 존재하지 않고 매우 신기한 다른 질서가 생겨나는…… 나는 이례적이면서도 생소하지 않은, 세계의 이 작은 부분에 대해 말하고 싶었다. 나는 겉보기에는 버려진 듯한 이 거대한 장소를 지나면서 느껴지는 이 이상한 인상을 이해하고 싶었다. 밤새 지붕의 구멍으로 새어드는 빛이 변하고, 발소리와 목소리가 울리고, 스치는 소리와, 당신 옆의 누군가, 갑자기 당신을 움켜쥐는 손이 있는"(장 피에르 한과 가진 대담, 1983).

단막 『타바타바Tabataba』가 아비뇽 페스티벌에서 우베르 극단에 의해 '대담하게 좋아하다' 연작으로 공연된다. 하무 그라이아 연출, 이삭 드 방콜레, 미리암 타데스가 출연했고, 무대에 모터사이클이 등장한다.
8월 3일, 프랑스 퀼튀르 라디오 방송에서 크리스틴 베르나르 쉬기의 연출로, 『타바타바』 방송.

미완성작으로 남겨진 소설 하나를 시작하다. 제목은 '프롤로그.'
『목화밭의 고독 속에서』 출간. 하이너 뮐러가 『서쪽 부두』를 번역하다.

1987년
파트리스 셰로의 연출로 『목화밭의 고독 속에서』가 초연된다. 로랑 말레,

이삭 드 방콜레 출연, 낭테르 아망디에 극장.

"『목화밭의 고독 속에서』는 두 사람의 이야기다. 18세기 방식의 담화, 대화다. 〔……〕 냉정하게 친절하고, 무르고, 절대 흥분하지 않는 그런 부류의 사람인 블루스 가수가 있다. 그는 절대 대답하지 않는다. 나는 그들이 매력적이라고 생각한다. 다른 사람은 아주 예민한 호전적인 인물로 이스트사이드의 펑크 가수다. 나를 두렵게 하는 예측 불가능한 사람이다. 그들이 만난다, 각자는 헛되이 다른 무언가를 기다린다. 그들은 마침내 그것을 두드리게 되지만, 이것은 우스운 이야기다"(고다르와 가진 대담, 『르몽드』, 1986. 6. 13).

『목화밭의 고독 속에서』가 파트리스 셰로와 로랑 말레에 의해 재공연. 몇 시즌 동안 지속적으로 공연.

『사막으로의 귀환Le retour au désert』을 쓴다. 1960년대 초반에 알제리로부터 돌아와 오빠(남동생) 아드리앙의 집으로 오게 된 누이 마틸드의 이야기. 열네 명의 인물이 등장하는데, 그중에는 반동적인 "커다란 흑인 낙하산 부대원", 가끔씩 아랍어로 이야기하는 아지즈라는 이름의 "날품팔이 하인" 등이 있다.

1988년
뤼크 봉디Luc Bondy의 연출로 공연하기 위해 셰익스피어의 『겨울 이야기』를 각색한다. 낭테르 아망디에 극장에서 3~5월까지. 이 각색본은 이해에 바로 미뉘 출판사에서 출판된다. 콜테스의 수입은 월 1만 프랑 정도. 스스로 벌어들이는 수입이 은행원의 수입과 비슷한 수준이라고 말한다. 『사막으로의 귀환』으로 원고료를 많이 받게 된다. 자신에게 그다지 많은 돈이 필요하지 않다고 말한다. 돈이 생겨 몽마르트르를 떠나 센 강 쪽의 집으로 이사하고 싶지만, 구입할 생각은 결코 없다고 말한다.

278

『숲에 이르기 직전의 밤』 출간.

셰익스피어의 희곡을 번역한 『겨울 이야기 *Le conte d'Hiver*』 출간. "나는 『겨울 이야기』를 번역했다. 나는 내 생애 동안, 명백히, 번역을 하지 않을 것이다. 하지만 때때로 이 작업은 커다란 즐거움의 원천이 될 것이다. 더 많은 경험. 〔……〕 아마도 나는 셰익스피어의 작품을 다시 번역할 것이다. 『리처드 3세』나 『리어왕』을 말이다. 글 쓰는 사람에게 번역은 굉장한 수업이 된다. 왜냐하면 글 쓰는 직업 속에서 우리는 완전히 혼자이고 아무도 당신에게 글 쓰는 것을 가르쳐주지 않기 때문이다. 우리에겐 재판관이 없다. 〔……〕 셰익스피어를 번역하는 것은 어떻게 이런 작가가 자기 작품들을 구성했는지, 그가 어떤 자유를 행사했는지 보는 것을 허락해준다. 작가의 문체는 값진 증거다"(베로니크 오트와 가진 대담, 1988).

파트리스 셰로의 연출로 『사막으로의 귀환』을 초연한다. 자클린 마이앙 Jacquelin Maillan, 미셸 피콜리, 마리 다엠Marie Daëms, 이삭 드 방콜레, 파스칼 봉가르Pascal Bongard, 엘렌 드 생페르Hélène de Saint-Père, 베르나르 니시유Bernard Nissille, 에바 이오네스코Eva Ionesco, 모니크 쇼메트Monique Chaumette, 벵 스마일Ben Smail, 살라 테스툭Salah Testouk, 자크 드바리Jacques Debary, 피에릭 메츠캉 등이 출연했다. 롱 푸앙 극장에서 다섯 달 동안 138회 공연되었으며 거의 십만 명이 이 작품을 관람했다.
희곡 『사막으로의 귀환』 출간.

현상수배 포스터에 있는 젊은 로베르토 수코의 사진을 보고 매혹되어 2월부터 가을까지 『로베르토 주코』를 쓰다. 이 희곡은 그가 죽은 후 1990년에 출판된다. 그는 실제로 부친과 모친을 살해하고 연쇄 살인범이 된 로베르토 수코의 실제 이야기에서 영감을 얻었다. "그가 한 모든 것은 믿을 수 없으리만치 아름다운 것이다." 삼손과 데릴라(주코와 소녀)를 둘러싼 열아홉 사람의 이야기.

"2월에 나는 지하철에서 경찰관 살해범의 현상수배 벽보가 붙은 것을 보았다. 나는 그 얼굴 사진에 매료되었다. 얼마 후에 나는 텔레비전에서 막 수감된 그 청년이 감옥 지붕을 넘어 간수들의 손을 벗어났으며 세상에 도전한 것을 본다. 그래서 나는 매우 진지하게 그 이야기에 관심을 갖게 되었다. 그의 이름은 로베르토 수코였다. 그는 열네 살 때 부모를 죽이고, 스물다섯 살 때까지 '분별 있는' 상태로 돌아왔다가, 갑자기 다시 한 번 '탈선'하여 경찰관 한 명을 죽였다. 그리고 인질을 잡고 살인하고 자연으로 사라지면서 몇 달 동안 도주했다. 아무도 그가 정확히 누구인지 알지 못했다. 그리고 지붕 위에서의 그의 공연 이후 그는 정신병원에 갇혔고, 그가 자신의 아버지를 죽인 것과 똑같은 방식으로 자살했다. 거짓말 같은 도정, 신화적 인물, 결국엔 돌멩이에 쓰러진, 혹은 한 여자로 인해 쓰러진 삼손이나 골리앗과 같은 영웅, 괴력의 괴물. 소위 사회면 기사에서 내가 영감을 받은 것은 이번이 처음이었다"(『르몽드』, 1988. 9. 28).

1989년

"나는 카사레스를 위해 작품을 하나 쓸 것이다. 「욥기」에서 소재를 취할 것이다"(에마뉘엘 클로스너, 브리지트 살리노와 가진 대담, 1989). 욥 역으로 이삭 드 방콜레 출연.

과테말라로 여행을 한다. 에르베 기베르는 이렇게 쓴다. "그는 죽기 전에 이 호숫가 도시의 풍경을 꼭 한 번 다시 보고 싶어 했지만, 그곳을 여행하기에 그는 너무나 약해져 있었다." 그리고 클레르 드니Claire Denis와 함께 리스본을 여행한다. "베르나르는 마치 별똥별처럼 내 존재를 꿰뚫고 지나갔다…… 그는 왜 나와 함께 가기를 선택했을까, 우리는 서로 그렇게 잘 알지도 못하는데? 왜 내가 이 마지막 봄에 그와 함께 리스본의 거리를 걸은 사람이 되었을까?" 콜테스의 건강 상태로 인해 시나리오(『백지 어음 La Traite Blanche』) 작업이 중지된다. 그는 파리로 돌아와야만 했다. 코코 샤넬과 그의 하인 콘수엘로에 관한 미완성 희곡을 남긴다.

『검둥이와 개들의 싸움』 출간.

4월 15일, 라에네크 병원에서 베르나르-마리 콜테스 죽다. 몽마르트르 묘지에 묻히다.

1990년

4월 12일, 샤우뷔네에서 페터 슈타인의 연출로 독일어로 『로베르토 주코』 초연. 특히 여기에 막스 티도프와 되르테 리세베스키가 출연.

6월에는 프랑스 퀼튀르에서 『로베르토 주코』가 처음 라디오로 방송된다. 카트린 르미르 연출.

『로베르토 주코』 출간.

1991년

『프롤로그』 출간.

1995년

『샐린저』 출간.

1998년

희곡 『쓰라림』 『유산』 출간.

1999년

1983년부터 1989년까지 대담한 글들을 모은 『내 인생의 한 부분』 출간.

2001년

희곡 『미친 소송』 출간.

2003년

희곡 『발걸음』 출간.

2006년

희곡 『햄릿의 삶, 살육의 날』 출간.

2007년

「사막으로의 귀환」이 프랑스 코메디 프랑세즈 국립극단의 단장이며 연출가인 무리엘 마예트Muriel Mayatte의 연출로 공연되다. 총 34번 공연이었는데, 4번의 공연을 남기고, 콜테스 희곡의 저작권을 가지고 있는 콜테스의 형 프랑수아 콜테스가 소송을 걸어 공연을 중단시켰다. 이른바 '콜테스 소송 L'affaire Koltès.' 이유는 작가의 뜻과 달리, 연출가가 이 작품에 등장하는 아랍인 아지즈Aziz란 인물을 프랑스 배우인 미셸 파보리Michel Favory로 정했기 때문이었다. 연출가는 창작의 자유를 사유로 내세웠지만, 법원은 등장인물인 아지즈는 정치적, 미학적, 윤리적 차원에서 아랍인 배우가 연기해야 한다는 작가의 뜻을 존중해야 한다고 하면서 공연 중단명령을 내렸고, 패소한 연출가에게는 5000유로의 벌금을 내렸다. 이 소송은 희곡 작가의 뜻을 권리로 존중해야 한다는 측과 연출가의 자유를 인정해야 한다는 측으로 의견이 분리되면서 프랑스 연극계에 오랜 논쟁을 낳는 계기가 되었다. 이전까지는 일반적으로 공연에서 원작을 축약하거나 각색하는 것을 금지했지만, 나머지는 연출가가 지닌 자유의 몫으로 여기는 경향이 많았는데, 이 소송으로 작가의 입장과 권리는 더욱 커졌다. 이 소송은 배우의 현존과 언어와의 관계를 묻는 논쟁으로 이어졌고, 이 논쟁은 아르노 메세티Arnaud Maisetti의 논문 「콜테스—연기할 수 없는 몸Koltès—L'injouable du corps」(Agn, 7, 2015)과 『콜테스 소송, 논쟁으로의 귀환L'affaire Koltès. Retour sur les enjeux d'une controverse』(Cyril Desclés, Editions L'Œil d'or, 2015)에 담겨 출간되었다.

2008년

희곡 『들리지 않는 목소리들』 출간.

2008년

희곡『죽은 이야기들. 길 잃은 꿈 *Récits morts. Un rêve égaré*』출간.
시나리오『니켈 스터프』출간.

2009년

그가 쓴 서간문을 모은 『편지들 *Lettres*』출간.

1차 문헌

Bernard-Marie Koltès, *La fuite à cheval, très loin dans la ville*, Paris : Minuit, 1984.

——, *Quai ouest*, Paris : Minuit, 1985.

——, *Dans la solitude des champs de coton*, Paris : Minuit, 1986.

——, *Le conte d'hiver*, Paris : Minuit, 1988.

——, *La nuit juste avant les forêts*, Paris : Minuit, 1988.

——, *Le Retour au désert, suivi de Cent ans d'histoire de la famille Serpenoise*, Paris : Minuit, 1988.

——, *Combat de nègre et de chiens*, Paris : Minuit, 1989.

——, *Roberto Zucco-suivi de Tabataba*, Paris : Minuit, 1990.

——, Proloque, *Le Retour au désert*, Paris : Minuit, 1991.

——, *Sallinger*, Paris : Minuit, 1995.

——, *Les Amertumes*, Paris : Minuit, 1998.

——, *L'Héritage*, Paris : Minuit, 1998.

——, *Une part de ma vie*, Paris : Minuit, 1999.

——, *Procès ivre*, Paris : Minuit, 2001.

——, *La marche*, Paris : Minuit, 2003.

——, *Le jour des meurtres dans d'histoire d'Hamlet*, Paris : Minuit, 2006.

——, *Des voix sourdes*, Paris : Minuit, 2008.

——, *Récits morts, Un rêve égaré*, Paris : Minuit, 2008.

——, *Nickel Stuff*, Paris : Minuit, 2009.

———, *Lettres*, Paris: Minuit, 2009.

베르나르-마리 콜테스, 임수현 옮김, 『목화밭의 고독 속에서』, 민음사, 2005.

2차 문헌

안치운, 「프랑스 현대 운문희곡 연구: 베르나르-마리 콜테스의 『로베르토 주코』를
    중심으로」, 『한국연극학』, 제21호, 2003, 한국 연극학회, pp. 375~422.

———, 「베르나르-마리 콜테스의 『서쪽부두』에 나타난 기억의 글쓰기, 기억의 현상
    학」, 『한국연극학』, 제32호, 2007, 한국 연극학회, pp. 137~77.

———, 「베르나르-마리 콜테스의 『검둥이와 개들의 싸움』에 나타난 몸과 기억과 언
    어에 관한 연구」, 『한국연극학』, 제37호, 2009, 한국 연극학회, pp. 163~204.

———, 「욕망과 언어의 수사학: 베르나르-마리 콜테스의 『목화밭의 고독 속에서』 연
    구」, 『한국연극학』, 제39호, 2009, 한국 연극학회, pp. 159~203.

유효숙, 「베르나르-마리 콜테스 연극의 한국적 수용과 한계」, 『한국연극학』, 제38
    호, 2009, 한국 연극학회, pp. 96~119.

———, 「독백의 극적 효과—베르나르-마리 콜테스의 『로베르토 주코』를 중심으로」,
    『한국연극학』, 제14호, 2000, 한국 연극학회, pp. 113~35.

이선형, 「『검둥이와 개들의 싸움』의 인물 분석」, 『한국 프랑스학 논집』, 제47호,
    2004, 한국프랑스학회, pp. 253~66.

임수현, 「욕망의 교환, 교환의 욕망—콜테스의 『목화밭의 고독 속에서』 연구」, 『불
    어불문학연구』, 제64호, 2005, 한국불어불문학회, pp. 351~81.

———, 「콜테스의 이방인—『숲에 이르기 직전의 밤』 연구」, 『한국 프랑스학 논집』,
    제53호, 2006, 한국프랑스학회, pp. 225~52.

조만수, 「베르나르-마리 콜테스 작품의 의미 구조—베케트와의 차별성을 통해서」,
    『프랑스문화연구』, 제15호, 2007, 프랑스 문화학회, pp. 410~32.

———, 「베르나르-마리 콜테스 작품 속의 발과 신발의 상징」, 『프랑스어문교육』, 제
    28호, 2008, 한국프랑스어문교육학회, pp. 339~58.

마리 안 샤르보니에, 홍지화 옮김, 『현대 연극 미학』, 동문선, 2001.

폴 리쾨르, 김한식 · 이경래 옮김, 『시간과 이야기 1·2·3』, 문학과지성사, 2000.

Blanchot, Maurice, *Le livre à venir*, Paris: Gallimard, 1959.

Bon, François, *Pour Koltès*, Besançon: Les Solitaires intempestifs, 2000.

Christophe, Bident, *Bernard-Marie Koltès, Généalogies*, Tous: Farrago, 2000.

Christophe, Bident, Salado Régis & Triau Christophe(éd), *Voix de Koltès*, Anglet: Atlantica, 2004.

Dizier, Anna, *Parcours de lecture, Dans la solitude des champs de coton*, Paris: Bertrand-Lacoste, 2002.

Evrard, Franck, *Etudes sur Dans la solitude des champs de coton*, Paris: Ellipses, 2009.

Froment, Pascal, *Roberto Succo*, Paris: Gallimard, 1991.

Job, André, *Koltès*, Paris: L'Harmattan, 2008.

Mounsef, Donia, *Chair et révolte dans le théâtre de Bernard-Marie Koltès*, Paris: L'Harmattan, 2005.

Patrice, Stéphane, *Koltès subversif*, Paris: Descartes & Cie, 2008.

Pavis, Patrice, *Le théâtre contemporain*, Paris: Armand Colin, 2007.

——, "Synthèse prématurée ou fermeture provisoire pour cause d'inventer de fin de sièce", in *Etudes Théâtrales: Bernard-Marie Koltès au Carrefour des écritures contemporaines*, No. 19, 2000.

Ricœur, Paul, *La mémoire, l'histoire, l'oubli*, Paris: Seuil, 2000.

——, *La Métaphore vive*, Paris: Seuil, 1975.

Ryngaert, Jean-Pierre, *Lire le théâtre contemporain*, Paris: Dunod, 1993.

Sébastien, Marie-Paule, *Bernard-Marie Koltès et l'espace théâtral*, Paris: L'Harmattan, 2001.

Ubersfeld, Anne, *Bernard-Marie Koltès*, Arles: Actes Sud-Papiers, 1999.

Théâtre Aujourd'hui, No. 5, Paris: CNDP, 2000.

Etudes Théâtrales: Bernard Koltès au Carrefour des écritures contemporaines, Louvain-la-Neuve, 2000, No. 19.

Etudes Théârales, Louvain-la-Neuve, 1995, No. 7.

Europe, nov-déc. N. 823-824, 1997.

Les nouveaux Cahiers de la Comédie-Française, mars 2007.

Théâtre en Europe, N. 18, 1988.

Alternatives théâtrales, No. 35-36, 1995.

현대 연극과 운문의 독백
—「로베르토 주코」연구

1) 콜테스는 작가로서 자신이 만나본 사람들에 대한 어떤 것과 그것을 문학적 글로 옮기는 일에 고민했을 뿐, 실제 사건, 인물과 희곡 속의 사건, 인물은 별다른 상동관계가 없는 것으로 보았다.

2) 이 작품은 1990년 초연된 후 1991년 프랑스 TNP de Villeurbanne에서 공연되었고, 이후 몬트리올, 바르셀로나, 상트페테르부르크, 베네치아, 뉴욕 등에서 공연되었다. 자세한 공연 내용은 *Théâtre Aujourd'hui*, No. 5, Paris: CNDP, 2000, pp. 104~53 참조.

3) 실제 인물 로베르토 수코Roberto Succo에 관한 자료는 다음 책을 참조할 것. Pascal Froment, *Roberto Succo*(Paris: Gallimard, 1991). 이 소설은 '이유 없는 살인자의 실화'라는 부제를 달고 있는데, 수코의 삶과 허구인 문학작품의 경계에 놓이는 소설로 평가받고 있다.

4) Anne Ubersfeld, *Bernard-Marie Koltès*, Arles: Actes Sud-Papiers, 1999, p. 72.

5) Jean-Claude Lallias, "Un tueur sur scène", *Théâtre Aujourd'hui*, No. 5, pp. 128~35.

6) 에마뉘엘 레비나스, 서동욱 옮김, 『존재에서 존재자로』, 민음사, 2003, p. 27.

7) Anne Ubersfeld, 앞의 책, p. 161.

8) 같은 책, p. 130.

9) Bernard-Marie Koltès, *Roberto Zucco*(Paris: Minuit, 2001); *Dans la solitude des champs de coton*(Paris: Minuit, 1986). 이외에 프랑스 현대 희곡 분야에서 미래 연극의 모범으로 평가받는 작가와 작품은 다음과 같다.

Michel Vinaver, "Portrait d'une femme"(1984); Louis Calaferte, "Un riche, trois pauvres"(1986); Gildas Bourdet, "Rue Chaude"(1988); Josanne Rousseau, "Un peu d'effroi"(1988); Jean-Luc Lagarce, "J'étais dans ma maison et j'attendais que la pluie vienne"(1994); Daniel Lemahieu, "Nazebrock"(1996); Joöl Jouanneau, "Allegria"(1996).

Patrice Pavis, "Synthèse prématurée ou fermeture provisoire pour cause d'inventaire de fin de siècle", *Etudes Théâtrales: Bernard-Marie Koltès au Carrefour des écritures contemporaines*, No. 19, 2000, p. 23.

10) 베르나르-마리 콜테스, 유효숙 옮김, 『로베르토 주코』, 연극과인간, 2002. 이 글에서는 이 번역본을 인용했다. 본문에 있는 괄호 속 숫자는 번역본의 쪽수를 뜻한다. 『로베르토 주코』는 2002년 7월에 기국서의 연출로 동숭아트센터 소극장에서 처음 공연되었다. 공연 프로그램에 "현실 속에 잠자는 미치광이 살인마"라는 문구가 들어 있었는데, 연출가는 시적인 운문의 대사들을 많이 지우고 등장인물도 축소한 채 공연을 했다. 그런 통에 이 작품의 매력은 줄어들었고 공연은 제대로 평가받지 못했다. 왜 우리나라 연출가들은 희곡을 제 맘대로 줄이거나 뜯어고치는가? 왜 배우들은 아름답기 이를 데 없는 운문의 대사를 말하지 못하는가? 그것은 연출가들이 시적인 운문으로 쓰인 희곡을 존중할 만큼 연극 공부를 하지 못했기 때문이고, 배우들은 시적인 운문을 읽어낼 수 있는 인문적 소양을 갖추지 못했기 때문이다. 연출가의 권한을 내세워 희곡을 훼손하는 것은 텍스트에 대한 죄악이다. 실험이니 각색 혹은 재창작의 이름으로 그런 행위가 자행되었고 허락되었던 때도 있었지만, 이런 현상은 연극을 만드는 작가의 수가 적고 그 수준이 열악했을 때나 가능했던 일이다. 한국 연극은 운문을 잃어버린 지 오래되었다. 배우들이나 학교에서 연극을 공부하는 학생들은 운문을 해석하기 어려워하고 제대로 읽을 줄 모른다. 우리는 그리스 고대 희곡에서부터 셰익스피어를 거쳐 현대 희곡에 이르기까지 서양 고전 희곡을 제대로 옮긴 번역본을 갖고 있지 않다. 이것도 연출가들과 배우들이 희곡을 존중하지 않는 이유가 된다.

11) 『로베르토 주코』는 작가의 마지막 작품으로 1990년 출간되었다. 작가는 마흔한 살(1948~1989)의 나이에 삶을 마감할 때까지 『서쪽 부두*Quai ouest*』(1985), 『목화밭의 고독 속으로*Dans la solitude des champs de coton*』(1986), 『사막으로의 귀환 *Le retour au désert*』(1988), 『검둥이와 개들의 싸움*Combat de nègre et de chiens*』

(1989), 『로베르토 주코 *Roberto Zucco*』(1990), 『타바타바 *Tabataba*』(1990), 『살랭제 *Sallinger*』(1995), 『씁쓸함 *Les amertumes*』(1998), 『유산 *L'héritage*』(1998) 등의 작품을 남겼다.

12) 졸저, 「몸에서 몸으로」, 『한국 연극의 지형학』, 문학과지성사, 1998, pp. 222~23.

13) Robert Belleret, "La Presse entre réel et fiction", *Théâtre Aujourd'hui*, No. 5, p. 133.

14) Bernard-Marie Koltès, *Une part de ma vie*, Paris: Minuit, 1999, pp. 154~55.

15) Jerzy Radziwilowciz, "La presse entre réel et fiction", *Théâtre Aujourd'hui*, No. 5, p. 138.

16) Anne Ubersfeld, *Bernard-Marie Koltès*, p. 165.

17) Jean-Pierre Sarrazac, "Résurgences de l'expressionnisme", *Etudes Théârales*, Louvain-la-Neuve, 1995, No. 7, p. 146.

18) 이 부분에 대해서는 유효숙, 「독백의 극적 효과」, 『한국연극학』, 제14호, 2000, p. 129 참조.

19) 탈출évasion은 바깥을 뜻하는 에é-와 통로를 뜻하는 바지옹vasion의 합성어로 라틴어 바스vas에서 온 말이다. 길 바깥을 의미한다. 여기서 수증기vapeur라는 단어도 나왔다. 그러니까 탈출은 수증기처럼, 연기처럼, 안개처럼 안에서 바깥으로 증발하고 사라지는 것을 의미한다.

20) Emmanuel Lévinas, *De l'évasion*, Paris: Fata morgana, 1982, p. 73.

21) 같은 곳.

22) 그렇다면 9장에서 형사와 파출소장이 끊임없이 집요하게 추적하는 것은? 그것은 익명의 존재를 유명의 존재로 확인하는 것이다. 그러나 주코라는 이름을 알아내는 과정은 얼마나 무의미하고 우스꽝스러운가! "아주카라도, 주케라토, 스위튼드, 게주케르트, 오쿠르조니······"(p. 52).

23) 콜테스 희곡에 드러나는 살인과 같은 폭력은 낭만주의와 관계가 있다. 기존 질서에 반하는 작가의 태도가 작품 속에 나타나지만, 구체적인 방안이 제시되지는 않는다. 그런 면에서 콜테스의 희곡은 일상의 질서와 그것을 넘어서는 경계에 있다. Eva Freund, "L'art de déjouer les catégories", *Etudes Théârales: Bernard-Marie Koltès au Carrefour des écritures contemporaines*, No. 19, 2000, p. 144 참조.

24) Jean-Pierre Sarrazac, "Le pas", *Europe*, 1997, 11~12, No. 823~24, pp. 37~39 참조.

25) 에마뉘엘 레비나스, 서동욱 옮김, 『존재에서 존재자로』, pp. 34~35.

26) 이 희곡을 읽는 독자들은 이 부분에서 웃게 된다. 죽음을 눈앞에 둔 절박한 상황

을 보여주는 인질 장면에서 터무니없이 나누는 말들을 들어보라. 언니와 여자 아이가 자신들이 존재하는 두려움에 대하여 말할 때, 슬쩍 나와서 술을 감추었다고 말하고 술병만큼 때려주겠다고 말하는 아버지를 보라(3장). 파출소장이 여자 아이에게 오빠가 되어주겠다고 말하는 장면을 떠올려보라(9장). 자신에게 총을 겨눈 주코에게 떨고 있는 것은 당신이라고 당당하게 말하는 아이의 예지를 보라(10장). 첫 장에서 두 간수가 살인의 근원을 성기의 크기로 빗대어 말하는 차가운 상상력을 보라. 이것들은 존재를 포기한 권태의 모습이다.

27) 정신분열증schizo/phrein은 어원상으로 정신phrenos이 깨지는 것, 금이 가는 skhizein 것을 뜻한다.

28) 그리스어로 melas는 검다는 뜻이고, kholê는 담즙을 뜻한다. 즉 멜랑콜리는 검은 담즙이다.

29) "주코: 아무도 아무에게 관심을 기울이지 않아. 아무도. 남자에게는 여자가 필요하고, 여자는 남자를 필요로 하지. 하지만 사랑은 없어"(8장, p. 45).

30) 바깥은 "존재의 형상 없는 우글거림grouillement"을 발견하는 장소가 된다. 그 한 예가 '건장한 남자'와의 만남이다(에마뉘엘 레비나스, 서동욱 옮김, 『존재에서 존재자로』, p. 92).

31) 8장 앞에서 주코는 신divin, 헛되이vain라고 하면서 두 단어의 운(divin디뱅, vain뱅)을 맞추었다. 그다음에는 안개brume, 거품écume을 말하고 있다. 브륌 brume과 에큄écume은 운이 같다. 여기서 거품écume은 땀, 찌꺼기 등을 뜻하기도 한다.

32) 이 대사는 6장(지하철, pp. 34~35)에서 주코가 자신을 언어학 강의를 듣기 위하여 소르본 대학으로 돌아가야 하는 모범적인 대학생이라고 말한 부분과 상반된다.

33) Christophe Trian, "Neuf remarques sur l'intime et la blessure secrète", *Europe*, pp. 118~24 참조.

34) 가정sup/position이란 추측인데, 제 안sup-에 놓아둔position 것일 뿐 전혀 새로운 가능성을 지니고 있지 않다.

35) 폭력과 죄악을 나타내는 이 부분은 『로베르토 주코』와 게오르크 뷔흐너의 『보이체크Woyzeck』를 비교·연구하게 하는 단서가 된다(Astrid Fischer-Barnicol, "Théâtre du crime-Woyzeck/Roberto Zucco", *Théâtre/Public*, No. 136~37, 1997, 7~10, pp. 61~67).

36) Eva Freund, "L'art de déjouer les catégories", p. 146 참조.

37) 텅 비어 있다déserte는 말은 라틴어 사막desertum이란 단어에서 왔다. 비어 있다vide는 뜻으로 번역했는데, 사막이란 말은 정신의 고독, 황량함을 뜻한다.

38) 11장의 제목은 영어인 'deal(협상)'이다. 그 앞에 정관사 le를 붙였다. 딜deal은

아주 오래전부터 쓰였는데, 프랑스어에서는 쓰이지 않다가 최근 들어 쓰이기 시작했다. 딜deal이란 델del이라고 쓰기도 하는데 나눈다divide, distribute는 뜻을 지녔다. 게르만 민족이 썼던 dailiz라는 단어도 deal과 어원이 같다. 어원상으로 이 단어의 뿌리는 '나누다'라는 뜻을 지닌 고대 그리스어 다이에스타이daiestai이다. 흥미로운 사실은 이런 역사가 있는 단어를 프랑스어가 차용하지 않았다는 점이다. 실제로 프랑스어 사전에는 'deal'이란 단어가 없다.

39) 번역자는 '추상적 관념'이라고 했는데, 원본에는 관념이란 단어가 없고 단지 '추상'만 있을 뿐이다.

40) 이 단어는 "일하기 위해서 대기 중인, 처분할 수 있는"이란 뜻을 지녔다

41) Jean-Pierre Sarrazac, "Le pas", pp. 37~39 참조.

42) Samuel Beckett, *Fin de Partie*, Paris: Minuit, 1957, p. 15.

43) "무엇이 끝난다는 말인가? 끝의 끝이 끝나지 않고 끝을 바투 헐떡거리며 쫓아가면서 끝을 반복하는 이유는 무엇인가? 떨어지지 않고 떨어지는 것을 반복하는 것처럼. 끝이 끝을 향해 저항한다. 끝이 나고 처음으로 새롭게 이어지고 열린다는 말인가? 그리고 그 처음도 처음, 처음이야, 곧 처음이야, 아마 처음일 거야라고 할 수 있는가? 무엇이. 끝이 끝나지 않는다면 처음 역시 처음이지 않을 것이다. 처음은 처음을 향해 저항하지 않고 질질 끌려가는가? 끝과 처음이 끝 같지 않고 처음 같지 않다. 끝과 처음의 구분이 없다. 베케트는 염려하듯이—이를 연기하는 배우 입장에서 보면—앞의 대사 바로 앞에 괄호 열고, "시선을 고정하고regard fixe, 하얀 목소리voix blanche로"라는 지문을 달아놓고 있다"(졸저, 『연극 제도와 연극 읽기』, 문학과지성사, 1996, p. 93).

44) 같은 책, p. 94.

45) 그리스어 '바람to pneuma'의 어원은 '영혼esprit, spiritus'이다.

46) 「요한복음」, 3:8.

47) 이 대사는 페르시아 태양신을 믿는 미트라교Mithra의 경전에서 따온 문구이다 (Jean-Yves Coquelin, "Point de fuite à l'horizon", *Europe*, p. 59).

48) Anne Ubersfeld, "Le quasi-monologue dans le théâtre contemporain: Yasmina Reza", *Etudes Théâtrales: Bernard-Marie Koltès au Carrefour des écritures contemporaines*, p. 95.

49) "Démultiplier le regard", entretien réalisé par Jean-Claude Lallias, Théâtre Aujourd'hui, No. 5, p. 112.

50) Patrice Pavis, "Synthèse prématurée ou fermeture provisoire pour cause d'inventaire de fin de siècle", pp. 12~14.

51) Jean-Claude Lallias, "Un tueur sur scène", pp. 130~31.

52) Louis Vax, *La Poésie philosophique*, Paris: PUF, 1985, p. 157.

53) Bernard-Marie Koltès, *Une Part de ma vie*, p. 13.

54) 에마뉘엘 레비나스, 서동욱 옮김, 『시간과 타자』, 민음사, 2001, p. 36.

55) Patrice Pavis, 앞의 책, p. 14.

56) 같은 글, p. 22.

기억의 글쓰기, 기억의 현상학
— 「서쪽 부두」 연구

1) 일반적으로 기억은 누락omission에 의해 생기는 덧없음과 같은 소멸, 깜박 잊는 정신없음, 좌절과 같은 막힘과 수행commission의 오류로 생기는 잘못 기억하는 오귀인誤歸因, 피암시성, 편향, 지속성과 같은 특징을 지닌다. "소멸transience은 시간이 지남에 따라 기억이 흐려지거나 손실되는 것이고, 정신없음absent-mindedness은 주의와 기억 간의 접촉에 이상이 생기기 때문에 일어나고, 막힘 blocking은 어떤 정보를 필사적으로 인출하려고 하지만 그것이 불가능한 경우를 말하고, 오귀인misattribution은 잘못된 출처에 기억을 할당하는 것이고, 피암시 성suggestibility은 어떤 사람이 과거의 경험을 상기하려고 할 때 유도 질문이나 추가 설명, 암시를 한 결과 새롭게 생겨난 기억들을 말하고, 편향bias은 현재의 지식과 믿음이 과거를 어떻게 기억하는지에 강력하게 영향을 주는 것을 말하고, 지속성persistence은 마음에서 모두 사라져버리기를 원하는 고통스러운 정보나 사건들이 반복해서 떠오르는 것을 말한다"(대니얼 L. 샥터, 박미자 옮김, 『기억의 일곱 가지 죄악』, 한승, 2006, pp. 10~11).

2) 『순수이성비판』, A 100~101; 학술원판, IV, 78 참조; 서동욱, 『일상의 모험』, 민음사, 2005, p. 325 재인용.

3) 서동욱, 앞의 책, p. 326.

4) 같은 곳.

5) 알라이다 아스만, 변학수 외 옮김, 『기억의 공간』, 경북대학교 출판부, 2003, p. 35.

6) "L'Ecriture est un phénomène de mémoire. Le dessin est la première forme de la description, de la narration. Le souvenir est une construction littéraire qui est faite lentement avec des perfectionnements graduels", Jean-Yves & Mac Tadié, *Le sens de la mémoire*, Paris: Gallimard, 1999, p. 135.

7) 아우구스티누스, 성한용 옮김, 『성 어거스틴의 고백록』, 대한기독교서회, 1990. 이 책에서 특히 제10권 『기억의 신비』의 8장 「기억의 힘」은 기억이 감각을 통하여 저장되는 과정, 학습과 기억, 망각의 문제에 대하여 서술하고 있다(pp. 305~76 참

조).

8) Aristotle, *Aristotle, On Memory*, translated with introduction and notes by Richard Sorabji, Chicago: Univ. of Chicago Press, 2006, 449b24~25. 아리스토텔레스의 기억에 대한 연구는 장영란, 『아리스토텔레스의 인식론』(서광사, 2000)을 참조할 것.

9) 정항균, 『므네모시네의 부활』, 뿌리와이파리, 2005 참조.

10) "밑sous에서 솟아오르면서venir 재구축되는 기억souvenir들을 통하여 현재저으로 행동화하는 기억mémoire이다. 희곡(이란 글쓰기)은 기억의 현상학이라고 할 수 있다"(졸고, 「기억의 시학을 통해 본 한국 현대 연극의 글쓰기」, 『한국연극학』, 제29호, 2006, p. 220).

11) 이선형, 「『검둥이와 개들의 싸움』의 인물 분석」, 『한국 프랑스학 논집』, 제47호, 2004, pp. 253~54.

12) Bernard-Marie Koltès, *Quai ouest*, Paris: Minuit, 1985. 1986년에 파트리스 셰로의 연출로 파리 낭테르 아망디 극장에서 초연.

13) "La mémoire est la possession ou la modification de la sensation ou de la pensée, mais avec la condition du temps écoulé; ainsi la mémoire est toujours accompagnée de la notion du temps", Jean-Yves & Mac Tadié, *Le Sense de la mémoire*, p. 24.

14) 베르나르-마리 콜테스, 유효숙 옮김, 『서쪽 부두』, 연극과인간, 2004, p. 8.

15) 유효숙, 「베르나르-마리 콜테스의 『서쪽 부두』」, p. 174. (이하 본문에서 인용한 희곡의 쪽수는 앞의 번역본을 따랐다.)

16) Bernard-Marie Koltès, "Pour mettre en scène Quai ouest", *Quai ouest*, p. 105.

17) 콜테스 연극 세계의 특징은 칠흑 같은 어둠의 벽과 같은 기억 앞에서 오로지 말하고 싶다는 욕망, 말하기로 미답의 영토를 만들기, 말하는 인물들의 불안과 고독의 영토를 들여다보기, 시간의 거래, 배고픈 개의 큰 울부짖음으로 분석하기도 한다. François Bon, *Pour Koltès*, Besançon: Les Solitaires Intempestifs, 2000 참조.

18) 베르나르-마리 콜테스, 유효숙 옮김, 『서쪽 부두』, p. 105.

19) 발화된 언어가 아니라 그림과 소리가 기억과 맺는 관계는 본문에서 '클레르와 팍'에 관한 서술에서 논의되고 있다.

20) Jacques Derrida, *De l'hospitalité*, Paris: Calmann-Lévy, 1997, p. 81.

21) 한용운, 『님의 침묵』, 미래사, 1991, p. 50.

22) 서동욱, 『일상의 모험』, p. 327.

23) 같은 책, pp. 326~27.

24) 이와 같은 비자발적 기억과 오늘의 삶에 대한 사유는 철학의 오랜 주제이기도 할

것이다. Gilles Deleuze, *Différence et répétition*, Paris: PUF, 1968, p. 188 참조.

25) Anne Ubersfeld, *Bernard-Marie Koltès*, p. 102.

26) 이선형, 「『검둥이와 개들의 싸움』의 인물 분석」, p. 255.

27) 서동욱, 앞의 책, p. 333.

28) Aristotle, *Aristotle, On Memory*, 449b24~25, 29.

29) 서동욱, 앞의 책, p. 327.

30) 장소의 변경과 이방인이 되어 근본적인 존재의 양식을 추구하는 콜테스 희곡 세계에 대한 분석은 임수현, 「콜테스의 이방인—『숲에 이르기 직전의 밤』 연구」, 『한국 프랑스학 논집』, 제52호, 2006, pp. 222~27 참조.

31) 베르나르-마리 콜테스, 유효숙 옮김, 『서쪽 부두』, p. 106.

32) 같은 곳.

33) 강영안, 『타인의 얼굴—레비나스의 철학』, 문학과지성사, 2005, p. 96에서 재인용.

34) 베르나르-마리 콜테스, 유효숙 옮김, 『서쪽 부두』, p. 105.

35) 에마뉘엘 레비나스, 강영안 옮김, 『시간과 타자』, 문예출판사, 2001, p. 54.

36) Sigmund Freud, *Psychopathologie de la vie quotidienne*, Paris: Payot, 2004, pp. 44~95.

37) 최문규 외, 『기억과 망각』, 책세상, 2003, p. 205.

38) 에마뉘엘 레비나스, 강영안 옮김, 『시간과 타자』, p. 65.

39) 베르나르-마리 콜테스, 유효숙 옮김, 『서쪽 부두』, p. 106.

40) 같은 책, p. 107.

41) 같은 곳.

42) 같은 곳.

43) 같은 책, p. 106.

44) 같은 책, p. 176.

45) Maurice Merleau-Ponty, *Le visible et l'invisible*, Paris: Gallimard, 1966, p. 296.

46) 같은 곳.

47) 알라이다 아스만, 변학수 외 옮김, 『기억의 공간』, p. 308.

48) 이러한 도식은 아리스토텔레스가 정의한 기억의 정신적 현상에 의존한 것이다(장영란, 『아리스토텔레스의 인식론』, p. 253).

49) 이 부분은 『검둥이와 개들의 싸움』 제9장에서 알부리와 레온이 아프리카어와 독어로 대화하는 장면과 비슷하다. 서로 다른 언어들은 레온의 말처럼, "언젠가 알아들을 수 있을 거야. 내 말 알아듣겠죠? 난 항상 생각해왔어요. 말하는 사람을 오랫동안 정성 들여 바라다보면 다 이해할 거라고요. 시간이 필요할 뿐 다른 건

없어요. 난 당신에게 낯선 말을 하고 당신도 그렇고. 그렇지만 금세 이해를 하잖아요." "중요한 것은 최소한의 어휘죠. 그것도 필요 없어요. 어조가 중요하죠. 아니 그것도 필요 없어요. 그냥 말없이 잠깐 서로 바라보면 돼요. 〔……〕 서로 통하면 조용해지겠죠"(Bernard-Marie Koltès, *Combat de nègre et de chiens*, Paris: Minuit, 1989, pp. 57~60).

50) 같은 책, p. 105.

51) 파스칼 키냐르, 송의경 옮김, 『떠도는 그림자들』, 문학과지성사, 2003, p. 17.

52) 셰익스피어, 「심벨린」, 3:2:33.

53) 장영란, 『아리스토텔레스의 인식론』, p. 251; Jean-Yves & Marc Tadié, *Le sens de la mémoire*, p. 24.

54) Bernard-Marie Koltès, *Combat de nègre et de chiens*.

55) 같은 책, pp. 41~42.

56) 이선형, 「『검둥이와 개들의 싸움』의 인물 분석」, p. 259.

57) Bernard-Marie Koltès, *Combat de nègre et de chiens*, p. 60.

58) "Je perds ma vie, au fond de ce trou; je perds ce qui, ailleurs, seraient les meilleures années. A être seul, toujours seul on finit par ne plus savoir son âge…… le souvenir de notre âge", 같은 책, p. 105.

59) Anne Ubersfeld, *Bernard-Marie Koltès*, p. 7.

60) 고통과 기억의 관계에 대해서는 에마뉘엘 레비나스, 강영안 옮김, 『시간과 타자』 참조.

61) Bernard-Marie Koltès, *Roberto Zucco*. 1990년에 페터 슈타인의 연출로 베를린에서 초연.

62) 졸고, 「프랑스 현대 운문희곡 연구: 베르나르-마리 콜테스의 『로베르토 주코』를 중심으로」, 『한국연극학』, 제21호, 2003, pp. 375~422 참조.

63) 임수현, 「욕망의 미로 속에서 길 찾기, 말 걸기」; 베르나르-마리 콜테스, 임수현 옮김, 『목화밭의 고독 속에서』, 민음사, 2005, p. 151.

64) 손님의 독백 가운데, 가령 이런 부분 "난 그저 제로이고 싶습니다…… 정의할 수 없는 시공간인 이 시간과 이 장소의 끝없는 고독 속에서 우린 혼잡니다…… 우리가 내세울 만한, 그리고 우리에게 어떤 의미를 부여해줄 만한 적당한 수치도 없기 때문입니다. 그러니 단순하고, 외롭고, 오만한 제로가 됩시다"(같은 책, pp. 68~69).

65) 같은 책, p. 165.

66) 졸고, 앞의 글, pp. 375~422 참조.

몸과 기억과 언어
─「검둥이와 개들의 싸움」 연구

1) 최근에 기억에 관한 담론들이 활발하다. 이에 관한 문헌들을 예로 들면 다음과 같다. 정항균, 『므네모시네의 부활』(2005), 하랄트 바인리히, 백설자 옮김, 『망각의 강 레테』(문학동네, 2004), 최문규 외, 『기억과 망각』(2003), 대니얼 L. 샥터, 박미자 옮김, 『기억의 일곱 가지 죄악』(2006), 변학수, 『문학적 기억의 탄생』(열린책들, 2008), Georges Banu, *Les mémoires du théâtre*(Arles: Actes Sud, 2005), Judith Schlanger, *La mémoire des oeuvres*(Lagrasse: Editions Verdier, 2008), Jean-Yves & Marc Tadié, *Le sens de la mémoire*(1999), Henri Bergon, *Matière et Mémoire*(Paris: PUF, 1993), Pierre Janet, *Evolution de la mémoire et de la notion de temps*(Paris: Gallimard, 1928), Daniel L. Schacter, *Searching for memory*(NY: Basic Books, 1996), Frances Yates, *The Art of Memory*(Londe and Kegan Paul, 1972) 등이 있다.

2) 변학수, 『문학적 기억의 탄생』, p. 21.

3) Jean-Yves & Marc Tadié, *Le sens de la mémoire*, p. 11.

4) 이런 서술은 콜테스의 다른 작품 『서쪽 부두』에서도 확인할 수 있다(졸고, 「베르나르 마리 콜테스의 『서쪽 부두』에 나타난 기억의 글쓰기, 기억의 현상학」, 『한국연극학』, 제32호, 2007, p. 139).

5) Bernard-Marie Koltès, *Une Part de ma vie*, pp. 11~12.

6) 우리 고전 텍스트에서 기억과 장소 그리고 언어에 관한 예를 찾아볼 수 있는 곳은 『흥보가』의 '화초장' 대목이다. '화초장' 대목은 기억과 망각을 통해서 배우의 연기가 생성되는 바를 보여주는 좋은 예다. 이 대목에서 놀보는 동생 흥보에게서 금은보화가 가득한 화초장을 빼앗아 등에 지고 노래를 부르며 집으로 돌아온다. 그 대목에서 놀보는 다음과 같이 노래를 한다. "(작은 중중몰이) 화초장, 화초장, 화초장, 화초장, 화초장, 얻었구나. 얻었구나. 화초장 한 벌을 얻었다. 화초장 한 벌을 얻었으니 어찌 아니가 좋을소냐. 화초장, 화초장, 화초장, 화초장, 또랑 하나를 건너뛰다, 아뿔싸, 잊었다. 이것 무엇이라고 허둥만요? 응, 이거 뭐여? 뒤붙이면서도 몰라, 초장화? 아니다. 장화초? 아니다. 화장초? 아니다. 어따, 이것이 무엇인고? 간장, 고초장, 꾸둘장, 방장, 송장? 아니다. 어따, 이것이 무엇이냐? 천장, 방장, 꾸둘장? 아니다." 놀보는 잊지 않기 위하여 화초장을 반복하다 몸이 물을 건너뛰는 순간, 그 말을 놓쳐버렸다. 놀보는 개울물 건너는 일에 집중하는 순간, 지금까지 기억 속에서 버텨내고 있던 화초장이라는 기호로서의 이름을 잊고 만다. 물길을 건너뛰는 것이 망각이다. 건너뛰는 이쪽과 저쪽 사이에 헛짚을 수 있는 므네모시네와 같은 공간이 있다. 이것은 화초장을 얻기 전과 얻고 난 후의 공간이며, 얻

고 난 후와 잃어버리고 난 후의 공간이기도 하다. 공간을 건너뛰는 행위는 도착이다. 그가 잊혀진 이름을 되새길수록 이름의 귀환은 불가능해진다. 화초장처럼 '~장'으로 끝나는 단어들을 떠올리는 것은 그가 언어의 기슭에서 떨고 있다는 것을 보여준다. 놀이는 잊혀진 이름이 놀보의 혀끝에서 맴돌면서부터 시작된다. 기억에서 이탈된 화초장과 비슷하게 발음되는 '~장'으로 끝나거나 '장'이 들어 있는 단어들이 등에 진 지시물에서 미끄러져 간다. 그러다 이름을 잊어 혀끝에 맴도는 고통 다음에 그 이름을 알아내고 기뻐하는 이 대목은 놀이와 언어, 그러니까 연기의 형식과 의미로까지 확대할 수 있을 것이다(졸고, 「배우와 놀이」, 영남대학교 인문과학연구소 주최, 호모 루덴스: 국제학술대회 발표문, 2008. 5. 16~17, pp 58~59). 이 부분에 관한 분석의 근거는 아리스토텔레스가 말한 기억이 "성향 또는 소유 hexis이거나 상태pathos"라는 규정이다. 소유로서 기억은 과거에 지각했거나 경험했던 것을 시간이 경과된 후에 다시 기억하는 것을 뜻한다. 성향은 기억하는 것이 스스로 어떤 변화를 일으키려는 내부의 힘을 뜻한다. 상태는 신체 기관 속에 지각을 통해 만들어지는 것으로 지워지지 않은 흔적을 뜻한다(Aristotle, *Aristotle, On Memory*, 449b24~25).

7) 콜테스의 고향은 프랑스 메츠Metz이다. 이 도시는 1999년에 이 지역 출신 작가인 콜테스를 기념하기 위하여 국제 심포지엄을 개최했다. 여기서 다룬 주제는 '장소에 관한 질문La question du lieu'이다. 발표된 논문들을 모은 책은 다음과 같다. Bernard-Marie Koltès, *La question du lieu, Actes des premières rencontres internationales*, Textes édités par André Petit Jean, Metz: Bibliothèque municipale de Metz, 1999. 이 책은 2001년 다시 같은 제목으로 메츠의 CRESEF에서 출간되었다.

8) 『검둥이와 개들의 싸움』의 중심은 한 혹인 노동자의 시체이다. 아프리카(를 상징하는 인물 알부리)와 유럽 문명(을 상징하는 인물 오른, 칼)을 대표하는 인물들은 기억의 최댓값인 죽음에 관해서 극명한 차이를 보여주고 있다. 그것은 동시에 전통과 현대의 차이이기도 하다. Stéphane Patrice, *Koltès subversif*, Paris: Descartes & Cie, 2008, p. 163 참조.

9) 아직 국내의 연극학계에서는 콜테스와 이런 부분에 대한 연구가 미흡한 편이다. 앞으로 콜테스 희곡에 관한 연구는 현대 연극에서 몸과 기억과 언어의 미학적 관계, 운문이 차지하는 위상과 의미, 그리고 그것이 새로운 연극 언어로 사용되는 방식에 관한 연구로, 이를 통해서 현대 연극에서 운문의 활용 가능성과 아울러 미래의 연극을 가늠하는 연구로 확장될 것이다. 20세기 프랑스 현대 연극을 대표하는 베르나르-마리 콜테스의 희곡은 그의 작품이 모두 연극 형식과 내용 면에서 기억과 언어에 관한 미학과 운문으로 현대 연극의 새로운 지평을 예고하고 있기 때문에 가치

를 지닌다. 베르나르-마리 콜테스의 희곡에 대한 연구는 이 희곡을 번역한 연구자들에 의해서 시작되었다. 지금까지 발표된 작품론으로는『로베르토 주코』『목화밭의 고독 속에서』『서쪽 부두』에 관한 논문들이, 필자가 연구하려는『검둥이와 개들의 싸움』에 관한 다른 연구자의 논문이 발표되기도 했다. 앞의 선행 연구는 작가와 작품 세계를 분석하는 데 고독, 고백, 신화와 같은 주제에 초점을 맞추고 있다. 이 연구 주제와 관련해서 선행된 연구를 검토해보면 다음과 같다. 콜테스의 희곡을 번역한 유효숙의「태양 앞에 선 주코: 일상적 폭력과 억압의 신화」(『한국프랑스학 논집』, 제41호, 2003)와「독백의 극적 효과」(2000)가 있고, 임수현의「욕망의 교환, 교환의 욕망— 콜테스의『목화밭의 고독 속에서』연구」(『불어불문학연구』, 제64호, 2005)와「콜테스의 이방인—『숲에 이르기 직전의 밤』연구」(2006)가 있고, 이선형의「『검둥이와 개들의 싸움』의 인물 분석」(『한국 프랑스학논집』, 제47호, 2004), 조만수의「베르나르-마리 콜테스 작품 속의 발과 신발의 상징」(『프랑스어문교육』, 제28집, 2008), 졸고,「프랑스 현대 운문희곡 연구」(2003)와「베르나르-마리 콜테스의『서쪽 부두』에 나타난 기억의 글쓰기, 기억의 현상학」(2007) 등이 있다.

10) 콜테스의『서쪽 부두』에서 기억의 주된 대상인 장소는 큰 장소들에서 작은 장소들로 확산되고 이동한다. 이것은 시간의 변화나 운동뿐만 아니라, 기억이 이것들과 분리될 수 없다는 것을 뜻한다.『서쪽 부두』에서는 "서쪽 항구 도시, 버려진 거리, 도시 중심가와 이곳은 강을 경계로 나뉘어 있다. 오래된 포구의 버려진 창고"가 배경이 되고, "백인, 흑인, 아시아인, 라틴아메리카 인디언 등"이 등장한다. 등장인물들은 "자본주의 사회를 살아가는" 이들인데, 희곡은 "다양한 욕망, 돈과 물질에 대한 갈구, 인간과 인간 사이에 빚어지는 환상, 각각의 등장인물들이 지닌 비밀 등이 강가의 버려진 창고 주변을 중심으로 전개된다." 필자가 여기서 주목한 것은 인물들이 내뱉는 길고 긴 독백 속에 들어 있는 기억의 지배력이다. 현실이 남루할 때 인물들은 과거에 지배된다. 과거란 곧 기억이다. 이들을 지배dominatio 하는 주인dominus은 기억이다.『서쪽 부두』는 기억을 먹이로 삶을 지탱하는 이들의 내적 독백으로 이루어진 희곡이라고 할 수 있다. 졸고,「베르나르 마리 콜테스의『서쪽 부두』에 나타난 기억의 글쓰기, 기억의 현상학」, pp. 140~41 참조.

11) Anne Ubersfeld, *Bernard-Marie Koltès*, p. 161.

12) 이하 본문에서 인용한 글에 나오는 괄호 안 숫자는 Bernard-Marie Koltès, *Combat de nègre et de chiens*(Paris: Minuit, 1989)의 쪽수임. 인용한 대사는『한국연극』에 게재된 이선형의 번역본을 따랐다.

13) 기억의 안정체Stabilisator는 기억을 유지시켜주는 공간, 신체, 매체 등을 말한다(변학수,『문학적 기억의 탄생』, p. 14 재인용).

14) 므네모시네Mnemosyne는 기억의 여신으로 제우스와 관계하여 예술의 여신들인 뮤즈를 낳는다. 이처럼 기억은 예술의 근원과 같다. 기억은 근원적인 것을 현재 시점에서 생생하게 불러낼 수 있는 것으로, 이것이 곧 플라톤의 근원 기억Anamnesis 개념이다(정항균, 『므네모시네의 부활』, p. 29).

15) 이 희곡은 공연되기 전 프랑스에서 몇 번 독회가 방송되었고, 뉴욕의 맘마 극장 Théâtre de la Mamma에서 초연되었다. 프랑스에서는 1983년 아망디에 낭테르 극장에서 파드리스 셰로의 연출로 미셸 피콜리, 필리프 레오타르와 같은 배우들에 의해서 초연되었다.

16) Jean-Pierre Han, "Repères chronologiques", *Europe-revue littéraire mensuelle*, 1997, 11~12월호 'Bernard-Marie Koltès' 특집판, p. 134.

17) Bernard-Marie Koltès, *Une part de ma vie*, p. 34.

18) 같은 책, p. 37. 콜테스는 『로베르토 주코』를 통해서도 연거푸 아프리카에 대해 말하고 있다. "나는 아프리카 구석구석을 알지. 만년설이 쌓인 높은 산들을 알고 있어. 아프리카에 눈이 온다는 걸 아는 사람은 아무도 없어. 내가 세상에서 제일 좋아하는 건 꽁꽁 언 호수 위로 떨어지는 아프리카의 눈이야"(p. 22), "난 떠날 거야. 지금 바로 떠나야 해. 이 거지 같은 동네는 너무 더워. 난 눈 내리는 아프리카에 가고 싶어. 죽을 거니까 떠나야만 해"(p. 45).

19) Anne Ubersfeld, *Bernard-Marie Koltès*, pp. 40~41.

20) 같은 책, p. 40.

21) 인용한 '순화된 죽음, 금기의 죽음'에 대해서는 주경철, 『역사의 기억, 역사의 상상』(문학과지성사, 1999, pp. 49~60)을 참조했다.

22) 여기서 시각(성)은 전형적으로 남성적인 감각인 반면, 청각과 촉각은 여성적인 감각이라는 사실에 주목할 필요가 있다. 이 작품에서 소리는 생태적 가치를 정하는 중요한 표현 기제라고 할 수 있다.

23) 콜테스가 아프리카에서 보낸 편지에는 이런 광경을 목격하고 쓴 내용들이 많다. 1978년 2월 11일에 친구 위베르 지뉘에게 쓴 편지, "Lettres d'Afrique", *Europe-revue littéraire mensuelle*, 1997, 11~12월호, pp. 13~22 참조.

24) 이 꽃은 나팔꽃처럼 덩굴을 뻗으며 자라는 분꽃과 식물이다. 속명인 Bougainvillea 는 이 식물을 최초로 발견한 프랑스의 항해가 드 부갱빌De Bougainville의 이름을 딴 것이며, 남아메리카 지역의 열대 및 아열대 지방에 집중적으로 분포하고 있다. 덩굴성 관목으로 빨간색으로 보이는 것은 꽃이 아니고 잎인데, 만져보면 종이와 같은 촉감이 들어서 종이꽃paper flower이라고 불리기도 한다. 이 꽃은 동남아(인도네시아, 미얀마 등)에서 가장 흔하게 보이며 가볍고 눈부시다. 강한 바람을 맞으면 금세 떨어져나갈 것 같다. 이 희곡에 등장하는 인물들은 한결같이 종이

꽃처럼 불안하고 가볍다.

25) Philippe Minyana, "Paysages extétieurs", *Les Nouveaux Cahiers de la Comédie-Française*, 2007, 3월호, p. 42.

26) 같은 곳.

27) 정화열 · 김주환 외 옮김, 『몸의 정치와 예술, 그리고 생태학』, 아카넷, 2005, p. 37 재인용.

28) 강신익, 『몸의 역사 몸의 문화』, 휴머니스트, 2007, p. 72.

29) 이것은 현대 연극의 주된 경향이라고 할 수 있으며, 이런 해석들은 한국 연극의 다양한 창조와 작품 분석에 귀중한 사례가 될 것이다.

30) 이런 부분은 현대 연극이 다시 감각과 언어를 통하여 연극성을 회복하는 데 도움이 될 것이다.

31) '무거운 기억mémoire lourde'이란 용어는 콜테스의 작품을 분석한 다음 글에서 빌려온 것이다. Anne Thobois, "Une mémoire lourde du poids des morts", *Théâtre/Public*, 1997, 7~10월호, No. 136~37, p. 45.

32) 죽음에 관한 두 문명의 차이가 이 희곡에서 중요한 대목이라는 해석은 다른 논문에서도 언급되고 있다. 이선형, 「『검둥이와 개들의 싸움』의 인물 분석」, pp. 254~55 참조.

33) 그러나 오른은 이런 알부리의 태도를 받아들이지 못한다. 알부리의 기억은 형제의 죽음과 결부되어 있지만, 오른과 칼에게 기억이란 일하는 조직에 더 가까이 있기 때문이다(Stéphane Patrice, *Koltès subversif*, pp. 163~65 참조).

34) 이 부분에서 알부리가 동생의 시체를 요구하는 노력은 삶 속에 죽은 이들을 육화시키는 행위라고 볼 수 있다. 이를 통하여 죽음에 관한 영원한 의미가 삶을 얻게 되는 것인지, 현재의 삶이 영원한 의미를 얻게 되는 것인지는 다음 기회에 연구해야 할 몫으로 남겨둔다.

35) Bernard-Marie Koltès, *Une part de ma vie*, p. 25.

36) Stéphane Patrice, *Koltès subversif*, p. 170 참조.

37) Bernard-Marie Koltès, *Une part de ma vie*, p. 26.

38) 같은 책, p. 23.

39) 같은 책, p. 26.

40) 같은 책, p. 20.

41) 콜테스는 흑인과 백인이 서로 다른 언어를 말하면서도 이해할 수 있다는 이 장면이야말로 거대 역사에 반하는 개인들의 운명을 결정하는 고전적 방식une sorte de nécessité antique fatidique이라고 말했다(같은 책, pp. 35~36).

42) 같은 책, p. 20.

43) 같은 책, p. 82.

44) Gilman L. Sander, *Inscribing the other*, Lincoln: University of Nebraska Press, 1991, pp. 29~49.

45) 콜테스는『검둥이와 개들의 싸움』이 신식민주의le néocolonialisme나 인종 문제 la question raciale에 머물지 않고 장소un lieu에 대해 말하는 작품이라고 했다 (Stéphane Patrice, *Koltès subversif*, p. 165).

46) 졸고, 「베르나르-마리 콜테스의『서쪽 부두』에 나타난 기억의 글쓰기, 기억의 현상학」, p. 140.

47) 이선형, 「『검둥이와 개들의 싸움』의 인물 분석」, pp. 253~54.

욕망과 언어의 수사학
—『목화밭의 고독 속에서』 연구

1) 콜테스의 희곡을 가장 많이 연출한 셰로Patrice Chéreau의 경우는 방향을 달리하여『목화밭의 고독 속에서』를 세 번이나 연출하였다. 첫번째 공연에서는 딜의 대상이, 두번째 공연에서는 딜러와 손님의 관계가, 세번째 공연에서는 딜러와 손님이 지닌 욕망의 대상이 연출의 중심이었다.

2) 콜테스의 고향인 메츠 시는 1999년에 콜테스와 그의 작품을 기념하는 첫번째 국제 심포지엄을 개최했다. 발표된 논문들을 모은 책은 다음과 같다. Bernard-Marie Koltès, *La question du lieu*. 이 책은 2001년 다시 같은 제목으로 메츠의 CRESEF에서 출간되었다. 그리고 최근에는 2009년을 '콜테스의 해 2009L'année Koltès'로 정하고, 4월 21일부터 25일까지 콜테스가 쓴 열다섯 개의 모든 희곡작품에 관한 학술대회Koltès Dramaturgie, 콜테스의 사진과 동영상과 같은 기록들의 전시 Le Cinéma de Koltès, 콜테스가 좋아했던 바흐, 슈베르트, 바르톡의 고전음악 그리고 비틀즈, 재즈, 밥 말리의 노래를 모은 콘서트, 콜테스와 알제리 전쟁Koltès et la guerre d'Algérie, 콜테스가 태어나 성장한 60년대 메츠의 문화적 삶La vie culturelle à Metz dans les années de 60: De la jeunesse à la genèse de Koltès, 콜테스의 편지글 낭독회Correspondances, 외국에서 공연된 콜테스 작품의 공연기록물 상연회Projection와 같은 행사를 가졌다. 그리고 '콜테스의 집La maison Koltès'을 만들어 그의 모든 자료를 보관 및 전시하고 있다. 이에 관한 자료는 *Metz Magazine*, 2009년 4월호(특별판)와 http://www.koltèsmetz2009.fr을 참조할 것. 이때를 맞춰 파리 퐁피두센터(5월 16일)에서도 '베르나르-마리 콜테스, 동시대인Bernard-Marie Koltès, Notre contemporain'이라는 주제로 심포지엄이 열렸다. 이에 관한 자료는 콜테스의 공식 홈페이지 http://www.

bernardmariekoltès. com에서 확인할 수 있다.

3) 콜테스의 희곡이 베케트의 희곡처럼 현대 연극의 고전의 반열에 올랐다고 말할 수 있는 증거들은 많다. 프랑스 국립극단인 코메디 프랑세즈는 2007년 콜테스의 『사막으로의 귀환』을 코메디 프랑세즈의 고정 레퍼토리로 정했고, 이를 통하여 콜테스는 제도적 차원에서 현존하는 미셸 비나베르와 더불어 프랑스 현대 연극을 대표하는 작가로 인정받게 되었다. 프랑스 현대 문학사를 논하는 데 있어서도, 희곡은 '베케트에서 콜테스로De Beckett à Koltès'라는 제목이 정해지기도 했다. Pierre Brunel, *La littérature française aujourd'hui*, Paris: Vuibert, 1997 참조.

4) Bernard-Marie Koltès, *Une part de ma vie*, p. 117.

5) *Metz Magazine*, 2009년 4월호(특별판), 16.

6) Franck Evrard, *Etudes sur Dans la solitude des champs de coton*, Paris: Ellipses, 2009, p. 5.

7) 인용한 대사의 괄호 속 숫자는 『목화밭의 고독 속에서』 번역본의 쪽수를 뜻한다. 번역본은 임수현이 옮긴 『목화밭의 고독 속에서』(민음사, 2005)이고, 원본은 Bernard-Marie Koltès, *Dans la solitude des champs de coton*(Paris: Minuit, 1986)이다.

8) Patrice Pavis, "Synthèse prématurée ou fermeture provisoire pour cause d'inventaire de fin de siècle", pp. 14~15.

9) Patrice Pavis, *Le théâtre contemporain*, Paris: Armand Colin, 2007, p. 83.

10) "라틴어 Discursus는 이리저리 돌아다니는 행위, 왕래, 교섭, 음모 등을 뜻한다. [……] 이런 담론의 파편들은 문형이라고 부를 수 있을 것이다", Roland Barthes, *Fragment d'un discours amoureux*, Paris: Seuil, 1977, p. 7.

11) Patrice Pavis, *Le théâtre contemporain*, p. 86.

12) 이 작품에서 시간과 공간, 인물과 언어에 관한 설정은 다음과 같다. 시간le temps ("낮과 밤의 아무 시간이나?n'importe quelle heure du jour et de la nuit"), 공간 le lieu("원래는 그런 용도로 사용되지 않는 중립적이고 불특정한 공간espaces neutres, indéfinis, et non prévus à cet usage"), 인물le personnel dramatique("공급자와 애원하는 자pourvoyeurs et quémandeurs"), 언어la codification d'un langage ("약속된 신호들과 이중의 의미를 지닌 대화entente tacite, signes conventionnels ou conversation à double sens")(7).

13) Bernard-Marie Koltès, *Une part de ma vie*, p. 129.

14) 조만수, 「베르나르-마리 콜테스 작품 속의 발과 신발의 상징」, 『프랑스어문교육』, 제28호, 한국프랑스어문교육학회, 2008, pp. 403~32.

15) Marie-Paule Sébastien, *Bernard-Marie Koltès et l'espace théâtral*, Paris:

L'Harmattan, 2001, p. 154.

16) Bernard-Marie Koltès, *Une part de ma vie*, p. 21.

17) Marie-Paule Sébastien, *Bernard-Marie Koltès et l'espace théâtral*, pp. 155~56.

18) 같은 책, p. 155.

19) Paul Ricœur, *La Métaphore vive*, Paris: Seuil, 1975, p. 49.

20) Patrice Pavis, *Le théâtre contemporain*, p. 86.

21) 이러한 해석의 주된 경향은 다음 책에서도 볼 수 있다. Anne Ubersfeld, *Bernard-Marie Koltès*, p. 153.

22) Patrice Pavis, *Le théâtre contemporain*, p. 95.

23) "난 당신이 나를 우정 어린 눈빛으로 바라봐주기를 조심스레, 진지하게, 조용히 부탁하는 겁니다Je vous propose, prudemment, gravement, tranquillement de me regarder"(64), "황혼이 이 첫번째 불빛에 부드럽고 공손하게 그리고 다정스럽기까지 할 정도로 다가가듯comme le crépuscule approche cette première lumière, doucement, respectueusement, presque affectueusement ⋯⋯"(10). 이 작품은 상징성이 매우 높고 "풍요로우면서 현학적인 텍스트"(Pavis, 2007: 88)로 채워져 있어 한 편의 잘 다듬어진 시와 같고, 다른 한편으로는 상거래에 관한 법령처럼 분명하기도 하다. 대사가 지니고 있는 수사적 광활함에 빠져들게 되면, 극의 전개는 쉽게 이해하기 어려워지고 만다. 딜러와 손님이라는 두 명의 인물이 상거래에 관해서 이야기를 나누는 단순한 극작 구조에 수사적 텍스트가 잘 교합된 작품이라고 할 수 있다. 대사가 지닌 수사적 특성을 연구하는 것은 단순한 문학적 해석에 머물지 않고, 그것이 발화됨으로써 야기되는 연극적 특성까지 포함한다. 작가는 이를 위해서 3인칭의 On을 주어로 자주 사용하고 있다. "난on 꽃을 잘못 골라 앉은 벌이고, (난on) 전기 울타리 너머로 풀을 뜯어먹으려 했던 암소의 주둥이입니다. 그러니 (난on) 입을 다물거나 (난on) 도망치거나, (난on) 터무니없는 이유들과 불법적인 행위들과 어둠을 후회하고, (난on) 기다리며, (난on) 나름대로 최선을 다해 볼 뿐인 것입니다On est une abeille qui s'est posée que la mauvaise fleur, on est le museau d'une vache qui a voulu brouter de l'autre côté de la clôture électrique; on se tait ou l'on fuit, on regrette, on attend, on fait ce que l'on peut, motifs insensés, illégalité, ténèbres"(31). 그리고 문학적 표현에서 사용하는 접속법 반과거 시제의 사용과 시제의 일치를 어긋나게 하기도 한다. 딜러: 어둠이 더욱 짙어야 했을지도, 그래서 당신의 얼굴에서 아무것도 알아보지 못했어야 했을지도 모르겠습니다. 그랬다면 나는 어쩌면 당신이라는 존재의 정당성에 대해, 그리고 당신 내가 지나가는 길에 자리 잡기 위해 비켜선 것에 대해 착각했을지도 모르지요. 그리고 이번엔 내

쪽에서, 당신과 어우러질 수 있도록 비켜섰을지도 모를 일입니다. 하지만 어떤 어둠이, 자신보다 덜 어둡게 당신을 드러내줄 수 있을까요?Il aurait d'ailleurs fallu que l'obscurité fût(fûlus) épaisse encore, et que je ne puisse(pusse) rien apercevoir de votre visage; alors j'aurais, peut-être, pu me tromper sur la légitimité de votre présence et de l'écart que vous faisiez pour vous placer sur mon chimin et, à mon tour, faire un écart qui s'accommodât au vôtre; mais quelle obscurité serait assez épaisse pour vous faire paraître moins obscur qu'elle?(16) 여기서 콜테스는 앞의 인용문에 밑줄 친 부분처럼 접속법 반과거의 시제를 일치시키지 않고 있다. 문법적으로 하자면, puisse가 아닌 pusse로 써야 했다. 이는 pusse가 벼룩이라는 뜻을 지닌 단어 puce로 발음되어 들리는 것을 피하기 위한 것으로 보인다. 또한 주절에서 관계대명사 que를 이용한 종속의 관계를 드러내는 긴 문장들의 연결과 반복이 두드러진다. 이를 통해서 독백형 대사들이 나열된다. 의미론적으로는 시적인 대사들의 반복이 많다. 예컨대 만약 당신Si vous…… 그것은c'est que…… 왜냐하면car si, 그리고 그것은et que…… c'est que…… 그래서et c'est……와 같은 표현을 통하여 사유를 연결하고 사유에 대한 논리적 관계를 입증한다. 예컨대, 손님: 나의 욕망으로 말하자면 내가 이런 황혼의 어둠 속에서, 꼬리조차도 보이지 않는 동물들이 으르렁거리는 이곳에서 기억해낼 수 있는 욕망이 있기나 한 걸까요. 당신이 겸손함을 내던지고, 내게 거만함이라는 선물을 주지 않기를 바라는 확실한 욕망을 제외한다면 말입니다. 왜냐하면 난 거만함에 대해서는 일종의 약점을 갖고 있는 데다가 겸손함은 내 것이건 남의 것이건 증오하기까지 하거든요. 그래서 당신이 제시한 그 교환이 마음에 들지 않습니다. 내가 원하는 것을 당신은 절대 가질 수 없을 겁니다(17~18).

24) Marie-Paule Sébastien, *Bernard-Marie Koltès et l'espace théâtral*, p. 106.
25) Bernard-Marie Koltès, *Une part de ma vie*, p. 23.
26) "콜테스 연극의 성과는…… 현대 사회의 첨예한 문제들……을 다루면서도 현상적인 관찰을 넘어서서 개인과 집단, 나와 타인과의 관계가 지닌 뿌리 깊은 욕망과 갈등을 담아내고 있다…… 그는 구체적인 이야기들로부터 역사를, 작은 욕망들로부터 신화를, 나로부터 동시대를 말하고 있다"(임수현, 「욕망의 교환, 교환의 욕망— 콜테스의 『목화밭의 고독 속에서』 연구」, p. 352).
27) 세상의 부당함과 싸우는 딜러에 관한 이런 해석으로 인하여 공연에서 딜러는 공연의 축을 이루고, 대부분 기득권을 지닌 백인에 반하는 흑인으로 상정되었다.
28) Patrice Pavis, *Le théâtre contemporain*, p. 79.
29) 같은 책, p. 82.
30) "……그러나 콜테스의 글쓰기가 지닌 역설은 가정이 반복되고 비유가 현란해질수

록 그 실체는 점점 더 미궁 속으로 빠진다는 데 있다. 그것은 욕망의 언어가 애초부터 의미의 명백성이 아닌 모호성과 다의성을 표현하기 때문이다"(임수현, 「욕망의 교환, 교환의 욕망— 콜테스의 『목화밭의 고독 속에서』 연구」, p. 373).

31) 말들이 떠도는 이러한 텍스트의 특징은 작가 콜테스도 인정하고 있는 바이다. 상황은 말을 낳기 마련이고, 그 말들은 제각각 생출되지만 서로 깃들일 수 있는 대립으로 이어지기 마련이기 때문이다. 이 작품 속 말들의 특징은 에르브 기베르Herve Guibert와 나눈 대담이 늘어 있는 다음 책 참소. Bernard-Marie Koltès, *Une part de ma vie*, pp. 17~23.

32) 콜테스 작품에 나오는 독백의 기능에 대해서는 졸고, 「프랑스 현대 운문희곡 연구: 베르나르-마리 콜테스의 『로베르토 주코』를 중심으로」, pp. 375~422와 유효숙의 「독백의 극적 효과— 베르나르-마리 콜테스의 『로베르토 주코』를 중심으로」, pp. 113~35를 참조.

33) Jean-Pierre Ryngaert, *Lire le théâtre contemporain*, Paris: Dunod, 1993, p. 13.

34) 콜테스는 욕망을 이런 식으로 말하고 있다. 이 작품 읽기와 분석은 이런 '식'에 대한 읽기와 해석이라고 할 수 있다.

35) Marie-Paule Sébastien, *Bernard-Marie Koltès et l'espace théâtral*, p. 108.

36) 같은 곳.

37) 같은 책, p. 109.

38) 같은 곳.

39) Donia Mounsef, *Chair et révolte dans le théâtre de Bernard-Marie Koltès*, Paris: L'Harmattan, 2005, p. 150.

40) Marie-Paule Sébastien, *Bernard-Marie Koltès et l'espace théâtral*, p. 111.

41) 손님이 끝부분에서 말하는 것처럼, 그것은 인물들이 "정의할 수 없는 시공간인 이 시간과 이 장소의 끝없는 고독 속에서 우린 혼자입니다. 내가 여기서 당신을 만날 이유도, 당신이 나와 마주칠 이유도, 온정을 나누어야 할 이유도, 우리가 내세울 만한, 그리고 우리에게 어떤 의미를 부여해줄 만한 적당한 수치도 없기 때문"(69)이다. 그 최댓값은 인물들이 "단순하고 외롭고, 오만한 제로가 되"(69)는 것이다. 콜테스는 한 인터뷰에서 딜러와 손님의 만남을 펑크 가수와 블루스 가수가 한 무대 위에서 얼굴을 마주하는 것을 연상했다고 밝힌 적이 있다. 이를 통하여 서로 다른 두 삶에 대한 개념을 나란히 놓으려고 했다고 말했다. 상대방과 거리를 지닐 때는 외교적 발언을 하지만, 가까이 마주하면서 대화할수록 상대방을 적대적으로 대하게 되는 관계를 드러내놓으려고 했다고 말했다(Bernard-Marie Koltès, *Une part de ma vie*, pp. 95~97).

42) 이 작품이 1987년 낭테르 극장théâtre des Nanterre-Amandiers에서 파트리스

세로의 연출로 처음 공연되었을 때 딜러는 아프리카인으로, 손님은 유럽인으로 설정되었다.

43) "나는 남들이 이해할 수 없는 언어를 사용합니다. 인간들은 줄을 잡아당기고 돼지들은 울타리에 머리를 처박는, 이 땅과 이 시간의 언어 말입니다. 마치 종마가 암말에게 달려들지 못하도록 고삐를 매어놓듯, 난 내 혀를 붙들어둡니다. 만약 내가 고삐를 풀면, 손가락과 팔의 힘을 조금이라도 늦추면, 나의 언어는 사막의 냄새를 맡은 아랍 말처럼 맹렬하게 지평선을 향해 달려나갈 것이고, 그러면 아무것도 그걸 막을 수 없을 테니까요"(26).

44) Anne Ubersfeld, *Bernard-Marie Koltès*, p. 168.

현대 연극에 나타난 고백의 언어
—「숲에 이르기 직전의 밤」연구

1) 원본은 *La Nuit juste avant les forêts*(Paris: Minuit, 1988)이고, 번역본은 임수현 옮김, 『목화밭의 고독 속에서』(민음사, 2005)이다. 『숲……』은 이 번역본(pp. 81~141)에 들어 있다. 작품 이름 다음의 괄호 속 숫자는 번역본 쪽수를 뜻한다.

2) 일반적으로 콜테스의 희곡이 현대 연극의 주류와 맞닿는 점은 헐벗은 무대, 추상화된 원근화법, 간결하고 고전적인 글쓰기, 고전 비극과 비슷한 인물의 전형성, 막연한 시간과 공간성, 현대성에 대한 형이상학적 문제들, 모든 형태의 소외, 시적인 언어의 아름다움 등이다(마리 안 샤르보니에, 홍지화 옮김, 『현대 연극 미학』, 동문선, 2001, pp. 153~54).

3) Anne Ubersfeld, *Bernard-Marie Koltès*, pp. 29~30.

4) Bernard-Marie Koltès, *Une part de ma vie*, p. 91.

5) 같은 책, p. 10.

6) 폴 리쾨르, 김한식·이경래 옮김, 『시간과 이야기 2』, 문학과지성사, 2000, pp. 66~67 재인용.

7) Bernard-Marie Koltès, *Une part de ma vie*, p. 11.

8) Marie-Paule Sébastien, *Bernard-Marie Koltès et l'espace théâtral*, p. 127; Bernard-Marie Koltès, *Une part de ma vie*, p. 70.

9) 그늘의 공간은 서양 바로크 음악의 한 형식인 '그늘의 공부' 혹은 '어둠 속의 가르침leçons de ténèbres'이라는 아름다운 성주간 전례음악과 같다. 촛불 아래 어둠 속에서 삶을 명상하는 것처럼.

10) Maurice Blanchot, *Le livre à venir*, Paris: Gallimard, 1959, p. 16.

11) Bernard-Marie Koltès, *Une part de ma vie*, p. 15.

12) Roland Barthes, "Introduction à l'analyse structurale du récit", *L'analyse structurale du récit*, Paris: Seuil, 1981, p. 12.

13) Marie-Paule Sébastien, *Bernard-Marie Koltès et l'espace théâtral*, p. 144.

14) 이 부분은 사뮈엘 베케트의『이름 붙일 수 없는』에 나오는 다음과 같은 글귀와 닮았다. "어디로 지금Où maintenant? 언제 지금Quand maintenant? 누가 지금Qui maintenant?"(Samuel Beckett, *L'innommable*, Paris: Minuit, 1953, p. 7).

15) Anne Ubersfeld, *Bernard-Marie Koltès*, p. 28.

16) François Bon, *Pour Koltès*, p. 52.

17) Paul Ricœur, *La mémoire, l'histoire, l'oubli*, Paris: Seuil, 2000, p. 40.

18) Bernard-Marie Koltès, *Une part de ma vie*, pp. 54~55.

19) 같은 책, p. 55.

20) 같은 책, p. 41.

21) 같은 책, p. 54.

22) 조만수, 「베르나르-마리 콜테스 작품의 의미 구조」, 『프랑스문화연구』, 제15호, 2007, p. 9.

23) "Le lieu des pièces de Koltès, c'est toujours un non-lieu, un terrain vague, un quartier à l'abandon, un hanger désaffecté, des lieux indistincts et indéfinissables, périphériques, inachevés, disponisbles-mais toujours dans la nuit, dans le noir, dans l'obscur", Christophe Bident(textes réunis et présentés), *Voix de koltès*, Paris: Carnets Séguier, 2004, p. 59.

24) 어원적으로 이 사람을 보라Ecce homo라는 뜻이라고 할 수 있다. 니카라과에 대한 어원적 해석은 물론 분명하지 않다. 대개 앞의 글에서 언급한 두 개의 해석이 지배적이다. '물 가까운 곳, 물로 가득한 곳 surrounded by water'이라고 해석하는 것은 스페인 정복 이후라고 보이는데, 이는 물aqua과 니카라과 호수Lake Nicaragua에 중점을 둔 것으로 보인다. 콜테스가『숲……』을 쓴 1977년에 니카라과는 국제적 뉴스거리였다. 이 희곡에서 니카라과는 다섯 번 언급된다. 니카라과의 현대사는 식민 통치에 이은 독재(1936~79년 동안 이어진 소모사 독재 정권), 저항(1962년 카를로스 폰세카 아마도르, 실비아 마요르가, 토마스 보르게 모르티네스가 소모사 체제를 전복하기 위해 사회주의 무장조직인 산디니스타 민족해방전선FSLN을 결성, 1934년에 암살된 혁명 영웅 산디노의 이름을 딴 FSLN은 곧 노동자, 농민들로부터 광범위한 지지를 얻기 시작했다) 그리고 독립에 이은 미국 의존 정책 등이다. 니카라과는 1990년에 비로소 미국의 지지와 자금 지원을 받는 국민야당연합UNO과 UNO의 대통령 후보 비올레타 바리오스 데 차모

로(암살당한 『프렌사 *La Prensa*』의 전 편집인 페드로 조아킨 차모로의 아내)가 승리를 거두었고, 그해 4월 25일 평화적으로 정권이 교체되었다. 『숲……』에 나오는 국제적 규모의 조합은 FSLN과 같은 저항의 형태와 무관하지 않다.

25) Marie-Paule Sébastien, *Bernard-Marie Koltès et l'espace théâtral*, p. 145.

26) 그런 면에서 『숲……』의 주인공 화자는 이름이 없지만, 근원적으로 햄릿Hamlet, 로렌자초Lorenzaccio 그리고 스가나렐Sganarelle과 같은 서양 고전 희곡의 주인공들과 크게 다르지 않은 인물이라고 할 수 있다. 콜테스 희곡 속 인물들과 고전 비극, 현대 비극에 등장하는 인물들의 유사성에 관한 문제는 오랫동안 연구되었다. 이에 관한 논문은 Régis Salado, "Koltès avec Shakespeare: hériter, adapter, traduire", Véronique Védrenne, "Beckett et Koltès: Le sujet en suspens ou la scène", Christophe Bident, *Voix de koltès*, pp. 149~67 참조.

27) Stéphane Patrice, *Koltès subversif.*

28) 이런 형식의 발전은 콜테스 이전에 사뮈엘 베케트의 희곡들에서 확인할 수 있다. 모놀로그 형식의 희곡들은 현대 연극의 본질적인 측면을 드러내면서 현대 연극사의 중심에 놓는다. 다이얼로그 형식이 정신과 육체의 끊임없는 흔들림처럼 나아가는 형식이라고 한다면, 베케트의 경우 그가 쓴 모놀로그 희곡은 정신과 육체가 소리라는 언어로 합체되면서, 그러니까 정신이 육체로, 육체가 정신으로 울리면서 하나의 선율을 이루는 희곡 형식이다.

29) Bernard-Marie Koltès, *Une part de ma vie*, p. 32.

30) 콜테스는 『서쪽 부두』 뒷부분에 실린 부록의 '『서쪽 부두』의 연출을 위하여Pour mettere en scène *Quai ouest*' 란 제목의 글에서, "배우들은 단어를 말하는 것이 아니라 단어의 무게를 재서 보여주고, 단어에 의미를 부여하려는 경향이 있다…… 항상 텍스트를 빠르게 말해야 한다…… 외우기가 끝나면 계속 자기 머릿속에서 하고 싶었던 일을 하러 달려가는 것처럼…… (한 인물의) 독백을 자른다면 (한 인물의) 존재를 자르는 것이다. (한 인물에게) 중요한 것은 한 지점에서 다른 한 지점으로 움직이는 시간이며, 그 과정에서 그의 태도이다Ils ont tendances à non pas de dire les mots, mais les peser, les montrer, leur donner du sens. En fait, il faudrait toujours dire le texte comme un enfant récitant une leçon…… qui va très vite…… lorsqu'il a fini, se précipite pour faire ce qu'il a en tête depuis toujours. Si on l'en empêche, on l'empêche tout simplement d'exister; et ce qu'il y a à voir de Charles, c'est précisément qu'il met à aller d'un point à un autre, et la démarche qu'il pren"라고 말하고 있다(Bernard-Marie Koltès, *Quai ouest*, pp. 100~105).

31) 콜테스와 음악은 매우 밀접한 관계를 맺고 있다. 그가 살아 있는 동안에 쓴 편지

글만 모은 *Lettres*(Paris: Minuit, 2009)에서 언급된 것으로, 그가 자신의 고독과 등가로 여겼던 바흐, 스카를라티, 베토벤, 브람스, 슈베르트, 쇼팽, 드보르작, 말러 등의 음악에 관한 내용은 아래와 같다. 괄호 속 숫자는 쪽수를 뜻한다. "J'aimerais bien aller à un concert en ce moment, un grand morceau: la Neuvième de Beethoven, ou la Passion selon saint Jean, ou la Symphonie fantastique(193), j'écoute la Passion selon saint Matthieu; je reste ici une semaine pour écrire le scénario de mon film(194), La Passion, c'est un sacré morceau; j'ai déjà choisi des extraits pour mon film : dans saint Matthieu, dans saint Jean(le début surtout, je ne connais rien de mieux en musique); et puis des bouts de la Passacaille en ut, et des Suites pour violoncelle(194), Maman m'a envoyé son poste, ce qui me donne du Bach de temps en temps(208), j'écoute pour la quatrième fois de suite la Quatrième symphonie de Brahms; j'en deviens fou, je me transforme en morceau de musique, je m'envole, je n'ai rien envie d'écouter ou defaire d'autre; je crois que je vais l'écouter une cinquième fois(230), On me prête des disques; je fais souvent des orgies de musique le soir(239), Je suis, dans la demi-pénombre, en train d'écouter la Passion selon Mattieu. Cela me donne envie de devenir sourd, avec,comme seul bruit dans la tête, la musique de Bach; plus besoin de parler, plus rien à entendre, je suis sûr que tout en deviendrait mieux(241), mais tu ne peux pas savoir à quel point je suis heureux de retrouver la solitude, le chalet, surtout la solitude qui me devient vraiment une nécessité······ J'ai oublié de te dire que je t'ai volé six disques: Mahler, Tchaïkovski, Dvorak, Chopin, Beethoven, Schubert. Je les écoute tous le temps(250), Je vais écouter les motets de Bach(259), Le Requiem de Verdi, c'est quelque chose(285), car j'ai une foule de disques à te conseiller, et ce serait bien que tu écoutes de la musique. J'ai entendu un merveilleux concert de Scarlatti à orgue, à Prague, et je pense à toi(290), Je suis en train d'écouter une messe de Puccini: c'est merveilleux(290), J'aurais envie, maintenant, d'une Quatrième de Brahms, ou de sonates de Bach(295)."

32) Marie-Paule Sébastien, *Bernard-Marie Koltès et l'espace théâtral*, p. 113.

33) Paul Ricœur, *La mémoire, l'histoire, l'oubli*, p. 60.

34) 콜테스는 이런 글쓰기 형식에 대하여, "내가 시도하려고 하는 것은 행동의 요소로서 언어를 활용하는 것이다Ce que j'essaie de faire, c'est de me servir du langage comme d'un élément de l'action"(Koltès, 1999:32)라고 말했다.

35) Bernard-Marie Koltès, *Une part de ma vie*, p. 15.

36) Marie-Paule Sébastien, *Bernard-Marie Koltès et l'espace théâtral*, p. 116.

37) Paul Ricœur, *La mémoire, l'histoire, l'oubli*, p. 45.

38) 『숲……』에서 음악, 음악적 변화에 관한 말들이 자주 등장한다. "모든 게 갑자기 멈춘 거야. 오직 음악만이 멀리서 들려오고 있었어. 미친 노파가 입을 열더니 끔찍한 목소리로 노래를 하기 시작했고, 아무도 거들떠보지 않는 거지가 저쪽에서 연주를 했지. 여자는 또 거기에 맞춰 노랠 불렀어. 둘은 마치 준비라도 해온 것처럼 서로 화답하고 화음을 맞췄어. 둘의 합주 소리가 어찌나 컸던지, 다른 모든 게 다 멈춰버리고 노란 옷 입은 노파의 목소리만 역 안에 가득했지"(140). 그리고 인물과 음악에 관한 유사 부분은 가령 이렇다. "……금방 알 수 있었어. 하지만 내겐 다 방법이 있어…… 그들의 걸음걸이 때문이지. 바로 너처럼. 신경질적인 등을 보이며 신경질적으로 걷고, 신경질적으로 어깨를 움직이는 모습만 봐도 알 수 있다고. 그런 행동 속의 무언가를, 난 놓치지 않아. 얼굴도 마찬가지야. 잔주름이 가득한, 망가지거나 그런 건 아니지만 신경질적인 얼굴 말이야…… 아무렇지도 않은 듯 그렇게 상반신을 흔들며 빗속을 걸을 때도, 난 그 숨길 수 없는 불안을 금방 알아볼 수 있어. 모든 불안이란 어머니로부터 직접 받은 거니까"(90~91). "나를 바라보는, 오직 상상 속에서만 존재할 것 같은 두 눈이 내가 상상했던 것과 똑같이 반짝이고 있어. 황량하고, 아무 일도 일어나지 않는 어느 저녁에 나는 환상에 빠지지"(96). "바람이 날 들어 올렸고, 난 달렸어. 발이 땅에 닿는 것조차 느끼지 못할 정도로. 너만큼이나 빠르게. 이번에 아무 방해물도 없어서"(109). "흔적은 아직도 저기, 돌 위에 남아 있어"(110). "그 앤 강 위로 몸을 구부리고 말해. 난 절대 강을 떠나지 않아. 이 둑에서 저 둑으로, 이 다리에서 저 다리로 옮겨 다닐 뿐이야. 난 수로를 거슬러 올라갔다 다시 강으로 내려와. 난 배도 바라보고, 수문도 바라보고, 강바닥을 찾아보기도 해. 난 물가에 앉아 있거나 물 위로 몸을 숙이고 있곤 해. 난 다리나 둑 위에서만 얘기할 수 있어. 그 위에서만 사랑할 수 있어. 다른 곳에선 꼭 죽은 사람 같아. 하루 종일 지루해. 그래서 매일 저녁 난 물가로 돌아와서 해가 뜰 때까지 떠나지 않아"(35/111).

39) Bernard-Marie Koltès, *Une part de ma vie*, p. 28.

40) '나'에게 너는 누구인가? 『숲……』에서는 나의 동지camarade이다. 『검둥이와 개들의 싸움』과 『사막으로의 귀환』에서는 형제frère이며, 『목화밭의 고독 속에서』는 거래deal를 하는 상대일 뿐이다.

41) 임수현, 「콜테스의 이방인—『숲에 이르기 직전의 밤』 연구」, p. 238.

42) Bernard-Marie Koltès, *Une part de ma vie*, p. 34.

43) Marie-Paule Sébastien, *Bernard-Marie Koltès et l'espace théâtral*, p. 118.

44) 『숲……』이 이처럼 주술과 같은 말들로 이루어져 있다면 『프롤로그』는 신화로, 『아주 멀리 도시 속으로 말을 타고 달아나기』는 아포리즘으로 채워져 있다.

기억과 공간
—『사막으로의 귀환』 연구

1) 연극과 기억의 문제를 다룬 문헌은 다음과 같다. Anne Bouvier Cavoret(sous direction), *Théâtre et Mmoire, Actes du Colloque international organisé par le laboratoire Théâtre, Langages et Sociétés*(Paris: Ophrys, 2002), Jean-Yves & Marc Tadié, *Le sens de la mémoire*(Paris: Gallimard, 1999), 알라이다 아스만, 변학수 외 옮김, 『기억의 공간』(경북대학교 출판부, 2003), 대니얼. L. 샥터, 박미자 옮김, 『기억의 일곱 가지 죄악』(한승, 2006), 정항균, 『므네모시네의 부활』(뿌리와이파리, 2005) 참조.

2) 이하 본문에서 이 작품을 『사막……』으로 표기한다. 번역된 대사의 인용은 곧 출간될 유효숙의 번역 대본을, 불어본은 Bernard-Marie Koltès, *Le Retour au désert*(Paris: Les Editions de Minuit, 1988)를 따랐다.

3) 글쓰기와 기억의 관계는 서양 문학의 고전인 호메로스의 대서사시 『일리아스』나 『오디세이아』, 중세 서사시 『니벨룽겐의 노래』 등의 고전 작품의 핵심이다. 영화에서도 마찬가지라고 할 수 있다. 예컨대 "기억은 저절로 혼자서, 아무 곳에서나 이루어지는 것이 아니다. 기억은 철저하게 장소와 연결되어 있다. 기억은 장소에서 나온다. 장소는 이런 의미에서의 기억의 집이다." "대화 방식은 두 사람이 기억을 공유하는 방식이며 동시에 각각 자신의 기억을 잊는 방식이 될 수 있다." "따라서 과거는 지나간 것이 아니며, 현재는 지금 존재하는 것만으로 이루어진 것이 아니라고 말할 수 있다." 이윤영, 「기억, 사회, 영화—알랭 레네의 「히로시마 내 사랑」을 중심으로」, 권대중 외, 『미학과 그 외연』, 월인, 2010, pp. 449~68. 이처럼 기억이란 증언자로서의 글쓰기를 구현할 수 있게 하는 고전적이면서 중심적인 기제라고 할 수 있다.

4) Anne Ubersfeld, *Bernard-Marie Koltès*, Paris: Actes Sud-Papiers, 1999, p. 68.

5) 일반적으로 콜테스의 희곡들은 "그림자l'ombre, 밤la nuit, 절망le désespoir" 등에 관한 것으로 여겨지고 있다. Donia Mounsef, *Chair et révolte dans le Théâtre de Bernard-Marie Koltès*, Paris: L'Harmattan, 2005, p. 153.

6) 콜테스의 텍스트가 지닌 어둠, 폭력, 황량함과 같은 기억의 정서들과 달리 무대장치는 정반대의 모습을 보여주기도 한다. 무대장치는 텅 비어 있거나, 부드러운 장면들이 많은 편인데, 조용함, 부드러움은 콜테스의 희곡들이 고통받은 자신의 삶의

산물로서, 그가 간절하게 욕망했던 삶의 풍경이라고 볼 수 있다.

7) 다우베 드라이스마, 정준형 옮김, 『기억의 메타포』, 에코리브르, 2006, p. 56.

8) 무리엘 마예트Muriel Mayette가 연출한 『사막으로의 귀환』은 프랑스 국립 코메디 프랑세즈의 연극 레퍼토리가 되었다. 희곡 『사막으로의 귀환』은 콜테스가 41세의 나이로 요절하기 1년 전인 1989년에 쓰여졌고, 같은 해 출간되었다.

9) 콜테스의 다른 작품들에 비해서, 『사막……』은 훨씬 이데올로기적이다. 『검둥이와 개들의 싸움』이 신식민주의를 언급하고 있다면, 『사막……』은 위악한 정치적, 역사적 상황 속에서 저항할 수 없는 개인들의 거짓된 믿음을 부정한다. 이러한 개인들의 자기기만이 축적되어 집단 기억이 됨을 되묻는 정치적인 희곡이다.

10) Bernard-Marie Koltès, Une part de ma vie, Paris: Les Editions de Minuit, 1999, p. 115.

11) 이하, 본문에 있는 괄호 속 숫자는 원본의 쪽수를 뜻한다.

12) Bernard-Marie Koltès, entretien avec Véronique Hotte, "Des histoires de vie et de mort", Théâtre/Public, No. 84, 11~12월호, 1988, p. 109.

13) 그것은 서양의 고전 희곡뿐만 아니라 『사막……』에서도 예외가 아니다. 소포클레스가 『콜로노스의 오이디푸스』에서 피 흘렸던 과거 이후 평정을 찾은 오이디푸스를 보여주듯, 셰익스피어가 『리어 왕』에서 광야에서 자신의 광기를 모든 바람결에 부르짖듯 말이다. 이를 위해서는 Anne Bouvier Cavoret(dir.), Théâtre et Mémoire, Actes du Colloque international organisé par le laboratoire Théâtre, Langages et Sociétés, Paris: Ophrys, 2002를 참조할 것.

14) Donia Mounsef, 앞의 책, p. 159.

15) 라마단이 끝난 것을 알리는 축제의 이름.

16) 위 책은 연극과 기억에 관한 국제 콜로키움에서 발표된 논문들을 모은 것인데, 여기서 열거된 주제들은 대부분 이 책에 실린 논문들이 공통적으로 다루고 있는 공통된 것들이다.

17) 다우베 드라이스마, 『기억의 메타포』, p. 47.

18) Bernard-Marie Koltès, Dans la solitude des champs de conton, Paris: Les Editions de Minuit, 1986, p. 55.

19) 기억의 여신 므네모시네Mnemosyne는 고대 그리스 신화에 나오는 인물로서, 제우스와 관계하여 예술의 여신인 뮤즈muse를 낳는다. 기억의 신 므네모시네가 뮤즈 여신들의 어머니라는 사실은 기억과 예술의 불가분의 관계를 보여준다. 기억이란 뮤즈의 어머니인 므네모시네가 인간에게 준 선물이다. 기억이 없다면 모든 음들은 멜로디를 이루기 전에 흩어져버릴 것이고, 모든 시어들은 한 편의 시가 되기 전에 귓전에서 사라져버릴 것이다. 기억의 집이라고 할 수 있는 박물관

museum, 메모리memory, 뮤직music과 같은 단어가 여기서 나왔다. 이 개념은 나중에 영혼이 출생 전에 보았던 이데아의 재인식을 뜻하는 플라톤의 '근원기억 anamnesis' 개념으로 이어진다. 이처럼 희곡 속 인물들에게 있어서 기억은 꺼지지 않는 햇불과 같다. 인물들이 지닌 기억은 과거와 현재를 잇는 가교와 같아, 주제가 지속적으로 발전할 수 있도록 기능할 뿐만 아니라 오늘의 행위가 정당화될 수 있도록 하기도 한다.

20) Pierre Janet, *Evolution de la mémoire et de la notion de temps*, Paris: Gallimard, 1928, p. 195.

21) 이 부분은 정항균, 『므네모시네의 부활』의 제1장, 「자아, 기억, 서울: 삼중의 위기와 그 대응」을 참조할 것. 필자는 이 논문에서 기억이란 단어를 mémoire로 통일하여 쓰고 있는데, 기억이 과거(밑sous)에서 오는venir 것이라는 의미를 뚜렷하게 하기 위하여 결론 부분에서 souvenir라는 단어를 유일하게 한 번 사용했다.

22) Jean-Yves & Marc Tadié, 앞의 책, p. 11.

23) 아리스토텔레스, 천병희 옮김, 『시학』, 문예출판사, 1991, pp. 60~63.

24) 콜테스가 1977년 그러니까 스물아홉 나이에 쓴 희곡 『숲에 이르기 직전의 밤』이 그러하다. 이 작품은 우리는 숲 바깥에 놓여 있고, 결코 숲에 이르지 못한다는 것을 가정한다. 그 사이, 세상은 온통 어두컴컴한 밤이다. 그래서 장소는 어떤 '길' '길모퉁이'이고, 시간은 낮이 아니라 비가 오는 밤이다. 뭔가를 기다리고 간절하게 말을 하고픈 낮을 기다리는 밤이다. 교양이 사라진 세상은 소음이 난무하는 숲 바깥이다. 등장인물들은 모두 세상의 한구석, 중심에서 벗어난, 분리된 곳에서 살고 있거나 움직이고 있다. 이것 역시 교양 있는 인물이 실용적 사회에 적응하지 못한 탓이다. 긴 고백체의 언어들은 인물들의 고독과 불안함이면서 오늘날의 세상에 대한 절규이기도 하다. 작가는 그것을 현대적 실용 산문이 아니라 고전적 교양 운문의 고백체로 말하고 있다. 고백의 언어 속에 황폐한 삶과 세상의 비극성이 지울 수 없을 만큼 널리 깔려 있고, 그 끝이 가늠할 수 없을 정도로 펼쳐져 있다. 작품은 작가 자신의 삶의 연대기와 사뭇 닮아 있기 마련이다. 작가가 절망적인 삶을 살았다면, 작품은 작가의 삶보다 '더 절망적'일 수밖에 없다. 이것이 교양과 인문이 삶으로부터 나오고 이어지는 길이다.

25) 왜 재수 없는 하루가 될 것 같은 거지? عَلاَش غَادِي يكُونْ نَهَارْ خَايبْ؟

26) 누나가 남동생만큼 머저리라면, 그렇겠지. إِذَا كَانِت الأُخْتْ حَمَارَهْ بْحَالْ خُوهَا، بَايْنَة.

27) 누나는 남동생만큼 머저리가 아냐. أَنَا عَارْفْهَا مِشْ بْحَالْ خُوهَا

28) 당신이 어떻게 알지? و كِيفْ تَعْرِفْهَا؟

29) ……바로 내가 그 누나니까. أَنَا هِيَ خْتُو.

30) *Théâtre/Public*, No. 201, 2011, 7~10월호를 참조할 것.

31) 콜테스를 작가로 키운 것은 문학과 여행이다. 문학은 고전에 대한 감각을, 여행은 공간에 대한 감각을 키워주었다. "고리키로부터 『쓸쓸함』을, 도스토옙스키로부터는 『미친 소송』을, 셰익스피어로부터는 『발걸음』을, 샐린저로부터는 『샐린저』를 글쓰기의 유산으로 받을 수 있었다." Stéphane Patrice, *Koltès subversif*, Paris: Descartes & Cie, 2008, p. 27.

32) Anne Ubersfeld, *Bernard-Marie Koltès*, Paris: Actes Sud-Papiers, 1999.

33) Donia Mounsef, 앞의 책, p. 161.

34) 아지즈의 철자는 Aziz이다. 철자로 보면 그의 이름은 A부터 Z까지를 포함하고 있다. 두 문화 속에 있던, 불완전한 그가 완전하게 죽은 것이다.

35) 죽음과 연결되는 공간에 관한 부분은 콜테스의 희곡 『로베르토 주코』에서, 주코가 말하는 "내가 세상에서 제일 좋아하는 건 꽁꽁 언 호수 위로 떨어지는 아프리카의 눈이야…… 난 떠날 거야. 지금 바로 떠나야 해…… 눈 내리는 아프리카에 가고 싶어. 죽을 거니까, 떠나야 해."(*Roberto Zucco-suivi de Tabataba*, Paris: Les Editions de Minuit, 1990, 3, 8장)를 연상시킨다. 그리고 『목화밭의 고독 속에서』에서 "밤에 벌거벗고 목화밭의 고독 속에서 산책하며 말하듯"(*Dans la solitude des champs de conton*, Paris: Les Editions de Minuit, 1986, p. 30) 하는 내용과 거의 유사하다.

36) 유령으로 등장하는 마리는 매우 흥미로운 존재이다. 텍스트에 분명하게 나오지는 않지만, 마리는 아드리엥에 의해서 죽은 것으로 보인다. 유령으로 등장한 마리(16장)는 파티마와 만나 현실적인 대화를 하는데, 이 모습은 그들 곁에 있는 팔랑티에르, 마틸드에게는 비현실적으로 보인다. 마리가 하는 말 속에서 그녀의 죽음의 원인이 조금 드러난다. "그 사람은 너를 해칠 거야. 나도 해쳤어. 부유함은 인간을 바꿔놓지 않아"(75). 마리는 "난 결코 용서할 수 없어. 난 결코 용서하지 않을 거야"(76)라고 말하면서 사라진다.